江苏文脉整理与研究工程

江苏文库

研究编

江苏历代文化名人传

江苏历代文化名人传·唐文治

朱光磊 著

江苏人民出版社

图书在版编目(CIP)数据

江苏历代文化名人传. 唐文治 / 朱光磊著. — 南京：
江苏人民出版社，2024.4

（江苏文库. 研究编）

ISBN 978 - 7 - 214 - 28780 - 9

Ⅰ. ①江… Ⅱ. ①朱… Ⅲ. ①文化-名人-列传-江
苏②唐文治(1865—1954)-传记 Ⅳ. ①K825.4
②K825.46

中国版本图书馆 CIP 数据核字(2023)第 237437 号

书　　　名	江苏历代文化名人传·唐文治
著　　　者	朱光磊
出 版 统 筹	张　凉
责 任 编 辑	刘凤华
责 任 监 制	王　娟
装 帧 设 计	姜　嵩
出 版 发 行	江苏人民出版社
地　　　址	南京市湖南路 1 号 A 楼,邮编:210009
照　　　排	江苏凤凰制版有限公司
印　　　刷	苏州市越洋印刷有限公司
开　　　本	718 毫米×1 000 毫米　1/16
印　　　张	24　插页4
字　　　数	345 千字
版　　　次	2024 年 4 月第 1 版
印　　　次	2024 年 4 月第 1 次印刷
标 准 书 号	ISBN 978 - 7 - 214 - 28780 - 9
定　　　价	82.00 元

(江苏人民出版社图书凡印装错误可向承印厂调换)

江苏文脉整理与研究工程

总主编

信长星　许昆林

学术指导委员会

主　任　周勋初

委　员　（按姓氏笔画排序）

冯其庸　邬书林　张岂之　郁贤皓　周勋初
茅家琦　袁行霈　程毅中　蒋赞初　戴　逸

编纂出版委员会

出版说明

　　江苏文化源远流长、历久弥新,文化经典与历史文献层出不穷,典藏丰富;文化巨匠代有人出、彪炳史册,在中华民族乃至整个人类文明的发展史上有着相当重要的地位。为科学把握江苏文化的内涵与特征,在新时代彰显江苏文化对中华文化的贡献,江苏省委、省政府决定组织实施"江苏文脉整理与研究工程",以梳理江苏文脉资源,总结江苏文化发展的历史规律,再现江苏历史上的文化高地,为当代江苏构筑新的文化高地把准脉动、探明趋势、勾画蓝图。

　　组织编纂大型江苏历史文献总集《江苏文库》,是"江苏文脉整理与研究工程"的重要工作。《文库》以"编纂整理古今文献,梳理再现名人名作,探究追溯文化脉络,打造江苏文化名片"为宗旨,分六编集中呈现:

　　(一)书目编。完整著录历史上江苏籍学人的著述及其历史记录,全面反映江苏图书馆的图书典藏情况。

　　(二)文献编。收录历代江苏籍学人的代表性著作,集中呈现自历史开端至一九一一年的江苏文化文本,呈现江苏文化的整体景观。

　　(三)精华编。选取历代江苏籍学人著述中对中外文化产生重要影响、在文化学术史上具有经典性代表性的作品进行整理,并从中选取十余种,组织海外汉学家翻译成各国文字,作为江苏对外文化交流的标志性文化成果。

　　(四)方志编。从江苏现存各级各类旧志中选择价值较高、保存较好的志书,以充分发挥地方志资治、存史、教化等作用,保存江苏的地方文献与历史文化记忆。

（五）史料编。收录有关江苏地方史料类文献，反映江苏各地历史地理、政治经济、文化教育、宗教艺术、社会生活、风土民情等。

（六）研究编。组织、编纂当代学者研究、撰写的江苏文化研究著作。

文献、史料、方志三编属于基础文献，以影印方式出版，旨在提供原始文献，以满足学术研究需要；书目、精华、研究三编，以排印方式出版，既能满足学术研究的基本需求，又能满足全民阅读的基本需求。

"江苏文脉整理与研究工程"工作委员会

江苏文库·研究编编纂人员

主　编

王月清　张新科

副主编

徐之顺　姜　建　王卫星　胡发贵　胡传胜　刘西忠

一脉千古成江河

——江苏文库·研究编序言

樊和平

"江苏文脉整理与研究工程"是江苏文化史上继往开来的一个浩大工程。与当下方兴未艾的全国性"文库热"相比,江苏文脉工程有三个基本特点:一是全面系统的整理;二是"整理"与"研究"同步;三是以"文脉"为主题。在"书目编—文献编—精华编—史料编—方志编—研究编"的体系结构中,"研究编"是十分独特的板块,因为它是试图超越"修典"而推进文化传承创新的一种学术努力。

"盛世修典"之说不知起源于何时,不过语词结构已经表明"盛世"与"修典"之间的某种互释甚至共谋,以及由此而衍生的复杂文化心态。历史已经表明,"修典"在建构巨大历史功勋的同时,也包含内在的巨大文化风险,最基本的是"入典"的选择风险。《四库全书》的文化贡献不言自明,但最终其收书的数量竟与禁书、毁书、改书的数量大致相当,还有高出近一倍的书目被宣判为无价值。"入典"可能将一个时代的局限甚至选择者个人的局限放大为历史的文化局限,也可能由此扼杀文化多样性而产生文化专断。另一个更为潜在和深刻的风险,是对待传统的文化态度。文献整理,尤其是地域典籍的整理,在理念和战略上面临的最大考验,是以何种心态对待文化传统。当今之世,无论对个体还是社会,传统已经不仅是文化根源,而且是文化和经济发展的资源甚至资本。然而一旦传统成为资源和资本,邂逅市场逻辑的推波助澜,就面临沦为消费和运作对象的风险,从而以一种消费主义和工具主义的文化态度对待文化传统和文献整理。当传统成为消费和运作的对象，其文化价值不仅可能被误读误用，而且也可能在对传统的消费中使文化坐吃山空，造就出文化上的纨绔子弟，更可能在市场运作中使文化不断被糟蹋。"江苏文脉整理与研究工程"的"整理工程"以全面系统的整理的战略应对可能存在的第一种风险，即入典选择的风险；以"研究工程"应对第二种可能的风险，即消费主义与工具主义的风险。我们不仅是既往传统的继承者，更应当是未来传统的创造者；现代人的使命，不仅是继承优秀传统，更应当创造新的优秀传统，这便是传统的创造性转化与创新性发展的真义。诚然，创造传统任重道远，需要经过坚忍不拔的卓越努力和大浪淘沙般的历史积淀，但对"江苏文脉整理与研究工程"而言，无论如何必须在"整理"的同时开启"研究"的千里之行，在研究中继承和发展传统。这便是"研究编"的价值和使命所在，也是"江苏文脉整理与研究工程"在"文库热"中于顶层设计层面的拔群之处。

一　倾听来自历史深处的文化脉动

20 世纪是文化大发现的世纪，20 世纪以来西方世界最重要的战略，就是文化战略。20 世纪 20 年代，德国社会学家马克斯·韦伯的《新教伦理与资本主义精神》，揭示了西方资本主义文明的文化密码，这就是"新教伦理"及其所造就的"资本主义精神"，由此建构"新教伦理＋资本主义"的所谓"理想类型"，为西方资本主义进行了文化论证尤其是伦理论证，奠定了 20 世纪以后西方中心论的文化基础。20 世纪 70 年代，哈佛大学教授丹尼尔·贝尔的《资本主义文化矛盾》，揭示了当代资本主义最深刻的矛盾不是经济矛盾，也不是政治矛盾，而是"文化矛盾"，其集中表现是宗教释放的伦理冲动与市场释放的经济冲动分离与背离，进而对现代西方文明发出文化预警。20 世纪 70 年代之后，亨廷顿的《文明的冲突与世界秩序的重建》将当今世界的一切冲突归结为文明冲突、文化冲突，将文化上升为西方世界尤其是美国国家战略的高度。以上三部曲构成西方世界尤其是美国文化帝国主义的国家文化战略，正如一些西方学者所发现的那样，时至今日，文化帝国主义被另一个概念代替——"全球化"，显而易见，全球化不仅是一种浪潮，更是一种思潮，是西方世界的国家文化战略。文化虽然受经济发展制约甚至被经济发展水平所决定，但回顾从传统到现代的中国文明史，文化问题不仅逻辑地而且历史地成为文明发展的最高最难的问题，正因为如此，文化自信才成为比理论自信、道路自信、制度自信更具基础意义的最重要的自信。

在全球化背景下，文脉整理与研究具有重大的国家文化战略意义，不仅必要，而且急迫。文化遵循与经济社会不同的规律，全球化在造就广泛的全球市场并使全球成为一个"地球村"的同时，内在的最大文明风险和文化风险便是同质性。全球化催生的是一个文化上的独生子女，其可能的镜像是：一种文化风险将是整个世界的风险，一次文化失败将是整个人类的文化失败。文化的本质是什么？梁漱溟先生说，文化就是人的生活的根本样法，文化就是"人化"。丹尼尔·贝尔指出，文化是为人的生命过程提供解释系统，以对付生存困境的一种努力。据此，文化的同质化，最终导致的将是人的同质化，将是民族文化或西方学者所说地方性知识的消解和消失；同时，由于文化是人类应对生存困境的大智慧，或治疗生活世界痼疾的抗体，它所建构的是与自然世界相对应的精神世界和意义世界，文化的同质性将导致人类在面临重大生存困境时智慧资源的贫乏和生命力的苍白，从而将整个人类文明推向空前的高风险。应对全球化的挑战和西方文化帝国主义的国家战略，"江苏文脉整理与研究工程"是整个中华民族浩大文化工程的一部分和具体落实，其战略意义决不止于保存文化记忆的自持和自赏，在这个全球化的高风险正日益逼近的时代，完整地保存地方文化物种，认同文化血脉，畅通文化命脉，不仅可以让我们在遭遇全球化的滔滔洪水之时可以于故乡文化的山脉之巅"一览众山小"地建设自己的精神家园和文化根据地，而且可以在患上全球化的文化感冒甚至某种文化瘟疫之后，不致乞求"西方药"来治"中国病"，而是根据自己的文化基因和文化命理，寻找强化自身的文化抗体和文化免疫力之道，其深远意义，犹如在今天经过独生子女时代穿越时光隧道，回首当年我们的"兄弟姐妹那么多"

和父辈们儿孙满堂的那种天伦风光，不只是因为寂寞，而且是为了中华民族大家庭的文化安全和对未来文化风险的抗击能力。

"江苏文脉整理与研究工程"是以江苏这一特殊地域文化为对象的一次集体文化自觉和文化自信，与其他同类文化工程相比，其最具标识意义的是"文脉"理念。"文脉"是什么？它与"文献"和文化传统的关系到底如何？这是"文脉工程"必须解决的基本问题。

庞朴先生曾对"文化传统"与"传统文化"两个概念进行了审慎而严格的区分，认为"传统文化"可能是历史上曾经存在过的一切文化现象，而"文化传统"则是一以贯之的文化道统。在逻辑和历史两个维度，文化成为传统都必须同时具备三个条件：历史上发生的，一以贯之的，在现实生活中依然发挥作用的。传统当然发生于历史，但历史上发生的一切，从《道德经》《论语》到女人裹小脚，并不都成为传统，即便当今被考古或历史研究所不断发现的现象，也只能说是"文化遗存"，文化成为传统必须在历史长河中一以贯之而成为道统或法统，孔子提供的儒家学说，老子提供的道家智慧，之所以成为传统，就是因为它们始终与中国人的生活世界和精神世界相伴随，并成为人的生命和生活的文化指引。然而，文化并不只存在于文献典籍之中，否则它只是精英们的特权，作为"人的生活的根本样法"和"对付生存困境"的解释系统，它必定存在于芸芸众生的生命和生活之中，由此才可能，也才真正成为传统。《论语》与《道德经》之所以成为传统，不只是因为它们作为经典至今还为人们所学习和研究，而且因为在中国人精神的深层结构中，即便在未读过它们的田夫村妇身上，也存在同样的文化基因。中国人在得意时是儒家，"明知不可为而偏为之"；在失意时是道家，"后退一步天地宽"；在绝望时是佛家，"四大皆空"，从而建立了与自给自足的自然经济结构相匹合的自给自足的文化精神结构，在任何境遇下都不会丧失安身立命的精神基地，这就是传统。文化传统必须也必定是"活"的，是在现实中依然发挥作用的，是构成现代人的文化基因的生命因子。这种与人的生活和生命同在的文化传统就是"脉"，就是"文脉"。

文脉以文献、典籍为载体，但又不止于文献和典籍，而是与负载它的生命及其现实生活息息相关。"文脉"是什么？"文脉"对历史而言是

"血脉"，对未来而言是"命脉"，对当下而言是"山脉"。"江苏文脉"就是江苏人的文化血脉、文化命脉、文化山脉，是历史、现在、未来江苏人特殊的文化生命、文化标识、文化家园，以及生生不息的文化记忆和文化动力。虽然它们可能以诸种文化典籍和文化传统的方式呈现和延续，但"文脉工程"致力探寻和发现的则是跃动于这些典籍和传统，也跃动于江苏人生命之中的那种文化脉动。"江苏文脉整理与研究工程"的最大特点就在于它是"文脉工程"而不是一般的"文化工程"，更不是"文库工程"。"文化工程""文库工程"可能只是一般的文化挖掘与整理，而"文脉工程"则是与地域的文化生命深切相通，贯穿地域的历史、现在与未来的生命工程。

　　"江苏文脉整理与研究工程"是"整理"与"研究"的璧合，在"研究工程"中能否、如何倾听到来自历史深处的文化脉动，关键是处理好"文献"与"文脉"的关系。"整理工程"是对文脉的客观呈现，而"研究工程"则是对文脉的自觉揭示，若想取得成功，必须学会在"文献"中倾听和发现"文脉"。"文献"如何呈现"文脉"？文献是人类文明尤其是人类文化记忆的特殊形态，也是人类信息交换和信息传播的特殊方式。回首人类文明史，到目前为止，大致经历了三种信息方式。最基本也是最原初的是口口交流的信息方式，在这种信息方式中，信息发布者和信息传播者都同时在场，它是人的生命直接和整体在场并对话的信息传播方式，是从语言到身体、情感的全息参与，是生命与生命之间的直接沟通，但具有很大的时空局限。印刷术的产生大大扩展了人类信息交换的广度和深度，不仅可以以文字的方式与不在场的对象交换信息，而且可以以文献的方式与不同时代、不同时空的人们交换信息，这便是第二种信息方式，即以印刷为媒介的信息方式或印刷信息方式。第三种信息方式便是现代社会以电子网络技术为媒介的信息方式，即电子信息方式。文献与典籍是印刷信息方式的特殊形态，它将人类文化史和文明史上具有特殊价值的信息以印刷媒介的方式保存下来，供后人学习和研究，从而积淀为传统。文字本质上是人的生命的表达符号，所谓"诗言志"便是指向生命本身。然而由于它以文字为中介，一旦成为文献，便离开原有的时空背景，并与创作它的生命个体相分离，于是便需要解读，在解读中便可能发生误读,但无论如何,解读的对象并不只是文字本身,而是文字背后的生命现象。

文献尤其是典籍是不同时代人们对于文化精华的集体记忆,它们不仅经受过不同时代人们的共同选择,而且经受过大浪淘沙的历史洗礼,因而其中不仅有创造它的那个个体或文化英雄如老子、孔子的生命表达,而且有传播和接受它的那个民族的文化脉动,是负载它的那个民族的文化生命,这种文化生命一言以蔽之便是文化传统。正因为如此,作为集体记忆的精华,文献和典籍是个体和集体的文化脉动的客观形态,关键在于,必须学会倾听和揭示来自远方的生命旋律。由于它们巨大的时空跨度,往往不能直接把脉,而需要具有一种"悬丝诊脉"的卓越倾听能力。同时,为了把握真实的文化脉动,不仅需要对文献和典籍即"文本"进行研究,而且需要对创造它们的主体包括创作的个体和传播接受的集体的生命即"人物"进行研究。正如席勒所说,每个人都是时代的产儿,那些卓越的哲学家和有抱负的文学家却可能成为一切时代的同代人。文字一旦成为文献或典籍,便意味着创作它的个体成为一切时代的同代人,但无论如何,文献和它们的创造者首先是某个时代的产儿,因而要在浩如烟海的文献和典籍中倾听到来自传统深处的文化脉动,还需要将它们还原到民族的文化生命之中,形成文化发展的"精神的历史"。由此,文本研究、人物研究、学派流派研究、历史研究,便成为"文脉研究工程"的学术构造和逻辑结构。

二　中国文化传统中的江苏文脉

江苏文脉是中国文化传统的一部分,二者之间的关系并不只是部分与整体的关系,借助宋明理学的话语,是"理一"与"分殊"的关系。文脉与文化传统是民族生命的文化表达和自觉体现,如果只将它们理解为部分与整体的关系,那么江苏文脉只是中国文化传统或整个中华文化脉统中的一个构造,只是中华文化生命体中的一个器官。朱熹曾以佛家的"月映万川"诠释"理一分殊"。朗月高照,江河湖泊中水月熠熠,此番景象的哲学本真便是"一月普现一切水，一切水月一月摄"。天空中的"一月"与江河中的"一切水月"之间的关系是"分享"关系，不是分享了"一月"的某一部分，而是全部。江苏文脉与中国文化传统之间的关系便是"理一分殊"，中国文化传统是"理一"，江苏文脉是"分殊"，正因为如此，关于江苏文脉的研究必须在与整个中国文化传统的关系中整体性地把握和展开。其中，文化与地域的关系、江苏文化在中华文化发展中的贡献和地位，是两个基本课题。

到目前为止的一切人类文明的大格局基本上都是由以山河为标志的地理环境造就的，从轴心文明时代的四大文明古国，到"五大洲四大洋"的地理区隔，再到中国山东—山西、广东—广西、河南—河北，江苏的苏南—苏北的文化与经济差异，山河在其中具有基础性意义。在这个意义上，可以将在此以前的一切文明称为"山河文明"。如今，科技经济发展迎来一个"高"时代：高铁、高速公路、电子高速公路……正在并将继续推倒由山河造就的一切文明界碑，即将造就甚至正在造就一个"后山河时代"。"后山河时代"的最后一道屏障，"山河时代"遗赠给"后山河时代"的最宝贵的文明资源，便是地域文化。在这个意义上，江苏文脉的整理与研究，不仅可以为经过全球化席卷之后的同质化世界留下弥足珍贵的"文化大熊猫"，而且可以在未来的芸芸众生饱尝"独上高楼，望尽天涯路"的孤独之后，缔造一个"蓦然回首"的文化故乡，从中可以鸟瞰文化与世界关系的真谛。江苏独特的地域环境与江苏文化、江苏文脉之间的关系，已经不是所谓"一方水土一方人"所能表达，可以说，地脉、水脉、山脉与江苏文脉之间的关系，已经是一脉相承。

我们通过考察和反思发现，水系，地势，山势，大海，是对江苏文脉尤其是文化性格产生重大影响的地理因素。露水不显山，大江大河入大海，低平而辽阔，黄河改道，这一切的一切与其说是自然画卷和自然事件，不如说是江苏文脉的大地摇篮和文化宿命的历史必然，它们孕生和哺育了江苏文明，延绵了江苏文脉。历史学家发现，江苏是中国唯一同时拥有大海、大江、大湖、大平原的省份，有全国第一大河长江，第二大河黄河（故道），第三大河淮河，世界第一大人工河大运河，全国第三大淡水湖太湖，全国第四大淡水湖洪泽湖。江苏也是全国地势最低平的一个省区,绝大部分地区在海拔 50 米以下,少量低山丘陵大多分布于省际边缘,最高峰即连云港云台山的玉女峰也只有 625 米。丰沛而开放的水系和低平而辽阔的地势馈赠给江苏的不只是得天独厚的宜居,更沉潜、更深刻的是独特的文化性格和文脉传统,它们是对江苏地域文化产生重大影响的两个基本自然元素。

不少学者指证江苏文化具有水文化特性,而在众多水系中又具长江文化的特性。"水"的文化特性是什么?"老聃贵柔",老子尚水,以水演绎世界真谛和人生大智慧。"天下莫柔弱于水,而攻坚强者莫之能胜。"柔弱胜刚强,是水的品质和力量。西方文明史上第一个哲学家和科学家泰勒斯向全世界宣告的第一个大智慧便是:水是万物的始基。辽阔的平原在中国也许还有很多,却没有像江苏这样"处下"。老子也曾以大海揭示"处下"的智慧:"江海所以能为百谷王者,以其善下之,故能为百谷王。"历史上江苏的文化作品、江苏人的文化性格,相当程度上演绎了这种"水性"与"处下"的气质与智慧。历史上相当时期黄河曾经从江苏入海,然而黄河改道、黄河夺淮,几番自然力量或人力所为,最终黄河在江苏留下的只是一个"故道"的背影。黄河在江苏的改道当然是一个自然事件或历史事件,但我们也可能甚至毋宁将它当作一个文化事件,数次改道,偶然之中有必然,从中可以发现和佐证江苏文脉的"长江"守望和江南气质。不仅江苏的地脉"露水不显山",而且江苏的文化作品,江苏人的文化性格,一句话,江苏文脉,也是"露水不显山",虽不是"壁立千仞",却是"有容乃大"。一般说来,充沛的水系,广阔的平原,往往造就自给自足的自我封闭,然而,江苏东临大海,无论长江、淮河,还是历史上的黄河,都从这里入大海,归大海,不只昭示江苏的开放,而且演绎江苏文化、江苏文脉、江苏人海纳百川的博大和静水深流的仁厚。

黄河与长江好似中华文脉的动脉与静脉,也好似人的身体中的任督二脉,以长江文化为基色的江苏文化在中华文脉的缔造和绵延中作出了杰出贡献。有学者指出,在中国文明史上,长江文化每每在黄河文化衰弱之后承担起"救亡图存"的重任。人们常说南京古都不少为小朝廷,其实这正是"救亡图存"的反证,"天下兴亡,匹夫有责"的口号首先由江苏人顾炎武喊出,偶然之中有必然。学界关于江苏文化有三次高峰或三次大贡献,与两次大贡献之说。第一次高峰是开启于秦汉之际的汉文化,第二次高峰是六朝文化,第三次高峰是明清文化。人们已对六朝文化与明清文化两大高峰对中国文化的贡献基本达成共识,但江苏的汉文化高峰及其贡献也应当得到承认,而且三次文化高峰都发生于中国社会的大转折时期,对中国文化的承续作出了重大贡献。在秦汉之际的大变革和大一统国家的建构中,不仅在江苏大地上曾经演绎了波澜壮阔的对后来中国文明产生深远影响的历史史诗,而且演绎这些历史史诗的主角刘邦、项羽、韩信等都是江苏人,他们虽然自身不是文化人,但无疑对中国文化产生了深远影响。董仲舒提出"罢黜百家,独尊儒术"的主张,奠定了大一统的思想和文化基础,他本人虽不是江苏人,却在江苏留下印迹十多年。江苏的汉文化高峰对中国文化的最大贡献,一言概之即"大一统",包括政治上的大一统和思想文化上的大一统。六朝被公认为中国文化发展的高峰,不少学者将它与古罗马文明相提并论,而六朝文化的中心在江苏、在南京。以南京为核心的六朝文化发生于三国之后的大动乱,它接纳大量流入南方的北方士族,使南北方文化合流,为保存和发展中国文化作出了杰出贡献。明朝是中国历史上第一次在南京,也是第一次在江苏建立统一的帝国都城,江苏的经济文化在全国处于举足轻重的地位,扬州学派、泰州学派、常州学派,形成明清时代中国文化的江苏气象,形成江苏文化对中国文化的第三次重大贡献。三大高峰是江苏的文化贡献,在重大历史转折关头或者民族国家危难之际挺身而出,海纳百川,则是江苏文化的精神和品质,这就是江苏文脉。也正因为如此,江苏文化和江苏文脉在"匹夫有责"的担当精神中总是透逸出某种深沉的忧患意识。

江苏文脉对中国文化的独特贡献及其特殊精神气质在文化经典中得到充分体现。中国四大文学名著,其中三大名著的作者都来自江苏,这就是《西游记》《红楼梦》《水浒》,其实《三国演义》也与江苏深切相关,虽然罗贯中不是江苏人,但却以江苏为重要的时空背景之一。四大名著中不仅有明显的江苏文化的元素,甚至有深刻的江苏地域文化的基因。《西游记》到底是悲剧还是喜剧?仔细反思便会发现,《西游记》就是文学版的《清明上河图》。《清明上河图》表面呈现一幅盛世生活画卷,实际却是一幅"盛世危情图",空虚的城防,懈怠的守城士兵……被繁华遗忘的是正在悄悄到来的深刻危机。《西游记》以唐僧西天取经渲染大唐的繁盛和开放,然而在经济的极盛之巅,中国人的精神世界却空前贫乏,贫乏得需要派一个和尚不远万里,请来印度的佛教,坐上中国意识形态的宝座,入主中国人的精神世界。口袋富了,脑袋空了,这是不折不扣的悲剧。然而,《西游记》的智慧,江苏文化的智慧,是将悲剧当作喜剧写,在喜剧的形式中潜隐悲剧的主题,就像《清明上河图》将空虚的城防和懈怠的士兵淹没于繁华的海洋一样。《西游记》喜剧与悲剧的二重性,隐喻了江苏文脉的忧患意识,而在对大唐盛世,对唐僧取经的一片颂歌中,深藏悲剧的潜主题,正是江苏文脉"匹夫有责"的担当精神和文化智慧的体现。鲁迅说,悲剧将人生的有价值的东西毁灭给人看。《西游记》是在喜剧形式的背后撕碎了大唐时代人的精神世界的深刻悲剧。把悲剧当作喜剧写,喜剧当作悲剧读,正是江苏文化、江苏文脉的大智慧和特殊气质所在,也是当今江苏文脉转化发展的重要创新点所在。正因为如此,"江苏文脉研究"必须以深刻的哲学洞察力和深厚的文化功力,倾听来自历史深处的江苏文化的脉动,读懂江苏,触摸江苏文脉。

三　通血脉,知命脉,仰望山脉

江苏文化的巨大魅力和强大生命力,是在数千年发展中已经形成一种传统、一种脉动,不仅是一种客观呈现的文化,而且是一种深植个体生命和集体记忆的生生不息的文脉。这种文化和文脉不仅成为共同的价值认同,而且已经成为一种地域文化胎记。在精神领域,在文化领域,江苏不仅有灿若星河的文学家,而且有彪炳史册的思想家、学问家,更有数不尽的才子骚客。长江在这片土地上流连,黄河在这片土地上改道,淮河在这片土地上滋润,太湖在这片土地上一展胸怀。一代代中国人,一代代江苏人,在这里缔造了文化长江、文化黄河、文化淮河、文化太湖,演绎了波澜壮阔的历史诗篇,这便是江苏文脉。

为了在全球化时代完整地保存江苏文脉这一独特地域文化的集体记忆,以在"后山河时代"为人类缔造精神家园提供根源与资源,为了继承弘扬并创造性转化、创新性发展中国优秀传统文化,2016 年江苏启动了"江苏文脉整理与研究工程"。根据"文脉"的理念,我们将研究工程或"研究编"的顶层设计以一句话表达:"通血脉,知命脉,仰望山脉。"由此将整个工程分为五个结构:江苏文化通史,江苏历代文化名人传,江苏文化专门史,江苏地方文化史,江苏文化史专题。

"江苏文化通史"的要义是"通血脉",关键词是"通"。"通"的要义,首先是江苏文化与中国文明的息息相通,与人类文明的息息相通,由此才能有民族感或"中国感",也才有世界眼光,因而必须进行关于"中国文化传统中的江苏文脉"的整体性研究;其次是江苏文脉中诸文化结构之间的"通",由此才是"江苏",才有"江苏味";再次是历史上各个重要历史时期文化发展之间的"通",由此才能构成"史",才有历史感;最后是与江苏人的生命与生活的"通",由此"江苏文脉"才能真正成为江苏人的文化血脉、文化命脉和文化山脉。达到以上"四通","江苏文化通史"才是真正的"通"史。

"江苏文化专门史"和"江苏文化史专题"的要义是"知命脉",关键词是"专",即"专门"与"专题"。"江苏文化专门史"在框架上分为物质文化史、精神文化史、制度文化史、特色文化史等,深入研究各类专门史,总体思路是系统研究和特色研究相结合,系统研究整体性地呈现江苏历史上的重要文化史,如哲学史、文学史、艺术史等,为了保证基本的完整性,我们根据国务院学科分类目录进行选择;特色研究着力研究历史上具有江苏特色的历史,如民间工艺史、昆曲史等。"江苏文化史专题"着力研究江苏历史上具有全国性影响的各种学派、流派,如扬州学派、泰州学派、常州学派等。

"江苏地方文化史"的要义是"血脉延伸和勾连",关键词是"地方"。"江苏地方文化史"以现省辖市区域划分为界,13 市各市一卷。每卷上编为地方文化通史,讲述地方整体历史脉络中的文化历史分期演化和内在结构流变,注重把握文化运动规律和发展脉络,定位于地方文化总体性研究;下编为地方文化专题史,按照科学技术、教育科举、文学语言、宗教文化等专题划分,以一定逻辑结构聚焦对地方文化板块加以具体呈现,定位于凸显文化专题特色。每卷都是对一个地方文化的总结和梳理,这是江苏文化血脉的伸展和渗入,是江苏文化多样性、丰富性的生动呈现和重要载体。

"江苏历代文化名人传"的要义是"仰望山脉",关键词是"文化"。它不是一般性地为江苏历朝历代的"名人"作传,而只是为文化意义上的名人作传。为此,传主或者自身就是文化人并为中国文化的发展、为江苏文脉的积累积淀作出了重要贡献;或者虽然自身主要不是文化人而是政治家、社会活动家等,但对中国文化发展具有重大影响。如何对历史人物进行文化倾听、文化诠释、文化理解,是"文化名人传"的最大难点,也是其最有意义的方面。江苏历史上的文化名人汗牛充栋,"文化名人传"计划为100位江苏文化名人作传,为呈现江苏文化名人的整体画卷,同时编辑出版一部"江苏文化名人辞典",集中介绍历史上的江苏文化名人1000位左右。

一脉千古成江河,"茫茫九派流中国"。江苏文脉研究的千里之行已经迈出第一步,历史馈赠我们一次千载难逢的宝贵机遇,让我们巡天遥看,一览江苏数千年文化银河的无限风光,对创造江苏文化、缔造江苏文脉的先行者们献上心灵的鞠躬。面对奔涌如黄河、悠远如长江的江苏文脉,我们惟有以跋涉探索之心,怵惕敬畏之情,且行且进,循着爱因斯坦的"引力波",不断走近并播放来自江苏文脉深处的或澎湃,或激越,或温婉静穆的天籁之音。

我们一直在努力;

我们将一直努力!

目　录

第一章　时风家世

　　唐文治,字颖侯,号蔚芝,晚号茹经,苏州太仓人,生于公元 1865 年,殁于公元 1954 年。在其 90 年的生涯中,唐文治扬帆于东洋、西洋,辗转于京、沪、锡、桂,历经晚清、民国、新中国三个时期,见证了中国三千年未有之大变局的跌宕起伏;其身份由庶民而为官员,由官员而为教育家,其思想由中学而通西学,由西学而复返中学。然而,无论人生轨迹如何变化,贯穿其整个生命的则是对儒家精神的坚守与操持。而这份坚守与操持,在经历了时代风云激荡的考验后,显得更为坚贞不屈与难能可贵。

一、娄东风物

　　唐文治出生地太仓,为典型的江南市镇。太仓处于长江三角洲冲积平原,全境地势平坦,河流交错,位置介于北纬 31°20′～31°45′、东经 120°58′～121°20′之间,属于北亚热带南部湿润气候区,受季风环流影响,四季分明。春、秋季由于季风交替,气候冷暖多变,干湿相间;夏季受副热带高压影响,天气炎热而多雨;冬季受北方冷空气影响,天气寒冷而少雨。东临长江,与崇明岛隔江相望;南接上海嘉定、宝山;西连昆山;北通常熟。往东南而行,则至上海;往西直趋,则达苏州、无锡。

　　大约在六七千年之前,太仓所在的长江三角洲地区还是波涛起伏的浅海湾,当时的长江入海口尚在扬州、镇江一带。由于长江日积月累、年复一年的泥沙沉积，以及地壳升降的影响，长江口外南北两侧各形成一条沙嘴，"南侧的沙嘴由镇江向东偏南方向逐步伸展，经江阴、杨舍至福山转向东南，沿太仓的直塘、南郊，上海的外冈、马桥、漕泾，与钱塘江北侧的沙嘴相连。这条由泥沙和贝壳残骸组成的高出地面的锯齿状海岸遗迹，就是自古以来所称的'冈身'"。① 冈身将原来的浅海湾封闭成潟湖，再由潟湖演变为太湖以及密布湖荡河道的低平原。距今五千年前，太仓附近的海岸线具有了雏形，太仓地区也开始有了人类的活动。此后，长江口仍在不断延伸，直至约一千五百年前，太仓海岸线渐趋稳定，与当今太仓地域趋于一致。

太仓由北而东有长江，南有娄江，一直往西可达太湖。太湖为长江水系湖泊，通过支流与长江相连，既承接上游的水量，又向东面开出多条入海的水道。《尚书·禹贡》载："三江既入，震泽底定。""震泽"是太湖的古称，"三江"即由太湖发源从西向东流入东海的三条主要水道，这三条水道一般认为是东江、松江和娄江。东江向东南方流入大海，至唐时已淤塞。松江即为吴淞江，从太湖瓜泾口流出，往东一直到上海苏州河汇入黄浦江，由黄浦江再经吴淞口入海。娄江则是由胥江流出的太湖水经苏州古城娄门一直往东而成其形，流经苏州、昆山、太仓，由浏河而入长江，汇入东海。太仓处于长江、娄江之间，又多有支流河道交错其间。东西向的河流，自南而北排列，则有浏河塘、杨林塘、七浦塘、浪港、鹿鸣泾、荡茜泾、钱泾、新泾等；南北向的河流，自西而东排列，则有吴塘、盐铁塘、半泾、十八港、江申泾、石头塘、随塘河等。上述河流，纵横交错，形成了"五里七里一纵浦，七里十里一横塘"的水网格局。

太仓，又名娄城、娄东，这些地名之由来，皆与娄江相关。自苏州娄门至昆山境内的水道，称为娄江，至太仓境内，则称为浏河。经娄江，西进过苏州则可至太湖；东进过浏家港则可入东海。娄江的水上运输自古就很发达。早在春秋时，吴国就有较为先进的造船技术，《左传》载："吴子……徐承帅舟师，将自海入齐。"②吴国的攻齐路线，即由娄江入

---

① 高琪：《娄东文化读本》，南京大学出版社2013年版，第4—5页。
②《左传·哀公十年》。

海,由东海而北上。相传吴王在娄江东段设置东仓,以备战需。此后,历代君主亦多在此设置国家级粮仓,比如战国春申君、西汉刘濞、三国孙权、五代钱镠等,太仓之名因此而得。太仓者,乃国家最大仓库之意。

太仓之别名曰娄城、娄东,亦与古代娄县相关。秦时实行郡县制,现在昆山、太仓等地在当时皆属于会稽郡娄县所管辖的区域。《苏州府部汇考》载:"昆山县,秦娄县地"①,"太仓州,周时,相传吴王于此设仓。汉、三国吴、晋、南北朝、隋、唐、五代,皆娄县地"②。故现在昆山仍有娄县的古称,而太仓则保留了娄城的古称,由于太仓所处为秦时娄县治所之东,故太仓亦称娄东。至于"娄"字之来历,则有两说。一说以为"娄"以农事而来。"娄"与"嫠"古音同,"娄"通"嫠",嫠为焚烧草木之后播种,或者开沟引水灌溉。这两类皆为上古娄江流域常见的农业生产方式。所谓"娄江",即为"嫠江"。以此农业生产方式的缘故,遂有娄县、娄江之名,娄江往西通达的苏州城门亦随之而名曰娄门。另一说以为"娄"以天象而来。伍子胥相土尝水、象天法地,建造姑苏城,设置了水陆城门各八座。娄门位于苏州城东北方,与鲁地遥遥相望。古代认为天上的二十八宿与地上的区域相对应,鲁地为娄宿的分野,故苏州东北门即命名曰娄门。由于有了娄门之名,故娄门之东的河道才命名为娄江,娄门之东所置之县才命名为娄县。

太仓周遭的长江、娄江,以及境内大小不一的横塘纵浦,给太仓创造了优越的水利条件。这些水利条件,既提供了灌溉基础,提升了太仓的农业水平;又促进了水路运输,便利了太仓的商贸往来。农业发达,商业繁荣,使太仓成为名副其实的鱼米之乡。太仓除具备上述江南水乡的一般特色之外,自元时起,又增加了海运的优势。《苏州府志》载:"太仓塘,在昆山,自具塘桥直至周泾出海。宋时湮洪,潮汐不通。至元时,娄港不浚自深,日往月来,不数年间,朝夕两汛,可容万斛之舟。于是……创开海道漕运,每岁粮船必由此入海。"③元初,吴淞江淤塞不畅,部分积水流向至和塘、浏家港,在海洋潮汐与积水冲击的双向作用下,

① 孙中旺整理:《苏州府部汇考》,广陵书社 2019 年版,第 2 页。
② 孙中旺整理:《苏州府部汇考》,广陵书社 2019 年版,第 4 页。
③ 卢熊:《苏州府志》卷三,《中国方志丛书》华中地方第 432 号,台湾成文出版社 1983 年版,第 191 页。

第
一
章

时
风
家
世

浏家港成为一座天然良港。太仓官员朱清、张瑄等又疏通了娄江水道，这样就打通了河运与海运的通道。同时，由于北方屡经战乱，民生凋敝。而包括太仓在内的南方地区，则物产丰富，经济繁荣。北方政治中心急需南方经济中心的物质支持，而当时水路运输又是最为低成本、高效率的运输方式，故太仓就担负起南粮北运的重任。太仓的船只往西可走京杭大运河北上而至京城，往东由浏家港入海，可以沿海岸线北上京津，由此太仓成为漕运的重要节点。此外，太仓的海上运输，可以沿海岸线南下闽粤，甚至东至太平洋，南至印度洋，与海外各国进行国际贸易。太仓的人口户籍由于港口的发展而逐渐繁盛起来。元人杨记载："朱氏剪荆榛，立第宅，招徕番舶，屯聚粮艘，不数年间凑集成市，番汉间处，闽广混居，各循土风，习俗不一，大抵以善贸易、好市利。"①可见当时太仓的人口构成，除本地人外，还有大量的其他民族和其他国籍的人，这体现了"天下第一码头"的海洋文化特征，太仓一跃而为中国东南部的国际大都市。至明代，郑和七次下西洋，皆由太仓浏家港出海。各国使者也多由太仓浏家港进入中国，太仓成为名副其实的通都大邑。明人陈伸记载彼时太仓盛况曰："今永乐承平之岁，薄海内外，靡敢不服，九夷百番，进贡方物，道途相属，方舟大船，次第来泊，太仓复旧之宏规。"②这样的情势一直持续至明宣德之后，明朝政府停止了元明两代持续了160多年的海运，实行了严厉的海禁政策，导致太仓海外贸易的发展有所中断。有清一代，政府兴修水利，重开海禁，太仓浏家港一度重新崛起，出现了万商云集的盛况。至嘉庆、道光年间，浏家港出海口出现横沙淤塞，于是浏家港的海港地位逐渐被上海所取代，但国内的官方漕运与民间贸易仍旧十分频繁。无论海外贸易的开放或禁止，太仓浏河以及四周茂密交错的内河水道仍旧为太仓的繁荣提供了绝佳的交通便利与灌溉支持。在浏河两岸，商贸通达，交易频仍，元、明、清三代都有繁荣的牙行生意。"农业与手工业的结合是封建自然经济的本质特征，商品生产的分散性、流通的无序性是当时市场的特点。商人的贩卖仍以

---

① 杨遵：《昆山郡志》卷一，《宛委别藏》第49册，江苏古籍出版社1988年版，第4—5页。
② 陈伸：《太仓事迹自序》，王紫翔等：《太仓州志·卷末》，《中国方志丛书》华中地方第176号，台湾成文出版社1975年版，第2102页。

长途贩运为主,但他们又不能直接与分散的小手工业者发生联系,以及客商对某处市场环境的生疏等,这些因素更加需要专业中介机构的帮助。'牙行'经济便应运而生。"①牙行是为买卖双方说合交易、评定售价、判断质量的中间商。从事牙行生意的人又称为牙人。太仓牙人数量的增多,也说明太仓地区商业贸易的繁荣。

清康乾年间,太仓政治安定,物阜民丰,在江南鱼米之乡就享有"金太仓"的美誉。太仓的农业在此得天独厚的条件下获得了极大的发展,基本农作物有稻米、小麦、棉花等;养殖业有牛、羊、猪、兔、鸡、鸭、鹅等;水产有鱼、鳖、虾、蟹等;农副产品有油菜、大豆、白蒜、薄荷、蔬菜、瓜果、桑蚕、竹子、药材等。太仓的手工业早期以造船业闻名于世,郑和船队的大部分航海设备即在太仓配置。明清时期,太仓则以棉花产地的优势大力发展棉纺织业。纺纱织布遍布千家万户,太仓的棉纺织品随着航运远销各地。此外,太仓的手工编织和副食品加工也十分普遍。手工编织主要有箬帽、蓑衣、蒲鞋、蒲包、篾席、竹器、渔网等;副食品加工更是门类繁多,有榨油、制糖、酿酒、腌肉、肉松等。随着江南一带经济繁荣与人口增长,清政府为了加强赋税征调,自雍正二年(1724)始,将太仓升为江苏直隶州,管辖镇洋、崇明、嘉定、宝山四县。由此太仓州与苏州府、松江府、常州府并列,构成了苏松常太道的建制,此格局一直持续至清末。

太仓的经济繁荣、交通便利也带动了当地文化的兴盛。明清时期,太仓流行昆曲,官员、商贾、士绅都以延请戏班为风尚。明嘉靖时,有"曲圣"之称的魏良辅流寓于江苏太仓,改革了昆山腔,使其唱腔更加舒缓细腻,委婉动听。清乾隆时,沈秉麟精研音韵,七易其稿,撰成《韵学骊珠》上下二卷,成为昆曲咬字发音之准绳。太仓的园林也颇具盛名,有"园林之盛甲于江南"的美誉。较为著名的太仓园林有明代刑部尚书王世贞的弇山园、离园;大学士王锡爵的王氏园、南园、东郊园;刑部郎中陆昶的锦溪小墅;吏部员外郎王世骐的贲园,清代太常寺少卿王世懋的澹园;太常寺卿王时敏的西田等。太仓的旖旎风物熏陶出不少文人

---

① 吕成冬:《唐文治家族研究》,华东师范大学 2010 年硕士学位论文,第 7—8 页。

士子,宋元明清太仓考取进士者就有 314 人,其中较为显著者有明"后七子"领袖王世贞;明末清初复社创立者张溥;"江左三大家"之一的吴梅村;"江南大儒"陆世仪;撰写《续资治通鉴》的经史学家毕沅。在书画界,还有"明四家"之一的仇十洲;清代"娄东画派"的王时敏、王鉴、王原祁。太仓深厚的文化底蕴,对唐文治的成长产生了深远的影响。

二、晚清时局

清朝自乾隆中后期开始,就走了下坡路。在这个时期,康乾盛世的美好图景仅仅留在年长者的追忆中。清朝经过嘉道中衰,国运急转直下。倘若此时没有任何外力的介入,那么清朝说不定会重复中国历代王朝治乱兴衰的老路——在不断高涨的农民运动与随之而来的军阀割据下被推翻,从而促成新的王朝的建立。然而,世界格局却出现了具有决定作用的新的变量。西方列强在经过科技革命后,具备了横跨大洋的能力。于是,作为中国东南天然屏障的海洋反而变成了西方列强进入中国的便利通道。中国第一次发现东南的海防比西北的陆防更为关键。鸦片战争彻底打破了东方大国的优越感;太平天国运动又几乎夺去了清朝的半壁江山。这些突如其来的内忧外患,使清朝无法仿照历代王朝那样去解决危机,反而在西方文明、技术、制度、思想的攻击下,节节败退,几无还手之力。中国知识分子突然从天朝上国的迷梦中跌醒,发现中国仅仅是世界各国中任人鱼肉的一个弱国,如果再不奋发自强,则有亡国灭种的危机。在西方强势力量的渗透下,中国再也无法闭关锁国、自成一统,而是必须面对西方文化进行融合与创新,开创出一条新的道路。

在这样的时代背景下,中兴运动可以视为清朝统治者与官员、知识分子共同展开的自强运动。于是,19 世纪六七十年代,在此下坡路中出现了一段平稳期,这就是所谓的"同光中兴"。在这一时期,清政府平定了太平天国运动,国内的农民起义相对进入平静期;同时又与西方列强签订条约,达成相对和平的交往。在暂时解除内忧外患的形势下,清朝统治者开始与士大夫合作，开展了轰轰烈烈的洋务运动，新设了总理各国事务衙门，主动汲取西方器物文明。

然而，这次中兴运动与历史上的其他中兴运动具有很大的区别，"国家大权被紧紧地握在母亲慈禧太后手中，她执掌朝纲达四十八年之久，一直到1908年去世。就同治帝个人而言，他的统治肯定称不上是中兴朝代。但是这位皇帝主要是作为一种机制而非作为一个个人存在；他手下干练的大臣创造了一些不平凡的成就，引起了急剧的变化，这些成就可以被视为中兴的要素。"①鸦片战争的失败暴露了清朝统治者的无能，而镇压太平天国运动的过程则促成一批才学兼备的汉族士人的崛起。这些新兴的汉族士人，正是进行自强运动的主力。而以慈禧太后为代表的清朝统治者，对于自强运动以及随后的一系列变革，则持犹疑态度。一方面，迫于西方势力的压迫，清朝统治者要维持其统治不得不进行改革；另一方面，清朝统治者又唯恐改革的步子太大，削弱了皇权以及统治阶层的势力。因此，清朝统治者只能被迫进行有限度的改革，并时常使用保守派来牵制改革派的行动，这屡屡导致改革不彻底并削弱了改革应有的成效。

甲午中日战争，堂堂中华竟然败于蕞尔小国日本，让中国知识分子进一步意识到洋务运动的局限性。学习西方的船坚炮利仍然远远不够，还要进一步引进西方的政治制度。同处于东亚的日本，在明治维新后一跃而为世界强国，则成为中国改革的榜样。于是，中国的改革由器物的西化，发展到制度的西化，康、梁诸君子公车上书，得到光绪帝的支持，进行比洋务派更为激进的戊戌变法。可惜这样的变法运动受到保守派的反扑，百日维新后即告夭折。

以慈禧太后为代表的清朝统治者拒绝通过变法维新的道路来融入西方诸国构建的世界文明体系，转而支持民间组织义和团进行"扶清灭洋"的对抗行动。义和团具有朴素的爱国情怀，同时蕴含着浓厚的神秘主义色彩，通过画符念咒、神灵附体等方式来吸收大量的底层平民。在教案事件之后，由于清政府的默许，义和团焚烧教堂和外国人居所，破

① 徐中约：《中国近代史》，世界图书出版公司2008年版，第207—208页。

坏一切与西方文明有关的建筑设备,比如毁坏铁路、拆毁电灯等。这些行动对 19 世纪 60 年代以来中国的近代化成果造成了严重的破坏。义和团针对洋人的敌对行动,给予了列强侵犯中国的口实,最终导致八国联军侵华。被义和团神功护体的宣传蒙混了头脑的清朝统治者向西方宣战,义和团的冷兵器在西方坚船利炮的攻击之下,很快就溃不成军。八国联军经大沽口登岸,由天津直逼北京。清朝皇室成员在北京失陷后逃至西安,让庆亲王奕劻和李鸿章在京城与外国人谈判,最后以签订丧权辱国的《辛丑条约》而告终。义和团事件可以视为保守派面对现代化的一次逆时代而行的操作,但事与愿违,落得一个惨败的下场。与此同时,东南诸省的地方官员,则具有较为清醒的头脑,实施东南互保,既免受了义和团的破坏,又避开了外国侵略者的暴行。

开历史倒车失败后,清政府又重启改革,进行清末新政,开展立宪运动。但是,这次立宪运动由清廷保守派被迫发起,故进展十分缓慢,刻意拖延立宪的时日。"太后把立宪当成是用来安抚公众而不需真正损害她自身权力的一个方便工具;满族人则把它看作是实行集权和把汉人排除核心集团的机会,从而攫取各省汉人总督的权力。"①这样虚假而无实效的立宪运动,让公众再一次失望。大家相信在清政府的统治下,无法实现真正的立宪。故而整个时代的诉求由立宪转向了革命,1911 年爆发的辛亥革命结束了中国两千多年的封建帝制,翻开了历史纪元的新篇章。

晚清中国知识分子的自救运动,经历了洋务派、立宪派、革命派的变化。由洋务到立宪,则是一种渐进的变化。这条道路若能成功,或许近代中国的创伤会更小一点。但清朝统治者的强力镇压与虚假经营堵住了这条平稳改革的道路。革命派则一改温和的作风,其主张愈来愈激进。清政府虽然垮台了,但旧有的文化意识仍深藏在国人的心中。革命派从改革中国器物、制度、文化,进一步演变为全盘否定中国文化,并在五四运动中高举"德先生""赛先生"两面旗帜,提出"打倒孔家店"的口号。从文化角度看,这是自晚清以来,中国人在西方文化面前不断

---

① 徐中约:《中国近代史》,世界图书出版公司 2008 年版,第 329 页。

丧失自信的过程，在"事事不如人"的自卑中，最终准备走向"全盘西化"。

唐文治先生的青少年正处于同光中兴时期，故可谓其生于不幸时代里难得的大幸。在这一段少有的平稳时期，唐文治接受了严格的儒家式教育，并矢志不渝地成为一位真正的儒者。在此后出仕清廷的过程中，清朝的国运由平稳期进入最后的垂死挣扎。唐文治经历了义和团运动、清末新政与立宪运动，看到清政府的贪婪与无能，故毅然辞官而从事教育事业。鉴于洋务派的主张源自儒家内部思想体系，中学为体，是立德树人的内圣之学；西学为用，则是开物成务的外王之学，故唐文治较能接受洋务派的观点。在西学为用的立场上，唐文治主动接受西方器物文明，并在其主持的上海高等实业学堂引入颇多的西方教学设备以供实务操练，而在中学为体的立场上，唐文治极力反对"打倒孔家店"的激进态度，并提倡"尊孔读经"来把握中国未来的命运，故其在五四风潮下辞去上海工业专门学校校长之职，而去惠山脚下开办纯粹读经救国的无锡国专。

三、唐氏门风

唐文治的姓氏出于周。周初分封天下，叔虞封于唐。叔虞，姬姓，名虞，乃周武王之子，周成王之弟，因封于唐地，故亦称唐叔。后世唐氏皆出自唐叔之后，是故唐氏源于姬姓。

有史可查的唐文治的九世祖为良鼎公。良鼎公明末由南京迁至太仓，为唐文治一支在太仓的初祖。良鼎公生子凤仪公，凤仪公有二子，次子号文璧。文璧公有五子，次子名天栋，号宏任。唐天栋有五子，四子名承焘，号南轩。唐承焘有子名景星，号墨池。唐景星无子，过房一子名森阶，号尧冀。唐森阶亦无子，复过房一子名学韩，号翼亭。唐学韩有二子，长子名受祺，字若钦。唐受祺生一男一女，男名文治，女名文珠。

唐家属于卫籍。此户籍制度源于明，将民众分为军、民、匠、灶等户籍，至清又将军户分为卫所军户与原籍军户。唐氏家族为卫所军户。卫所军户的职责在历史演变中,防御的职责减弱,漕运的职责增强。从事漕运的军户可以获得一定量的土地,并在漕粮北运中获得一定收入,若漕船南回时运载北方货物贩卖,也可获得税收优惠。

自唐文治七世祖文璧公始,唐家就承运漕船、创设牙行,以后诸代皆操此业,至唐文治祖父唐学韩仍有漕运的经营。唐文治高祖唐景星在嘉庆元年(1796)以第二名入州学,是为唐家入学籍之始,其性率简,曾自述"言不必其有物,期于慎;行不必其有恒,期于谨;与人相接也,不期彼之必信,期我之必忱"①,有《爱莲居诗钞》《墨池杂著》存世。唐文治曾祖唐森阶,驻居沪上,承运漕船,并开办同兴洋行,经理闽广关山东商船,完办江海关税务事,逐什一之利,颇饶于赀。"道光二十九年(1848),浏河地区大水成灾,乡民饥困,道殣相望。唐森阶回刘镇倍感凄凉,遂将十余家所欠债银计三千两债据,当众焚烧免于偿还,债户深致感激。"②后经营不善,家道中落,唐森阶迁回太仓。

唐文治祖父唐学韩(1812—1878),字辅周,号翼亭。在唐文治祖父唐学韩时,唐家之境况已大不如前。唐学韩虽然自己生活简朴,但待人十分宽厚。唐文治曾回忆其祖父待人之事,可见一斑。

> 忆某夜文治读未辍,府君自外入室,荷一布囊,藏床头。文治叩之,曰:"此佣媪盗吾家米,藏灶下燔柴灰中,吾检得之,汝勿泄,泄则彼之名隳,无有佣之者矣。"明晨,某媪则大詈,谓此吾寄存物,何与尔老翁事。府君遽还米囊,以好语遣之。府君性尤慈,虽益贫,而任恤施与之事不少懈。忆某日某远姻来乞钱米,自朝至夜,漏三下,语刺刺不休。时天盛暑,汗流面霡霂。府君始终温语慰藉,厚赠缗钱,与揖让周旋而去。文治礼私语:"客何为者,令人厌恶。"府君叱之曰:"汝何知,彼为贫也。人孰无贫乏之日? 汝幼年已学刻薄耶?"吾家故隶镇海卫籍,旧有漕船一艘,秋冬之际,府君辄赴乡,收租籽以纳赋税。乡人稔知府君慈善,故不以实纳,或对之涕泣言贫病状,府君

---

① 唐景星:《墨池杂著·赘人自序》,转引自刘桂秋编著:《唐文治年谱长编》,上海交通大学出版社 2020 年版,第 10 页。

② 王鉴清:《古港浏河》,西泠印社出版社 2000 年版,第 196 页。

遽舍之去,或转以钱米施与之,人咸呼之曰"二好人"。"二好人"者,吾府君故行二也。①

唐学韩对待用人偷盗、姻亲乞钱、乡人漏税皆能以仁心待之,即使明知对方欺诈,亦能体谅对方窘迫之处境而不忍揭露。

唐氏家族直至唐学韩,在漕运与牙行生意上具有一定的连续性,虽然未为商贾巨富,但始终可以维持小康生活。但至道光年间,运河淤塞,漕运受到影响。运输工具由沙船改为轮船,运输线路由河运改为海运,运输始发地由太仓改为上海。这样一来,操持旧业已无法维持正常的生计,这迫使唐家下一代的子孙需要通过科举来实现家族命运的转变。

图1-1　唐受祺

唐文治父亲唐受祺(1841—1925)在咸丰九年(1859)入州学第四名,补廪膳生,同治四年(1865)恩贡例选直隶州分州,后改选复设教谕。唐受祺是唐家继唐景星之后,第二位入学籍的家族成员。唐受祺少时读书勤苦,喜好经史文章,搜集《陆桴亭先生遗书》,手抄十数册;又精研古今诗词,尤其深入王渔洋、吴梅村之堂奥,其论古人选韵妙诀曰:"仄字多用入声韵,平字多用东、支、阳、庚韵,则声调自响矣。"②又评己作曰:"吾赋尚有可存,若诗则寻常耳。"③现有《浣花庐诗钞》《浣花庐赋钞》传世。唐受祺尝作《迎春》《送春》诗二首,为唐文治时常吟诵,并录为灌音唱片,流布甚广,今辑录如下:

《迎春》

　　一番风信回阳春,千门万户景象新。来从东郊德在木,太和元气相弥纶。

---

① 唐文治:《王考府君事略》,《唐文治文集》第四册,上海古籍出版社2018年版,第2428—2429页。
② 唐文治:《先考府君事略》,《唐文治文集》第四册,上海古籍出版社2018年版,第2435页。
③ 唐文治:《先考府君事略》,《唐文治文集》第四册,上海古籍出版社2018年版,第2434页。

记得冬冬鸣腊鼓,桃梗换节并画虎。预识平原春草生,争看曲径寒梅吐。

几度冰霜着意催,渡江已报春早来。二分艳色梨云酿,十里晴光杏坞开。

东风处处闻莺燕,夜游秉烛谁开宴。相期刻翠并裁红,金谷联吟集群彦。

豪情醉月迭飞觞,花落纷沾衣袖香。但取词章谐鼓吹,那须弦管按宫商。

朗吟一曲春光晓,婉转繁音答好鸟。隔院藤阴绿渐浓,入帘柳絮烟微袅。

何人拾翠向晴郊,潜听花丛蝶板敲。斗酒双柑饶别趣,忍将春色等闲抛。

盎然淑气周环宇,千红万紫从头数。迎得韶光有几时,莫遽离情动南浦。①

《送春》

莺莺燕燕啼江南,晴天沈醉春光酣。碧桃盛开杂秾李,争艳斗媚何狂憨。

探春有约筵开绮,歌席平铺泛绿蚁。雅因待月故迟眠,曾为惜花频早起。

昨宵风雨逼江城,狼藉台阶尽落英。金粉亭台空寂寞,愁红惨绿不胜情。

声声杜宇催归去,一梦如云不知处。零落天涯离绪多,剧怜踪迹随飞絮。

繁华过眠太匆匆,安得推迁挽化工。芳草有情依院落,夕阳无语上帘栊。

兰亭禊事成陈迹,惆怅香车拥油壁。九十韶光转瞬中,春阴孰与加珍惜。

几日重阴郁未开,留春无计暂徘徊。荼蘼老去芭蕉绿,不信东风

---

① 唐受祺:《迎春》,《浣花庐诗钞》卷一,俞庆恩辑:《太昆先哲遗书》,广陵书社 2019 年版,第 1328 页。

唤不回。

　　呼童明日重开径,杯衔婪尾余清兴。愿花常好月常圆,斯言我
欲相持赠。①

　　唐受祺生性淡泊,无意功名,毕生设馆授徒为业。唐文治曾回忆其
父育人之道曰:"师道尊严,虽和易可亲,而凛然不少假借。受业最久者,
如河南光州吴敬修、菊农昆仲,广东潮州郑学书、让卿昆仲,同里陆智资、
镕伯昆仲。吴君擢巍科为名翰林,视学广西;郑君于戊子科中副车,出宰
吾苏。其他游庠食饩者,项背相望,俱循循礼法,无有越乎范围之外者,曾
府君教思所被也。"②唐受祺自述为人之道,当以孝、悌、忠、信、礼、义、廉、
耻八字始,并尤其注重伦常规范。其一生历经晚清各动乱,可谓常处困穷
之境,然而仍能救济亲友贫弱,修葺历代祖坟,甚至在唐文治入仕后,仍旧
保持勤劳俭朴、亲力亲为的生活作风。

　　唐文治母亲胡氏(1839—1907),为镇洋县邑庠生胡汝直之女。胡氏
自幼就学习《孝经》、四书,通经史大义,21岁与唐受祺完婚。因持家劳累
而得肝郁病。后太平军攻占苏州、松江、太仓各州县,唐家避乱于乡,又渡
江而北。衣食之赀,苦无所出,胡氏尽典食中衣饰,方渡此劫。在颠沛流
离中,胡氏生下唐文珠。后来太平军被平定,唐家迁回太仓,赁居岳王市,
胡氏不久即生唐文治。在唐文治入仕后,胡氏随同唐受祺入京。当甲午
战争爆发时,胡氏曰:"设有不测,吾当投缳以报国。"后逢义和团运动,胡
氏又以国乱痛愤不食20余天。经家人劝慰,才渐进饮食。

　　唐文治姐姐唐文珠(1862—1883),长唐文治3岁,幼年就很聪慧,喜
欢诵读唐诗以及吴梅村的诗词,累数百言,背诵无遗。生性至孝,顺从长
辈,善于体谅他人心意。由于唐家长辈钟爱唐文治,故在衣食上都偏向唐
文治,唐文珠也不在言语上计较这些。唐家姐弟俩每次犯错,母亲胡氏知
道祖父偏爱文治,就重挞文珠来吓唬文治,文珠也不敢有一言辩解。在唐
文治祖父唐学韩过世后,母亲胡氏伤心操劳过度,肝郁病发作,数日不能
说话。幼年唐文治焦急万分,无奈中急赴灶前,欲祈祷于神灵。只见姐姐

① 唐受祺:《送春》,《浣花庐诗钞》卷一,俞庆恩辑:《太昆先哲遗书》,广陵书社2019年版,第1329页。
② 唐文治:《先考府君事略》,《唐文治文集》第四册,上海古籍出版社2018年版,第2437页。

唐文珠早就跪倒在灶下,稽颡不已。中夜又闻鹏鸟屋颠叫呼,疑为不祥之兆,姐弟俩窃窃祈祷,甘愿代替母亲受此不祥。平日居家,女红针织、扫撒卫生、挑水做饭等皆亲自操持,无不尽善。可惜天不假寿,唐文珠年 22 岁即殁。

自良鼎公迁娄以来,至唐文治以历十世,共经 300 余年。唐家先奉漕运,再营牙行,几世累积,方入学籍,继而出仕庙堂,化育学人。唐氏家族的发展壮大,来源于其优良的家风。这正如唐文治父亲唐受祺所言:"凡人家无三十年而不变者,惟为善有以维持之。然非勤俭以养心性,亦终不能为善也。"①《易经·文言》曰:"积善之家,必有余庆。"正是唐家先人累世的勤俭持家、修德待人,才能树立与维持良好的唐氏门风,从而养育了一代代杰出的唐氏子孙。

① 唐文治:《先考府君事略》,《唐文治文集》第四册,上海古籍出版社 2018 年版,第 2436 页。

第二章　早年述记

　　唐文治的早年生活是不幸之中的大幸。在晚清动荡的时局中,由太平天国运动结束(1864),到甲午中日战争爆发(1894)的这30年间,百姓生活基本安定,国家没有太多的内忧外患。这段30年的黄金时期,给予了唐文治较好的生长环境。唐文治在家乡师友的教导下,开启了蒙学教育,完成了儒家十三经的学习;又投入太仓理学家王紫翔门下,学习程朱理学;并在南菁书院师从定海黄以周,受到良好的经学训练。唐文治本人也由偏居一隅的江南村童成长为具有坚定道德理想的儒家士子。

一、童年诸事

　　同治三年(1864),太平天国运动平息下来,在江北避乱的唐受祺与妻子胡氏渡江回娄,暂时赁居于太仓镇洋县岳王市陆宅静观堂。同治四年十月十六日(1865年12月3日)亥时,静观堂迎来了初生婴儿响亮的啼哭声,新的生命给全家带来了喜悦。唐学韩望孙心切,自然喜出望外,亲自给这个小生命取名文治,字颖侯,号蔚芝。三天后,唐学韩赴亲戚家饮酒,酒阑微醉,将席间果饵皆兜入怀中,说:"带回家给我孙子吃。"别人笑话他:"你的孙子已经能吃

图 2-1　静观堂

果饵了吗?"唐学韩方才醒悟过来,与大家一起大笑不止。①

　　唐文治两岁的时候,全家迁入太仓城中,借居在武陵桥南唐文治外祖父胡汝直的屋子中。在太仓城中的第二年,唐文治母亲胡氏有了身孕,可惜六个月大时忽患小产。当时唐文治的父亲唐受祺长期在苏州设馆教书以谋生资。胡氏小产时仅雇了一个老婆子来打下手。小产后的胡氏缺人照顾,多次昏晕,甚至到了不省人事的地步。这时,唐文治才三岁,虽然不知道具体的情况,但对于母亲的痛苦已然能够察觉几分。某夜三更,唐文治听到母亲的呻吟声,再也不能安心睡觉,跪倒母亲床前,伏在床沿焦急地看着母亲。母亲昏晕稍醒,察觉到有个小儿在床边,勉强抬手抚摸唐文治的头顶,轻声说:"是我的儿子吗?"唐文治说:"是我。"母亲说:"快起来,睡在我的脚边上。"唐文治稍微安心了一点,在母亲脚边睡熟了。

　　唐文治六岁的时候,开蒙读书。他人生第一个老师是胡汝诚先生。胡汝诚是胡汝直的弟弟,也就是唐文治的外叔祖父。当时胡汝诚在设帐教书,母亲胡氏就命唐文治随去就读。唐文治首次读书的经历似乎并不愉快,他入塾第二天就逃学回家,母亲胡氏用大棒挡着门,说:"你父亲在苏州教书,你却逃学,怎么对得起你父亲? 下次再逃学就打你。"唐文治害怕了,又去上学,可是第三天还是逃学回家,这次被母亲狠狠地痛责了一顿,吓得他再也不敢逃学了。在私塾里,胡汝诚先生先教他识字,再教他读《孝经》《论语》。每次放学回家,母亲都要很严厉地督促他的功课,如果唐文治功课不熟,就要被母亲严责,说:"你与其明天功课不熟被先生打,还不如现在先被我打。"唐文治有段时间晚上和祖父唐学韩同睡,唐学韩就隔着被窝给唐文治讲经书内容,祖孙俩一直可以说到半夜。同学们觉得很奇怪,唐文治白天似乎不太用功,为什么回家睡了一晚,经文就记得滚瓜烂熟。

　　除外叔祖父胡汝诚外,在唐文治16岁之前,他还曾受业于太仓萧黻廷、姚葆光、钱宫极之门,并先后跟随在苏州、上海等地设帐教书的父亲唐受祺、外祖父胡汝直学习。萧黻廷是唐文治表祖姑丈陈研香所延请的塾

---

① 本书所撰人物对话及其相关事件,均出自唐文治《自订年谱》和刘桂秋编著《唐文治年谱长编》,因行文需要而译为白话。

师,而姚葆光、钱宫极都是唐文治的姨丈。可见,唐文治家族虽然贫寒,但与其联姻的家庭,都是书香之家。唐文治在他们的教诲下,读遍了《孝经》、四书、五经等儒家经典,打下了坚实的学问基础。

在唐文治求学期间,还发生了很多琐事。这些琐事虽然零星,却见证了唐文治的成长。

当时唐文治家贫,母亲胡氏持家节俭,唐文治的衣服缝了又破,破了又缝。有几个同学嘲笑唐文治衣服破旧,唐文治说:"我是君子固穷,你们是小人穷斯滥啊。"同学们都特别惊讶,没有想到唐文治竟然能够活用《论语》中的句子来进行反诘。唐文治暗自得意,这两句话是他外祖父经常用来训人的,他时常听到,读了《论语》后才知道意思,这次只是拿来借用而已。

唐文治8岁那年,开始学习《孟子》。有次去姑母家吃午饭,同坐有人询问唐文治的志向,唐文治答道:"我愿意做伊尹"。伊尹是商朝的良相,辅佐成汤兴商灭夏,是中国历史上了不起的圣贤,孟子在书中屡次赞叹伊尹,称其为"圣之任者也"。同坐之人听到了唐文治的回答都很惊讶。这事传到唐文治祖父唐学韩那里,祖父想不到唐文治小小年纪,竟然有如此高的志向,也暗自高兴。

唐文治10岁之时,因家中有亲戚,母亲胡氏给唐文治一百二十文钱去买炊饼。唐文治中途见一妇人,怀抱小孩,啼哭不已。询问后才知道,该妇人因其夫殁,流落异地,不得归乡。唐文治赶紧抓了一大把钱给她,等他到了卖炊饼处,发现自己只剩三十文。唐文治不敢回家,在附近徘徊,看到有摆地摊赌钱的,就押了三十文,没有想到一博而胜,以三偿一,正好一百二十文,于是急忙买了炊饼回家。他不敢把这个事情告诉母亲,就偷偷告诉祖父。唐学韩说:"那些地摊经常骗人钱财。这是老天爷借你的手,将钱给那个妇人,不是你真能靠赌钱去行善。以后不许去地摊赌钱,不然一定要打你。"唐文治事后也觉得这是天道因果的表现。

唐文治11岁时,有次丢弃了一个印有洋文的火柴盒,母亲胡氏很生气。唐文治说:"这不过是洋文罢了。"母亲就更加生气了,说:"洋文难道不是文字吗?是因为你不读洋文,所以轻弃洋文吗?就是因为你不爱惜文字，所以读经书不能纯熟。你应该知道中西文字都一样值得尊重!"母亲的话真是醍醐灌顶，让唐文治刻骨铭心。这种对中西文字同样尊重的教诲，不免影响到唐文治对中西文化的态度。

唐文治12岁时，随父亲唐受祺参观上海制造局。唐受祺有《沪上观制造局》一诗记载此事，其中有"人巧夺天工，借此药愚蠢"以及"相臣经营初，万象归转控"等句，对于西方科学技术的引入，唐氏父子并没有以"奇技淫巧"视之，反而以开放融合的姿态来看待新事物。唐文治父母亲对西方文字与文化的态度，应该说对十来岁的唐文治具有潜移默化的影响。唐文治后来主政南洋大学，大力聘请洋教员，使用洋文教材，主动引进西方科技，这些行为的源头，可能就萌发于父母亲的一番教导里。在上海的这段时间，由于外祖父胡汝直在沪设帐教书，故唐文治也跟随外祖父受业就学。胡汝直讲到《左氏春秋》"郑伯克段于鄢"一文，问唐文治："郑伯与段，谁优谁劣?"唐文治说："郑庄公没有承担起教育弟弟的责任，共叔段也不敬爱哥哥，没法比较优劣。"胡汝直微笑道："孺子可教矣。"又有一次，胡汝直饮酒微醉，对唐文治说："你记住了，我挑的女婿，都是家境贫穷的。天下惟穷为至清、至高、至美之事。君子固穷，穷能自立，富则斯滥矣。"外祖父狷介严毅的性格，充分体现了"穷且益坚，不坠青云之志"的文人风骨，这对唐文治性格的塑造也有重要的影响。唐文治丝毫不以家境贫困为苦，反而更加发奋读书，常常读书到半夜。

唐文治14岁那年的秋冬之际，可能是他童年最为伤心的时刻。不到一个月时间，外祖父胡汝直与祖父唐学韩相继辞世，母亲胡氏惨遭两丧，哀痛欲绝，肝郁症发作。适逢父亲唐受祺适馆沪上，不能及时归来。唐文治与姐姐唐文珠强忍悲恸，照顾母亲，承受起家庭的重担。

二、受业王门

清代的科举制，一个读书人真正做到"学而优则仕"，需要经历童试、院试、乡试、会试、殿试等考试。通过童试，则为童生。院试分为岁试与科试两项,通过岁试,即可入州学,成为生员,俗称秀才;通过科试,则生员具有参加乡试的资格。乡试,三年一次,在秋季举行,又称"秋闱",通过乡试则成为举人,其中第一名称"解元"。会试在乡试后次年的春季举行,故又称"春闱",通过会试则成为贡士,其中第一名称"会元"。会试之后,还有保和殿覆试、殿试、朝试。前三名状元、榜眼、探花,列为一甲,称进士及第;第二甲若干人,称进士出身;第三甲又若干名,称同进士出身。

唐文治 15 岁通过了太仓州的童试,翌年春江苏学政夏同善主持岁试,唐文治以第六名的成绩被取入州学,从此唐文治就位于生员之列,成为一名秀才。这预示着他未来大致会走上"学而优则仕"的道路。

此时的唐文治,多数情况跟随父亲在上海读书。唐受祺在白天为唐文治传经授课,晚上则讲乡贤遗事。某晚,唐受祺提到了太仓孙子福先生。孙先生讳寿祺,道光甲辰进士,为官刑曹,刚正不阿。曾出任广西柳州知府,勤政爱民,因正直而去官。归舟经洞庭湖,暴风骤作,即将倾覆。孙子福盛服立于船头,对天发誓说:"我这个船上倘有丝毫不义之财,请上天淹死我;如果没有,我义不当死,请上天明鉴!"不一会儿,果然风浪平息,全舟无恙。唐受祺讲了这个故事后,特意交代唐文治,"廉洁者,人生之大节也。一介之取予,必须折中于道义。世界上从来没有贪财而可以修己治人的,你要好好记住。"唐文治秉训不敢忘,此后的人生,无论居官讲学,都是兢兢业业,以孙子福先生为榜样。

就此时唐文治的学问而论,已经有了扎实的儒家经典文献的基础,但如何加深对儒家经典的理解,则是其学问精进之瓶颈。而精益求精的方向,大致有两条途径:一条是注重义理思辨、心性理气的宋学途径;一条是注重章句训诂、名物度数的汉学途径。唐文治 17 岁受业于太仓理学家王紫翔先生,为其宋学的学习途径;而 21 岁求学于江阴南菁书院,师从黄以周、王先谦等经学大师,为其汉学的学习途径。

王紫翔(1842—1918),字祖畲,号漱山,太仓州镇洋县人。学宗程朱,推崇清初理学家陆陇其之学,先后讲学于宿迁、海门、崇明等地,曾任河南汤阴知县。主要著作有《读左质疑》《读孟随笔》《礼记经注校正》《王文贞公文集》等,并编纂《太仓州志》《镇洋县志》。

王紫翔与唐文治父亲唐受祺同辈,又是好友。在唐文治14岁时,王紫翔就见过唐文治,非常赞赏唐文治的文章,认为他将来必成大器,并嘱咐唐文治多读历代大家的文章,用来扩充才气。唐受祺也有意让唐文治跟随王紫翔学习。在唐文治17岁时,经由姨丈黄镜渠①的介绍,唐文治正式受业于王紫翔。唐文治每过三四日,就去王紫翔处听讲。"先生忻然,凡文章之奥、性命之幽,旁逮训诂笺疏之谊、诸子百家之言,靡不口讲指画,统贯旁通。至于朝夕训诲,则必断断然以制行为先务。"②王紫翔给唐文治开列的书目有汪武曹的《孟子大全》、陆清献的《三鱼堂集》《唐宋文醇》《熊锺陵制义》。《孟子大全》《三鱼堂集》是理学家的著作;《唐宋文醇》是乾隆御选的唐宋散文选本;《熊锺陵制义》是熊伯龙的八股文范例。从书目的选择上看,王紫翔可谓颇具苦心,他训练唐文治既要学习理学要义,又要学习文章撰写,并最终将此训练成果融贯到八股文的写作中,从而获得良好的应试效果。王紫翔告诫唐文治:"凡文之博大昌明者,必其人之光明磊落者也;文之精深坚卓者,必其人之忠厚笃实者也;至尖新险巧,则人必刻薄;圆熟软美,则人必鄙陋。汝学作文,先从立品始,不患不为天下第一等人,亦不患不为天下第一等文。"③王紫翔所说"人品即文品"的道理,传承了中国传统"文以载道"的精神,可谓读书作文的大根大本。唐文治对于先生的教诲憬然受命,其日后颇具特色的文章学理论,亦大抵发端于此。

在学问志向上,王紫翔有严格的义利之辨,"境遇之穷困,当随时退一步想,人之不如我者正多也。学问之高深,当随时进一步想,我之不

---

① 黄镜渠既是唐文治的姨丈,也是唐文治的岳父。黄镜渠原聘钱氏,钱氏未归而卒,故续娶胡氏,为唐文治姨母。就此身份而言,黄镜渠为唐文治姨丈。光绪二十年(1894),唐文治原配郁冰雪卒后,续娶黄镜渠之女黄彬琼。就此身份而言,黄镜渠为唐文治岳父。唐文治受业于王紫翔时,尚未婚娶,故黄镜渠对于唐文治仅是姨丈的身份。黄镜渠为人仗义,唐文治早年性格急躁,醉酒骂人,由于黄镜渠的帮助才得以免祸。唐受祺也曾由于漕粮之事代人受过,幸亏黄镜渠挺身而出,排难解纷。唐文治终身感激黄镜渠,感叹"半生知己,如公者几人"。
② 唐文治:《王紫翔先生六十寿序》,《唐文治文集》第四册,上海古籍出版社2018年版,第2079页。
③ 唐文治:《自订年谱》,《唐文治文集》第六册,上海古籍出版社2018年版,第3622页。

如人者正多也。居易俟命，随处皆乐境。升沉得失，奚足重轻?"①在物质条件上，不要去与人攀比;而在学问境界上，则处处要自强不息。正是在这样的人生信条下，王紫翔面对道义所要求之事，敢于挺身而出、主持公义。

光绪八年(1882)，圣公会华人牧师吴虹玉②由上海赴太仓传教，准备购买太仓城南门寡妇宋张氏的房屋用于传教。王紫翔知晓此事之后，将庠序中学子会集娄东书院，倡言道:"传教本为条约所许，但吾娄城中向未设有教堂，生恐滋生事端，于教士转有不利。请诸君同赴州署请愿，商阻兹事。"③于是王紫翔与唐文治等诸生同赴州署。由于南门地属县境，此事由县署办理。知县当晚坐堂，提讯牧师吴虹玉与宋张氏。刚开始吴虹玉坚持认为知县无权干涉其传教，但在场的诸生群情激愤，吴虹玉只得退让。由于最初吴虹玉以三百金购买宋张氏房屋，故王紫翔筹集公款三百金还给吴虹玉，原来房屋买卖作废。吴虹玉在太仓的传教受挫，第二天就离娄返沪了。如果单就王紫翔、唐文治、吴虹玉等人的人品来看，他们皆是充满爱国热情的君子式人物。在王紫翔、唐文治等人看来，吴虹玉是挟洋自重，传播异端;而在吴虹玉看来，王紫翔等乡绅是仗势欺人，泥古不化。双方之间的矛盾，似乎裹挟了更多的学说与立场的对抗。

唐文治经历了这次护教的斗争，对老师的义举敬佩万分。王紫翔倡议将此房屋改建为陆世仪、陈瑚、江士韶、盛敬四先生的祠堂。陆世仪，字道威，号刚斋，晚号桴亭，江苏太仓人，明末清初著名的理学家，被誉为江南大儒。明亡，隐居讲学，与陆陇其并称"二陆"。一生为学，志存经世。天文地理、礼乐农桑、河渠贡赋、战阵刑法，无所不通，而其学又以理学为归。陈瑚，字言夏，号确庵，少时与陆世仪游，以实学为务。明亡，无意仕进，奉父隐居，不应诏举。江士韶，字虞九，号药园，其学以陆世仪为归，以为圣贤之旨，尽于昔儒之论说，后人惟在躬行而已。盛

---

① 唐文治:《文章讲义》,《唐文治文章学论著集》第三册,上海古籍出版社 2020 年版,第 1453 页。

② 吴虹玉,江苏常州阳湖县人。早年赴美,曾在宾夕法尼亚州当过印刷工人,并参加联邦军队亲历美国南北战争。归国后,吴虹玉积极投身于圣公会的传教事业,并参与了同仁医院的创建。

③ 唐文治:《重修陆、陈、江、盛四先生祠记》,《唐文治文集》第四册,上海古籍出版社 2018 年版,第 1982 页。

第二章 早年述记

021

敬,字宗传,号寒溪,与陆世仪同学,以存诚主敬、笃于孝友为学问宗旨。此四位先生都是太仓历史上德望所归的先贤,久为后人仰慕,故对于王紫翔的提议,大家一致同意。于是将房屋略加修葺,是年五月就将四先生的神主送入祠堂。自此以后,春秋二祭,肃肃雍雍,德化一方。后来王紫翔魂归道山,唐文治亦力主将老师王紫翔附祀四先生祠,以纪念王紫翔倡建祠堂之功。

唐文治本来性颇疏狂,经常持简高谈,以为名教自有乐地,吾辈当在第一流中。而在王紫翔门下,则常被师友鞭策提醒,自此愈加收敛,知道学问应该在省身修德处用力。在这段求学的时光里,他写了"毋不敬,毋自欺"的座右铭,路不斜视,收束身心,细读《近思录》《性理精义》《学蔀通辨》《程氏读书分年日程》等,抄录《王学质疑》《明辨录》等书。而在读《孟子》时,又抄录王紫翔的《读孟随笔》,将其读书心得写成《读孟札记》。经过这一番勤学苦练,唐文治对于宋明理学有了更深刻的体会。

唐文治18岁时,与郁冰雪(1861—1894)完婚。婚后,郁夫人服侍堂上公婆,起敬起孝,劳而不怨。婆婆胡太夫人肝郁病时常发作,郁氏夫人朝夕侍疾,毫无怨言。胡太夫人尝语人曰:"吾妇无他胜人者,惟德性差胜人耳。"[1]这一年秋季,就要进行乡试。王紫翔嘱咐唐文治购买一批参考书。唐文治身手拮据,无钱买书。郁夫人典质了奁中陪嫁物作为资助,唐文治遂购得《二程遗书》《朱子全书》《拙修集》等性理学书籍。八月,唐文治告别母亲与夫人,随父亲唐受祺赴南京参加乡试。乡试一共考三场。为了防止徇私舞弊,上交的考卷为墨卷,需要糊名,由誊录人用朱笔誊写一遍,称为朱卷。再将朱卷送交考官批阅。榜发,唐文治中式第二十名举人。当时左宗棠任两江总督,为乡试的监临官,对唐文治所写的文章大为叹赏,并在发榜揭晓后,又将唐文治的墨卷索去细阅,并云:"此人三场字迹一丝不苟,必有后福。"唐文治后来闻知此事,虽一生无缘亲见左宗棠[2],但对左宗棠报以终身知己之感,并以"先师"称之。

---

[1] 唐文治:《郁夫人家传》,《唐文治文集》第四册,上海古籍出版社2018年版,第2447页。
[2] 左宗棠于光绪十一年(1885)逝世,是年唐文治刚入学南菁书院。

唐文治中举后,顺便随父去了一趟扬州,游玩了平山堂、小金山等名胜。下一年春,唐文治随王紫翔一起赴北京参加会试。王紫翔是年42岁,唐文治19岁。榜发,王紫翔中式,入词林,授庶吉士。唐文治则未能中式,落第而归。

这次会试的失利,让唐文治认识到自己学问的不足,这促使他在求学的道路上更加精进。当时宁波知府宗源瀚创办宁波辨志文会,分汉学、宋学、史学兼掌故、算法、舆地、词章六斋课士。每斋延请专精的学者为斋长,校阅课卷。成绩分为超等、特等、一等三个级别,并发放相应的奖励。唐文治就经常参与辨志文会的宋学、汉学课艺之撰作。其课艺的成绩,几乎都在超等的级别,且多次拿到宋学超等第一名的好成绩。

三、南菁求学

南菁书院由江苏学政黄体芳(1832—1899)于光绪八年(1882)在江阴所建。当时两江总督左宗棠(1812—1885)奏拨旧水师营游击、协镇两署故址及白银二万两协办书院。书院之名出自朱子《子游祠堂记》"南方之学,得其菁华",设置经学、古学两大内容,主要培育江苏籍取得功名的读书人。

黄以周(1828—1899),字元同,号儆季,浙江定海人。其父黄式三是著作等身的经学大家。黄以周青出于蓝而胜于蓝,常年手不释卷、锐意著述,以读书治经为乐。40岁时,供职于浙江书局,参与典籍校勘。43岁乡试中举之后,会试屡次不第,遂无意仕途。光绪十年(1884),黄体芳邀请黄

图 2-2 南菁书院藏书楼旧照

以周赴江阴担任南菁书院院长,主讲经学。此后,黄以周遂在南菁书院讲学 15 年。黄以周在书院自书座右铭:"多闻阙疑,不敢强解。实事求

是,莫做调人。"由此座右铭可知,黄以周的治学风格侧重汉学,偏于考据训诂。

当时,唐文治在王紫翔的教诲下,宋学的研究已有门径,但汉学的研究仍旧不够充分,便于光绪十一年(1885)报考了南菁书院。在赴江阴之前,王紫翔告诫唐文治说:"昔顾亭林先生有言,经学即理学,明理必在于通经。彼强分门户者,皆鄙倍之徒也。吾闻南菁院长黄元同先生经学大师,子守吾理学之教,而更采黄先生之所长,博闻强识,穷理尽性,他日自成一家,斯可矣。"[①]至江阴后,先拜谒黄体芳先生,黄体芳谆谆训以有用之学,再受业于黄以周先生。黄以周听说唐文治研习宋学,就很高兴,他告诫唐文治说:"亭林先生有言:经学即理学,理学即经学,不可歧而为二。圣门之教,先博后约,子其勉之。"[②]王紫翔和黄以周两位先生,都以顾亭林"经学即理学"一语告诫唐文治,但后面的道理却有差异。"唐文治两位老师的教诲,似同出一辙,实际上却大有区别。理学家王紫翔希望弟子能采黄先生之长,但最终应'守吾理学之教';经学家黄元同却希望弟子'先博后约',虽说'经学即理学',最终能得'圣门之教',但这博习训诂,研习经学、小学的功夫是绝对少不了的。"[③]理学家的思维是演绎性的,故王紫翔所谓的"经学即理学",则是以理学思想来囊括经学;而经学家的思维是归纳性的,故黄元同所谓的"经学即理学",则是在名物度数的考辨中归纳出所以然的道理。唐文治在南菁书院的学术成长,就是要深入掌握这两种不同的思维模式,将之融合在自己的治经方法之中。

在南菁书院里,唐文治每天晨起练字,临摹《九成宫》《玄秘塔》,然后学习音韵、经义等,常在师友之间切磋学问。黄以周教导学生以《易》之"静""专"二字作为读书求学之法:"学问必由积累,初无顿悟之方。而积累全在静、专,亦无袭取之道。人有终日读书而掩卷辄忘者,病在不静;有终身读书而白首不名一艺者,病在不专。静则记性强,专则学术成。"又说:"昔之儒者尚专经,故能由一经以尽通诸经;今之学者欲无

① 唐文治:《王紫翔先生文评手迹跋》,《唐文治文集》第三册,上海古籍出版社 2018 年版,第 1740 页。
② 唐文治:《自订年谱》,《唐文治文集》第六册,上海古籍出版社 2018 年版,第 3627 页。
③ 赵统:《南菁书院志》,上海书店出版社 2015 年版,第 378 页。

经不通，乃至一经不通。"①黄以周要求学生养成沉潜的学术品格，不要好高骛远、贪多求全，而是要专心、静心于一部经典，日久自然能触类旁通。

黄以周门下有进讲的习惯，要求学生将平日研究心得讲出来，以便老师耳提面命，现场指导。有一次唐文治进讲完毕，黄以周教导大家："近日讲学极难，有避道学之名者，则讳而不讲，即有讲者，先入主出奴之见存于胸中。夫既存一人主出奴之见，原可不讲学了，故戴东原先生《孟子字义疏正》立说俱是，而近于毁骂。至焦理堂作《孟子正义》更失东原先生之旧。"②当时治经学的，注重训诂音韵，闭口不谈性理。而偶尔碰到谈性理的，又存有极强的门户之见。从这一点看，戴震、焦循的著述都有缺陷。黄以周的一番言论对唐文治触动很大，他回去在日记中写道：

> 近世有训诂之学，有义理之学，其外又有顿悟之学。言训诂者病义理为空疏；言义理者，病训诂为泛骛；而言顿悟者，更病义理为支离；甚有主训诂之学，目未见程朱之书，而亦痛斥宋儒者。主义理之学，目未见许郑之书，而亦痛斥汉儒者。痛斥宋儒而躬行视为迂腐；痛斥汉儒而经书束之高阁；至言顿悟者，并且绝圣弃智，专认本来面目矣。此岂复成儒者气象哉。夫学术不明，吾党之责也。文治天资既钝之极，于经学犹生望洋之叹，然窃愿于训诂义理二者，皆稍稍涉其流。俾言训诂者不至斥义理为空疏，言义理者不至斥训诂为泛骛，而顿悟之学，犹思辨其似是之非，至于其他，非所敢志。③

唐文治反思了学习儒学的三种方式：训诂之学、义理之学、顿悟之学。训诂之学重于文字考据，但失于躬行实践。义理之学重于躬行实践，但失于文字考据。而顿悟之学，则完全是受了佛教的影响，非儒门正宗。故唐文治决定自己应该将训诂之学与义理之学学好，吸收两家之长，杜绝两家之短。放眼唐文治一生之学术成就，具有兼采汉宋之特

① 唐文治：《黄元同先生学案》，《唐文治文集》第二册，上海古籍出版社 2018 年版，第 947—948 页。
② 唐文治：《南菁书院日记十六则》，《唐文治文选》，上海交通大学出版社 2005 年版，第 5 页。
③ 唐文治：《南菁书院日记十六则》，《唐文治文选》，上海交通大学出版社 2005 年版，第 6 页。

点,此治学之综合性,即根源于南菁书院的学习。

光绪十一年(1885)年末,黄体芳的江苏学政任期已至,继任者为王先谦。王先谦有个心愿,在学政的任期内要刊刻《皇清经解续编》。早在60年前,学者阮元曾经刊刻《皇清经解》,该丛书收录清初至嘉庆年间73家、183种经学著作。而近60年来,经师辈出,著作纷呈。王先谦想要仿照阮元之《皇清经解》,编纂《皇清经解续编》,将以前遗漏的以及新出现的经学著作收集刊刻。但是,此书工作量巨大,非几人之手、一时之力即能完工,故王先谦只有在担任江苏学政之时,倚仗南菁书院诸学子之力,才能共襄此文化伟业。于是,王先谦甫一上任,就四处筹集资金,设立南菁书局,搜罗著作版本。而南菁书院的学子,则参与书籍的校雠。"校雠非常严格,翻开《续经解》,每一卷末都附录两名校对者的姓名,可能前一人初校,后一人复校。众多校勘者中,可确定是肄业南菁的课生有:陈庆年、陈汝恭、冯铭、沙从心、章际治、赵椿年、曹俨、唐文治、丁国钧、范本礼、邵元晋、孙同康等。"①该丛书的刊刻工作从光绪十二年(1886)开始筹备,直至光绪十四年(1888)完成,前后历时两年有余。《皇清经解续编》共收录111家、209种经学著作,为经学的传承发展作出了卓越的贡献。唐文治由于担任校雠工作,故以半价购得丛书全套。这样的出版工作,对于唐文治等南菁学子而言,不仅能够看到很多世所罕见的珍本,而且大大拓宽了其学术视野,更对他们日后的学术成长具有深远的影响。

在南菁书院,唐文治还结交了很多志同道合的朋友,比如:吴县曹元弼、江阴章际治、阳湖赵椿年、武进刘翰、丹徒陈庆年与殷松年、昭文孙同康、常熟丁国钧、吴县曹元忠、泰州卢求古、如皋姚彭年、宝山邵心炯、阳湖庄蕴宽、上海赵世修、海门刘宗向。同学泰兴于璠、华亭雷瑨还问业于唐文治。其中最值得一提的,则为同门曹元弼。曹元弼(1867—1953),字师郑,号叔彦,晚号复礼,吴县人。光绪十一年(1885)入南菁书院,求学于黄以周先生门下。是年,乡试中举。光绪二十年(1894)会试中选,委以内阁中书之职。后任教于两湖书院、存古堂。辛亥革命

---

① 赵统:《南菁书院志》,上海书店出版社2015年版,第68页。

后,曹元弼以遗老自居,闭户绝世,殚心著述。唐文治在南菁书院初次见到曹元弼时,认为"曹君精于《易》《礼》诸学,笃守郑君家法,尤为笃实"①,虽然曹元弼长于《诗经》、三礼,而唐文治长于性理之学,但两人立即"如旧相识,忻合无间"②。

从光绪十一年(1885)年初至光绪十四年(1888)年末,唐文治在南菁书院整整学习了四年。这四年对于唐文治而言,有两个方面的重要影响。其一,南菁书院的学习,大大拓宽了唐文治的学术道路,奠定了其兼采汉宋的治学风格;其二,南菁书院的师友,日后多为学界、政界之人物,唐文治的社会交际圈由此初步成形。

四、会试受挫

光绪十五年(1889),唐文治离开南菁书院,赴京参加会试,可惜没有考中。他又留在京城,参加下一年(1890)的恩科会试③,仍旧没有考中。其实,这两次会试,唐文治都得到阅卷官的推荐,但在主考官那里没有通过,此谓荐而不售。

在京城的一年里,唐文治主要在太仓同乡顾元爵家处馆。顾元爵长唐文治 20 岁,时任直隶候补道,会办大沽船坞。唐文治就住在顾元爵家中,课读其四子顾思永、五子顾思远。顾元爵在无事时,也经常到书斋里与唐文治闲聊,"论经史要旨、古今政治得失,旁逮吾乡旧闻、先进耆德,每至夜分,语刺刺不休。"④有一次,顾元爵谈到自己的父母,感叹自己奉养父母的时间太短,深有所憾,他说:"人生天地间,自有知识以来,奉侍父母,至多者不过三四十年。此三四十年中,流光瞬息,抑何易安乐时,忽忽不自觉。至于亲疾病,悔恨泣嗟,亦将何及! 当此三四

---

① 唐文治:《自订年谱》,《唐文治文集》第六册,上海古籍出版社 2018 年版,第 3628 页。
② 唐文治:《谱弟曹君叔彦七秩双寿序》,《唐文治文集》第四册,上海古籍出版社 2018 年版,第 2112 页。
③ 倘若依照惯例,会试三年一期。但清廷在会试正科之外,遇到皇室大庆之事,还设有恩科。光绪即位时,年仅四岁,由慈安与慈禧垂帘听政。慈安死后,国家大权实由慈禧一人掌控。光绪十八岁大婚,意味着光绪已经成年,可以独立临朝听政。于是慈禧不得不做出撤帘归政的姿态,光绪也就在这个时期开始亲政。为了庆祝光绪亲政,遂有光绪十六年(1890)的恩科会试。
④ 唐文治:《顾廷一先生墓志铭》,《唐文治文集》第五册,上海古籍出版社 2018 年版,第 2901 页。

十年中,第祈二人康彊无恙,尽心以爱敬,足矣!"①唐文治听后,肃然起敬,也感叹道:"天者,人之始也;父母者,人之本也。往者,通儒陈澧谓古文教字从孝,学字亦从孝。故教者非孝无以为教,学者非孝无以为学。孝弟②之至,通于神明,光于四海。人能即此爱敬之心,察识而扩充之,则经纶位育之业,基诸此矣。"③唐文治与顾元爵虽然年龄相差一辈,但二人观点十分默契,唐文治在顾家的教读生涯也进行得十分顺利。即使在唐文治恩科会试下第南归之际,顾思永、顾思远兄弟仍随唐文治一起回太仓,请其在太仓顾氏家中处馆。于是,唐文治一直在太仓顾家教读了两年。

---

① 唐文治:《顾廷一先生墓志铭》,《唐文治文集》第五册,上海古籍出版社 2018 年版,第 2902 页。
② 古为"孝弟",今作"孝悌",本书引用原典时仍旧作"孝弟"。——编者注
③ 唐文治:《顾廷一先生墓志铭》,《唐文治文集》第五册,上海古籍出版社 2018 年版,第 2902 页。

第三章　宦海掠影

　　唐文治壬辰高中后,即开启了历时 15 年的官宦生涯。在此期间,唐文治主要在三个部门供职。其一,户部。从光绪十八年(1892)到光绪二十七年(1901),唐文治在户部整整工作了 10 年。其二,外务部。光绪二十二年(1896),唐文治在户部云南司供职期间考入了总理各国事务衙门,自此身兼两职。总理各国事务衙门后改为外务部。光绪二十七年(1901)冬,唐文治被调派为外务部专职人员,并在此岗位又工作了两年。其三,农工商部。光绪二十九年(1903),唐文治调任至商部。商部后改为农工商部。光绪三十二年(1906),唐文治由于母亲逝世,丁艰辞官,退出政坛。

一、进士出身

　　光绪十八年(1892),唐文治赴京参加其人生中第四次会试。会试分三场,每场考三天。第一场考四书和律诗;第二场考五经;第三场考策问。在经历了前三次失利后,28 岁的唐文治终于迎来了胜利的喜悦,高中第三十一名贡士。

　　会试高中后,贡士们还要经历保和殿覆试、殿试、朝试三场。优秀者将入翰林院供职,其余分别担任主事、中书、知县等。进士一旦进入翰林院,将来容易出任要职,深入首都的权力中枢;而入不了翰林院,官场起点就低了很多,要么被派遣去不紧要的部门当差,要么就外放到地方上去任职。唐文治殿试中二甲第一百零五名，赐进士出身；朝试中一等六十五名。依照惯例，二甲一等均可入选翰林院，但唐文治却被任以主事，签分户部江西司。唐文治有点失意。王紫翔本来期待他能够入选翰林院，但现在反而劝慰他，说："你家境贫寒，户部津贴多，你可以不取分外之钱。这正是上天成全你啊。"唐文治听后有所释然。

在科举考试中，担任分房阅卷的称为房师，主持主考的称为座师。房师和座师都会与得中的士子具有师生之谊。唐文治这次会试，房师为嘉兴沈曾桐，座师为常熟翁同龢。此二人对唐文治的为学与为官都给予了极大的帮助。

唐文治初任户部，较为清闲，只需隔一二日去户部视事即可。其他时间，唐文治受聘于翁同龢家中，教读其侄曾孙翁之润、嗣曾孙翁之廉。岁末，唐文治回了一趟南方，拜见了家乡的亲友。第二年开春后，唐文治将父母和妻子从太仓安置到了京城，并仍旧在翁同龢家处馆，偶尔为翁同龢代拟文书。

到京城之后，唐文治先后又拜了两位老师，一位老师是沈曾桐的兄长沈曾植（1850—1922）。沈曾植，字子培，号乙庵，又号寐叟，浙江嘉兴人，时任刑部江苏司郎中，他在文学、史学、书法、边疆地理上都有很深的造诣，是一位博雅闳通的饱学之士。唐文治非常佩服沈曾植的学问，遂受业于沈曾植门下。另一位老师是太仓前辈陆宝忠（1850—1908）。陆宝忠，字伯葵，太仓城厢镇人，时入值南书房，后又主管教育。陆宝忠取士用人，以国文为重，认为"'国文'系心术行谊所表见，必以国文为体，各科学为用，而后其人有本有原，乃能有用于世"。① 唐文治的教育理念，就与之多有相同之处。日后，唐文治将陆宝忠与王紫翔、翁同龢奉为自己最为知己的三位老师。

在这一时期，唐文治与王清穆（1860—1941）关系最为密切。王清穆，字希林，号丹揆、农隐老人，上海崇明人，光绪十六年（1890）考中进士，时与唐文治同在户部供职。两人经常在一起交流学问和业务，以道义相切磋，比如商讨文法、研究易理、刊刻文献，以及阅读《户部则例》。

---

① 唐文治：《陆文慎公墓志铭》，《唐文治文集》第五册，上海古籍出版社2018年版，第2908页。

光绪二十年（1894）夏，唐文治夫人郁冰雪怀妊。唐文治卜筮，本卦是明夷，变卦为贲。动爻为明夷的上六，爻辞曰：不明，晦，初登于天，后入于地。依爻辞来看，这是一个先吉后凶的恶兆。郁夫人生产时，难产而亡，所产一子，下地即殇。唐家哀痛万分，胡太夫人恸而复病，唐受祺作《哭已殇孙男》。所幸王清穆前来照料一切，安排丧事。唐文治以儒家态度来操办夫人的后事，棺木漆工、冠带衣衾，不惜花费，全循礼数，但唯独不愿按照常例来延僧诵经。夫人亡后不到两月，王清穆受人之托，欲为唐文治议娶继室，唐文治道："亡者血月未寒，何忍遽议及此。"王清穆自觉失言，暗自惭愧。一年后，唐文治续娶夫人黄彬琼。黄夫人的父亲黄镜渠、母亲胡蕊珍系唐文治姨父母，故唐文治与夫人黄彬琼为姨表兄妹。黄夫人与唐文治一共育有四子一女，其中一子一女早夭，故实际存世的共有三子。

二、供职户部

　　光绪二十年（1894），朝鲜东学党起义，朝鲜政府向宗主国清廷乞兵，日本也乘机出兵朝鲜，蓄意挑起战争。同年 7 月 25 日，日本向中国不宣而战，击沉了中国"高升"号运兵船。8 月 1 日，中日双方正式宣战，甲午战争爆发了。在这场战争中，无论是平壤的陆战还是黄海的海战，中方皆节节败退。11 月，日军继而越过鸭绿江，从陆路接连攻陷大连和旅顺。

　　唐文治在户部供职几年后，渐渐对官场的运行机制有所了解，而对其中的各项纰漏也开始有所警醒。在甲午战争期间，唐文治看到国家惨遭内忧外患，心中忧愤，毅然向清廷呈上《请挽大局以维国运折》。该奏稿有一万余言，所述两个方面十二件事。一个方面是要具有长远效用的治理措施，共有八条。一曰"宜正人心，别流品"，即任用清廉之士，对于贪污军饷者，必须处以重刑，并且没收家产，充作军费；二曰"宜务刚断，严赏罚"，即对于不法将官，要依法处置，不得姑息；三曰"宜奖气节，去阘茸"，即去除逃避责任的乡愿式官僚和趋炎附势的鄙夫式官僚，任用气节之士;四曰"宜正官常,破资格",即不应遵循升官的一般程序,如此容易消磨人的志气,变得老于世故,精于揣摩,而是要大力提拔有真才实干的人才,委以重任;五曰"宜拔真才,变科目",即改革科举,既要保留四书、经艺来保证中学的基础,又要增加舆地、兵学、制造器械之法以通西学;六曰"宜改武科,用火器",即将水师学堂、武备学堂与武科合一,学习西方的军事技能;七曰"宜联邦交,简使臣",即需要罢免阿谀奉承的外交官,任用真正具有气节,可以详尽考察国际情势的外交官;八曰"宜塞漏卮,节浮费",即对于军费之使用,需要任用廉洁之士,并时时加以考核,杜绝贪污浪费。另一个方面是急于施行的军事措施,共有四条。其一曰"置经略,专责任",即设置一统帅,总揽大局,各部不可相互推诿;其二曰"置兵轮,练水师",即各省训练水师,或调长江水师为海军,以增兵力;其三曰"行反间,散叛士",即悬重赏让降兵反叛,增加敌人的疑心;其四曰"安民心,禁妄动",即禁止官民逃离京城,发榜安定民心。① 这十二件事,关系到国家治理的各个方面,可谓切中时弊,句句见血。倘若清廷依奏折行事,或许真能延续几年国运。所以京中有识之士,争相传诵,翁同龢、沈曾植也大为赞赏,称为"万言疏稿"。可惜该奏折递上之后,清廷对唐文治的奏议留中不发,不予采纳。可叹唐文治满腔热血,只能"惜两行痛泪,无补时艰"。②

1895 年 2 月,日军攻陷威海卫,海军提督丁汝昌殉国,北洋水师全军覆灭。由于边境告急,前线吃紧,当时北京城里人心惶惶,谣言四起。江浙等地的达官贵人纷纷遣送家属离京回乡,甚至有些官员并未请假便私自离京,间有迁都的小道消息四处频传。唐文治与王清穆商议,认为他们都是通过科第享受朝廷俸禄,在国家有难的关键时候,却不能为国家分忧解愁;若再以闲曹无职守为理由逃离京城,苟延性命,真是无面目见天下人。于是二人决定镇静不动,生死有命。

同年 4 月,李鸿章代表清政府赴日本马关议和。日本提出朝鲜独立、割让台湾、赔款 2 亿两白银等苛刻要求。消息传来,举国哗然。这

---

① 参看唐文治:《请挽大局以维国运折》,《唐文治文集》第一册,上海古籍出版社 2018 年版,第 266—284 页。

② 唐文治:《请挽大局以维国运折》补记,《唐文治文集》第一册,上海古籍出版社 2018 年版,第 284 页。

一年正逢春闱,全国的举人聚集京城,在各省、府的会馆议论国是,他们纷纷以地区为单位,发动各省公车上书,反对签订《马关条约》。太仓人汪曾武是江苏举人的联络者,故江苏的公车上书即由汪曾武领衔。唐文治在太仓会馆探访同乡,见汪曾武事务忙碌,难以静心写作,故用半日一夜之功,代替汪曾武拟就《上都察院呈》。该文提出了四点建议:一是土地不能割让;二是土货不能改造;三是日本在中国的贸易不能免税;四是苏杭等地不可开埠通商。唐文治写定之后,即由汪曾武领衔,江苏举人 50 多人联名上书。在各省的公车上书中,"以唐文治代拟的江苏稿,梁启超(卓如)所拟的广东、湖南稿,陈衍(石遗)代拟的福建稿最为突出,可称鼎足而三。梁、陈当时均为'公车',而唐则以进士代为捉刀,实属难得。"①此后,广东举人康有为写就一万八千字的《上今上皇帝书》,提出拒和、迁都、练兵、变法的主张,获得 18 省举人响应,1000 余人联署,这是全国范围内的"公车上书"。

无论是各省范围内的公车上书,还是全国范围内的公车上书,都没有影响到清政府的决策。丧权辱国的《马关条约》签订后,天下士子痛定思痛,开始主动探索中国未来的出路。在这一时期,清政府内部与外部对于未来的走向各有不同的声音。

就清政府内部而言,既有以徐桐等人为代表的保守派,又有以张之洞等人为代表的洋务派。对于保守派而言,晚清遭遇的"三千年未有之大变局"似乎并不能动摇他们的顽固信念。面对风起云涌的各种思潮,保守派都以"夷夏之防"为理由拒绝接受。在这个群体中,徐桐可为代表。徐桐(1820—1900)专攻理学,师尊宋儒,曾任内阁学士、协办大学士、体仁阁大学士,可谓晚清一代名臣。但其主张极其守旧,恶西学如仇,不但反对维新变法,连对洋务运动也颇有微词,保守派人士暗地里都以徐桐为首领。徐桐的住宅处于东交民巷,与外国使馆为邻,徐桐在自家大门上贴了一副对联,上联是"望洋兴叹",下联是"与鬼为邻"。他不穿洋布衣服,只穿国产的绸缎和土布;看见中国人戴西洋眼镜就要

① 黄汉文:《江苏的"公车上书"》,江苏省文史研究馆编:《三吴风采》,上海书店出版社 1993 年版,第 156 页。

骂。徐桐的儿子徐承煜喜欢洋货,家里放置全套西洋家具。徐桐从儿子门口走过,都要闭眼捂耳。有一次徐桐看见儿子在抽西洋雪茄,当场怒不可遏,大骂道:"我活着的时候,你就敢这样做。等我死了,你更要做胡服骑射的鬼奴了。"徐桐的学问主要在于四书五经,并强烈排斥西方传入的科学与技术。有人建议修建铁路,徐桐强烈反对,理由是火车的轰鸣声会损伤地脉。徐桐对于整个世界格局也不甚了解,他认为西班牙、葡萄牙两国仅仅是英、法胡诌出的国名,理由是:"西班有牙,葡萄有牙,牙而成国,史所未闻,籍所未载,荒诞不经,无过于此。"这些保守派虽以正统自居,却是极端僵化地去理解儒学,不但不具有儒学"圣之时者"的灵活性,更是阻挠儒学发展、时代进步的极大障碍。

与之不同,朝廷内部还有以张之洞(1837—1909)为代表的洋务派。他们希望儒学能够与时俱进,在新的格局下产生新的拓展,应对新的问题。同时,这种新的变化,还不能改变自我立足的根本。于是,"中体西用"就成为一句响亮的改革口号。在这样的口号下,西方的器械作为"西用"可以大胆地引进并采用,而中国自己的根本之体则仍旧不会改变。这一口号的好处是,洋务派与保守派在"中体"上可以获得共识,在一定程度上免受他们的掣肘。同时,洋务派又可以在"西用"的掩护下源源不断地引入西学。只是,在"中体西用"的分界上,则仍旧有程度的差异。比如,哪些内容属于不可改变的"体",哪些内容属于可以与时俱进的"用",却是在不断变化的。在"中体西用"口号初创时,"西用"可能仅仅指西方以船炮为代表的科学技术。在引入科学技术后,发现这种科学技术要变现为器械并能维持的话,必须要推进矿业、铁路、教育等一系列改革。而这些改革的维持,又需要发展商业,启用现代金融体系。于是,传统的农业社会需要转向工业社会和商业社会。一旦变革走到这一步,那么传统的政治体制就极其不适合新的社会状态,必须进行改变。在这样的变化趋势中,原来被认为是"体"的不能改变的内容,其范围不断地被缩小。虽然在甲午战争之后,"中体西用"的诠释框架比保守派的僵化思想更具有积极意义,但现实的变化比理论的设想更为激进。在后来更为激烈的革命思潮中,"中体西用"的主张很快就被人们抛弃了。

就清政府外部而言,有两个人物的探索颇具代表性,可以代表两条不同的路径。一条是康有为所代表的改良道路,一条是孙中山所代表的革命道路。

康有为(1858—1927),字广厦,号长素,广州南海人。康有为在光绪二十一年(1895)得中第八名进士。作为清廷重臣的翁同龢特意与康有为晤谈,这使康有为大为兴奋,在北京创办了《中外公报》,组建了强学会,宣传变法主张。康有为的这些行为,虽然得到了朝廷中改革派的支持,但同时也遭到保守派的攻讦,《中外公报》、强学会遭到了封禁,康有为不得不离开北京,回到广东,其追随者梁启超先去上海,又去长沙。这些重要人物的离京,将新思想传播到中国各地,维新变法的呼声愈来愈盛。光绪二十三年(1897),康有为再次赴京请求变法图强,经过翁同龢的推荐,康有为才得以见到光绪帝,并呈上自己所作的《日本变政考》和《俄大彼得变政记》,希望光绪帝能够仿效明治天皇和彼得大帝来推进改革。光绪帝非常欣赏康有为的才干,决定启用康有为等维新派人士实施变法。在 1897 年 6 月 11 日到 9 月 20 日的百余天里,颁布法令 50 条左右。比如,在教育领域,废八股改试策论;设立京师大学堂;各省设立新式学堂,致力于中学和西学的研究。各省会的书院改为学院,府州县学改为中学堂,乡学改为小学堂;设立编译学堂;创办京师大学堂附属医学堂;出版官办报纸;举行政治、经济特科考试。在行政管理领域,裁撤冗员和不必要的机构;任用政府中的进步人士;涤荡拖延陋习,并且删改旧例,另定新则,提高行政效率;士民上书言事,不许稍有阻隔;允许满人经营四民之业。在工业领域,建设铁路;发展农工商;奖励发明;美化京师。在国际文化交流领域,高级官员游历外国;保护传教士;改进和简化法规;筹备预算。[①] 康有为的改革计划遭到了朝廷中保守派的反对。慈禧也开始警觉起来,怀疑变法是从她手里夺权的阴谋,于是变法演变为皇帝与皇太后之间的权力斗争。康有为、谭嗣同想要拉拢袁世凯,密谋刺杀慈禧。袁世凯背叛了维新派,通过荣禄向慈禧告密。于是慈禧幽禁了光绪帝,重新回朝听政,除保留京师大学堂外,

---

① 参看徐中约:《中国近代史》,世界图书出版公司 2008 年版,第 299 页。

废除维新期间一切新政。康有为、梁启超侥幸逃脱,而以谭嗣同为代表的维新派人士惨遭杀戮,轰轰烈烈的变法运动彻底失败。康有为流亡海外,但仍坚持君主立宪的保皇主张。

孙中山(1866—1925),名文,号逸仙,广东香山人。香山毗邻澳门、香港,受到西方文化的影响较大。同时,由于长兄孙眉在檀香山经商,故孙中山早年即在檀香山、香港等地接受教育,视野开阔。在中法战争时期,孙中山就萌生了推翻清廷、创建民国的志向。甲午战争之后,孙中山开始将这一计划付诸实施。在《马关条约》签订的同一年,孙中山来到了檀香山,创立了中国近代史上第一个革命团体——兴中会。之后,孙中山将革命的火种带到香港,建立了香港兴中会总机关部,计划在1894年重阳节那天发动广州起义。由于叛徒出卖,革命失败,孙中山被迫流亡,先经香港,继而东渡日本。在断发改装后,孙中山前往檀香山,复又横穿美洲大陆,经纽约再至英国。孙中山在流亡过程中,无不宣传革命,结合同志,筹募款项。在英国,孙中山一度被清公使馆诱捕,经英国友人康德黎等营救,方始脱险。此后,孙中山去大英博物馆图书馆博览群书,结合其流亡过程中对欧美制度的考察,完成了三民主义的思想框架。1897年,孙中山离开伦敦,取道加拿大,回到日本横滨,并以日本为基地,传播革命思想,进行革命活动。1903年,孙中山开启了第二次环球之旅,希望结合海外的会党与留学生,组建更大的团体。1905年,孙中山与黄兴等人在日本会面,决定将兴中会与华兴会、光复会等革命组织联合起来,组建同盟会。同盟会的建立,统一了全国的革命力量,树立了三民主义的革命纲领,确定了孙中山的革命领袖地位。此后,同盟会的影响越来越大,筹划发动了多次武装起义。1911年10月10日,深受同盟会影响的文学社和共进会发动了武昌起义,第二天全城遂告光复。武昌起义胜利后的短短两个月内,各省纷纷宣布脱离清政府。1912年1月1日,中华民国临时政府在南京成立,孙中山被推举为临时大总统。1912年2月12日,清帝溥仪退位,清朝灭亡。

甲午中日战争之后,对于中国的未来方向,保守派、洋务派、维新派、革命派给出不同的方案。保守派在任何方面都不愿意变革;洋务派则在帝国的外围部分给予了变革;维新派由帝国的外围进入到帝国的权力核心,希望建立君主立宪制,维持君权与民权的平衡;革命派则彻底瓦解了老旧的帝国,主张以民权彻底代替君权。可以说,保守派、洋务派、维新派、革命派四者的主张,一派比一派激进,不断地推动了中国现代社会的历史进程。

在上述四派主张中,翁同龢的政治主张主要介于保守派与洋务派之间。翁同龢在光绪元年(1875)之前,一直不甚在意洋务,坚决反对西化,其立场基本与保守派相近。但在其逐渐进入清政府权力中枢,统观整体局势之后,则开始转向改革,试图成为改革派的领袖。他知道进行改革需要取得最高权力的支持,所以他尽力调和光绪与慈禧的关系,甚至向光绪、慈禧进呈变法思想家冯桂芬的著作《校邠庐抗议》。由此可见,翁同龢已经不再是徐桐一类的保守人物,其思想反而与张之洞等洋务派更为接近。但在现实的执政措施上,翁同龢一直在阻挠李鸿章、张之洞所做的努力,有研究认为"这两人凭其声望与知识,可能会威胁到翁氏在变法运动中的领导地位"。① 于是,翁同龢试图物色一批资历较低的年轻人加入自己的改革队伍,以保证自己在变法运动中的领导地位。翁同龢采取的策略是一方面压制其政敌的改革运动,另一方面又企图发展自己的改革力量。其实,如果不考虑错综复杂的人事斗争,就单单看改良主张,翁同龢的主张与洋务派类似,仅仅愿意接受西方的科学、技术来补充中学之不足,对于西方的政治体制则视为洪水猛兽,将程朱理学视为中华立国之本,丝毫不能动摇。翁同龢本来打算扶植康有为来推动自己的变法运动,后来却大大震惊于康有为的激进主张。康有为不但要移植西方政治体制来改造古老的帝国,甚至援引公羊家学说,提出孔子改制之说,大大有别于作为王朝统治意识形态的程朱理学。所以,当康有为逐渐显露出其真实意图后,翁同龢急忙与其切割,甚至批驳康有为居心叵测。同时,翁同龢惊讶地发现康有为获得光绪帝极大的赏识,有将自己取而代之的态势。更为担忧的是,康有为的激进措施大大惹怒了保守派,由于他是康有为的推荐人,他不但得罪了保守派大臣,甚至连慈禧也失去了对他的信任。于是翁同龢尝试排挤康

---

① 萧公权:《翁同龢与戊戌维新》,中国人民大学出版社 2014 年版,第 15 页。

有为,但他的这番努力反而给自己带来不幸的后果。在光绪面前,他俨然成为改革的绊脚石;而在慈禧面前,他却被划归为敌对的维新派。这两面都不讨好的尴尬境遇,反而让他更快地失势。光绪二十四年(1898)四月底,翁同龢开缺回籍,这代表了其政治生涯的结束。五月出京,唐文治一路相送。当时车马阗咽,送者流涕。翁同龢谓唐文治:"人臣黜陟,皆属天恩,吾进退裕如。所恨者,不能复见皇上耳。"①翁同龢回常熟后,杜门不出,不闻外事,六年后卒于常熟家中。

翁同龢的罢免,使唐文治在京城里失去了一座靠山;而维新运动的失败,更是对唐文治的思想产生了很大的触动。"戊戌政变之后,百日维新作为一场政治运动失败了。但作为一场思想文化运动,新学家们带来的解放作用远不是西太后发动的政变所能剿洗干净的。从这时候起,第一批具有近代意义的知识分子已经出现。这些人,或脱胎于洋务运动,或惊醒于民族危机。他们处多灾多难之世,怀忧国忧时之思;向西方追求真理,为中国寻找出路,成为最自觉的承担时代使命的社会力量。"②唐文治正是脱胎于洋务运动、惊醒于民族危机的知识分子。他对于时局的看法与主张,以及在思想文化、政治制度、科学技术三个层面的改革看法,貌似近于翁同龢、张之洞等人的观点,实则导源于自身的学术思想。从理学自身的理解上看,唐文治认为徐桐等保守派的行为不是真正的理学家应有的作为,反而洋务派才是理学应该予以承认的开展方向。唐文治认为徐桐等人,"好恶拂人之性,而夜气不足以复存,斯真无理不学之尤者,而世犹被以理学之名,谓之何哉?"③同时,唐文治又为洋务派进行辩护,认为:"近世浅人又假理学之名,辟洋务为异教,庸讵知洋务之本在纪纲政治,时与三代之典章相合,此非真有累世圣神、斟酌损益之功用,特以含生负气之灵,同禀天地五常之性,本无华夷彼此之殊;故其分虽殊,而理实未尝不一,特中国圣人统其全,而彼得其偏耳。"④对于维新派,唐文治反对康有为的公羊学,其言:"我朝乾嘉而

① 唐文治:《记翁文恭公事》,《唐文治文集》第四册,上海古籍出版社 2018 年版,第 2209 页。
② 陈旭麓:《近代中国社会的新陈代谢》,三联书店 2017 年版,第 167 页。
③ 唐文治:《记徐桐、崇绮事》,《唐文治文集》第四册,上海古籍出版社 2018 年版,第 2202 页。
④ 唐文治:《记徐桐、崇绮事》,《唐文治文集》第四册,上海古籍出版社 2018 年版,第 2203 页。

后,《公羊》学尤甚,然大半惑于镠辖之辞,互相矜炫。"①但对于维新派的变法运动,则又有相当程度的同情。唐文治弟子黄汉文曾回忆说:"唐先生倾向于变法维新,但没有参加康有为的'戊戌变法'。他认为康氏操之过急,虽有光绪帝支持,而政权实际上仍在慈禧太后手中,急则生变,难以有成。"②作为一个儒家学者,唐文治坚定地认为程朱理学是儒学的精粹,也是中国的立国之本。他反对把徐桐的顽固保守或者康有为的理论翻新当作真正的儒家精神。在唐文治思想中,理学的体用变化似乎更接近于洋务派的方向,但不局限于洋务派所圈定的范围。这突出表现在,对于引进西方的科学技术,唐文治与洋务派一样秉持开明包容的态度,甚至认为这是儒家开物成务精神在时代中应有的表现。而在政治制度上,唐文治比翁同龢、张之洞、康有为走得更远。他并不拘泥于忠君的思想,而是抓住儒学思想中仁民爱物的精髓。唐文治认为无论是君主制、立宪制还是民主制,都要体现儒家仁民爱物的精神,若不能体现,则任何政治制度都有其流弊。在唐文治思想中,中学之体就是儒家的仁爱精神,至于政体与科技,则都需要为天下百姓服务。儒家之"体"是古今不变的真理,而"用"则需要在时代大潮中不断更新。从这个意义上说,与其说唐文治的改革思想是"中体西用",还不如说是"中体今用"。

维新变法失败后,慈禧再次亲理朝政,保守派势力一时甚嚣尘上。"由于对国际政治的现实毫无所知,这些人拒绝外交手段和与各国互相和解,反而提倡一种顽固的抵制政策。……强烈的排外情绪不仅充满太后统治下的宫廷,也渗入士人、官员、士绅和广大的民众中。半个世纪的外来羞辱,无论战争还是媾和,都深深地伤害了他们的民族自豪感和自尊心。在中国土地上趾高气扬的外国公使、咄咄逼人的领事、气势汹汹的传教士和自私自利的商人经常使他们想起中国的不幸。折磨人的不公正的感觉产生出一种强烈的报复欲,直至在一场广泛的排外运

① 唐文治:《十三经提纲·公羊传》,《唐文治经学论著集》第一册,上海古籍出版社 2019 年版,第 182 页。
② 黄汉文:《记唐文治先生》,苏州大学(原无锡国专)广西校友会主编:《无锡国专在广西》,1993 年版,第 44 页。

动中爆发出来。"①在这样的背景下,义和团运动气势汹汹地拉开了序幕。

义和团源自山东地区叫作义和拳的中国秘密会社。他们以练习义和拳的名义进行结社,最初遭到官方的禁止。但在19世纪90年代,义和拳呈现出明显的排外色彩。面对这股新兴的民间力量,山东省巡抚李秉衡以及其继任者毓贤对之进行暗中支持,并将之更名为"义和团"。后党中的一些保守派势力也极力鼓吹利用拳民来抵抗洋人。20世纪初,拳民进至北京,并在慈禧面前进行了一场"刀枪不入"的宫廷表演。他们的"神通"获得了慈禧的肯定,使之在京城获得了公开的合法地位。拳民们在北京与洋人发生矛盾,最后激化为围攻外国使馆和教堂。

满朝上下对慈禧与保守派默许义和团的行为不敢多置一词。唯有当时在总理衙门任职的许景澄、袁昶敢于提出不同意见。唐文治虽然供职户部,同时又在总理衙门兼职,故与许景澄、袁昶等人有很深的交往。由于许景澄曾出使欧洲诸国,有丰富的外交经验,唐文治询问许景澄对外交涉要旨,许景澄长叹道:"方今刚柔俱失其宜,无交涉之可言也。"②平时办公,许景澄极为勤劳,自旦至暮,殚精竭虑。唐文治经常为其撰写公文,许景澄有时在唐文治原稿上删削润色,有时则欣然赞叹,不改一字。有一次,北京在修整东交民巷的道路。东交民巷多有各国使馆,意大利公使指责中国车辆会轧坏道路,要求中国车辆不得行走东交民巷。唐文治知道后非常气愤,认为应该以牙还牙、以眼还眼,让外国车辆也不准通行。许景澄听了唐文治的建议,笑着对唐文治说:"你这么说就太直了。我们应该说,修路是为了便于中西车辆往来通行。如果加以阻碍,彼此都会造成不便。"后来总理衙门以此回复,意大利公使也不好再说什么。许景澄的榜样给予唐文治启示,国与国之间,在以弱事强之时,不可意气用事与之对抗,而要在公共道理上力争。倘若弱国由于情感冲动而与强国对抗,那么这也会引起强国的反弹,大家都不讲理,剑拔弩张,这样一来,反而弱国更加吃亏。只有在强国面前

---

① 徐中约:《中国近代史》,世界图书出版公司2008年版,第309页。
② 唐文治:《〈许文肃公遗集〉跋》,《唐文治文集》第三册,上海古籍出版社2018年版,第1710页。

讲公理,营造大家讲理的局面,并以理力争,弱国才能获得道义上的支持,强国自知理亏,为了维持其在国际上的形象,也不敢贸然推进,强横的要求也容易不了了之。许景澄、袁昶两位大臣既有爱国情怀又能通达事理,在义和团事件上,他们能够分辨事实,弄清方向,对朝廷的举措充满了忧虑。他们请求慈禧不要默许义和团攻击使馆,并不可与各国轻易开战。慈禧非但没有听信两位大臣的忠言,仍旧决定向各国宣战,而且听信谗言下旨赐死许景澄、袁昶二人。庆亲王奕劻向慈禧求情,又向徐桐求情,皆不允。屠杀许景澄、袁昶的监斩官则为徐桐之子刑部侍郎徐承煜。临刑时,袁昶大骂徐承煜,说:"国家之事,都被你们父子俩败坏至此,我在地下等你们。"许景澄制止他说:"何必如此。"随后,许、袁二公慷慨赴死,从容就义。唐文治闻之十分辛酸,感叹道:"呜呼,自我圣祖、世宗以来,未尝有杀戮忠良之事,此时许、袁两大臣被祸,盖国家元气因此大伤,而人心亦自此渐去矣。"①

在朝廷宣战之时,与北方不同,东南诸省拒绝承认宣战的有效性。两江总督刘坤一、湖广总督张之洞、两广总督李鸿章和闽浙总督许应骙、四川总督奎俊、铁路大臣盛宣怀、山东巡抚袁世凯,即和各参战国达成协议,"作为省里的最高权威,他们将保护外国人的生命和财产,并在他们的管辖区内镇压拳民;而外国列强不派军队进入他们的地区。"②

义和团运动在北京愈演愈烈之时,唐文治仍旧在户部供职。唐文治在北京的居所距离比利时使馆较近,周围经常火光冲天、枪声累累,有一次,唐文治父亲唐受祺待在自家庭院,就有子弹从其头顶掠过,真是危险万分。于是唐文治将家人安置到北京城外往北六十里的北山平义分村。城里义和团与各国使馆的战斗导致户部所在地已处于战线,于是内廷国史馆就成为户部临时办公地点。唐文治安置完家人,就只身回京,仍旧赴户部与总理衙门办公。有散乱的拳民扬言总理衙门外通洋人,要火烧总理衙门。总理衙门的人员没有办法,只得邀请义和团的总坛首领来保护衙门。

---

① 参看唐文治:《自订年谱》,《唐文治文集》第六册,上海古籍出版社 2018 年版,第 3651 页。
② 徐中约:《中国近代史》,世界图书出版公司 2008 年版,第 315 页。

同年七月,避居北山平义分村的黄彬琼夫人产下第二个儿子唐庆平①,唐文治得知喜讯,急忙告假去北山看望家人。在北山几日后,唐文治雇车再度返回京城,路上见大队义和团拳民向北撤离,并听说洋兵已经入城,慈禧和光绪也未知所在。车夫不敢再前进,唐文治说:"若有不测,我赔偿你的车辆。"车夫说:"车辆可以赔偿,性命不能赔偿。"于是,只能重新折回北山。

京师失守,联军入侵,烽烟四起,生灵涂炭。慈禧则挟持着光绪逃至西安去了。徐桐之子徐承煜听说两宫西狩,洋军进城,就倡议全家殉国。徐桐不肯,被其子"骗死"。② 徐承煜还未出城便落入日军之手,后被处死。

早先,北山的乡民为了防备不测,在山沟中搭了十几间棚屋。唐家也参与出资了。这次大家商量是否要避居到山沟里去。考虑到山路崎岖,唐文治母亲胡氏年迈不能上山避险,唐文治夫人也不去,唐文治父亲唐受祺说索性合家并命吧,于是孤注一掷,仍旧留在平义分村。这时,黄彬琼夫人产下的第一个儿子唐庆诒才两岁,奶妈刘氏坚决要将唐庆诒抱到山上避难,分手的时候,家人悲恸欲绝。然而,隔天一大早,奶妈又抱着唐庆诒回来了。原来唐庆诒一晚上大哭不止,导致山沟里一起避难者有很大意见,奶妈不得已只能将他再抱回来。没有想到,就在返回后的第二天晚上,山沟避难处被乱兵抢劫一空,唐庆诒的哭闹竟然救了自己与奶妈。

唐文治避居乡间一月多,听说朝廷已命庆亲王奕劻留京与各国议和,于是急忙赴京。在赴京的路上,迎面碰到盗贼三人,皆骑马带枪。为首的盗贼与唐文治擦肩而过,说声:"先生去京城吗?"唐文治说:"是啊。"唐文治听见边上的盗贼问为首的盗贼:"你认识这位先生吗?"为首的盗贼说:"这是城中的唐先生,怎么不认识?"唐文治抵京后,把这事告诉朋友,朋友大笑说:"连这种人都认识你,你真算是英雄了。"唐文治也笑,但对盗贼认识自己莫名其故。又过了月余,京城

---

① 唐庆平生于战乱中,适时又逢夏日,卑湿熏蒸,饥渴不时,竟未足百日而殇。
② 李新宇:《帝国黄昏》,广东人民出版社 2012 年版,第 129 页。

事务安排妥当,唐文治回北山将家眷接回城里。在回京的路上,有一人单骑而来,说:"唐先生连日辛苦,消瘦多了。"唐文治一看,正是那日所逢盗贼,急忙问他缘故。此人名唤杨七。唐文治曾与他在市场购物时礼貌闲谈,没有摆半点官架子。杨七虽然行盗,但深感唐文治之为人。北山至京城,一路上多有强徒,这次杨七特意前来帮忙护送。果然,车行十余里,唐文治又碰到单刀李五。杨七与李五交涉后,对唐文治说:"李五不会惊动您的眷属,但需要请您把四个箱子留下来。"唐文治说:"可以是可以,只是箱子里都是书籍和旧衣服,没有什么值钱的东西。"李五不信,逐一将箱子打开检查,果然如唐文治所言,于是将唐文治以及家眷放行。杨七一直将唐文治等人护送到京城外,才告别而去。唐文治事后反思乱世中为人谦逊的重要性,后来听说杨七因劫掠而被人击毙,怅然了很久,感叹杨七可算"盗亦有道",并认为官府的腐败才是产生盗贼的真正源头。

三、协理外务

光绪二十二年(1896),唐文治考取总理各国事务衙门章京第二名。总理各国事务衙门简称为"总理衙门",是清廷专门负责外交事务的中央机构。当时的总理衙门是一个临时办事机构,由亲王负责,办事要员大多为其他部门人员兼职。在翁同龢负责总理衙门人员招考之前,曾向沈曾植询问各部哪些人才勘用,沈曾植首先推荐的就是唐文治。翁同龢点头道:"唐某学问、性情、品行,无一不佳。"唐文治知道后,感觉非常惭愧,唯有努力工作来回报两位老师的知遇之恩。不久之后,唐文治在户部的好友王清穆也改派到总理衙门任职,两人更是以直相待,相互问学不已。

自此以后,唐文治在户部与总理衙门两处办公。早在户部云南司供职的时候,唐文治已经对洋务颇有留意,他曾经和王清穆一同抄录杨道霖所著的《洋事纂要》。该书从史书、杂志、案牍、纪事、译著、报纸上采录洋务条目,分门别类,择要列入,汇成二十八卷,是熟悉洋务的入门书。入职总理衙门后,唐文治为了尽快熟悉外务,主动阅读了各国条约事务,评点《万国公法》以及曾纪泽、黎庶昌等外交家的文集。同时,又抽时间学习俄文,在值夜班的时候,经常在灯下抽取中俄条约比较,由此导致目力大伤。

戊戌变法失败后,慈禧再次垂帘听政。然而光绪已经成年,长期垂帘听政也不符合祖宗家法。于是,慈禧便打算立端郡王载漪之子溥儁为皇太子,意欲废除光绪的皇帝身份。此事一经公布,天下哗然。上海电报局总办经元善联合章炳麟、唐才常等人签名致电总理衙门,反对废黜光绪帝。上海工商界集会抗议,倡议罢市,其他各省也多有抗议活动。当时唐文治正在总理衙门值班,收到经元善领衔的电报,只得禀报军机大臣王文韶,并请求王文韶不要兴师问罪。王文韶不发一言。后党人物荣禄见了电报,十分愤怒,并问经元善是何人,必须杀掉这几个带头的人,以儆效尤。王文韶本来就耳朵不好,更是装成没有听到。过了好久,才说:"经元善,这个名字我有点熟悉,是我大儿子的朋友。"荣禄说:"你为什么说这些话,经元善已经是叛逆了。"王文韶故作吃惊道:"经元善已是叛逆了吗?"荣禄说:"这个电报怎么说啊?"王文韶说:"经元善开办电报局,别人冒他的名,想要免去电费罢了。"荣禄大怒道:"这是何等重要的事,岂可儿戏,一定要杀了他。"王文韶又佯装耳聋,听不到了。后来两人要去见慈禧,荣禄大声对王文韶说:"这个案件一定要诛杀几人,在奏对时你一定要附和我。"王文韶板起脸来,说:"立皇太子是喜庆的事,杀人是不祥的事,你这样做是让太后不高兴吗?"等到见了慈禧,慈禧知晓此事,果然面有愠色。王文韶上奏说:"经元善无知妄论,杀了他也不足惜,请太后不要太介意。但此风不可长,请太后下旨,让地方官将经元善逮捕监禁。"太后点头同意。王文韶负责草拟电报,又拖了两天才发出。经元善早已得知消息避居澳门去了。王文韶在官场中谨慎细微、委曲求全的作风给唐文治留下很深的印象。

义和团运动结束之后,屈死的许景澄、袁昶重新平反昭雪,灵柩南下,万众瞻仰。载漪、溥儁父子被发配新疆,废黜光绪的企图也宣告破产。《辛丑条约》签订后,总理衙门改为外务部,成为正式的外交机构,处理中国与东西方各国的关系。此时,唐文治正式入职外务部,不再分管户部的事务。

唐文治在外务部供职期间,有了更多开眼看世界的机会,这使他更为清醒地把握世界发展局势以及发现中国所处的时代挑战。唐文治具有这样的远见卓识,主要来自他两次出使海外的经历。

第一次出使国外是光绪二十七年(1901),唐文治随同出使日本,就日本书记官杉山彬被杀一事道歉。杉山彬(1862—1900),日本近代外交官,时任驻华公使馆书记官。在镇压义和团的八国联军进京之际,杉山彬出使馆打探消息,被驻守在永定门亲近义和团的甘军所杀。义和团运动失败后,清政府派遣以户部右侍郎那桐为首的使团赴日致歉,唐文治以户部主事、总理各国事务衙门章京的身份随同出使。

该使团在 8 月 17 日由北京启程,转经上海,并于 8 月 31 日乘坐日本公司"神户丸"轮船东渡,经长崎,过马关,在神户登陆,改乘火车而至东京。使团向日本天皇递交了国书,又到杉山彬墓前祭吊。应该说,这次出使是迫于列强威势的一次屈辱经历。出使成员包括唐文治等人都想极力维持国家尊严。据后人追忆,"一次日本政府在宴请中以靡靡之音待来宾。唐文治大为不满,昂然起立,气势恢宏地背诵了岳飞的《满江红》以对。在座日本官员为之气短。"①在日考察期间,唐文治又随同参观了日本的学校、银行、造纸厂、银圆局、劝工所、博物馆等处,并游览了日光山。考察结束后,使团于 10 月 12 日回到北京。在回程中,发生了一件不幸的事情。唐文治由于长期用目过劳,眼疾加深,最终左眼失明。

这次为期近两月的出使经历,促使唐文治第一次开眼看世界。在这次考察过程中,唐文治对于日本社会的各处优长都详加留意,他在代那桐所作的《奉使日本记》中言道:"日本当明治以前,综览史书所记,何尝不晦盲否塞? 乃三十年来,国势勃兴,人才鳞萃。考其宪法,则尊卑贵贱、典范律令,秩然不相侵越也;观其国际,则公法私法厘然,忠恕之大纲也;察其财政,则岁计豫算,组织为替,出入相准,子母相权,自营为私,背私为公,而互相为美利也;游其庠序,则自小学以至大成,由文事

① 唐孝宣:《唐文治传》,《无锡文史资料》第 49 辑,黑龙江人民出版社 2005 年版,第 60—61 页。

以至戎政，靡不朴属微至，而实事求是也。若乃警察之法行而国无饰伪，工艺之术广而邑无游民，举中国《曲礼》《少仪》《玉藻》《内则》诸篇，皆躬行实践于通国之内，而拳拳焉各相见以至诚。揆厥所元，讵有异术，不过以上下之志通，而士大夫无日不求新学之所致也。"①唐文治认为日本这些优长，是中国礼教精神的真正体现，而中国更应该"取日本之所长而并弃其所短，权其本末轻重、缓急先后之序，次第行之，而无复浚杂"。②

第二次出使国外是光绪二十八年（1902），唐文治随主管户部的庆亲王奕劻之子载振出使英国，参加英王爱德华七世的加冕仪式。该使团于4月11日从北京启程，先由陆路至天津，而后由水路抵上海。在上海停留数日后，乘船先赴香港，途经越南、柬埔寨、新加坡、马来西亚。过马六甲海峡，穿印度洋，5月8日抵斯里兰卡。再由斯里兰卡横渡阿拉伯海，入红海，由苏伊士运河进入地中海。途经希腊、意大利，再由法国马赛港登陆。乘火车由马赛北上，途经巴黎，直至加来。5月29日，使团由加来坐渡船至英国。使团抵英后，拜谒了英王，呈递了国书，并在英国多处进行实地考察。有一次，使团参观大英博物馆图书馆，发现该馆藏有大量的中国典籍。翻译官问唐文治："中国素号文明，今先生来游是邦，见欧洲识字人多乎，抑中国识字人多乎？"言毕，面露骄色。唐文治应对道："欧洲识字人固多，然中国识字人贵在躬行实践。譬如仁、义、礼、智，必有此四者，方可谓识仁、义、礼、智四字。奸、邪、恶、逆，必绝此四者，方可谓识奸、邪、恶、逆四字。我中国此等识字人固少，谅欧洲亦不多耳。"唐文治以儒家之诚道来回复翻译官的责难，令对方微感惭愧。③

在英考察一月后，使团复渡海至比利时。6月30日入境比利时，在比利时考察旬日。7月10日再正式赴法国，考察将近两旬，再次登舟，横渡大西洋。8月9日抵美国纽约，考察旬日后，由温哥华再次起航，横穿太平洋。在太平洋上，唐文治触景感怀，而作《太平洋歌》，其文曰：

太平洋势互西东，蚴蛇秋水百潦洪。澎濞湛淶两洲通，试访河

---

① 唐文治：《奉使日本记》，《唐文治文集》第四册，上海古籍出版社2018年版，第1910页。

② 唐文治：《奉使日本记》，《唐文治文集》第四册，上海古籍出版社2018年版，第1910页。

③ 参看唐文治：《自订年谱》，《唐文治文集》第六册，上海古籍出版社2018年版，第3663—3664页。

伯与海童。我行凿空自纽约,历尽千山与万壑。维多利亚暂依泊,转瞬船头风浪恶。冯夷击鼓鲸鱼趋,骊龙惊起探明珠。九天九地凭风驱,踏破云梯拉朽株。颠倒回混穷区鹜,海客蜷伏鲛人怖。沈心摇精不得瘳,手足罢倦蒙疾痾。吁嗟乎!人生是处皆风波,鹏戾鲲横强食多。但愿八极靖干戈,容与太平恣婆娑。①

使团9月1日抵日本横滨。唐文治在日本凭吊了明遗民朱舜水的遗迹,又遇到了古文大家吴汝纶,并与之交流了吟诵文章之法。使团在日考察两旬,登舟回国。9月22日由大沽口登陆,25日进京复命。该使团虽然以庆祝英王加冕为出访目的,但其整个行程环球一周,历时半载,途经亚洲、欧洲、美洲,并对英国、比利时、法国、美国、日本等先进国家进行了详细的考察。这些考察的经验无论是对清末新政的实施还是唐文治个人观念的改善,都具有重大的意义,其实际的收获已经远远超出了庆贺的初衷。

归国后,唐文治代载振作《由英回京条陈》和《英轺日记》。《由英回京条陈》是上呈清廷的官方文书。在这篇奏折里,唐文治提出了中国迫切需要向西方学习的三个方面:一为兴商务,是"民生命脉所关,箴膏起废之良药";二为办路矿,"可以收海外之资财,拯斯民之困厄,通四方之风气,辟数世之利源";三为开学堂,"国运隆污必与学校盛衰相消息"。②

《英轺日记》一书虽然直接目的是进呈御览,但在光绪二十九年(1903)就由上海文明书局刊刻,公开发行。同年,该书被翻译成白话文《京话演说英轺日记》,并在刊物《绣像小说》上连载,在社会上产生了广泛的影响。该书的宗旨,"务在考求各国政治、学术、律令、典章,旁逮商务、工艺,冀以立青出于蓝、冰寒于水之基础,故于洋报译录甚鲜,盖觇国之要,固当识其大也。"③在该书《凡例》里,唐文治认为诸国考察,各有详略,"大抵英详于商务及学校诸事;比详于制造、工艺;法详于议院、各衙门制度,而于教务必持之断断;美详于各部章程及其地方自治之法;

---

① 唐文治:《太平洋歌》,《唐文治文集》第三册,上海古籍出版社2018年版,第1082—1083页。
② 参看戴逸:《语冰集·唐文治小传》,广西人民出版社1999年版,第84页。
③ 唐文治:《英轺日记·凡例》,《唐文治文集》第六册,上海古籍出版社2018年版,第3329页。

日本与我地处同洲，其则不远，故于宪法等事并加研究，而于教育之法，尤三致意焉。"①其实通观该书，在英国、比利时、法国、美国、日本诸国的考察上，历史、教育、政治、商务、矿务、军事、外交、医疗、交通、民风等领域皆有涉猎，该书之问世，俨然为落后封闭的中国打开了一扇通向世界文明的窗口。比如，唐文治在旅行英国的日记中介绍了英国的政治权力设计，认为"议院之权，虽在枢密之上，而百姓之权，又在议院之上"②，又大大赞赏英国的政商关系，认为"盖官之于商，只任保护之责，自商税而外，凡一切贸迁生计，皆听民所自谋，无有用压力以摧折而窳庸之者。此商战之所以辄胜也。史迁之论货殖，曰善者因之，其次利导之，其次教诲整齐之，最下与之争。郭橐驼之论种树，曰其本欲舒，其培欲平，勿动勿虑，去不复顾；他植者，旦视而暮抚，甚者爪其肤以验其生枯，而木之性日离。斯数言者，皆自然之本，英人用其术以治商政，不特无扰累之事，亦绝无牵肘顾忌之忧。是以元气煦育和义，而美利生焉。"③唐文治在比利时的旅行日记中，盛赞该国能够"四民各有本业，不可偏废"④，并评论比利时的税收能够"取于富民者多，取于贫民者寡。又多方为乐事劝工之法，以期藏富于民"。⑤唐文治在法国的旅行日记中考察了欧洲的天主教，认为世界各大宗教与儒教在性命之学上有共通之处，其言："权舆由太虚，有天之名；由义理知觉，有性之名；由气化，有道之名；合性与道，有教之名。教也者，必养性修道，善以事天。此不独我国孔子之教为然，即凡普天之下如释教、道教、回教，以及天主教、耶稣教，无不当循。是以为矩矱也，修之则昌，悖之则灭。天视天听，一消一息。然而是说也，深言之，在尽性以立命，中人之所弗能也；浅言之，惟守身以安分，颛愚之所共喻也。"⑥唐文治在巴黎看到西人利用电梯上下的时间，尚要浏览报章，认为西人的惜时与中国圣贤珍惜分阴之说，正复相符。"而其以时刻为生财之根本，尤为精核无伦。可见泰西各国所以驯

① 唐文治：《英轺日记·凡例》，《唐文治文集》第六册，上海古籍出版社 2018 年版，第 3328—3329 页。
② 唐文治：《英轺日记》，《唐文治文集》第六册，上海古籍出版社 2018 年版，第 3440 页。
③ 唐文治：《英轺日记》，《唐文治文集》第六册，上海古籍出版社 2018 年版，第 3450 页。
④ 唐文治：《英轺日记》，《唐文治文集》第六册，上海古籍出版社 2018 年版，第 3462 页。
⑤ 唐文治：《英轺日记》，《唐文治文集》第六册，上海古籍出版社 2018 年版，第 3466 页。
⑥ 唐文治：《英轺日记》，《唐文治文集》第六册，上海古籍出版社 2018 年版，第 3498 页。

至于富盛者,自有道也。"①唐文治在美国的旅行日记中大力褒扬了美国的民主,推崇华盛顿的德行,支持美国的独立战争,其感叹"强国务夺人土地,而驭之不以其道,结民怨、开兵祸,有势必至者。虽然,美之受制于英久矣,非华盛顿坚忍力战,必不能成开创之功;非合十三省为一民主,则无数小国必不能免强邻之蚕食。非从战胜之后,励精图治,而又时时以用兵为戒,则国之安危亦有不可知者。观美邦百余年来,民主相承,日臻富庶,岂偶然哉?"②唐文治认为美国致富之道,与孟子的王政相类,其言:"孟子言,王政不过曰'五亩之宅,树之以桑',曰'百亩之田,勿夺其时'。而对滕文公则曰'民事不可缓也'。可见农务实为国家本事。近人论西国之富,辄称其美矿产、擅工艺,鲜有及于民事者。不图今至美洲,考其重农贵粟之经,实与我中国先贤所论,隐相符合。且美国致富之本,实以树艺为大宗,乃叹古圣贤经济所包宏远,固未可以私臆菲薄之也。"③唐文治强烈推荐欧美在商务上的赛会制度,他认为:"盖赛会一事,实为各国商务最要关键。其时,瑰货山积,彼此夸多斗靡,而工商游览其间,何物畅引,何物滞销,一一由于目击,则相目击,则相观而善之念,必能油然自生。"④唐文治希望中国也能效仿这种赛会,由此提高工业技术,增加本国收益。在日本的旅行日记中,唐文治阐发了自由与宪法的关联,认为自由不是没有管束的纵横恣肆,而是尽其性分之固有、职分之所当为。"宪法自由之说,指民人应得应守之权利义务而言,然非谓民人可以上侵主权也。"⑤唐文治参观了日本的红十字会,认为红十字会精神合乎"不重伤、不禽二毛"的古训,并认为"中国诚能仿设此社未始非仁民济物之大端也。"⑥面对日本明治维新以来学说纷呈、莫衷一是的局面,唐文治赞同日本加强具有儒家特色的伦理教化的方法,其言:"日皇爰于二十三年十月颁诏,以定臣民之分,缘督人伦,俾父子、兄弟、夫妇、朋友各有所遵守,道德之基础遂坚,民间亦频论道德,或撰男

① 唐文治:《英轺日记》,《唐文治文集》第六册,上海古籍出版社 2018 年版,第 3566 页。
② 唐文治:《英轺日记》,《唐文治文集》第六册,上海古籍出版社 2018 年版,第 3524—3525 页。
③ 唐文治:《英轺日记》,《唐文治文集》第六册,上海古籍出版社 2018 年版,第 3551 页。
④ 唐文治:《英轺日记》,《唐文治文集》第六册,上海古籍出版社 2018 年版,第 3563 页。
⑤ 唐文治:《英轺日记》,《唐文治文集》第六册,上海古籍出版社 2018 年版,第 3573 页。
⑥ 唐文治:《英轺日记》,《唐文治文集》第六册,上海古籍出版社 2018 年版,第 3580 页。

子品行论,或撰女德论。……余因喟然思我中国古者教人之法,务在端伦纪、修道德。今考东人教育之法,抑何其相近也!"①

在上述文字中,有些部分虽然是客观陈述,但已经透露出新的暗示,有些部分则完全是公开对西方制度的褒奖赞叹。需要指出的是,唐文治的褒奖赞叹并非简单的舍中求西,而是在领略西方现代文明优越性的同时,看到此优越性同样符合中国古代圣贤精神的要求。故这样的考察感受,会进一步促成唐文治在儒学事业上奋发图强,走上儒学脉络中的现代化的道路,这就与"事事不如人、主张全盘西化"的态度多有不同。

四、擘画商部

清廷自义和团运动失败之后,以慈禧为首的一派人物,被迫转向新政,由原来的重农轻商开始转向重视工业和商业。而正在此时,华侨实业家张振勋(1841—1916)向清政府呈上《奏陈振兴商务条议》的奏折,条陈农、工、路、矿等开发措施十二条,请求朝廷开设商部,建议将农、工、路、矿诸政归并为商部,否则会事权不一。朝廷对此奏折十分重视,命令载振、伍廷芳妥议具奏。载振将此事交给了唐文治,唐文治为之代拟了《议覆张振勋条陈商务折》。在该折中,唐文治充分认可了张振勋的提议,认为:"所奏大意,亦主农、工、商三者并重,而握其枢于商部。其言原原本本,颇多可采。"②随后逐条回复了张振勋的十二条意见,最后建议:"拟请先设商部,简派大臣,将应办各事宜,及分司各名目次第,酌核奏明,请旨办理。"③这份奏折起到了积极的推动作用,光绪帝看过奏折后就决定设立商部。

光绪二十九年(1903),商部成立,由庆亲王奕劻之子载振担任尚书。唐文治以其出使东西洋的经历以及关于旅行见闻的良好记录,被认为是精通西学、参与新政的不二人选。这一年,唐文治、王清穆等人

---

① 唐文治:《英轺日记》,《唐文治文集》第六册,上海古籍出版社 2018 年版,第 3601—3602 页。
② 唐文治:《议覆张振勋条陈商务折》,《唐文治文集》第一册,上海古籍出版社 2018 年版,第 303 页。
③ 唐文治:《议覆张振勋条陈商务折》,《唐文治文集》第一册,上海古籍出版社 2018 年版,第 322 页。

由外务部改调至商部任职。唐文治在商部工作与其在户部和外务部有很大的不同。其一，唐文治任职户部与外务部的时候，在官场上还没有成熟，无论是管理典籍还是社会实务，都处在不断学习的阶段。其二，唐文治在户部、外务部任职时，多为承办上级布置的任务以及处理常规任务，自己的主见无法体现在两个部门的政策制定中。其三，彼时清政府的政治立场也不确定，在改革与保守的立场上不断摇摆。但在唐文治任职商部时，上述三个条件有了变化。其一，唐文治本人在官场上已经成熟，他在户部熟悉了中国的国情，在外务部又了解了世界的格局，这两部的工作经历为唐文治在商部的工作打下了坚实的基础。他不但熟悉中国的官场运行方式，而且充分洞悉中国在世界格局中的地位，也知道中国未来应该发展的方向。其二，清政府转向改革，实施新政，而商部的成立本身就是新政的重要组成部分。无论这种变化是真心还是假意，起码对唐文治出台很多破旧立新的政策给予了政治上的保证。其三，负责主持商部工作的尚书载振是粗通文墨之辈，由于出使西洋的经历，他对唐文治比较信任，更是把具体工作都交给唐文治去操作，自己索性坐享其成。光绪三十二年（1906）之后，清政府改革官制，商部改为农工商部。由于载振在东三省出差，唐文治署理尚书职务，更是直接负责具体的部务工作。于是，唐文治在政策制定和实际操作上，就有更多地表达自我主见的空间。正是这些缘故，唐文治任职商部时期，可谓其官场经历的顶峰，这位具有儒家救世济民情怀的知识分子终于可以在这一平台上施展身手，开拓局面，真正为国家、为民族作出一些有益的贡献。

由于商部是清政府面对"三千年未有之大变局"而设置的，并不在传统的六部之列，没有多少故例可以因循，故商部的工作需要以创造性的处理方式面对前所未有的挑战。大致而言，唐文治在商部的工作主要包括设置章程、培养人才、兴办商务，而作为朝廷大员，唐文治也积极参谋国是，为国家建设出谋划策。

（一）设置章程

商部为新设部门，唐文治确立了"以保护商民，开通商智，厚结商力,体恤商艰,培植商家元气,减轻担负,不苛扰,不干涉为主要"①的商政宗旨。商部的运行需要照章办事,故首要的工作就是设置章程,划定工作内容,规范办事准则。在此期间,唐文治拟订了《商部章程》《声明商部办事权限折》《请设立商会折》《订立商勋折》,一概得到清政府的批准。此外,还积极推动了《商律》的制定。在《商部章程》中,设置了商部的部门分工:"分设四司:一曰保惠司,专司商务、局所、学堂、招商一切保护事宜,赏给专利文凭,译书译报,聘请洋工程师及臣部司员升调补缺、各项保奖。一曰平均司,专司开垦农务、蚕桑、山利、水利、树艺、畜牧一切生殖之事。一曰通艺司,专司工艺、机器制造、铁路、街道、行轮、设电、开采矿务、聘请矿师、招工诸事。一曰会计司,专司税务、银行、货币、各业赛会禁令、会审词讼、考取律师、校正权度量衡等事宜。此外,设司务厅一所,专司收发文件,缮译电报。"②四司所管辖的职权范围包含了农、工、商、矿、交通等方面,几乎囊括了中国经济建设在人力、物力、财力上的基础保障。除分设四司外,商部还设立律学馆和商报馆。律学馆负责外国商业律法的翻译引进,商报馆负责中国各地商业情况的通报。这样就可以促进中国与外国、中央与地方商业信息的良性流通。唐文治在拟订《商部章程》之后,又拟订《声明商部办事权限折》。如果说《商部章程》是确立了商部自身的事务范围,那么《声明商部办事权限折》就是划定商部与户部、工部等部门在相关事务上的办事权限。在这份奏折里,唐文治认为"户、工两部之职,一则专主财政,一则专主营造,与臣部之界限本极分明"。③ 此外,唐文治还划分了一些容易混淆的界限,比如,全国度量衡由户部管理;税务由专派的税务大臣管理;银行则除国家银行由户部管理外,商业银行仍由商部管理。

在确定商部的工作内容和范围权限后,唐文治开始考虑创造友好的经商环境,以便商业能够在此环境中繁荣发展。首先,唐文治决定在各大城市建立商会。商人是促成经济繁荣的主力,建立商会可以提高商人的地位,保护商人的合法权益。"商会者,所以通商情,保商利,有

① 唐文治:《自订年谱》,《唐文治文集》第六册,上海古籍出版社 2018 年版,第 3671 页。
② 唐文治:《拟商部章程折》,《唐文治文集》第一册,上海古籍出版社 2018 年版,第 326 页。
③ 唐文治:《声明商部办事权限折》,《唐文治文集》第一册,上海古籍出版社 2018 年版,第 333 页。

联络而无倾轧，有信义而无诈虞，各国之能孜孜讲求者，其商务之兴，如操左券。"①商会是商人组建的群体组织。这在西方国家已经非常普遍，而在当时中国则是绝无仅有的新鲜事。唐文治认为商会具有团结商人、互通商情、促成商利等功能。对于当时的中国而言，则更有剔除内弊和考察外情的功效。剔除内弊是防止散商低价倾销，搞乱整个市场价格。考察外情则是引进西方技术，发展民族产业。唐文治提议，商会的设立可以逐步推广，先在北京、上海两处设立总商会，再就汉口等处，次第推广。同时，唐文治还设立了《商会简明章程》，一共二十六条，初步规范了商会的办事章程。而其中的详细节目，则放权给各地商会自行集议。其次，唐文治考虑到中国商业的发展，除了商会自身促进作用，还需要政府给予资助和奖励，于是又拟订了《订立商勋折》，经清政府批准，同意给予创办实业具有卓越贡献者奖励。在此背景下，由于张謇创办的大生纱厂卓有成效，张謇本人被授予商部头等顾问官，加三品卿衔。再次，在北京正阳门外设立劝工陈列所，专门负责各类商品展出，兼其销售。通过这样的方法，可以以实物的形式将产品信息推向社会，便于商人之间以及商人与客户之间信息的互通。又在北京西直门外的一个废园设立农事试验场，打算引进推广外国优良种子，如美国的棉花、印度的茶叶等。通过试验场的运行，来推动中国农业的改良。此外，商人的经济行为需要遵守客观的法律条款。专门适用于商业的法律条款，既是规范市场行为的准绳，也是惩处不法商人的依据。商部首先推出了《商律》中的《公司律》一百三十三条、《商人通例》九条，以此作为商人市场交易的法律保障。统观唐文治这一系列作为，商会的成立，是确立商人的社会地位；商勋的奖励，是鼓励商人的创造热情；陈列所、试验场的设立，是促成商人的信息交流和产品改良；《商律》的颁布，是规范商人的市场行为。这四个方面，多管齐下，为营造良好的经商环境作出了贡献。

（二）培养人才

在传统的理解中，中国社会可以分为士、农、工、商四个阶层。士需

① 唐文治：《请设立商会折》，《唐文治文集》第一册，上海古籍出版社 2018 年版，第 339 页。

要从事经史的学习，养成君子人格，并且学而优则仕，进行社会治理。农负责原材料的生产，工负责器具的制造，商则负责地区间的互通有无。一般而言，学堂只负责士的培养，而农、工、商则没有专门的培养机构。在传统社会，唯有科举是正途，农、工、商的人才几乎是依靠行业师徒制的方式进行传承培养。然而，这种传统的农、工、商人才培养方式显然已经不能适用于现代经济发展的要求。商部设立后，唐文治将农、工、商视为有益于国计民生的实业。发展实业教育、培养实业人才，则成为眼前最为迫切的要求。

首先，京师工艺局划归商部管理。京师工艺局最初在光绪二十八年（1902）由顺天府尹陈玉苍开办。工艺局收养贫民从事工艺学习传承，有工匠徒弟五百多人，分为纺织、瓷器、玻璃、木工等十五科，能够制造地毯、洋式木器家具、肥皂、毛巾、玻璃器皿等物件。工艺局改为商部管理后，进一步增强了振兴实业的作用，对于培养工业科技人才具有积极意义。

其次，办理高等实业学堂。与培养士的传统学堂不同，高等实业学堂则专门培养农、工、商领域内的高级人才。当时商部直属的高等实业学堂有京师高等实业学堂和上海高等实业学堂两所。京师高等实业学堂开设机械、电气、矿冶、应用化学四科，首届招生即收录学生一百余名。上海高等实业学堂则由南洋公学改制而来，设立了商业、航海、轮机、电机四科。这两所学校，一南一北，可谓孕育中国近代实业人才的摇篮。

此外，唐文治还为外务部改定了《请调用人员设立储才馆折》《储才馆暂行章程》，提议加强对精通外国语言、具有留洋经历的人才的培养与录用。这些提议虽然是为外务部所拟定，但是中国商业的繁荣离不开中外贸易交往、西方先进技术的引入，故加强外务部精通西学人才的培养，也有利于中国商业的繁荣。[①]

（三）促成实业

在商部主政期间，唐文治先后呈递了《请设农工路矿各项公司

---

① 《请调用人员设立储才馆折》《储才馆暂行章程》是唐文治替外务部拟订，而非为商部拟订，刘桂秋辨之甚详，参见刘桂秋编著《唐文治年谱长编》上卷，上海交通大学出版社2020年版，第318—321页。

片》《请设立勘矿公司以保主权折》《请筹拨勘矿总公司官股片》《请办商业模范银行折》《请设各省农工商务监督以兴要政折》等奏折,阐明了促进农业、工业、铁路、矿务、银行等实业的见解。唐文治认为,中国可以借助外资来发展中国实业,中国对之可以让渡利润,但绝不能出卖主权。唐文治的奏疏部分得到了批准落实。同时,唐文治向社会广为宣传政府的商业政策,派遣专门人员南下招商引资,积极鼓励海外华侨回国投资,参与经济建设。1903 年,侨商张煜南申请筹股筹办潮汕铁路,商部奏准。于是,张煜南等人筹股 300 万元,在 1904 年动工兴建,至 1906 年全线竣工。该铁路南起汕头,北迄潮州,共 42 公里,成为中国近代史上第一条由华侨投资兴建的纯商办铁路。这条铁路连接了郡城潮州与港口汕头的交通,对于客货运输和城乡繁荣起到了巨大的促进作用。1905 年,张振勋入京,申请办理三水佛山铁路,以及在山东开设葡萄酿酒公司。张振勋的提议得到了唐文治的支持而奏准。张振勋临走时馈赠两千金给唐文治,被唐文治严词拒绝。此外,唐文治还批准了福州银行、商务印书馆、上海科学仪器馆等民办企业的设立。

唐文治一心锐意改革,不久就取得较好的改革成效,多次进宫得到慈禧的赞扬。有人评议说:"部务都由唐公主持,贝子等居其名而已。唐公以旧科举出身,而思想极新,提倡商务,力行新政,足见行新政者,不一定要新人也。"[1]但是,即使如此,很多明明对国计民生有利的政策,仍旧时不时碰到各种阻碍,有些是商业上的纠纷,比如丹凤火柴公司事件;有些是国际列强的干扰,比如商标局事件;有些则是同僚之间的掣肘,比如与袁世凯的三次摩擦。

丹凤火柴公司事件发源于火柴公司的股份问题。留学日本帝国大学的张新吾在商部任职时,发现中国人没有自己的火柴品牌,为了购买进口火柴,每年有一千万两白银流入日本,这触发了他开办中国自己的火柴厂的念头。张新吾用牙签和化学物品,制作出了火柴样品,商部和北京商会各自出资,官商合股开办了丹凤火柴公司,张新吾任技术顾

---

① 曹汝霖:《曹汝霖一生之回忆》,中国大百科全书出版社 2009 年版,第 37 页。

问。这事被《北京日报》知道,攻击商部不该自营商业,不能既监管买卖,又自己做买卖。于是唐文治在《申报》上刊登了一份公开信,驳斥了商部不能自营商业的质疑。唐文治指出:"中国自我制造火柴,可以抵制洋货,挽回利权。丹凤火柴公司并非官办,而是官商合办。即使是官办,这在外国已有成例。商部在处理纠纷时,必当以《公司律》为准绳,绝不会由于参股而对所参股公司有所偏护。"唐文治的申明,相当于商部主事对公众进行表态。民股与官股具有同等的地位,这不仅仅具有法律的保障,还有唐文治个人信誉的保障。这份申明刊登后,争议才慢慢平息下来。

商标局事件源自日、德、英等国关于注册商标的矛盾。1903 年,商标局成立,隶属商部,随即根据《商律》,编订《商标局章程》。《章程》规定:在商标权的获取上,采用注册在先原则。对外国商标以及已在中国使用但尚未注册商标的优先权做了限制,并规定在外国已注册的商标需要在本局开办后 6 个月内申请注册才享有优先权。《章程》通告后,德国、英国公使要求暂缓执行,日本公使则要求立即执行。英国公使甚至纠合德、法、意、奥四国公使,另外拟定一份商标法。该商标法由于严重侵犯中国主权,要求法外权益,被商部当即拒绝。对于德、日的矛盾,唐文治认为"尽可先办注册,一面使德公使知照德商,缓半年或一年来局注册,尽无不可。当时会晤面谈,均能谅解"。[①] 然而当局畏于列强的横纠蛮缠,踌躇不决,商标权一事也就因循不办了。商标注册本来可以有效地保护民族品牌,促进民族企业自主创新。但是由于列强的阻挠,此事夭折,这对中国商业的发展带来了负面影响。

当时担任直隶总督的袁世凯野心很大,不断夺取轮船、电报、铁路的控制权。唐文治跟袁世凯在好几件事上产生过摩擦。

其一,抵制日本商品遭拒。1905 年,唐文治接到瑞安黄绍箕的书信。信上说,日本商人现在筹集资金八十万,拟到中国出售图书、仪器等教辅用品,占领中国的相关市场。而中国负责生产相应用品的上海科学仪器馆资本有限,无法和日本商品相抗衡,一旦中国市场被日本商

---

① 唐文治:《关于"商标局"掌故》,《唐文治文集》第四册,上海古籍出版社 2018 年版,第 2256 页。

人占去，中国自己的仪器制造势必衰败，将来一切科学研究都要有求于人，所以希望商部出面请轮、电两局拨发官股予以支持。唐文治得知消息后，非常支持民族资本家的诉求，立即与负责轮、电两局的袁世凯咨商，没有想到袁世凯竟然为了保护自己的部门利益而未能照准。

其二，正直同僚被迫辞官。王清穆与唐文治素来相识，曾在户部、外务部为同僚，现又在商部共事。唐文治与王清穆经常一起切磋学问，探讨商务，王清穆可谓唐文治不可多得的好帮手。同时，王清穆为官清正廉明，真心诚意地发展中国的民族企业。1904年，王清穆以钦差大臣的身份考察东南七省的商务，宣传朝廷的商业政策，各省督抚前来迎送，纷纷献以厚礼，王清穆廉洁自重，一概谢绝。有一位海外侨商谒见王清穆后失声大哭。王清穆问他缘故，原来这位侨商之前谒见其他官员，多次不得见，即使见了面，官员也是一副倨傲的态度。这次王清穆对他谦恭和睦，所以不觉感激涕零。1906年，有人揭发官办京汉、京榆铁路主事者贪污受贿，慈禧命令王清穆密查此事。王清穆不畏强权，拒收贿赂。这时担任直隶总督兼任督办铁路大臣的袁世凯认为商部干涉其权力，为了削弱商部的实力，将王清穆调任直隶按察使。王清穆羞与袁世凯为伍，遂弃官回乡，这场贪污案也就不了了之。经过这场事变，唐文治如同失去了左右臂膀，做事相比以前愈加艰难了。

其三，路务议员设置不成。唐文治鉴于铁路建设贪污受贿严重，建议要设定监督和考察铁路建设的路务议员。为了此事，唐文治亲自跑到天津去面见袁世凯，袁世凯则极力反对，生怕商部越职夺了他督办铁路大臣的权力。唐文治一笑置之，回京后于次年拟了《路务议员办事章程》，并奏设路务议员。这下子捅了马蜂窝，袁世凯会同政务处掊击商部。当时朝廷官员都认为袁世凯锋不可犯，然而唐文治仍旧据理力争，不少迁就，对袁世凯的攻击进行了有理有节的回应。虽然唐文治没有屈服于袁世凯的淫威，但设立路务议员一事，由于袁世凯的搅和，也就没有了下文。

在唐文治所处的时代，铁路是交通建设的重中之重，无论是民间的商务往来还是国家的军粮供应，都要倚仗铁路进行。谁控制了铁路，谁就控制了中国的交通命脉。而铁路的建设，无非依靠国有资本、民间资本和外国资本。清政府在甲午战争之后,财力不足,无法独自承担修建铁路的重任,于是民间资本和外国资本就成为晚清时期中国铁路修建的主要资金渠道。民间资本的筹集相对较难,但保有中国的独立主权;外国资本的筹集相对较易,但容易失去中国的独立主权。唐文治在商部时,积极主张扶持和保护民族工商业,极力反对借外国资本来修筑铁路,推行商办铁路政策,维护国家主权。唐文治等人离开商部后,清政府开始转向铁路国有政策。但这种铁路国有政策则是将商人修筑的铁路收归国有,同时又将收回的铁路抵押给外国以偿还欠债。这样一来,相当于将铁路"国有"变成铁路"外有",让外国人控制了中国的交通命脉,这对于投资铁路的地方乡绅以及具有爱国热忱的老百姓而言都是不能接受的。正是清政府铁路政策的转变,才导致后来四川保路运动的激变,成为压垮清政府的最后一根稻草。由此可见,唐文治主政商部时所执行的铁路政策确实高瞻远瞩、颇具眼光,可惜整个败溃的时局根本没有给予他施展才能的机会。

(四) 参谋国是

由于这一时期清政府开始施行新政,唐文治除主事商部的工作外,作为清政府权力中心的官员,也积极参与新政,提出了改革建议。可惜这些建议虽是良策,大多未被清政府所采用。其中,改定官制、预备立宪、兴商实边三事可为代表。

其一,改定官制的努力。唐文治看到官员事权不一,屡有推诿牵掣之弊,而其根本则在于官制本身的不合理,于是代载振拟订《改定官制折》,提出了官制改革的许多具体措施主张。比如,刑部改为法部,大理寺改为大审院并隶属法部;学务处改为学部,专管学校教育事宜,裁并太常寺、鸿胪寺和光禄寺。财政处与户部合并;练兵处与兵部合并。这样总计有外务部、商部、法部、学部、吏部、巡警部、户部、兵部、礼部和工部十个部。每部设置尚书、侍郎共三四人。事务繁重之部,设左右丞、左右参议各一人;事务较简之部,设丞一人,参议一人。并请裁撤冗员,杜绝兼差,世袭的宗室需要有各部的学习经历,各部官员一律不分满汉的区别。另外,内廷事务归内务府,政务处归内阁;保留翰林院、都察院、理藩院、銮仪卫；太仆寺并入兵部，国子监并入学部。此外，唐文治还建议取消满洲八旗、蒙古八旗、汉军八旗的区别，无论满洲、蒙古、汉军，都统一在八旗下进行管理。每旗的都统只可专办旗务，不能兼任别官。唐文治的建议依照实际情况重新确定了官员职务的范围，一旦执行必然快速提高政府的行政效率，可惜此奏折呈上后，留中而不予采纳。

其二，预备立宪的期望。宪政是以宪法为依据的施政体制，也是近代国家的主流政体。自鸦片战争以来，中国处处不如人，人们逐渐认识到仅仅依靠引进西方技术、学习西方的船坚炮利是无法富国图强的，改革改到最后，必然进至政治体制的变革。其实，康有为的维新运动已经走在同时代前列，而保守派在义和团运动失败后，才后知后觉被倒逼着进行体制改革。

光绪三十一年(1905)，清政府派载泽、端方、戴鸿慈、徐世昌、绍英五大臣赴各国考察宪政。唐文治带领商部同仁送至正阳门外车站，突然一声巨响，车厢里血肉横飞。原来有革命党人吴樾用炸弹刺杀五大臣。吴樾炸死，五大臣中仅绍英受伤。唐文治离车厢较远，并未受伤。两个多月后，清政府重新调派载泽、端方、戴鸿慈、尚其亨、李盛铎五大臣出国考察宪政。同年，被五大臣考察宪政鼓舞的唐文治，代载振拟定《请立宪折》上承慈禧与光绪。在此奏折中，唐文治认为立宪是富强的根本，而中国的立宪最应该仿效日本君主立宪的做法。唐文治又指出立宪有五大好处、三不足虑。五大好处是：永固邦本、权集政府、固结民心、收回主权、因应外交；三不足虑是：立宪之政体适合尊君之国体，故不必过虑立宪会有损于国体；议院仅有议事之权，而裁可施行，仍旧操之君主，故不必过虑立宪会导致君主无权；民智是启沦而渐开，闭塞而愈下，而议员皆为人民之公选，故不必过虑民智未开、议院议事会不得其当。另外，唐文治还拟了《立宪大纲办法》四条。一是预定立宪政体，告示天下；二是参考各国宪法，为编订本国宪法做准备；三是仿行议院之法，设置上下议院，妥定选举议员章程；四是保荐品学兼优、通达治体的人才。唐文治自认为这一建议切实可行，可挽危局，但奏折呈递后仍旧是留中不发。

立宪运动是用和平方式进行政体变革,而不需要流血牺牲。这是很多知识分子以及开明官员愿意看到的局面,故而在社会上一时呼声很高。然而清政府因循敷衍、假意立宪,却让无数希望立宪救国而奔走呼喊的仁人志士心寒绝望。群众从立宪的骗局中觉醒,从而投入到轰轰烈烈的革命洪流之中。

其三,兴商实边的请求。俄国曾在八国联军侵华之时,趁机侵占中国东北。《辛丑条约》签订后,俄国拒绝撤兵,反而欲将东北、蒙古、新疆,甚至华北地区划为势力范围。俄国的野心与日本在中国东北的诉求形成冲突,同时由于日俄在朝鲜问题上的矛盾,爆发了1904—1905年间的日俄战争。日俄战争主要在中国领土上进行,受害者为中国人民,抢夺的是中国的土地,但清政府宣布中立。战争结果,日本获胜,日俄签订了《朴茨茅斯条约》,将俄国在中国的特权转让给日本,重新划分了势力范围。这样一来,东三省的威胁原来来自俄国,现在则来自日本。面对这样的形势,唐文治焦急万分,生怕他日东三省被日本侵吞。他派专员赴东三省考察各类实业,筹商兴商实边的办法。光绪三十一年(1905),唐文治为都察院左都御史陆宝忠代拟《请饬东三省速举要政折》,提出十项要政:一、经营营口;二、疏治辽河;三、采掘抚顺炭矿;四、监理东清铁道;五、赎还安奉铁道及新奉铁道;六、设置大连海关;七、预备十八处通商口岸;八、勘视间岛;九、平靖胡匪;十、收回辽东法权。在这十项要政中,唐文治特别重视对东北资源的经营开发,以及路权和治外法权的收回。"通商实边,当自东三省迤西至内外蒙古,以达青海、西藏,以汽车、矿业两公司为根本,以他种商业为后盾。如此,则北京一区,如背之有椅,可以高枕无忧。"[1]唐文治希望通过这些举措,开发建设东三省,收回路权、法权,以兴商实边的方法来巩固国防,保障北京的安全。唐文治的担忧可谓未雨绸缪,颇具远见,可惜当局不予重视,没有采纳兴商实边的策略。日本野心越来越大,遂至1931年挑起九一八事变,侵占东三省,开始了对东北人民长达14年的奴役统治。唐文治日后谈及此事,每每愤愤不平、叹息痛恨。

---

① 唐文治:《自订年谱》,《唐文治文集》第六册,上海古籍出版社2018年版,第3675页。

光绪三十二年(1907)冬,唐文治母亲胡太夫人在北京辞世。按照礼节,父母逝世,子女需要守丧三年。在此期间,不得婚嫁,不能庆典,做官更需要去官离职。这个礼节源自儒家传统,唐文治作为儒家知识分子,更是应该主动遵守这样的礼制。然而,唐文治已经是农工商部的核心人物,农工商部的持续运转少不了唐文治。农工商部的尚书载振是粗通文墨之辈,平时仅仅挂名而不管事,唐文治一旦辞官,载振就像断了左膀右臂,根本无法将农工商部持续运作起来。于是,载振亲临唐宅吊奠,慰藉再三,并挽留唐文治。载振请唐文治可以不必去农工商部上班,但务必留在北京的家中,以便于载振遇事可以咨询。其实,载振就是希望唐文治通过在家办公顶一个守孝的名义,从而继续帮助他管理农工商部。唐文治推辞不过,只能请求载振给他一百天时间料理母亲的后事,后事料理完毕后随即回京在家办公。此后,唐文治将母亲灵柩护送回太仓,将母亲落土安葬。

　　在唐文治还没有回京之时,载振却被人参劾而被迫辞职。原来载振在出差东三省的时候,路过天津,看上了天津歌妓杨翠喜。时任天津巡警道的段芝贵就花巨资将杨翠喜买下来,将她送到载振邸中。载振十分欢喜,让其父奕劻奏请慈禧,提拔段芝贵。此事被御史赵启霖知悉,参奏一本,弄得举世皆知、舆论大哗。朝廷再命醇亲王载沣、大学士孙家鼐查办此案,他们调查的结果是查无实据。最后,反而将御史赵启霖革职。为了遮人耳目,载振也不得不在赵启霖革职的次日辞去官职。

　　载振本身是纨绔子弟,粗通文墨之辈,完全依靠庆亲王奕劻长子的身份而得到清廷的重用。他一生中最为风光的两件事,一件是出使英王爱德华七世加冕典礼,一件是执掌商部参与新政。但在这两件事上,挂名载振的《英轺日记》实际上是唐文治代笔的,农工商部实际上是由唐文治主持的,载振仅仅顶个虚名而已。载振的一番事业,上面靠着父亲庆亲王奕劻的关系,下面就必须靠着唐文治等人的苦心维持。因此,载振十分信任唐文治,也迫切需要唐文治为其做事。同时唐文治也必须有这样的靠山,才能在复杂的晚清官场中免去掣肘,放手去做一些对国家人民有利的事情。载振与唐文治似乎达成了一番默契:载振给予唐文治充分的信任和支持,让他放心大胆地去推动改革;而唐文治推动改革获取的功绩,则又归功于载振,成为载振的政治资本。但是,当载振一旦被迫辞职,那么唐文治无疑失去了一座最大的靠山,让本来已经遭受层层阻碍的改革进程更加寸步难行。唐文治曾回忆商部的执政历程:"光绪之季,朝廷鉴拳匪祸,锐意振兴,创设商部。吾辈精英伊始,所怀志愿,阙有三端,一曰恤商艰,二曰开商智,三曰造国货、抵外商货。然谋之而不能为,为之而不能成,迂谬之徒,相与齮龁之。燕巢覆下,而大厦终顷。"①到了这个时候,既然当官已经无法继续为百姓办事了,留在商部也没有了意义,唐文治就凭着为母守丧的名义彻底离开了北京的官场。

---

① 唐文治:《胡君邵介家传》,《唐文治文集》第五册,上海古籍出版社 2018 年版,第 2579—2580 页。

第四章　工科先驱

唐文治丁艰辞官之后，新任农工商部尚书溥颋邀请唐文治担任京师高等实业学堂监督，陆军部尚书铁良邀请唐文治担任北京贵胄学校监督，邮传部尚书陈璧邀请唐文治担任邮传部上海高等实业学堂监督。学堂的"监督"，其实就是校长。唐文治不愿意留在北京，拒绝了前两个邀请，欣然接受了邮传部上海高等实业学堂监督的职务。唐文治离京去沪，大致有几个理由。其一，唐文治的辞官，表面上是丁艰，事实上则是对清末政治的彻底失望，故并不愿意留在京城这一政治中心。其二，唐文治母亲离世，故其对父亲愈加孝敬。唐受祺年事已高，思乡心切，而上海毗邻太仓，回南方后更有利于父亲颐养天年。其三，邮传部上海高等实业学堂即商部高等实业学堂。后来由于商部改为农工商部，又增设了邮传部，高等实业学堂划归为邮传部管理资助，改名为邮传部高等实业学堂。此学堂为唐文治在商部任职时所改制，故对其办学情况较熟悉。

一、实业学校

上海高等实业学堂由南洋公学改制而来。南洋公学由盛宣怀在1896年初创于上海，以讲求新学为务。盛宣怀（1844—1916），字杏荪，号愚斋，江苏武进人，晚清洋务运动的重要代表人物，中国近代著名实业家。1895年秋，盛宣怀在天津创办了中西学堂，后改名为北洋大学。

1896 年春,盛宣怀在上海创办了南洋公学。① 公学的办学经费由盛宣怀管辖的招商局、电报局的商户捐款而来,并在上海徐家汇择地建校。盛宣怀担任公学督办,自 1897—1904 年先后聘请了何嗣焜、张元济、劳乃宣、沈曾植、汪凤藻、刘树屏、张鹤龄、张美翊担任总理。所谓"总理",其实就是校长。在南洋公学创办之初,学校没有教师也没有生源。面对教师的缺乏,盛宣怀就开办师范院校,培养师资。面对生源的缺乏,盛宣怀就进行了外院、中院、上院的设置。外院相当于小学,中院相当于中学,而上院相当于大学。学生从外院开始,由此为中院、上院储备生源。等到学生外院毕业后,再逐次升中院,进上院。这样一来,通过分层设学的培养方式可以解决生源不足的问题。然而就短期而言,这样的培养方式导致生源需要逐级递升,故上院生源暂时仍旧不足,此外由于人事更迭、经费困难等原因,南洋公学的上院一再缓办。在上院的设置之外,盛宣怀还在南洋公学开办特班、政治班,培养洋务官吏;开办商务班,培养商务专家;设立译书院以及附属的东文学堂,培养翻译人才。

1903 年,南洋公学更名为高等商务学堂,意欲转向商务专门人才的培养。1905 年,高等商务学堂改隶商部,改名为上海高等实业学堂,盛宣怀也在不久后辞去了督办的职务。1905 年 3 月,商部任命杨士琦为该校监督。杨士琦依照商部的特征,为学校量身定制了四个专业。学校隶属商部,故要开设商业科;学校经费由轮船招商局、电报局拨给,故应开设与轮船招商局相应的航海科、轮机科,以及与电报局相应的电机科。但实际上,学校后来仅仅正式开出了商务专科班和铁路工程班,其他专业都停留在纸面上。同年,杨士琦调京,监督一职则由商部驻上海代表王清穆代理。1906 年,清政府改商部为农工商部,增设邮传部,主管路、轮、邮、电等交通邮电事业。轮船招商局、电报局也一并划归至邮传部。由于学校经费主要来源于招、电两局,于是商部上海高等实业学堂也在 1907 年春顺理成章地改为邮

---

① 一般而言,以江苏为界,江苏及江苏以南沿海地区划为"南洋",江苏以北到辽宁沿海地区划为"北洋"。

传部上海高等实业学堂,邮传部任命杨文骏担任监督。然而"电政事务殷繁,杨文骏力难兼顾"[①],故时任邮传部尚书的陈璧才力邀唐文治接任高等实业学堂监督。

1907 年秋,唐文治正式到校任职。他一改前几任监督兼职办校的风气,立即亲自住校办公,开始整顿学校的各类事务。由于学堂以实业命名,而当时的实业包含了农、工、商业,故高等实业学堂就应该培养农、工、商业的专门人才。唐文治主持校务后,发现学校既有属于商科的商务专科班,又有属于工科的铁路工程班,虽然两者都属于实业范围,但专业相差较大;同时,学堂已由隶属商部改为隶属邮传部,故决定转向工业学堂的培养模式,将学堂的主旨由培养实业中的商务人才改为培养实业中的工业人才。唐文治停办了仅仅开办一年的商务专科班,将其中优秀的六名学生派送美国留学,余下学生则离校就业。同时,又将铁路工程班扩充为铁路专科,定为三年学制,建立了学堂第一个工程专科。为了保证铁路专科教员的专业水准,唐文治又聘请了时任京张铁路总工程师的詹天佑帮助学堂挑选考核教员。

1908 年,唐文治又打算增设电机、邮政专科。"兹查本年夏季预科班生毕业者应有四十三名,照章应入专科肄习,现择学堂两偏屋舍改为电机实验场,开办费用及购买机件仪器等项约共需银七千六百余两。其邮政科讲堂即附设上院,较为简易,正在遴选教员,预备讲授。所有本年毕业预科各生,愿入何科,均令自行认习,以期适当。大致志在实学,程度较高者,则入电机科,其家境清苦,求速至用者,则入邮政科。唯邮政一班以课程简单,原定一年毕业,学成之后,正可用其所长,供邮局之选派。"[②]然而,唐文治的设想由于条件有限,只能部分实现。学制三年的电机科于当年批准正式设立,而学制一年的邮政科则最终没有设立。

① 陈玉苍:《拟聘大员接充高等实业学堂监督折》,上海交通大学校史编纂委员会编:《上海交通大学纪事 1896—2005》上,上海交通大学出版社 2006 年版,第 54 页。
② 唐文治:《咨呈增设电机、邮政两专科办法》,《交通大学校史》撰写组编:《交通大学校史资料选编》第 1 卷,西安交通大学出版社 1986 年版,第 117 页。

图 4-1　唐文治(前排右三)与电机科师生合影

　　唐文治在整顿学堂的同时,碰到两次重大的危机。其一,经费短缺。学堂在盛宣怀督办期间,办学经费由盛宣怀主管的轮船招商局、电报局拨付,故向来较为充裕,每有结余。但后来袁世凯任直隶总督兼北洋大臣后,夺走了对轮船招商局、电报局的控制权,两局的拨款则时有欠缺。至唐文治掌校时,两局的拨款每年只有 7 万两,相比之前整整少了 3 万两。唐文治计算了一下,增设学科、聘请教员、添购仪器、扩建教室,都需要增加开支,每年经费需要 12 万两。这样一来,每年的经费短缺高达 5 万两。其二,生源不足。依照本来计划的分层设学的人才培养模式,经过多年层层培养,理论上已经有充足的中院毕业生可以进入上院了。然而实际上,由外院读到中院,再由中院毕业后,继续读上院的学生并无多少。一般学生读完中院后,家境条件好的就自费出国留学,家境条件差的就择业谋生。面对经费、生源的双重困境,唐文治想出了个一举两得的方法。他向邮传部提出建议:"拟请本部奏明通饬两江、闽、浙、两广各督抚,自明年下学期始,每岁挑选中学毕业生每省各四十名,咨送本学堂考试录取,与校中毕业升班,一体分入专科,庶足以扩宏规面广造就,所需学费每省岁贴银八千两,由各督抚分上下两期解部候拨。所选学生,一经录取入校,概免膳、学费,酌收书籍费约二三十元,毕业考试后除本部调用外,其余听各省地方官调用,各尽义务若干年。夫以八千金派遣出洋留学生,每年仅供三四名之用,一转移间,可增至二三十名,在各省当也乐于从事,本部得以协款。"①唐文治的建议得到邮传部的首肯,并以奏折的形式上报,得到清政府的批准。这样一来,学堂通过向各省招收官费生的办法,既能获得各省的经费资助,又能获得各省的优秀生源,顺利解决了学堂生存与发展的危机。

1909 年,学堂又遇到了一次严重的行政干扰。学堂隶属邮传部,当时邮传部为了挽回航权,发展远洋航运和航海贸易,需要大量的航海人才,于是筹划建立一所培养航海人才的专门学校。当时隶属于邮传部的专门学校有三所,一所是北京铁路管理传习所,一所是唐山路矿学堂,一所是上海高等实业学堂。无论从师资建设,还是教学管理等处来着眼,上海高等实业学堂是三所学堂里最优秀的。同时,上海又濒临大海,故上海高等实业学堂似乎更适合进行航海专业的建设。于是,邮传部来文,拟将上海高等实业学堂改建为商船学堂,而原已建成的铁路、电机两科移至唐山路矿学堂。其实,在杨士琦主管该校时期,已经有设置航海科、轮机科的打算,但是从未正式实施。自唐文治入职以来,则着意将学堂向工科大学的方向上进行建设。当时东南各省都在发展铁路,兴办商务,对铁路、电机人才具有极大的需求。学堂并非不愿建立航海专科,但是若要将铁路、电机专业移至唐山,则与唐文治原本建立工科大学的方向有所抵触,非但若干年的心血毁于一旦,而且也不利于东南各省铁路事业的发展。因此,对于邮传部的决议,唐文治无法同意,学堂师生也纷纷抗议。唐文治考虑到学堂经费来源于邮传部,若坚决抵制也非良策,故而想出了一个折中的办法。一方面,学堂并不改变工科学校的发展方向,继续开办铁路、电机专科;另一方面,增设航海专科,作为另设商船学校的基础,等到条件成熟后再将航海专科扩充,单独建立商船学校。唐文治的提议很快得到邮传部的批准。于是,在 1909 年 7 月,唐文治即筹备设立航海科。"因是新设专业,不为社会所知晓,当年报考者极少,学生几乎全部来自中院毕业生

① 唐文治:《条陈本学堂办法》,《交通大学校史》撰写组编:《交通大学校史资料选编》第 1 卷,西安交通大学出版社 1986 年版,第 119 页。

和专科初年级学生,由学校采用圈定法决定。唐文治挑选学业成绩优良,风度体质较佳,视力良好的学生,直接升入航海班。"①而与此同时,商船学校的建设也在紧锣密鼓地进行着。实业家张謇作出了很大贡献,转让了吴淞水产商船学校100余亩地以及6万元款项。1911年,新任邮传部尚书的盛宣怀也给予了大力支持②,拨款4万两购买学堂东南面民地20亩,营造新校舍,作为航海科临时用地。1911年8月,吴淞校舍初步建成,同时向社会扩大宣传,招收新一届学生。这次招生情况与两年前大相径庭。"毕业出路条条诱人:出洋留学、服务海军、招商局各江海轮船二副,等等。但须要减去发辫、直接能以英文会话、会游泳等要求,让当时报考青年颇费脑筋。不过,由于学校扩建成功在望,在校生一律公费待遇,毕业出路良好,因此报考者仍然相当踊跃。据统计总共有3000余人前来报考,各地高等学堂中肄业一二年弃学报考者,亦不在少数。"③等到9月份开学时,航海专业的新老学生都搬到徐家汇新校舍,成立了邮传部高等商船学堂。商船学堂仍由唐文治任监督,南洋公学毕业后留学英国学习海军的夏孙鹏担任主任,共同管理日常校务。商船学堂开设两月后,辛亥革命爆发,各省纷纷独立,上海高等实业学堂、高等商船学堂失去了邮传部的拨款,办学经费出现困难,唐文治辞去高等商船学堂监督的职务。1912年春,海军名将萨镇冰担任校长。该年9月,高等商船学校由徐家汇搬迁至吴淞口,更名为吴淞商船学校。

在辛亥革命爆发之前,唐文治预料到迟早会发生"变天"。他在南菁书院的同学庄蕴宽颇具革命思想,与革命党人黄兴等交往甚厚。唐文治将庄蕴宽挂名在学堂任职,等到革命爆发,原本隶属于清政府邮传部上海实业高等学堂就可以少受冲击,得以平安过渡。1911年10月10日,武昌起义爆发,随后各省纷纷独立。11月6日,唐文治在大会堂

① 盛懿、孙萍、欧七斤:《三个世纪的跨越:从南洋公学到上海交通大学》,上海交通大学出版社2006年版,第58页。
② 1908年末,光绪与慈禧相继去世。三岁的溥仪登基,改元宣统,朝政由溥仪的父亲载沣主持。载沣与光绪是同父异母兄弟,对袁世凯在戊戌变法中出卖光绪的行为耿耿于怀,同时顾忌袁世凯统领的北洋新军的强大实力,就将袁世凯开缺回籍。于是在官场中被袁世凯压制的盛宣怀得到重用,被任命为邮传部尚书。
③ 盛懿、孙萍、欧七斤:《三个世纪的跨越:从南洋公学到上海交通大学》,上海交通大学出版社2006年版,第59页。

召集全校师生,公开宣布与清政府断除关系,更改校名为中国南洋大学堂,并以"固结团体,保守秩序,提倡风气,咸与维新"四语勉励诸生。师生欢欣鼓舞、热情高涨,高呼"中国万岁""南洋大学万岁"。11 月 7 日,南洋大学召开全校剪发大会。先设立一个香案,中间供奉慈禧太后与光绪帝的神位,旁边设立庆亲王奕劻与载振的生位。唐文治身穿朝服朝冠,对牌位三跪九叩,行了最后一次君臣大礼,随后除去衣冠,掷于地下,命令仆人拿块坚硬的黄砖,将红顶官帽砸得粉碎。又撤去香案,自己取了剪刀,牙关一咬,将发辫剪下。11 月 11 日,庄蕴宽出示伍廷芳、张謇等人的电稿,让宣统皇帝和摄政王载沣顺应潮流退位,以便建立共和,并邀请唐文治署名。唐文治叹曰:"人才不用,国运尽矣。欲保全皇室,不得不出于此。"①便在电报稿上签了自己的姓名。据当时就读南洋大学的凌鸿勋回忆,"同学中以唐监督曾任清朝的显要,位至卿贰之尊,生怕他忠于清室,来一个反对革命的举动。哪会想到他不久就约同张謇、伍廷芳几位耆旧致电清廷的摄政王,请俯顺潮流让位,以便建立共和,这件事使得人心大为振奋。"②但是,唐文治顺应革命的举动,也被很多立场保守的师友所责备。唐文治的业师王紫翔认为他不该签名,房师沈曾桐也责备他,沈曾植也表达了不满。南菁书院的同学曹元弼甚至一度与唐文治断交。而在学堂担任教务长的保皇派人士辜鸿铭,则大骂革命的学生们:"尔辈谋反,吾不能从贼。我生为大清之忠臣,死为大清之义鬼。不图国家兴学养士,结果乃尔。"③遂愤而辞职离校。辜鸿铭乘坐马车离校之际,有学生将燃起的鞭炮挂在马车后面。辜鸿铭以为有人开枪,跑得惊慌失措,狼狈不堪。

对于唐文治顺应革命的行为,有人从勇于接受新思想的角度去正面评价唐文治,有人从不遵从儒家忠君观念的角度去负面评价唐文治。其实这两类评价,都具有同样的设定——儒家与忠君捆绑在一起,革命与维新捆绑在一起。然而,这种对于儒家的理解是极端迂腐与错误的。儒家的根本宗旨是仁,仁所对的是天下,而不是君主或者某个政权。儒

---

① 唐文治:《自订年谱》,《唐文治文集》第六册,上海古籍出版社 2018 年版,第 3689 页。
② 凌鸿勋:《七十自述》,三民书局 1988 年版,第 16 页。
③ 陈柱:《忆辜鸿铭先生》,《中华月报》1943 年第 6 卷第 2 期。

家可以忠君,比如宋季崖山之役;儒家也可以不忠君,比如商末武王伐纣。明末大儒顾炎武说过:"有亡国,有亡天下,亡国与亡天下奚辨?曰:易姓改号谓之亡国。仁义充塞,而至于率兽食人,人将相食,谓之亡天下。……是故知保天下,然后知保其国。保国者,其君其臣,肉食者谋之;保天下者,匹夫之贱,与有责焉耳矣。"①保国,或者说忠君,就是维护某个政权。保天下,则是守住人伦之公理,促进人民的生存与发展。在顾炎武看来,维护某个政权与否,则以天下的精神物质发展为评判标准。如果某个政权服务于天下,那么在保天下的同时也可以保国忠君;如果某个政权反让天下服务于自己,那么在保天下的同时必须放弃保国忠君。保天下是儒家终极原则,而保国忠君则是次生性的。唐文治平生对于顾炎武十分钦佩,对于其学说也非常熟悉。唐文治是站在保天下的立场上来顺应革命,这是真正儒家精神的体现。此外,唐文治在剪发之前,先行三跪九叩之大礼,是谓知礼;在署名之际,则劝清帝和平退位,免遭屠戮,以保皇室,是谓能仁。唐文治之作为,于情于理,皆为儒者之典范。相反,那些孜孜以忠君为标榜的人,才是既不能通达义理,又不能应对实务的迂腐肤浅之辈。

辛亥革命对学校最直接的影响就是原来按例拨付的官款一下子没有了。招商局、广九局、邮传部的拨款彻底停止,只有沪宁局每月4000两的经费还照常维持。这是学校经历的又一次财政困难。唐文治为了不让学校停课、学生失学,使出浑身解数,进行开源节流,期望在短期内达到新的收支平衡。在开源上,唐文治施行了三项措施:其一,面向学生收费。中学学生每人每学期收费银洋25元,专科学生每人每学期收费银洋5元。同时,招收插班生,中学插班生每人每学期收费银洋50元,专科插班生每人每学期收费银洋25元。并不论新旧诸生,都需要交纳伙食费。其二,提用所存款项。当时邮传部改为交通部,施肇基任交通部长。唐文治协庶务长陆勤之进京,请求交通部拨款。施肇基一时无款可拨,但同意将学校以前存放在招商局、电政局的款项先行提用。其三,获取沪军政府资助。唐文治顺应革命潮流,与上海军政府保

① 顾炎武:《日知录·正始》,《顾炎武全集》第十八册,上海古籍出版社2011年版,第527页。

持良好关系,获得上海军政府协助银一万两。在节流上,唐文治也施行了三项措施:其一,减少人员薪水。学校职员的薪水按照一年10个月计算,同时调整教员的课酬。中学教员每小时课酬费银洋1元,专科教员每小时课酬费银洋1.5元。唐文治自己也率先减去一半的薪水。其二,归并中学各班。暂时将中学多班酌量归并,这样可以省下一部分开支。其三,商船学校独立。南洋大学与商船学校都需要大量花费。唐文治让商船学校独立,自筹经费,则可以省下一大笔开支。通过开源节流的办法,南洋大学终于挺过了这一难关。

1912年9月,民国教育部颁布了《学校系统令》。依据《学校系统令》,南洋大学需要裁去附属小学、中学,只能保留专科以养成专门人才。唐文治根据学校的实际情况,顶住了教育部勒令停办中小学的压力,上书申明裁除中小学的不便之处以及留办的益处。唐文治认为不便之处在于:其一,南洋大学附属中小学与南洋大学的专科衔接较好,可以提供充足的优质生源。而各地学堂程度深浅不一,毕业生未必能达到专科录取的要求。在撤除附属中小学后,如果以原来标准录取学生,则势必导致专科的招生人数减少,无法成班。其二,如果降低录取要求,招收程度较差的学生来开班,那么数年之后培养的人才水平也必然降低。其三,各地学生程度不一,要来读南洋大学,原来可以让各地年幼学生先进南洋大学附属中小学进行培养。但若撤除附属中小学,则将这条途径也排斥在外了。唐文治认为留办的益处在于:其一,由附属小学至附属中学,由附属中学至相应的专科,小学、中学、专科的课程设置是一体而衔接的,这样可以培养出高端的专门人才。其二,很多学生在中学毕业后为了谋生就不去读专科,而导致国家专门人才紧缺。南洋大学附属中小学则已经形成了中学毕业生继续读专科的风气,故保留附属中小学对于国家专门人才的培养有益。其三,教育部勒令停办附属中小学的用意在于节省公办学校经费的支出,但是对于南洋大学而言,维持专科所用公费占比较大,专科生自己所交费用较少;维持中小学所用公费占比较小,中小学生自己所交费用较多。所以保留附属中小学,并不占用多少公费,反而可以培养更多人才。唐文治的据理力争得到教育部认可,故学校仍旧保留了附属中小学的设置。

　　1912年年底至1913年年初，教育部相继颁布了《大学令》《专门学校令》《公立私立专门学校规程》《大学规程》。根据这些规定，南洋大学隶属于民国政府交通部。同时，为了规范统一专业学科名称，铁路专科更名为土木科，电机专科更名为电气机械科。由于此两科均属于工业，并未达到《大学令》对于大学学科设置的要求，故南洋大学改名为交通部上海工业专门学校，监督改称校长。[①] 1913年，经唐文治审定，学校正式颁布了《交通部上海工业专门学校章程》，申明学校宗旨，"本校隶属交通部，为国立专门学校，教授高等工业专门学科，养成工业人才，并极意注重道德，保存国粹，启发民智，振作民气，以全校蔚成高尚人格为宗旨"[②]；专业情况，"本校专科现分两类，一土木科，一电气机械科。每科修业期以三年为限；附设预科为专门之预备，修业期以一年为限；又附属中学修业期以四年为限，以此递升，由普通入专门，以期学有根柢，渐成通材"[③]。

　　按照当时要求，必须设置三个及以上专业，才能称为大学。而上海工业专门学校只有两个专业，故唐文治在1916年曾向交通部提议增设机械专业和航海专业，但由于军阀混战、政局不稳，交通部未予作出决定。没有想到，1917年年初，交通部以整合部属学校的名义，责令学校停办土木科。唐文治立即呈文交通部，说明本校土木科已经开办十余年，具有优秀的师资和先进的仪器，是本校最好的专业。在唐文治的力争下，终于保住了土木科。1917年，有人提出增设路、电管理科，大家经过讨论，一致认为："中国铁路、电机事业日益发展，本校土木、电机两科创办近二十年，成绩显著，唯管理人才为中国今日之所最需者，则尚不可多得。"[④]唐文治认为增设路、电管理科，不需要采购仪器设备，故花费不会太多，同时也便于数学成绩稍逊的学生报考以及性情不适合工科

---

① 自从辛亥革命起，唐文治就改称校长。至1912年教育部通函之时，则为官方正式确定校长的称谓。

②《交通部上海工业专门学校章程》，《交通大学校史》撰写组编：《交通大学校史资料选编》第1卷，西安交通大学出版社1986年版，第224页。

③《交通部上海工业专门学校章程》，《交通大学校史》撰写组编：《交通大学校史资料选编》第1卷，西安交通大学出版社1986年版，第224页。

④《上海专门学校铁路头班纪念册》，《交通大学校史》编写组：《交通大学校史（1896—1949）》，上海教育出版社1986年版，第57页。

的在读生转专业。这一年年底,唐文治呈文交通部,要求添加路、电管理科,交通部批复同意,不过在名称上将路、电管理科改为铁路管理科。1918 年 3 月,铁路管理科正式设立,首届招生 38 人,大部分由中院应届毕业生升入,还有一部分从土木、电机两科在读生转入,刚开始定为三年毕业,从第二届开始定为四年毕业。在铁路管理科定为四年制后,土木科、电气机械科负责人也向学校提议,将原来预科一年、修业三年的土木科、电气机械科也改为四年学制。唐文治欣然同意,由交通部批准,学校的三个专业都变更为四年学制。"铁路管理专科的增设,使学校专科数达到了 3 个,具备一所工科大学的规模;学制也由 3 年改定为 4 年,其他实验设备、校舍建筑相应发展;培养学生的数量质量在全国同类学科中占得重要一席。就数量而言,1918 年在校专科学生 175 名,占到同期全国高等工科在校生 938 名的 18.7%;1920 年有 217 名,占全国 1266 名的 17.1%。从 1916 年至 1919 年的 4 年中,全国共录取清华官费留美生 32 名,其中本校占到 13 名,约占 41%,由此可见教育质量也是相当优异。无论从学科学制上,还是从教育资源和质量上,学校已经合乎工科大学所具备的条件。"①经由唐文治等人的努力,终于将上海工业专门学校由纯粹工程类的学校,建设成为兼具工科和管理的综合类学校。

在唐文治等人苦心经营的基础上,1921 年时任北洋政府交通总长叶恭绰对部属专门学校进行改组,将交通部下属的上海工业专门学校、唐山工业专门学校、北京铁路管理学校、北京邮电学校合并为交通大学。唐山工业专门学校改为交通大学唐山学校,北京铁路管理学校、北京邮电学校改为交通大学北京学校,上海高等工业学校改为交通大学上海学校。此时距离唐文治离任校长仅过去了一个半月。

二、兴学举措

唐文治自 1907 年赴沪任职,直至 1920 年辞职离沪,管理学校整整

---

① 盛懿、孙萍、欧七斤:《三个世纪的跨越:从南洋公学到上海交通大学》,上海交通大学出版社 2006 年版,第 67 页。

13 年。在这 13 年中,唐文治个人的管理风格深深地影响了这所学校。"在上海交通大学六十年的历史当中,任职校长最久贡献最多,而对于学术风气、人格教育、人才造就最有深长影响的,当首推唐蔚芝先生。先生之于交大,有如北京大学之有蔡元培先生,和南开大学之有张伯苓先生,都是一个大学学府建立过程中的中心人物,和学校的荣誉是离不开关系的。"①

在管理学校的过程中,唐文治崇尚儒家式的精神,用儒家经典以及祭孔典礼来培养学生的道德品性,引入西方的知识技能和专业实践来达成经世致用的成效,积极邀请社会名流来校讲演以开阔学生眼界,推动各项体育运动以强健学生体魄。唐文治平时与学生相处,既在品行操守上严格要求学生,又在学生需要时处处爱护学生。同时,又以教育工作者的立场,参与全省以及全国的教育工作,促进各地教育事业的开展创新。唐文治的这些兴学举措,取得了很大的成绩,在建校廿周年的庆典上,得到了与会者的普遍认可。

(一) 教育主旨

校训是学校办学理念、治校精神的集中反映,代表着学校的灵魂。唐文治治校时,以"勤、俭、敬、信"四字为学校的校训。唐文治阐释校训之义如下:

> 勤:陶侃运甓,千载传为美谈,惟其勤也。吾辈生于今世,聪明不如人,智慧不如人,武力不如人,以致国势更不如人。高丽之所以亡,惰而已矣。诸生今日务宜昼夜为之,若不能勤,将无以生存于世界之间。

> 俭:伊尹之能任天下,在一介不取,所以能一介不取者,由其自奉俭也。凡人之丧其操守、失其气节,大半由于妄取膏粱文绣,御之以为故常,出而问世,安得不妄取? 自是而名誉扫地、气骨无存,岂不哀哉? 小子识之:俭以养廉,立品之始基也。

> 敬:汤曰:"圣敬日跻。"文王曰:"缉熙敬止。"敬者,历圣相传之

---

① 凌鸿勋:《记校长唐蔚芝先生》,黄昌勇、陈华新:《老交大的故事》,江苏文艺出版社 2012 年版,第 75 页。

心法也。敬天、敬祖、敬亲、敬长，同是一敬，而日用行习，尤莫要于敬事。处事而不敬，不能成事，即不能成人。吾国人向以惬意为高品，要知惬意二字，亡身破家而有余。敬之敬之，神明鉴之。圣贤豪杰不外乎是。

　　信：吾人置身于社会，无时无地而非交际。交际之道，信用为第一义，信用一失，此身不可立于社会，即不可立于天地之间。西人最重信用，即小至钟点时刻之细，亦无不兢兢注意。吾国而求自强，吾辈而求自主，要以信用为主，慎而出话，谨尔然诺。小子勉旃，必践必复。[1]

　　唐文治的阐释充满了儒家的道德理想，他援用了中国古代圣贤的言论，中外兴衰之史实，来说明勤、俭、敬、信四德的重要性，并反复告诫学生，必须遵循此四德，才能立身处世，救亡图存。后来，唐文治将此校训扩充，在民国元年著成《人格》一书。唐文治谓："人格者，人道也。人道有标准，合乎此者为人，不合乎此者非人。譬如学校试验然，若何而及格，若何而不及格。"[2]这是将做一个学生的合格标准扩大为做一个人的合格标准。该书分为《子弟格》《学生格》《师友格》《社会格》《从政格》《军人格》，引用先秦及宋元明诸儒之言，加以按语，分别阐述了作为子女、兄弟、学生、朋友、公民、官员、军人所必须恪守的道德规范。

　　唐文治对于学生的期盼，也表现在学校的校歌中。当学校处于邮传部上海高等实业学堂之时，校歌由沈庆鸿（1870—1947）作词谱曲，歌词又经唐文治修正，其词曰：

　　珠光灿，青龙飞，美哉吾国徽。醒狮起，搏大地，状哉吾校旗。愿吾师生全体，明白旗中意。既醒勿睡，既明勿昧，精神常提起。实心实力求实学，实心实力务实业。光辉吾国徽，便是光辉吾校旗。[3]

　　进入民国后，学校将校歌歌词进行了修订，把"珠光灿，青龙飞"这

①《校训》，《交通大学校史》撰写组编：《交通大学校史资料选编》第1卷，西安交通大学出版社1986年版，第147—148页。
②唐文治：《人格》，《唐文治文集》第二册，上海古籍出版社2018年版，第533页。
③《校歌》，《交通大学校史》撰写组编：《交通大学校史资料选编》第1卷，西安交通大学出版社1986年版，第146—147页。

一描述清朝国徽的词改为描述民国早期国徽的"五色备,如虹霓",其余地方则不作改动。在这首校歌里,唐文治将每个学生的命运与国家的命运联系在一起,鼓励学生通过发扬实学来荣耀学校,报效国家。

在唐文治的思想中,无论是校训中的四德还是校歌中的实学,都是儒家思想的表现。这一切的源头都来自孔子,故而唐文治对于每年的祭孔典礼十分重视。辛亥革命后,各地祭孔之礼有废除之势,唐文治认为革命是为了革除秕政,并不是为了革除文教。故在民国元年,唐文治还特意致电参议院、教育部,请求恢复祭孔典礼。而在唐文治主政的学校,祭孔典礼一贯十分隆重。唐文治认为:"民国以来,文明扫地,黉舍失修,祀孔之礼,亦且废弃。独吾校以尊孔为宗旨,发愤行之,十载于兹,迄不稍懈。"①每年的祭祀大典,则是学校最为盛大的事情。《申报》曾对交通部上海工业专门学校的祭孔典礼有篇颇为详细的记载,由此记载可以一窥当时的盛况。

> 十月一日(即阴历八月二十七日)为孔子诞辰。交通部上海工业专门学校唐校长预先印刊体节单及礼堂图,分发执事员及各学生,于孔诞前三日行小演礼,前一日再行大演礼,以资熟习。迨至孔诞日,该校大礼堂设在专科部正门内,广约五十尺,深百尺,高三丈余,北首正中有平台,上立孔子神位龛,龛上及各处编扎松柏鲜花,礼堂四周并置盆花,台上设祭席,席上供太牢姜果,进退之路均铺宁式花席。是日上午,礼堂电灯通明。九时半,主祭员、校长唐蔚芝召集执事员及陪祭员及全校学生,分班排立专科及中院前马路上。十时,乐歌员、佾舞员、执事员、主祭员、陪祭员、各学员依次就位,礼堂正门起至专科门外马路上,有童子军盛装排立两旁,约二百五十人,威仪肃恭。行礼时,乐歌员(乐由该校军乐队担任)、佾舞员举止中节,全体肃静,恪恭将事。祭毕,主祭员、各学员等退后,由童子军团长李思廉率领该校全体童子军行敬礼。退时已十一点钟矣。②

祭孔之精华,就是唱诵《祀孔乐章》。《祀孔乐章》共有六个组成部

---

① 唐文治:《〈孔子圣诞奠乐章〉小序》,《唐文治文集》第三册,上海古籍出版社 2018 年版,第 1277 页。
② 《工业专校祀孔记》,《申报》1918 年 10 月 3 日第 11 版。

分。第一部分是迎神，奏《昭和之章》，其辞曰：大哉孔子，先知先觉。与天地参，万世之师。祥征麟绂，韵答金丝。日月既揭，乾坤清夷。第二部分是初献，奏《雍和之章》，舞干戚之舞，其辞曰：予怀明德，玉振金声。生民末有，展也大成。俎豆千古，春秋上丁。清酒既载，其香始升。第三部分是亚献，奏《熙和之章》，舞羽钥之舞，其辞曰：式礼莫愆，升堂再献。响协鼓镛，诚孚缶甒。肃肃雍雍，举髦斯彦。礼明乐淑，相观而善。第四部分是终献，奏《渊和之章》，舞羽钥之舞，其辞曰：自古在昔，先民有作。皮弁祭菜，于伦斯乐。惟天牖民，惟圣时苦。口伦攸叙，至今木铎。第五部分是彻馔，奏《昌和之章》，其辞曰：先师有言，祭则受福。四海黉宫，畴敢不肃。礼成告彻，毋疏毋渎。乐所自生，中原有菽。第六部分为送神，奏《德和之章》，其辞曰：凫绎峨峨，洙泗洋洋。景行行止，流泽无疆。聿昭祝事，祀事孔明。化吾烝民，育吾庠胶。学生中有一位懂乐理的杨锡冶，他将《祀孔乐章》的旋律译成五线谱。同学们都很欢喜，纷纷按谱演奏唱诵，唐文治也为之欢欣鼓舞。[1]

学校的校训、校歌以及祭孔典礼，构筑了这所学校的立校之本。唐文治希望他所培育的人才，可以在孔子礼乐精神的熏陶下，秉持优良的品德，汲取实业的技术，对国家民族的崛起作出贡献。

（二）引入西学

唐文治的理学思想是活泼而具有创造性的，故他能够从理学自身的逻辑接受张之洞等人的改革主张，继承了洋务运动对西学的开放态度。同时，由于他具有两次出洋的经历，对西方的社会文化有了更为深刻的认识，看待中国问题也更具有广阔的国际视野。而当他由从政转入从教后，则更能清晰地意识到，要培养出卓越的工科人才，必须虚心而全面地向西方学习。故而，当时的学校，无论是清朝时期还是民国时期，在工程类的专业课上，都已大量引进外籍教员，使用外语教材。"在清末宣统年间，南洋的教师队伍中，除电机科科长为美籍教员谢尔顿

---

① 上海交通大学校史编纂委员会编：《上海交通大学纪事 1896—2005》上，上海交通大学出版社 2006 年版，第 98 页。

外,另有洋教员勒芬尔、薛来西、乐提摩等 10 人;到民国初年,因土木科科长胡栋朝辞职,由洋教员万特克继任,故其时学校两专科科长均为外籍教员,另有洋教员毕登、桑福、罗仁普等 10 人;到唐文治辞职离校前夕即 1920 年,外籍教师在上述人员'无甚变更'的情况下,又陆续添加有古德、鲍德、汤孙、狄克逊等人。这些来华执教的外籍人员,是推进学校学习西方走向一流的重要力量……即使体育课程的教授,也先后聘请过多名英美籍教师,如莫礼逊、古德等人,将西方大学中的棒球、垒球、网球等项运动及其技法引入南洋。"[1]据时为学生的凌鸿勋回忆:"沪校在清末民初之间,外籍教授,盛于一时。我记得在附中的时候,有一年教英文的是一位英国人,教德文的是徐家汇天主教堂的一位德国神父,这对于正确发音,是很有益的。又物理和化学,都是美国人,上了大学之后,专门学科的教授,多是美国人。我那时受过教的,像土木科目的万特壁、毕登、普尔弗,电机科目的谢尔顿、桑福等,都是很好的教师。那时候请一位美国教师,月薪不过美金二百余元,美金和银圆的值差不大,所以外籍教员的待遇,不比中国教员多得很多,比较尚能请到好的教员。"[2]唐文治对于这些洋教员以礼相待,尊重他们的专业建议。他们提出的有关人才培养、课程设置、教学安排等建议,常常为唐文治所接受。电机科的科长谢尔顿教员,因为卓越的教学表现,还被授予了五等嘉禾奖章。

唐文治所从事的工科大学建设,在中国尚无前例可以仿效,必须自己筚路蓝缕,开创新路。为了更好地向西方成熟的工科大学学习,唐文治致函中国驻欧美各领事馆,要求代为索取欧美各大学的章程。在唐文治的努力下,各国大学的办学章程陆续寄到上海,其中法国 6 册、英国 18 册、美国 98 册。这些西方学校的办学章程,成为唐文治办学的重要参考。专业的修订、课程的增删,都以西方同类专业的设置为参考。"1913 年,学校趁着新政权革新教育之时,铁路和电机改为土木科和电气机械科之机,对专科的课程设置,都以美国大学的同类学科设置为蓝本,

① 余子侠:《工科先驱、国学大师——南洋大学校长唐文治》,山东教育出版社 2004 年版,第 301 页。
② 凌鸿勋:《沪校回忆四则》,黄昌勇、陈华新:《老交大的故事》,江苏文艺出版社 2012 年版,第 73 页。

将最时新的专业课程吸收引进。如电气机械科原有的电灯及电力、发电机与电动机两门课分别增加了电车和变压器方面的内容,而变压器技术是十九世纪末才在欧美工业发达国家得到运用的新技术,二十世纪初期就被学校引入教学之中。"①此外,学校的教科书与教学参考书,也都直接购自麻省理工学院和哈佛大学等名校,课堂教学亦用英语授课,教学内容完全与国际接轨,以期培养出真正具有国际水准的专业人才。

为了培养学生的外语能力,学校一方面在中院就进行英语教学,培养具有合格外语能力的优质生源,另一方面推广英语演讲,开办外语补习班,让学生有机会说英语,并让外语基础薄弱的学生可以拥有进一步提升的机会。唐文治通告学生:"本校每日正课均于下午四点三十分为止,现定正课完毕之后,添设西文补习课,以一点钟为率。除中学初年级程度尚浅,但令其温习正课,毋庸补习外,其自二年级以迄专科,力能兼程而进者,听其报名补习。计分英文为一科,德文、法文各一科,程度尤高者,并设拉丁文一科。欲入何科,听各该生自占。……又自上年下学期开始,校中特设英文会,以会话、演讲、背诵为主,不得涉及朝政。总会每学期一次,在大会堂举行,本监督亲行莅视。分会每星期一次,在各课堂举行。"②唐文治曾聘任辜鸿铭作为学校的英文教员,时为学生的陈柱回忆:"辜先生通数国语言,授吾辈英文,为人极温厚和平,然以所学太博,上课时,仓促间,每书一字,往往半英文,半德文,半拉丁文,学者甚苦之,然又未尝不佩先生之博也。"③

作为工科类学校,学生除了能听懂外语、看懂外文教材,还必须进行操作演练,将课本上的专业知识实际运用起来。因此,唐文治从掌校开始,就十分重视学校的实验室建设,将实验室建设经费列入学堂正式开支之中。即便在学校隶属清政府邮传部时期,唐文治就已经建立了铁道测量仪器室、金工厂、木工厂和电机实验室。从1909年开始,学校

① 盛懿、孙萍、欧七斤:《三个世纪的跨越:从南洋公学到上海交通大学》,上海交通大学出版社2006年版,第85页。
② 唐文治:《正课以后拟添设西文补习课》,《交通大学校史》撰写组编:《交通大学校史资料选编》第1卷,西安交通大学出版社1986年版,第187页。
③ 陈柱:《忆辜鸿铭先生》,《中华月报》1943年第6卷第2期。

又增添了实习的课程,分为校内实习和校外实习两个部分。首先是校内实习,要求学生在学习完课程知识并且考试过关后,才能进入该门课程的实践练习。校内实习主要有三个步骤:其一,学生先拟出实验报告,经老师审批后,才能正式付诸实施。其二,老师先做示范,学生再开始操作,并记录有关数据。其三,实习完成后,当天提交实验报告。其次是校外实习,不同的科目有不同的实习地点。铁路专业的实习是铺设路轨的实地测量,电机专业的实习是去工厂观摩考察,而一度附属于该校的航海专业的实习则需要去船舰上训练操作。这类实习课程,将理论知识与实践操作紧密联系起来。经过这样的训练,学生毕业后,就不会限于纸上谈兵,而是能够直接投身到现实的工程建设之中了。

唐文治积极推动中国学子赴欧美深造,嘱托他们努力向西方学习先进的科学技术,并将之带回祖国,建设自己的家园。在唐文治任职期间,留学欧美的南洋学子就有 210 多名。这些留学生学成归国后就在国内各个学校任教。唐文治大量聘用留学归国人员作为学校教员,其中毕业于本校的亦不在少数。

1915 年,美国旧金山举办巴拿马太平洋万国博览会,唐文治组织师生积极参加,将图片、教材、模型、蒸汽机、学生纪念册等物件送去参会。这些展品被国际评委授予大奖,而唐文治由于其精心筹备展出也被授予了荣誉奖状。这说明,唐文治所确立的高等工业学校的培养模式和教学成果并非闭门造车,而是具有世界眼光和国际水准。唐文治引进西学、促进中西交流的努力,结出了美好的果实。

(三) 学术交流

一所优秀的学校离不开常规的学术交流。唐文治掌校期间,经常邀请社会上的一流名家到学校进行演讲,试图通过这种办法来开阔学生眼界,增长学生爱国热情。

武昌起义后,孙中山被推为临时大总统。他由国外赶回上海,决定在 1912 年 1 月赴南京就任。1911 年冬,唐文治邀请孙中山给师生做了演讲。"孙中山先生对交大师生的爱国行动十分赞赏,同时也寄予了殷切期望。他提出的宏伟建设规划,迫切需要工程技术人才,而当时交大是我国唯一的大量培养交通工程人才的高等工科学校。他勉励交大学生要努力学习,在毕业以后成为开拓我国交通事业的先锋,建设国家的栋梁。孙中山先生的演说历时两个多小时。他分析了当时的国际形势,阐明了我国在辛亥革命胜利后应采取的外交政策;他论述了发展交通对于振兴我国实业和巩固国防的重要性,主张十年内建铁路十万英里,公路二十万英里;他还谈到面临的财政困难及应采取的对策。"[1]此后,时隔八年,孙中山在1919年再次到校演讲,又为学校的《南洋周刊》《技击部成立三十周年纪念册》题写"强国强种"四字,表达了对年轻学子寄予的厚望。

1916年冬,唐文治邀请梁启超来学校做演讲,听者千人。唐文治在向学生介绍梁启超时,称赞梁启超为豪杰之士。而梁启超在演讲中,则希望学生人人能够自立,人人成为豪杰之士,由是改变社会不良风气,最后鼓励大家称:"诸君不可以目前之艰危而自馁以苟安也,当力抗此艰危而胜之。当立一志向,志向既立,即着手作此等志向种种预备工夫。"[2]梁启超的演讲起到很好的效果,千余名学生听得十分专注。当时在场的邹韬奋记录了自己听讲的感受,"当吾听先生演讲时,吾目无他视,耳无他闻,惟先生是视,惟先生是闻。非吾之能专心,殆先生言论之诚恳有以吸之。既已散会,吾意无他注,惟先生之言论是注;吾心无他思,惟先生之言论是思。"[3]

1917年春,唐文治邀请吴稚晖到校进行演讲。吴稚晖批评了八股取士下的独自学习方法,提倡公共的学习,认为"在公共之地,则可互相研究,互相策励,进步速而不懈。视单独生活,获益良多"[4]。而后,吴稚晖又揭示世界进步的奥秘在于工业,鼓励学生们要学习科学、学习数学,掌握中外语言来辅助工业的研究,反对只学语言文字而不学工业的错误态度。在吴稚晖的演讲中,工业被奉为国富民强的核心,一切的学习都要以工业为中心,而学习语言文字,尤其是专攻中国国文,则被批

---

[1] 周宗湘:《孙中山先生与交大》,黄昌勇、陈华新:《老交大的故事》,江苏文艺出版社2012年版,第48页。

[2] 邹韬奋:《梁任公先生在南洋公学演说词(续)》,《韬奋全集》第一册,上海人民出版社2015年版,第115页。

[3] 邹韬奋:《梁任公先生在南洋公学演说词(续)》,《韬奋全集》第一册,上海人民出版社2015年版,第116页。

[4] 前人:《吴稚晖先生演说》,《交通部上海工业专门学校学生杂志》1917年第2卷第1期,第22页。

评为"与群无大利益,甚不赞成"①。这其实与唐文治重视国文的态度有很大的不同,但唐文治仍能邀请吴稚晖做此演讲,充分展现了唐文治兼容并包的治校风格。

除此之外,唐文治还邀请了章太炎、蔡元培、黄炎培、黄韧之等人莅校演讲。这些人士都是一时之选,但与唐文治的学术观点未必一致。唐文治作为校长,并没有党同伐异,反而将他们邀请到学校,与学生进行热烈的学术交流。这种活动对于学生的成长与学校的发展都起到了积极作用。

(四)强身健体

唐文治在关心学生品德修养和学习成绩之余,也十分在意学生体能素质的提高。为了在全校普及体育,唐文治聘请了美国人莫礼逊为体育专门教员,发起强迫运动,每个学生必须报名参加某项运动,比如拳击、童子军、球类等。唐文治非常支持学生组建球队,并鼓励本校球队与外校球队进行友谊赛。学校的足球队经常和上海圣约翰大学、苏州东吴大学、杭州之江大学进行足球比赛。而唐文治则多次亲临赛场,鼓舞士气。1917 年,上海工业专门学校足球队进京,与清华、汇文两所学校的足球队交战,赢得胜利,获得了交通部特制的银质优胜纪念杯。同年,学校篮球队与沪江、圣约翰、东吴、蕙兰等学校比赛,同样获得了优胜。唐文治将喜讯呈文交通部,也得到了交通部的嘉奖。

图 4 - 2　唐文治(前排右三)与足球队队员合影

---

① 前人:《吴稚晖先生演说》,《交通部上海工业专门学校学生杂志》1917 年第 2 卷第 1 期,第 25 页。

1911年,有一次学校试验机车,车轮飞动,机车运行。中院学生向绍洪伸出一臂,竟然把机车挡住,将车轮停止。原来向君练习南拳,故有此臂力。唐文治非常器重他,请他教授学生拳术。后来学拳的人越来越多,于是专门聘请上海精武体育会的武师们教授拳术,开设专门的技击课,成立"南洋公学技击部",用来"表扬国技,防身保群"。

此外,学校的军训配有实弹射击的课程,"那时学校里曾由上海制造局(兵工厂)领有步枪二百支,配有若干子弹,作为平时学生上体操课之用。到了宣统二、三年的时候,因为体操教员魏旭东先生兼任了苏州商团的教官,商团在苏州城外有一个靶场,因此唐监督就请魏先生领了一批一批的学生,轮流到苏州,借用商团的靶场做实弹的练习。我记得宣统三年那年我曾去过两次,每次实弹三发。在现时学生接受正式军训是寻常的事,而交大在前清末年,距今七十多年前,便有这个训练,不能不说是一件难能可贵之事。"①为了让学生演练能配备实弹,唐文治还致函弹药管理部门,购领学生军训打靶需要的子弹。弹药管理部门认为,对于其他学校购买弹药取缔颇严,但唐文治所在的学校程度优等,为各学堂之冠,同时还有航海专业,有海军射击的需求,所以可以通融。这样一来,军训打靶的需求就得到了满足。

在唐文治的关心下,学校的各项运动开展得风生水起。1914年,唐文治特意邀请省教育会讲演会各听讲员到校实地视察学校的体育开展情况。"九时半开始,凡赛跑、跳高以及足球、网球、硬球等各项新体育,共分十三节,技能娴熟,精神活泼,至午刻甫毕。"②这次活动给视察人员留下深刻的印象。

(五)关爱学生

唐文治对待学生既严厉,又爱护。对于违背学校纪律、顶撞师长的学生,唐文治毫不留情给予处分,甚至开除出校。唐文治三子唐庆增在外院读最后一学期时,同班同学王蔚华等人因不满意体操教员沈维桢,

---

① 凌鸿勋:《交通大学十年依旧》,《交通大学校史》撰写组:《交通大学校史资料选编》第1卷,西安交通大学出版社1986年版,第306页。
②《工业学校表示体育之成绩》,《申报》1914年11月30日第10版。

在毕业考试结束时故意捣乱。这事被告到唐文治那里。王蔚华想减轻处分，就把唐庆增说成是为首捣乱之人。唐文治主张严惩，凡是捣乱的学生，包括唐庆增，一律不准升入中院。[①] 唐文治的严厉是坚持原则，而在严厉一面背后，则是他对学生的温情与厚爱。当时担任庶务长的阮子衡回忆，"唐蔚芝先生是大学校长，眼睛已很不好，还经常要人搀扶，晚上查看宿舍，看到学生被头没有盖好，就和侍者替他们盖好。他对外院的小学生们特别关心，并常说：家长把子弟交给学校，做师长的应该关怀备至。"[②]而唐文治也曾自谦地说："余短于才，且病目，于爱护学生之起居，每恨不能躬亲其事。"[③]

有位当初从南洋公学毕业的学生姓卫，喜欢钻研机械，发明了一种机车，无论石路、砖路、泥路，人坐在车上，车就自主开动。而且车行的速度和坐在车上的人有关，坐车的人越多，车开得越快，最多可坐十多人。人坐上车，车就自动，人下了车，车就自停。但这个机车也有其缺点，只能向前直行，不能转弯后退，而且车的速度直接与坐车人数多寡有关，故不能由驾驶员来控制快慢。卫某发明此车后，一直想要改良其缺点，心无旁骛，废弃了其他事业，导致生活贫乏，无处安身。唐文治闻知此事后，认为他能专心一志，实属可嘉，就在学校花园里开辟了一间屋子，供给卫某吃住，让他专心研究。

又有一次，学生张玉麟、奚世英、吴敬安三人做无线电发报试验。张玉麟自制了长波火花式无线电收发报机，将一台机器留在徐家汇的学校里，由自己进行操控；一台机器放到奚世英在龙华的家里，由吴敬安负责操控。两处相互发报传话，试验效果良好。由于发报处天线悬挂过高，淞沪护军使署以为是间谍在偷发密报、泄露军机，就将吴敬安逮捕，又查封了奚氏的家，并欲逮捕张玉麟。唐文治听到这个消息，立即前往军署，将他们保释出来。一场风波，终于有惊无险，而被唐文治保释的张玉麟日后也成长为无线电方面的优秀人才。

---

① 唐庆增离开南洋，后来考入了清华。
② 黄汉文：《记唐文治先生》，苏州大学（原无锡国专）广西校友会主编：《无锡国专在广西》，1993 年版，第 55 页。
③ 唐文治：《哀二薛文》，《唐文治文集》第六册，上海古籍出版社 2018 年版，第 3261 页。

(六) 服务社会

唐文治在南洋担任校长期间，还从事许多与教育相关的社会服务。在上海，唐文治在徐家汇创办兴业小学，提倡儒家教育，以抵制天主教教会教育的影响。此后，又被聘为中华法政大学名誉校长。同时，唐文治还为家乡太仓作了很多贡献。唐文治被太仓同乡推举为太仓州立中学监督。该校学生来自镇洋、嘉定、宝山、崇明四县，共二百多人。唐文治因为不能常驻学校，就请同乡朱叔子担任校务主任，自己则每月由上海赴太仓一次，在太仓中学礼堂为学生讲课。唐文治又曾与蒋汝坊、钱诗棣等筹款在太仓文昌庙创办私立艺徒学堂，开设木工、织工两科，培养了不少专业人才。此外，唐文治担任了太仓旅沪同乡会会长，为太仓的灾民筹款募捐，还重建太仓浏河镇浮桥，方便了当地百姓的日常出行。

此外，唐文治在 1909—1912 年还担任了江苏教育学会会长[①]。唐文治在任期间，通过常年会议、各种形式的研讨会议以及演讲会、讲习所等形式，推动江苏省内新式教育的创办与发展，培训地方上的教育与管理人才。同时，唐文治还发起组织了全国各省教育总会联合会，借以推动中国教育事业的创新发展。1911 年 4 月，各省教育总会联合会在上海召开，唐文治作为江苏教育总会会长在开幕式上致欢迎辞，宣告了发起联合会的目的在于沟通各省教育界的知识与情谊，公议全国教育事宜，期于达成一致的意见。是年 7 月，唐文治即向中央教育会全体大会提出"停止实官奖励""变通考试章程""提倡军国民教育"等三项改革主张。其中"停止实官奖励"获得大会表决通过。

(七) 建校廿年

1916 年是学校建校二十周年，唐文治为《交通部上海工业专门学校(原名南洋公学)二十周年纪念》发表的"本校大事记"撰写了《弁言》。在《弁言》里，唐文治回顾了学校的发展历程，并对未来充满了期待。同时，唐文治又为学校的创始人盛宣怀立传，追念其创业之艰难，成就之

[①] 上海在 1927 年之前，皆隶属江苏省。至 1927 年 7 月，上海隶属中央政府，始有直辖市建置。

卓越。交通部呈请政府嘉奖唐文治,而唐文治则请求免去对他的奖励,改为颁发刻有"乐育英才"的匾额一方。"乐育英才"来自《孟子·尽心上》"得天下英才而教育之,三乐也",唐文治以此匾额为荣,是君子设教传道使命感的充分表现。

1917年4月,学校在新学期开始后,隆重召开了建校二十周年校庆活动。纪念活动十分盛大,一共持续了三天。

校庆第一天,下午在大礼堂举行开幕式,嘉宾满座,除了在校师生与历届校友,副总统、教育部、交通部、北京大学、唐山工业学校、铁路管理学校、邮电学校、上海各处行政机关以及各界均派代表参会。开幕式最初由唐文治登台致辞,他在致辞中说道:"回溯廿年来飘摇风雨,屡濒于危。最难堪者,改革之际,经济困迫,彼时今日不知明日,本月不知下月,本学期不知下学期,诸生相对凄惶,至今思之,犹堪坠泪。加以本校距京较远,大部虽竭力提倡保护,终未免稍有隔阂。鄙人接办此校以后,中央议裁小学者三次,议裁中学者二次,议归并土木科者二次,议裁电机科者一次。每当议裁议并之时,鄙人之心摇摇如悬旌,每念及诸生被裁后未知往何处读书,各父兄家属更不知若何忧虑。对于诸生未便宣布,而笔舌力争之余,亦几经下泪,故今日对于诸君子不觉喜极而悲。幸赖大部始终维护,并赖社会诸君子及旧同学互相辅助,尤赖有盛杏荪先生从前积有基本金,稍可支持,卒能转危为安。目下详加考核,追溯从前:以功课而言,则一日未尝停课;以工厂器械而言,则屡有扩充;以学生额数而言,则历年累有加增。费几许心血,历无限艰辛,乃得稍稍有此成绩,故今日对于诸君子更不觉悲极而喜。"[1]唐文治致辞后,再由副总统代表以及各处代表发表演说。开幕式结束后,与会嘉宾一起去参观中院学生的军式体操。体操队步伐整齐,操练纯熟,赢得阵阵掌声。随后,嘉宾再往材料实验室、电机实验室、物理实验室、化学实验室、金工厂、木工厂等处参观。到了傍晚,健身房举行一场科学游戏,现场展出各类趣味科学实验。天黑之后,在操场上放映幻灯片,在大礼堂

---

[1] 唐文治:《交通大学廿周年纪念会上祝词》,《交通大学校史》撰写组编:《交通大学校史资料选编》,西安交通大学出版社1986年版,第130—131页。

举办电光世界展，又有全体同学的歌咏表演，一直到九点半才结束。

校庆第二天，在大礼堂宣读了黎元洪总统的颂词，其中说道："今唐君长此校有年，毅力精心，尤为各校所推重。……所冀在校诸生，各自奋发，以旧道德进新知，毋负校长殷殷期望之意。"[①]下午一点召开全校运动会，展示学校的体育教学水平。随后由低年级同学进行童子军操练，步伐整齐，精神活泼，观者莫不赞叹。三点半，由图书馆专家沈祖荣先生演说图书馆的重要性，详细叙述各国图书馆的制度以及发展情形。四点半在大礼堂开音乐会，除在校师生之外，还邀请了中国音乐大家施颂伯、王燕卿等人演奏中西音乐。晚上六点半，在健身房举行电光游戏和各类魔术。到了晚上九点多，又在操场上放映电影，内容是提前拍摄好的学校历史、师生活动、各处实验室，以及学生活动场所。嘉宾观看了电影，就能对学校的历史发展和当下情况有了感官上的具体了解。随后，又放映了西方的风景片和游戏片，一直延续到晚上十一点才结束。

校庆第三天，上午自由参观，下午一点在小学操场举行技击会，由学生表演拳术。表演者二十余人，各显技能，精彩飞扬。三点半在健身房举行音乐会，由学校音乐教员与学生联袂演出。四点半则是本校在校学生足球队与毕业离校学生足球队进行友谊赛。最后在校学生足球队领先四球，赢得胜利。六点钟，唐文治邀请毕业返校的学生进行聚餐会。这些学生离校之后，星散各方，这次由于校庆而四方聚集，自然呼朋唤友，追旧忆往，生起无比的兴致。七点钟，学校挂满了学生制作的花灯，形状有如电车、宝塔、湖心亭等，灯火辉煌，精美非凡。唐文治特意邀请曾任南洋公学监院的洋人福开森等来评判高低，最后专门预科、无锡同乡会、电机科初年级制作的花灯名列前三。十点钟，在学校操场燃放烟花。这些烟花是特意为了校庆从南洋定制的，燃放时有学校纪念等字样，颇为可观。活动一直持续到十一点，宾客方才散去。

校庆三天结束后，唐文治为了慰劳在校师生在校庆活动中的付出，特意在大操场上举行茶话会，唐文治与一些教师代表先后做了演说，追述过去，策励将来。唐文治又出了多条灯谜，猜中者奖励书籍。师生都说，

---

① 《黎大总统颂词》，《交通部上海工业专门学校学生杂志》1918 年第 2 卷第 2 期。

在校庆之前,学校运动员在东方六所大学的联合运动会上获胜,在校庆之后,又有盛大的茶话会作为后盾,感慨此次校庆真是莫大的一件盛事。

唐文治1907年到校任职,至1917年学校举办建校廿周年纪念时,正好掌校十周年。故此校庆,既是对学校成长的庆祝,也是对唐文治办校十周年工作成果的褒奖。然而,唐文治并不仅仅停留在一片赞扬声中,他早已计划好,要趁此校庆的机会,把筹谋已久的图书馆建设起来。学校本来只有小藏书楼一座,楼中藏书远远不够教学研究的使用,不但西方近代以来自然科学的书籍多有欠缺,而且连中国的传统书籍也不够充分。唐文治屡次从经费开支中增加图书购置经费,同时还发动教职员工自己编写教材,并开始筹划新建一所像模像样的图书馆。但是,建造图书馆耗费巨大,而学校多次面临经济危机,故唐文治掌校十年来仍旧没有将建造图书馆的愿望实现。然而,这次校庆活动举办得十分隆重,在社会上产生了很好的宣传效果,唐文治决议趁这次校庆活动的机遇,发起筹建图书馆的募捐活动,请求政府、校友以及社会各界人士捐款支持。在这次募捐活动中,总统黎元洪捐款1000洋元,总理段祺瑞捐款500洋元,交通总长许世英捐款500洋元,唐文治自己也捐款1000洋元。其余师生,自愿捐款。校庆活动三日内,来访宾客数千余人,不少人纷纷解囊,甚至有女宾脱簪相助。学生们也组织义卖活动,将不用的物品售卖,捐献所得的钱款用来建造图书馆。经过一年不到的时间,从各处募集到5万余元,加上交通部拨款3万余元,终于筹集到了足够的建造资金。1918年2月20日破土,6月26日举行奠基典礼,1920年3月13日竣工,正式举行图书馆开幕典礼。唐文治在典礼上表达了对各界人士的感谢,并明确表示该图书馆既是学校师生的图书馆,也是社会大众的图书馆。"每星期土曜、日曜两日,可任校外人士来馆浏览。俟该馆书籍渐次增加,商拟酌提通常书籍若干种,另编书目,以便借出馆外。"①该图书馆藏有中文书籍2万余卷,外文书籍5000余卷,中外杂志80多种,可谓冠绝东南,叹为观止。

①《南洋公学图书馆开幕礼纪》,《申报》1920年3月14日第10版。

图 4-3　南洋公学图书馆

三、国文教育

上海高等工业学校虽然是一所工科学校,在该校隶属清政府邮传
部时,唐文治就开始注重学生的文科教学。

唐文治在铁路专科、电机专科、航海专科的课
程设置上都安排了国文课程。在唐文治看
来,工科的知识与技巧是末,而人文的价值才
是本。有了人文价值的本,科学技术的末才
能健康发展,一旦失去了人文价值的本,科学
技术的末就是无价值的工具。如果使用工具
没有道义的支撑,那就只会流于谋生趋利。
所以,在工科学校,教育者更要注重学生人文
价值的培养。而人文价值的培养途径,则在
于读十三经和读国文。唐文治认为:"经者,
文之干;文者,经之支与留裔。……各学校必

图 4-4　中年唐文治

先普通皆读'十三经',皆读《史》、《汉》、韩、欧、曾、苏、程、朱,以及近代
方、姚、曾、胡、左诸家诸文,而后复其文化,文化复而后中国可底于治
平。余主持此论二十年,知我罪我,在所不计。"①在这样的理念指导下,

① 唐文治:《〈中学国文新读本〉序》,《唐文治文集》第三册,上海古籍出版社 2018 年版,第 1274—
1275 页。

唐文治将李联琇任命为学校的国文教务主任,协助自己开展国文教育。于是,"有'国文补习科'之设,又踰年爰有'国文大会'之设,又踰年爰有'国文研究会'之设,又踰年爰有讲秦汉诸子之议,又踰年爰有讲《周易》《孟子》诸经之议。缀学之士徽徽乎!郁郁乎!探乎《诗》《书》之源,涉乎儒林之圃,盖吾党小子斐然而成章矣。"①在这些国文教育的诸多措施中,编订国文教材、开设国文课程、举办国文大会三项活动最为显著。

唐文治在李联琇等人的协助下,编写国文教科书,在任职期间编订的中学、大学国文教材有《中学国文读本》《中学国文新读本》《高等国文讲义》《上海工业专门学校国文课本》《论语大义》《孟子大义》《大学大义》《中庸大义》《十三经提纲》等。其中,《高等国文讲义》共分八卷,包含了《国文大义》《古人论文大义》《国文阴阳刚柔大义》三书。唐文治向交通部呈送自编的《高等国文讲义》,表明国文教育之重要性,并请交通部核查后转交教育部审查。教育部批复,指出"《国文大义》'均极精当',《论文大义》'录前贤论文之作,可谓择精语详',《阴阳刚柔大义》'引曾文正之绪而大畅之,亦多独到之处'。近日国学衰微,学者惮于深造,得此书为指南,洵于文学大有裨益。"②

学生的国文课程安排在周日,分为正班与特班两班。正班由李联琇讲授,特班由唐文治讲授。唐文治的国文讲授颇具特色,通过曾经上过唐先生国文课的朱东润的追述,当时国文课的场景大致可以复现出来。朱东润的回忆如下:

> 唐老师还有一着绝招。每星期日上午,他在大礼堂召集部分学生讲授古代散文。听讲的学生是由老师自己挑选的,从专科部到中学部,每班两名。老师讲授的是韩愈《张中丞传后叙》,欧阳修《五代史职方考序》《泷冈阡表》《秋声赋》之类。老师的讲法很别致,他从来没有给我们解释字句,也从来没有说这篇文章好在哪里,为什么要读。他只是慷慨激昂地或是低回婉转地读几遍。然

① 唐文治:《〈工业专门学校国文成绩录〉序》,《唐文治文集》第三册,上海古籍出版社 2018 年版,第 1257 页。
② 霍有光、顾利民编:《南洋公学—交通大学年谱》,陕西人民出版社 2002 年版,第 49 页。

后领着我们共同朗诵。他这才在教室里打转转，听着我们朗诵。有时他会搬过一张凳子，坐在你身边，说道："老弟，我们一道读啊。"虽然带着太仓腔，但是在抑扬顿挫之中，你会听到句号、分号、逗点、顿点，连带惊叹号、疑问号。①

根据朱东润的追述，唐文治的国文课最大的特点，就是唐文治对于文章有特殊的诵读法，通过声音的抑扬顿挫让学生深入领会文章的精神。此外，朱东润还在回忆中提到唐文治讲授国文似乎并不进行文章的讲解。但不事讲解的说法，则与其他材料有一定的出入。其一，朱东润的记载，大约为其就读中院时的经历，时间大约在 1910 年秋季至 1912 年春季之间，而在 1910 年成书的《国文阴阳刚柔大义》教材中，某些文章后面则有讲解点评。既然教材里有讲解，可知课堂上也当有相应的讲解。其二，1938 年，唐文治由桂林返沪就医，上海交通大学复聘请唐文治开设讲座。唐文治欣然应允，每周日赴校演讲国文。当时在交大读书的刘淇昶的回忆如下：

> 我 1938 年进交大读书时，唐文治先生早已不是交大校长。但他对交大仍有深厚的感情，经常在星期日上午到交大来讲授国学……我对第一次去参加听唐先生的讲学至今还有深刻的印象。上课铃响了，听众立刻全都肃静就座。只见一位 50 来岁的引路人用盲杖牵引着一位满头白发、双目失明的老者进了教室，这使我大吃一惊。原来这位老人就是久仰其名的唐文治先生。我真不知道他将如何进行讲课。唐先生坐定后，那位引路人，据说也是唐先生的一位学生，先将这一课的题目和大意简单介绍了一下。我记得那天所讲的是唐代文学家韩愈的《原道》。接着，唐先生就全文大声朗诵一遍。但实际上他是在背诵。我国古文，素重朗读。唐先生的朗读，声音洪亮而苍劲有力，抑扬顿挫而字字铿锵。在座者均为之精神一振，于我更是大出意外。若不是亲眼看见，根本不可能想象这是一位双目失明的古稀老人在朗读。单凭这一点，就可以

① 朱东润：《朱东润自传》，华中科技大学出版社 2019 年版，第 43—44 页。

深深感到唐先生国学功力的深湛和治学的严谨。接着,唐先生就对全文作分段介绍,对于文中关键之处则更作重点讲解。我国古文的特点是既为文学作品而又常结合道德教育。《原道》就是这样的一篇典型文章。唐先生的讲解就充分兼顾了这两方面的阐述,使听众都受益匪浅。讲解完后,大家可以提出些问题进行讨论。最后,唐先生又将全文再大声背诵一遍而结束。①

刘淇昶所记载的时间为1938年之后,是时唐文治起码已经74岁。依照刘淇昶的回忆,唐文治除诵读之外,还有针对文章文学性与道德性的讲解以及相关的问题讨论。而在根据演讲实况整理出版的《唐蔚芝先生演讲录》中,选文后都附有研究法,讲解文章主旨和布局结构。由此可知,唐文治的国文课堂除了文章诵读,应该还有文章讲解,有诵读有讲解的课程才是常规状态,而朱东润记载的只诵读不讲解的情况当系例外。

通过国文课程,学生们得以培植品德、涵养性情。为了检验学生的国文水平,学校由1908年开始,每年举行一次国文大会。"会考制度非常严密,除笔砚外,不准夹带其他东西,巡视监考者川流不息,防止作弊。考题分三类:一、论著体,二、说述体,三、文苑体。任做一题,每人发考卷一份,写坏不补。考试日期规定在孔子诞辰(农历八月二十七日)前两星期的星期天,亦即中秋前几天举行,颇类科举时代的秋闱乡试。发榜时在孔子诞辰前几天,对考取前十名的学生,分别奖给金、银牌及书籍等,并将文章公布,分发各班,以资鼓励。考场设在上院大礼堂,各据一桌,未交卷前不得离场。八时进场,十一时半闭场,迟到者不得入场,作弊者立命离场,逾时不交卷者抢卷。"②这样的大会考,大学和中学部合办,小学单独办。当时就读外院的朱东润拿了小学部的第一名,他回忆说:"在一个星期天,我们写作文了,一共两道题目,我只记得一篇是《关讥而不征论》。这两道题可以只做一篇,也可以兼做两篇。

---

① 刘淇昶:《回忆唐文治先生和唐庆诒先生》,朱健主编:《交通大学师生抗战回忆录》,上海交通大学出版社2015年版,第95—96页。

② 周浩泉:《回忆南洋公学十二年》,《交通大学校史》撰写组编:《交通大学校史资料选编》第1卷,西安交通大学出版社1986年版,第297—298页。

我写完一篇以后,接下便做第二篇,最后指出在理想的时代,统治者对于人民固然要在国境上做些检查工作,但不一定是横征暴敛;可是遇到专制的君主,那就不仅是横征暴敛,甚至要把人民的一切都供他们吞噬。这一篇写得很流畅,也很大胆。文章缴上,小学老师们给了好评,连同其他的九本,一并送给唐老师,由他评定名次。唐老师很高兴,给我取了第一名。那次我们是在专科礼堂里颁奖的,我得了奖金四元,随即买了一部《经史百家杂钞》。我对于文章的写作,又获得了一些新的看法,这件事督促我进取向上。"①国文大会的制度,保障了工科学校学生们的文学水平,这些研究铁路、电机的专业人才的文学修养、写作水平都有持续地提高。唐文治还将部分同学的优秀作品汇编出版。比如1917刊印的《交通部上海工业学校新国文》一书,共八卷,按照原类、释类、读类、经说类、史论类、性理论类、杂论类、合论类、辨类、说类、议类、书后类、问类、拟类、杂文类进行排列,就是学生优秀习作的选本。这些学生的优秀作文汇编,经常成为同等学校习作的范本而风靡一时。

　　唐文治所从事的国文教育并不仅仅停留在文学知识的学习上,而是需要不断地人文化成,达致品性的练就与人格的养成。唐文治讲授国文,教学相长,自己也受到国文教育的熏陶。对于学生而言,孔孟之学、历代散文是他们书本上的学习模范,而唐文治校长则是他们现实中活生生的榜样。旁人对于唐文治人格之评价甚高,据记载:"文治不迩声色,不殖货利,夫妇无甚相爱悦,无姬妾。……自京罢官归,赁居沪渎,出则各乘人力车,虽贫贱夫妇无以异。长工业学校后,每日六七时即起,危坐校长室中,学生有问辄答,及晚退居私室。室即在校中,文治其夫人及公子辈居焉,掌教之暇,闻书声与琴歌声不绝于耳,深得家庭之乐。闲或与夫人散步草地上,环行一周,骤睹之,岸然道貌,似不易接近者,实则温温如春煦,笃于伦常。伉俪骨肉之间,潜移默化,无不感文治之恩。"②唐文治不但在夫妇之伦上与妻子相敬如宾,而且父子之间的相处也十分默契。1910 年,农历三月初四是唐文治父亲唐受祺七十寿

① 朱东润:《朱东润自传》,华中科技大学出版社 2019 年版,第 38 页。
② 吴趼人:《当代名人轶事大观》,世界书局 1923 年版,第 49 页。

辰。在寿辰前好几天，送寿礼的就络绎不绝。唐受祺不胜其烦，就和唐文治与唐庆诒一起避寿去了杭州游玩。初二动身，初十返沪。同时，唐文治特意在《申报》上登了避寿广告，其言："敬启者：家君寿辰，文治奉严谕，现正遏密八音，且当时事艰难之会，不准做寿，更不准收受礼物。兹文治已随侍出游，并不在舍，届期如有枉顾拜寿送礼者，奉严命布告，请诸公原宥，恕不接待。其日后补赐礼物者，一概谨璧，祈勿见责是幸。唐文治谨启。"[①]而至1920年，唐受祺八十寿辰时，父子俩同样拒绝宾客来访祝寿，并将举办寿筵的钱款全部做了慈善，捐赠给受灾的百姓。

唐文治的国学教育，以道德文章唤醒学子，其人品与文品，文如其人，人如其文，相为表里。其实，就唐文治自身的学术个性而言，他更适合在理学的框架下，研究经学与文学，但时代的大潮让他不得不投身到以工科为代表的实学教育中去。在实学教育中，唐文治努力保持国学教育在学生培养中的主干地位，甚至以培本固体的态度来看待国学教育的作用。若这种尝试得以长久维持，唐文治就愿意将之视为儒家经世致用之学而倡导光大。但当这种尝试被时代风潮所否认，尤其是抽掉国学的主干而仅仅专注于发展工科这一技术工具时，那么唐文治不免忧心忡忡，无意再去守护枝叶之学，而是一心要回到国学教育这一守卫根本的工作上来。

1919年5月4日，由于在巴黎和会的外交失败以及北洋军阀政府卖国密约的揭露，北京爆发了爱国学生反日游行示威活动。爱国学生火烧曹汝霖的住宅，并痛打驻日公使章宗祥。北洋政府逮捕爱国学生的行为激起了民愤，北京学生罢课，北大校长蔡元培辞职。其他主要城市也相继而起，学生罢课、工人罢工、商人罢市，纷纷参加游行，对北洋政府表示抗议。这一运动，由5月4日开其端，在6月初达到高潮，6月10日，北洋政府宣布罢免参与卖国密约签订的曹汝霖、章宗祥、陆宗舆的职务。在全国人民的抗议声中，中国出席巴黎和会的代表拒绝签署合约。五四运动推动了中国革命的进程，开启了一个全新的时代。

五四运动对于上海的学风也产生了巨大的影响。学生们热情高

---

① 《唐蔚芝广告》，《申报》1910年4月7日第1版。

涨,他们迫不及待地要去打倒旧制度,投身到创造新世界的革命事业中去。他们高喊"打倒孔家店"的口号,"久已死去的孔子却凝结为几千年来的封建宗法体制,使人在举手投足之间无往而不感到他们存在。……打倒孔家店,不仅冲击了维系传统小农社会的精神支柱,而且冲击了传统的是非标准和价值标准。"[1]对于学生的这些改变,唐文治既理解他们的爱国热情,又不赞成他们的罢课行为。他写信给政府,希望政府尽早释放被拘留的学生,又苦口婆心劝学生回到课堂努力学习。唐文治和广大学生一样,对中国积贫积弱的现状不满,但在唐文治的观念中,真正能够救中国的是学习儒家经典,诵读文言名篇,汲取西方科技,才能达到经世济民的功效。而在很多学生心目中,儒家思想、文言写作代表着旧中国的糟粕,是阻碍中国进步的拦路石,只有彻底与旧思想决裂,打倒孔家店、提倡白话文,才能让中国迎来真正的活力。这种思想上的分歧,理念上的冲突,可谓人世间最难调和。唐文治既无法劝服学生,学生也无法劝服唐文治,这种相持不下的精神折磨导致唐文治萌生了去职之意。

除了上述思想观念上的终极冲突,唐文治的个人生活遭遇也促使他有退归的打算。其一,唐文治 50 岁时得一女,名唤唐庆婉。由于是唯一的女儿,唐文治视之为掌上明珠。1919 年 6 月,6 岁的唐庆婉不幸夭折。唐文治痛心不已,卧床一月,百念俱灰。其二,唐文治素有目疾,在 1901 年随那桐出使日本时,左眼发病,几乎失明。任教南洋后,目疾加剧,在辞职前的最后几年,唐文治已经不能看到三尺外的东西,走路必须有人扶持。1920 年,唐文治的右眼也开始发病,赴苏州请医生张卜熊医治,仍旧无效,双目尽盲。失明对于唐文治的打击是沉重的,他甚至检讨自己"平日多过,获罪于天,岂能挽救乎?"[2]其三,唐文治的父亲唐受祺在 1912 年移居无锡,至 1920 年已经 80 岁。这一年唐受祺突然饮食不进,精神委顿,只有看到唐文治在边上,才愿意吃一点,不然就愀然不乐。唐文治非常担心父亲的健康,也想一直在无锡,陪伴父亲身

① 陈旭麓:《近代中国社会的新陈代谢》,三联书店 2017 年版,第 355 页。
② 唐文治:《自订年谱》,《唐文治文集》第六册,上海古籍出版社 2018 年版,第 3701 页。

边,不愿意再在上海、无锡两地奔波。小女夭折的痛苦,双目失明的打击,父亲健康的关照,这三件事情集中在一两年内发生,不断消磨了唐文治的精神心力。

彼时,唐文治已经56岁,他只觉精力日衰,故决意辞职归乡。在向交通部前后递交七次辞职呈文,交通部、全校教师、全校学生多次挽留无效后,唐文治终于在1920年10月辞去校长职务,返回无锡定居。

第五章　国学宗师

　　唐家虽然世居太仓,但在太仓并没有自己固定的住宅,经常以租赁房屋度日。后来唐文治虽然在京任职,唐家举家迁京,也是租屋而居。唐文治的父亲唐受祺,性喜无锡水乡风光,有在无锡终老之意,故萌生了在无锡购地筑屋的想法。无锡民族工商业家周舜卿得知后,意欲将前西溪宅地十余亩赠予唐家。唐文治顺应父意,但不愿接受馈赠,坚决要购买此地。早在1909年时,唐文治即向周舜卿付了地款,但周舜卿执意赠地,又将款项奉还。如此往来多次,一直到周舜卿去世。唐文治向周舜卿长子周肇甫说明其意:"礼义廉耻,国之四维,四维不张,国乃灭亡。我一向清廉自守,令尊厚赠使我感激,但我不能有损节操,望能见谅。"最后,唐文治终于向周家交付了三千元银圆。1911年,唐文治在无锡前西溪的行素堂落成。前后建院,中部建堂。在屋之东北建家祠,并将先人遗书和外祖父胡汝直手泽藏于祠中。1912年春节后,唐受祺即移居无锡,并作诗《春日迁居锡山新屋》:"故园无片瓦,新筑近名山。望益常开径,偷闲急掩关。篱疏花点缀,池小石回环。桑者闲闲意,将无在此间。"[①]自此以后,唐文治也就常以锡邑人自居。

　　当唐文治向交通部辞职后,即回无锡家中闲居。曾任南洋大学庶务长的陆勤之来锡探望,并告诉唐文治,施肇曾愿意出资在无锡办一所研究国学的书院,恳请唐文治主持。施肇曾(1867—1945),字鹿珊,号

---

① 唐受祺:《春日迁居锡山新屋》,《浣花庐诗钞》卷三,俞庆恩辑:《太昆先哲遗书》,广陵书社2019年版,第1374页。

省之,祖籍浙江钱塘,后迁居江苏震泽。施肇曾中学西学皆有所长,1893年曾出使美国,后任中国驻纽约领事;1912年回国后,又参与中国的铁路建设,曾任沪宁铁路总办、沪杭甬铁路总办、京汉铁路南段会办、陇海铁路局长,督办陇秦豫铁路事宜;1920年之后,又先后出任中国驻澳大利亚、印度尼西亚、英国、新加坡、葡属帝汶岛领事。此外,施肇曾在金融界、实业界也颇多建树,先后担任永亨银行、交通银行董事长,在震泽创办江丰农工银行,并创建上海闸北水电公司。施肇曾在事业发展的同时,不忘社会公益事业,经常参加社会慈善活动,不但赈灾济民,而且还兴办教育,捐资创办震泽中学。对于施肇曾的邀请,唐文治有些顾虑,他说"讲授经学,责无旁贷;主持书馆,力不从心"①,于是陆勤之自告奋勇答应担任书馆的总干事。这样一来,唐文治就欣然应允了。

唐文治离开上海,主要是由于学校里新旧思想冲突难以调和。唐文治认为救中国必须发扬国学,以国学为基础来包容发展西学。② 而新思潮则认为国学是阻碍中国进步的绊脚石,救中国必须学习西学,打倒国学。这两派都是真诚无私地想要救中国,但在观点上却针锋相对、无法调和。对唐文治而言,在国学、西学同时并进的时代风潮下,唐文治可以兼容并蓄;若在西学盛行、国学式微的时代风潮下,唐文治更愿意在一个安静的角落,默默地守候国学的根柢。无锡经济发达,物资丰裕,文化上相对传统,不会像十里洋场的上海那样成为引领时代风潮的大舞台。由此看来,在无锡主持一个专门研究国学的机构,保住中国文化的根本,倒是唐文治平生所愿。唐文治之前出任各部京官,以及担任工科校长,都是在国学基础的外延拓展上轮转,而这次直接研究讲授国学,则是真正回归到了国学的根基上。唐文治的应允,既是对施肇曾提议的回复,又是对其生命理想的承诺。他将此后三十多年的生命全部倾注在国学教育事业上,直至人生的终点,都在践行这一承诺。

---

① 黄汉文:《记唐文治先生》,苏州大学(原无锡国专)广西校友会主编:《无锡国专在广西》,1993年版,第61页。

② 唐文治这类观点可以归纳为"理学为体,洋务为用"。在理学的基础上,可以开物成务,容纳西学与洋务。如果没有理学的根柢,那么西学与洋务就只是无根之物。唐文治曾言:"究其所为西法者,实不过浮光掠影,游谈不根而已。……天下惟忠臣孝子而后可谈洋务。"唐文治:《谨陈管见以固人心折》,《唐文治文集》第一册,上海古籍出版社2018年版,第296页。

一、初创学馆

唐文治主持的这所国学学校,在不同的历史时期有不同的名称,如今一般将之统称为无锡国专。无锡国专的历史大致可以分为三个时期[①],1920 年—1927 年是无锡国专的学馆初创时期,此时段学校名为无锡国学专修馆。1927 年—1937 年是无锡国专的转制发展时期,此时段学校先后被命名为无锡国文大学、无锡国学专门学院、无锡国学专修学校。1937 年—1950 年是无锡国专的两校并立时期,此时段学校分为无锡国学专修学校桂校和沪校两个部分,至 1949 年学校改名为中国文学院。1950 年 2 月,沪校并入锡校,同年 6 月,中国文学院并入苏南文化教育学院语文系。至此,无锡国专从 1920 年招生办学,至 1950 年调整合并,整整经历了三十个春秋。[②]

国专最初的设想,颇为宏大。原计划在北京设立总馆,各省逐渐建立分馆,而无锡即为最先建立的江苏分馆。所培养的人才,主要是政府公职人员和学校教员。当时唐文治曾与私交颇好而时任总统的徐世昌联系,并得到其承诺,国专毕业生可以到部里任职,或到省外当候补知事,也可到大中学校教书。而事实上,由于徐世昌的下野,早先的承诺成为泡影。国专毕业生从政的极少,更多的是进入大中学校等教育科研机构,而北京总馆、各省分馆的建设也没有真正落实。唐文治完全靠自己的力量支撑起无锡一地的国学专修馆。1920 年 12 月,唐文治等人开始筹创无锡国学专修馆,他们在无锡惠山之麓原无锡锡商山货公所租下两幢楼房,权作教学之用。1921 年 1 月正式开馆。同年 10 月,国专在学前街学宫之旁重建了尊经阁,用作国专教室,同时也新建了宿舍楼,于是国专就此改迁到城内。由于无锡国专完全是私立性质,故其经费主要来自社会捐助。最初的资助来源是发起人施肇曾,后来又有无

---

① 参看吴湉南:《无锡国专与现代国学教育》,安徽教育出版社 2010 年版,第 43—85 页。

② 至 1952 年,苏南文化教育学院和东吴大学、江南大学数理学院合并为苏南师范学院,同年改名为江苏师范学院,1982 年改名为苏州大学。苏州大学是无锡国专的后继学校。

锡士绅孙鹤卿、杨寿楣、唐滋镇、唐星源等人先后捐资,才将国专勉力维持下去。

图 5-1　无锡国专正门

无锡国专最初的办学模式,非常近似于传统的书院。唐文治非常郑重地制定了《无锡国学专修馆学规》,以标明学馆宗旨。此《学规》援引了张载《东铭》《西铭》、朱熹《白鹿洞学规》、高攀龙《东林会约》、汤斌《志学会约》,认为上述规约都能检束身心,砥砺品行。唐文治意欲追慕前贤精神,振起国学,修道立教。《学规》设置了躬行、孝悌、辨义、经学、理学、文学、政治学、主静、维持人道、挽救世风十个主题。在这十个主题中,躬行、孝悌、辨义可以分为实践一类;经学、理学、文学、政治学可以分为理论一类;而主静、维持人道、挽救世风可以分为功效一类。就实践一类而言,躬行是泛泛地说实践,孝悌是实践中最应当做到的德目,辨义则是为实践树立了奋斗方向。就理论一类而言,经学是经典教材,理学是教材中的基本理论,文学是理论的情感发用,政治学是理论的通达应用。就效用一类而言,主静是主体自修的心性工夫,维持人道是自我秉持的伦理准则，挽救世风是面向社会的改良动力。可以说，唐文治制定的《学规》基本树立了无锡国专的学风，要以传统的治学方法，通过个人躬行与道德文章的训练，达成修己治人、经世济民的效果。

国专首次招生，学制三年，面向无锡、上海、南京三地招考。报考学生近千人。考题为"於缉熙敬止"和"'为生民立命，为万世开太平'论"。最终录取学生30名。以后逐年招生，大致也在每年30名。国专招考学生，除笔试之外，还有口试。"口试问题很广泛，一般先问考生读过哪些文史哲类的专著，回答后就要问内容了，回答内容后，就要你论述对某书的心得体会及其优劣，往往'打破砂锅问到底'，直至考生词穷而止。"①国专学生金易占曾有一段关于口试的详细回忆：

> "国专"招生时，口试尤为严格。考生事先由校长秘书陆景周知照，走进校长室，应口称"老夫子"，行九十度鞠躬礼，还要注意遵守"不问不语"的规则。口试问题很广泛，重要的是读过哪些国学书籍及其心得和体会。记得我投考的时候，唐校长问："读过《论》《孟》没有？"我回答读过。问："《论》《孟》有哪些篇目？"我就接着说了篇目。又问："从汉代到宋代，谁的注本最好？"这却没有准备，一时无从说起，只得胡扯地回答："有汉人注本，有宋人注本，无论谁的注本，都只能代表个人的见解，不能代表孔、孟学说。"哪知这话触犯了老夫子的讳忌，他立时提高嗓子，以更严肃的语气说："朱子集注，得孔、孟心传，千载无可非议，我辈更不应当有半点怀疑。"他没有再问下去，急得陆景周在一旁摇头晃脑。②

虽然国专招生极为严格，但对于应考生的学历和年龄要求则相对宽松。只要国学基础好，即使没有正规学历或者年龄超标，也会被国专录取。由此之故，有很多著名学者鼓励其弟子后人来投考。比如沈曾植的学生王蘧常，钱振煌的学生蒋庭曜，钱振伦之孙钱仲联，以及一些桐城派、阳湖派的后人。这一批学生或承家学，或读私塾，国学底子极

---

① 杨廷福、陈左高：《无锡国专杂忆》，苏州大学（原无锡国专）广西校友会主编：《无锡国专在广西》，1993年版，第14页。
② 金易占：《无锡国专与唐文治》，《文史资料辑存》第6辑，1966年版，第22—23页。

好,构成了国专初期的优质生源。这些学生中,第一届学生王蘧常可谓代表。他在考入国专之前,即已学会书写古体字。这一特长,在他应考国专的时候,竟然还发挥了关键的作用。王蘧常回忆他的笔试经历:

> 坐在我旁边的是一位头发斑白的五十多岁的老先生,他老是看我的文章,看一下,写一下。我心里非常害怕,这不是雷同了吗?于是我就写古体字,老先生看看,叹了口气:唉!把笔墨一卷出去了。这样一来,旁边没有人监督,就顺利地完场了。……后来报上登出来,居然都考取了。……要见唐先生时心里战战兢兢,哪知见了唐先生,他很和蔼近人。他第一句就问:"你为什么在作文上写了古里古怪的字?"我就告诉他,我没有办法,并不是要显露我的什么才华,实在是没有办法。唐先生就哈哈大笑,非常和蔼可亲。[1]

但是,即使如此严格的考试,仍旧会漏掉一部分具备潜质的人才。著名书法家、诗人朱大可曾经报考国专,没有录取。后来,唐文治聘他来国专讲授国文课,并向他致以歉意说:"昔人谓'试官无目',何况鄙人本属瞽瞍,幸先生谅之。考试虽能选拔一般人才,而未必能得真才。入选者究属少数,向隅者多。采用考试,不得已也。"[2]

在国专初创时期,学生不用交纳学费,伙食费由学校负担,甚至所用书籍也由学校发放。此外,学校还按月给予学生膏火费。膏火费兼有奖学金和生活补助的性质。国专的膏火费分几个等次,由学生每次作文成绩所决定。作文成绩最好的,每月可以领取膏火费 10 元;作文成绩最差的,每月也可以领取膏火费 3 元。这笔膏火费相当于当时县立学校教师的薪水了。不过这样的优厚待遇仅仅维持了一届,从第二届开始,国专就向学生收取一定的费用,主要用于学生的日常生活。

国专的师资起初人数也不多,课程也多为因人授课。在 1921 年正式开馆时,有职员沈健生、王慧言两人,负责学校日常事务。正式上课

---

① 王蘧常:《唐老夫子对我的感染》,苏州大学校长办公室编印:《唐文治先生学术思想研讨会论文集》,1985 年版,第 18—19 页。

② 黄汉文:《记唐文治先生》,苏州大学(原无锡国专)广西校友会主编:《无锡国专在广西》,1993 年版,第 62 页。

的老师只有唐文治和朱叔子两人,陆景周为助教。到了同年年底,又聘请了陈柱。在国专最初七年的学馆时期,教师人数一直维持在三五人之间。

学馆没有设立教务长、总务长、训育长之类的职务,故学校的行政事务都由唐文治一人抓。唐文治对于往来的信件公函等,都分门别类,立簿本,留底稿,标明时间,以备日后查考。学校行政事务,按照轻重缓急,循序办理。办完一件事情,就在簿本的相应记载上画一个圈,已办未了的事情,则在簿本上加上一点。在学生的管理上,则是有紧有松。国专校纪严肃,上课寂静无声。唐文治先生虽双目失明,而听觉特敏。他的办公室就在教室隔壁,他时常到走廊上屏息静听,一旦发现有谁上课时不遵守纪律,下课

图 5-2　唐文治在无锡国专

后就要招来训斥,教授们也像唐文治先生一样严格要求学生。故学生都敬重师长、正派用功,但又不呆板酸腐、死气沉沉。学校的日常事务则由沈健生、王慧言来处理。王慧言是唐文治太仓的老师王紫翔之子,他在国专做到 1925 年辞职,此后到 1928 年之前,馆内的各种杂事都由沈健生一人来处理。

唐文治主要讲授《论语》《孟子》《孝经》以及古文读法等课。"唐先生督教严,经文必以能背诵为度,常面试,一差误,则续续试不已,必无误乃已。经义不拘汉宋,唯其是。理学重朱子,兼及阳明,谓虽相反,亦相成。考核尤重月试,不限于经、史、子,亦重文学。等第分超、上、中,每发表,唐先生中坐,秘书在左唱名,遂起立致敬听评语。评有眉评与总评,如解牛,无不中肯,听者忘倦。"[1]唐文治虽然目盲,"他的听力似乎特别敏锐,任何冗长的文件,经人口诵一遍,就能完全了解(平时阅读书报,也靠别人口诵),他还经常由仆人搀扶光临到教室、饭厅、宿舍了解

① 王蘧常:《自述》,《学术集林》第三卷,上海远东出版社 1995 年版,第 291 页。

学生遵守秩序情况。"①唐文治与这些学生天天接触,不但听到声音就可以辨析是哪位学生,而且对于每位同学的写作风格也颇为熟悉。学生交的习作,由助教陆景周代读。唐文治听了一小段就能估计出文章出自哪一位学生之手。"唐先生除教学外,还兼顾总务之大者。学生有事,不论哪一方面都可以找他面谈。他也有意识地约平日不多开口的学生交谈。直到抗战发生,他仍然每星期至少和四名学生作半小时以上的交谈(那时全校学生已有三百余人)。"②在谈话过程中,唐文治以"某世兄""某老弟"称呼学生,询问学生的学习与生活情况,态度和蔼可亲,并无疾言厉色,学生则尊称他为"老夫子"。师生之间情意融洽,可见一斑。

朱叔子(1867—1934),名文熊,字叔子,江苏太仓人,曾受业于太仓王紫翔先生。朱叔子一生追随唐文治。唐文治兼任太仓中学监督时,朱叔子担任该校主任,主持校务。1911年之后,朱叔子又在南洋大学协助唐文治担任国学教习。邹韬奋曾回忆朱叔子在南洋教学的情形:"他上国文课时的起劲,更非笔墨所能形容。他对学生讲解古文的时候,读一段,讲一段,读时是用着全副气力,提高嗓子,埋头苦喊,读到有精彩处,更是弄得头上的筋一条条地显露出来,面色涨红得像关老爷,全身都震动起来(他总是立着读),无论哪一个善打瞌睡的同学,也不得不肃然悚然!……我们每两星期有一次作文课。朱先生每次把所批改的文卷订成一厚本,带到课堂里来,从第一名批评起,一篇一篇地批评到最后,遇着同学的文卷里有精彩处,他也用读古文时的同样的拼命态度,大声疾呼地朗诵起来,往往要弄得哄堂大笑。但是每次经他这一番的批评和大声疾呼,大家确受着很大的推动,有的人也在寄宿舍里效法,那时你如有机会走过我们寄宿舍的门口,一定要震得你耳聋的。朱先生改文章很有本领,他改你一个字,都有道理;你的文章里只要有一句精彩的话,他都不会抹杀掉。他实在是一个极好的国文教师。"③

唐文治开办国专后,朱叔子辞去南洋大学的教职,同唐文治一起来

---

① 金易占:《无锡国专与唐文治》,《文史资料辑存》第6辑,1966年版,第23—24页。
② 黄汉文:《记唐文治先生》,苏州大学(原无锡国专)广西校友会主编:《无锡国专在广西》,1993年版,第65页。
③ 邹韬奋:《经历 患难余生记》,生活书店出版有限公司2018年版,第19页。

到无锡。他在国专讲授史学、文学、理学等科目,其授课风格也完全继承了南洋时的样子。"二十年代初期,他已年老,上课时间久了有些体力不支,朗读时不免要喝一二口药茶,他总是向学生表示歉意,希望能谅解。学生们为他的精神所感动,暗暗地在茶壶里放参汤。他自己并没发现,但唐校长却知道了,称赞学生能敬爱师长,并告诫工友不能被朱先生知道。"①唐文治与朱叔子交情甚深,经常酌酒谈天。1934 年 5 月 18 日,朱叔子前一晚还在唐文治家小饮,相叙甚欢,至早晨突患中风,口不能言,午后即卒。唐文治悲恸万分,在公祭仪式上控制不住,失声痛哭,悲痛间为老友写下挽联:"知交五十年,羡落落长才,名传吴会。沉疴半寸晷,痛悠悠逝水,泪洒娄江。"

陆景周(1877—1964),名修祜,字笃初,号景周,江苏太仓人,陆勤之的胞弟,也曾受业于太仓王紫翔先生。唐文治执掌南洋的时候,陆景周在山东博山玻璃公司做秘书,他通过函授的方式师事唐文治,每半月写一篇文章,寄呈唐文治,请其评点。后来玻璃公司亏本停办,陆景周失业回太仓,唐文治就邀请陆景周到自己身边,聘请他担任秘书,并兼任长子唐庆诒的家庭教师。从此以后,陆景周就一直跟随唐文治左右,从上海到无锡,由无锡迁内地,由内地去香港,由香港回上海,长期担任唐文治的助手,一直做到 74 岁才因年老而返回太仓。陆景周不仅要担任唐文治的秘书,还要担任助教。"每学期招生、报名,学生必先经陆景周面谈,然后介绍给唐文治;有宾客、政要会见唐文治,也都由陆出面接待,然后引见,但一般坐在旁边并不多言。凡署名唐文治的著作、信札、公文、题词、祭文、寿序、墓志铭或由唐文治口述,或由陆景周直接起草,修改、眷写、审校、书写都要经过陆景周,只要读给唐文治听,没有修改意见,便对外正式发表。陆景周协助唐文治撰写了许多著作,而自己连一篇著作也没有。"②后来国专办学规模扩大,教职员人手不够,陆景周又单独开设课程,讲授《孟子》、《春秋三传》、孙吴兵法等内容。陆景周几乎跟随了唐文治一生,将毕生的精力献给了国学教育事业。有了陆

① 黄汉文:《记唐文治先生》,苏州大学(原无锡国专)广西校友会主编:《无锡国专在广西》,1993 年版,第 64 页。
② 凌微年:《唐文治》,西泠印社出版社 2008 年版,第 138 页。

景周,唐文治仿佛重现了光明,多了一条得力的臂膀。唐文治后半生的重要著作甚至教育事业,都是在陆景周的协助下才能顺利完成。唐文治比陆景周大 12 岁,陆景周终身以弟子礼师事唐文治,而唐文治总是亲切地称呼陆景周为"景兄"。直至晚年,陆景周都将跟随唐文治视为他人生之中最大的幸事。

陈柱(1890—1944),字柱尊,号守玄,广西北流人。陈柱 19 岁留学日本,后考入南洋大学电机系学习,并在国文大赛上崭露头角,判卷老师给了 100 分。唐文治阅其文章后大为叹赏,又加了 20 分,特地授予其一枚金质奖章,并嘱咐他转攻文科。陈柱在同学间讲论群书,听者有二三十人。后来由于读书用力过勤,陈柱得了神经衰弱,以致停学半载。半年后,陈柱身体痊愈,回到南洋大学,唐文治请他出任国文教席。南洋大学毕业后,陈柱担任广西省立梧州中学校长,整顿学校的风气,引进国外先进教育理念和管理方式,并亲自讲授国文、数学、英语等课程。唐文治主持国专后,邀请陈柱来国专任教。陈柱辞去了梧州中学校长之职,谢绝了桂系军阀刘震寰的入幕之邀,毅然响应唐文治的召唤,在 1921 年 10 月携家带口来到无锡,主要讲授先秦诸子等课程。陈柱嗜书如命,经常把月薪拿来购书,并对他的子女说积钱不如积书,钱会用尽,书则取之不尽用之不竭。他家的藏书楼名叫"十万卷楼",其夫人杨静玄每年都要帮助陈柱将书取出来暴晒以防止生蛀虫。陈夫人调侃说:"人家晒谷我晒书,人家数钱我数书。"陈柱在国专一直做到 1927 年 9 月,此后又历任大夏大学、暨南大学、光华大学、交通大学教授。1944 年春,陈柱因突发脑出血,病逝于上海。

唐文治、朱叔子、陆景周、陈柱,此四人构成了国专在学馆时期的基本师资。"专修馆时期,教授只有朱、陈二先生,唐先生自己任课,由陆景周先生助教,共四人,教七十二位学生。教书各有专长,唐先生善于疏通大义;朱先生分析细致,循循善诱,语多启发;陈先生的本事主要显在讲义上,讲课随便。陆先生帮助唐先生教学生读古文,校内书声琅琅,与唐、陆的示范是分不开的。朱先生对学生在课外的请教,以及学生把课外的笔记、诗文请他批改,从不拒绝,均一一细心批阅。师生关系十分融洽。"①

学馆的课程主要在经史子集的范围内。所读的课本,均为整部的线装书,很少用选本、节本。经部主要为儒家十三经以及小学类的文字学。唐文治为了让学生能够阅读到较好的十三经版本,亲自搜集历代注释十三经的善本,带领国专前两届学生一起校勘,并对每部经书撰有提纲,介绍其大义微言,编成《十三经读本》。这部书从1920年冬国专创立时开始发起,用了两年时间,到了1922年由施肇曾出资才正式刊印成功。自此以后,国专的经学教材就以《十三经读本》为主。小学类的文字学教材则有段注《说文解字》等。史部则分为传记、编年、文物典章三部分。传记为《史记》《汉书》《后汉书》《三国志》,编年为《资治通鉴》《续通鉴》,文物典章为《通典》等。子部为浙江书局刻印的《二十二子》以及唐文治的《宋五子大义》。浙江书局的《二十二子》吸收了清代诸家整理和研究诸子书的成果,汇编了历代刊本中具有代表性的精校、精注本,为这一时期诸子书版本中的上乘之作。《宋五子大义》编纂了周敦颐、张载、程颢、程颐、朱熹的理学精要,此书后来以《性理学大义》为名正式发行。集部为唐文治的《政治学大义》《昭明文选》《古文辞类纂》,曾国藩的《经史百家杂钞》《古文四象》,唐文治的《国文大义》《古人论文大义》《国文阴阳刚柔大义》等。

总的来看,学馆时期无锡国专,颇具传统书院的模式,在很大程度上具有唐文治早年学习的南菁书院的影子。在书院的教学上,老师既传授国学知识,又注重培养学生的道德品质,讲究人品与学品的统一。在具体的授课上,教材多用古籍原本,讲授的方式重在启发,而不是逐字逐句地死讲。课程不多,每天只上四课时,学生的学习以自修为主。在教学效果的检验上,则以国文写作为抓手,两星期作文一次,当堂三小时交卷。老师要精心批改,有眉批,有总批。每次国文写作以及之后的老师批改,都会对学生的学习产生很大的促进作用。

除课堂讲授外,唐文治还创造条件让学生从校外汲取国学知识。

---

① 钱仲联:《无锡国专的教学特点》,苏州大学(原无锡国专)广西校友会主编:《无锡国专在广西》,1993年版,第23页。

有一次,唐文治打听到扬州宝应地区的刘翰臣家藏有清代朱子学者王白田、朱止泉批注的《朱集签注》。由于该套文集版本珍贵,刘家不愿外借,唐文治就派遣馆生王蘧常、唐兰、吴其昌、吴宝凌、戴恩溥五人赴宝应刘家抄录,一连抄写了七日才完工。唐文治又让王蘧常将抄录的文集重新校订,编为四卷本的《朱子全集校释》。经过这一抄录,学生们既感到知识获取的不易,更珍惜眼前的学习机会,又在抄录的过程中加深了朱子学的理解,王蘧常还为之撰写了《宝应王白田、朱止泉两先生之朱子学》一文。此外,苏州曹元弼治三礼、《孝经》卓有成效。曹元弼是唐文治在南菁书院的同学,在清朝时曾为翰林院编修,被聘为存古学堂经学总教习。辛亥革命后,曹元弼闭门谢客,不与外界接触,认为革命派乃是无父无君。他听说孔林在战乱中毁坏,清东陵被盗掘,就竭尽家财去捐修。他虽然不合时宜,跟不上潮流,却坚定而真诚地守护着自己的原则。由于唐文治曾在退位电稿上署名,曹元弼一度与唐文治断交。唐文治十分推崇曹元弼的礼学研究,在1923年特意派遣王蘧常、唐兰、吴其昌、侯塄、毕寿颐、白虚、蒋庭曜等人每周一次去苏州向曹元弼学习《仪礼》《孝经》。由于曹元弼的书斋名唤复礼堂,故此七人也就有了"复堂七子"的称号。这一求学活动应该持续了多年,后来国专第三届学生钱仲联在1925年也加入了这一活动。

唐文治非常重视学生的学术成果。对于学生历年的优秀习作,唐文治将之编纂成《无锡国学专修馆文集》初编、二编,刻而问世,并认为这部文集并非"文人摛藻之资",而是"既往圣而为言,开绝学而为文……将有补人心风俗于万一"。[①] 此外,为了让学术成果发生更大的效用,唐文治积极鼓励学生面向社会进行公开的学术演讲,并将优秀的演讲录成文稿,编纂成《无锡国学专修馆讲演集》初编、二编,出版发行,并认为《讲演集》"发明经术性理,扶持名教纲常"[②]。学生文集、讲演集的出版,类似于国专办学成果的推介,既提升了学术成果的使用价值,又在无形中为学校赢得了良好的学术声誉。课堂以外,学生行动绝无

---

① 唐文治:《〈无锡国学专修馆文集甲编〉序》,《唐文治文集》第三册,上海古籍出版社2018年版,第1327—1328页。
② 唐文治:《〈无锡国学专修馆讲演集初编〉序》,排印本1923年版,序第1页。

拘碍,校门出入无禁。有些学生生性旷达,不拘形迹,比如王蘧常和唐兰就有"王奇唐怪"之称。"王奇唐怪"沿袭了明清之际"归(庄)奇顾(炎武)怪"之说,实是形容王蘧常和唐兰行为离奇古怪。唐兰和王蘧常都是嘉兴人,常常在一起。唐兰可以接连几月不洗脸,接连几年不洗澡,胡子不刮,满头黑垢。旁人劝他洗刷,他说:"天生黑于予,洗刷其如予何?"平时不分寒暑都穿马褂,一次大雨,马褂的黑色全褪在里面的白衫上,就像在白衫上画了一件马褂。他索性脱掉马褂,穿着染有马褂印迹的白衫去拜会公卿。他学问广博,医卜星相、奇门遁甲,都有所涉及。王蘧常喜欢阳明学,又常穿西装,笑话唐兰是异端,唐兰就笑话王蘧常是洋八股。两人经常结伴在无锡登山临水,走街串巷。一次在闹市大街上,两人大声吟唱着杜甫的诗歌,旁若无人。路人都以为他们是疯子,同去的人都不好意思与他们同伍,先偷偷溜走了。两人又喜欢写古字,往来的信札都是甲骨文、钟鼎文。王蘧常白天常常合着眼,和不合意的人说话就呼呼睡去,唯有和唐兰谈天,可以整日整夜不睡觉。又有一次,学生酒后回校,大醉喧闹,有人向唐文治先生报告,唐先生笑笑说:"我年轻时也爱喝酒,偶然的事,不必在意。"[1]对于学生的这些奇怪言行,唐文治并不横加指责,可见其为人极其通达,知道保存学生真性情的重要性。

在国专开设的前三年中,江南地区的局势较为稳定,故国专的建设可以持续开展。而在国专开设的第四个年头,时局开始紧迫起来。清朝灭亡后,中国进入民国时期。民国大致可以分为北洋政府时期与国民政府时期。在北洋政府时期,主要有两大势力,一是南方以孙中山为首的革命派力量,一是清政府遗留下来北方的武装力量。革命派推翻了清朝统治,占据了舆论的制高点和时代发展的方向,但由于他们武力不足,无法与军阀抗衡,为了维持政局和平过渡,不得不与北洋军阀妥协。孙中山制定并颁布了《中华民国临时约法》,构建了中国第一部现代性的国家宪法,并希望用宪法保障中国现代化的改革进程,阻止任何野心家开历史倒车。同时,在清帝退位后,孙中山被迫辞去民国临时大

---

① 钱仲联:《钱仲联学述》,浙江人民出版社 1999 年版,第 10—11 页。

总统的职务，让位于袁世凯。以袁世凯为首的北洋军阀代表清王朝残存的余绪，并不具有历史进步意义。在袁世凯复辟称帝失败，郁郁而终后，北洋军阀分裂成皖系、直系、奉系，相互混战，轮流控制北京政府。1919年冯国璋病故后，曹锟、吴佩孚当上了直系军阀的首领。1920年直皖战争爆发，皖系军阀段祺瑞倒台。到1924年左右，当时控制江南地区的军阀主要为江苏督军齐燮元和浙江督军卢永祥。齐燮元属于直系军阀，卢永祥属于皖系军阀并在直皖战争皖系败落后又投靠了奉系。两个不同派系的军阀为了争夺上海针锋相对，战争大有一触即发之势。唐文治以快邮代电分别致信曹锟、吴佩孚、齐燮元、卢永祥，呼吁双方和解。曹锟、吴佩孚没有回复，而齐燮元、卢永祥的回复都表达了"倘人不犯我，我亦不犯人"的意思。这些军阀表面上冠冕堂皇，但为了个人私利绝不会考虑百姓的安危，向他们呼吁和平简直是与虎谋皮，最终江浙战争仍旧在1924年秋季不可避免地爆发了。在这次江浙战争中，江南地区的百姓既被迫增加了捐税，又饱受戒严、失业之苦，更有随时被拉去当兵的危险。无锡本来是南京至上海的必经之地，一经战争，汇兑不通，粮食紧缺。面对动荡的局势，唐文治与师生仍旧读书不辍，为了缓解物资紧缺，他将原用于出版《人格》一书的出版费移作师生的生活费，才终于维持下去。到了1925年1月，唐文治的父亲唐受祺因年迈去世，享年84岁。唐文治在家料理后事。而此时江苏督军齐燮元又发动了第二次江浙战争，他以无锡为根据地，关闭城门，断绝交通，导致国专投考学生隔绝于城外，进退两难，苦不胜言。这时，幸亏孙鹤卿、陈柱、沈健生帮忙，才将诸事安顿下来。1月底，齐燮元战败，避居日本。2月初，交战双方签订合约，战争才得以结束。直到此时，国专的学生才能返回城中，重新开学。唐文治也在家中为亡父设奠，往来吊者百余人。随后，唐文治扶柩回到故乡浏河，安厝先灵，择日安葬。唐文治心痛至极，日夜思念父亲，悲从中来，情不自禁，先后写下了《蔚蒿哭》《续蔚蒿哭》《三续蔚蒿哭》等多首悼亡诗。

在这一年中，国专第一届优秀毕业生王蘧常回到国专，成为国专教师。唐文治将自己比较得意的几位弟子称为"唐门三鼎甲"，王蘧常为三鼎甲之首。"唐门三鼎甲"具体为哪三人，还有一定的争议。一个说法为状元是王蘧常,榜眼是陈柱,探花是钱仲联;①另有一个说法为状元是王蘧常,榜眼是蒋天枢,探花是钱仲联。② 无论在哪个说法中,王蘧常的状元地位以及钱仲联的探花地位都是确定的,而榜眼是陈柱还是蒋天枢则在两可之内。陈柱是唐文治在南洋时的学生,又在国专任教。蒋天枢是国专第二届的学生,未曾在国专任教。若从第一个说法,则可以认为此三鼎甲都是曾在无锡国专任教的唐门弟子。若从第二个说法,则可以认为此三鼎甲都是无锡国专前三届里培养出来的唐门弟子。当然,陈柱和蒋天枢都是唐门弟子中的佼佼者。陈柱淹通文史,著作等身,在哲学、文学等领域都作出了极大的贡献。而蒋天枢则在国专毕业后,考入清华国学院,师从陈寅恪。后来在复旦大学任教,专攻《楚辞》研究。陈寅恪晚年将自己著作的出版事宜全权托付给蒋天枢。蒋天枢不负师嘱,在生命的最后十年里,几乎放弃了自己的学术研究,全身心地扑到陈寅恪文集的整理中,最终在 1981 年出版了 300 余万言的《陈寅恪文集》,并编撰了《陈寅恪编年事辑》。可以说,王蘧常、陈柱、蒋天枢、钱仲联都是唐文治培养出来的优秀人才,他们毕生的文史研究都为中国的文化事业作出了卓越的贡献。

二、转制发展

在北洋政府统治时期,掌权的军阀无心进行国家建设,反而为了一己私利不断相互征战,并多次废除《临时约法》,企图开历史倒车。革命派为了捍卫共和制度,在广州建立了国民革命政府,改组了国民党,确定了"联俄容共"的政策,在南方重新组建国民革命军,发展自己的武装

---

① 《王蘧常教授学谱》载:"一九八四年二月二十五日《团结报》潘咏召《王蘧常教授二三事》有:先生是无锡国学专修馆第一届学生,校长唐文治先生非常爱重他,常令他代笔作文,满意者就收在文集里。唐老曾对亲友说:'吾唐门弟子中有三鼎甲:状元是王蘧常,榜眼是陈柱,探花是钱萼孙。'一时士林传为佳话。" 王运天:《王蘧常教授学谱》征求意见稿,2000 年版,第 23 页。
② 《钱仲联学述》载:"我是于 1924 年初以第一名的成绩考入无锡国专的。三年后,1926 年冬,又以第一名的成绩毕业,是国专第三届学员中的高材生。当时与首届学员王蘧常、二届学员蒋天枢齐名,号称'唐门三鼎甲',而国专同学之中,群推王蘧常先生为首座。"钱仲联:《钱仲联学述》,浙江人民出版社 1999 年版,第 14 页。

来对抗北洋军阀。1925年3月,孙中山逝世。中山先生的继任者继续开展北伐事业。1926年7月9日,蒋介石就职国民革命军总司令并发表北伐宣言,这一事件代表了北伐的开始。1927年4月,南京国民政府成立。1928年12月29日东北易帜,北伐顺利完成,中国形式上获得统一。由此,民国由北洋政府时期进入了国民政府时期。

在这样的历史时局下,无锡国专也迎来新的变化。1927年3月,唐文治将学校更名为无锡国文大学,并修改学校章程,希望把学校从传统学馆模式转变为正规大学模式。原有的学生设为特班,仍旧依照学馆的教学模式进行培养,而新招收的学生则按照大学的教学模式进行培养。然而,此时正逢国民革命军北伐,由于北伐战争的影响,无锡国文大学仅仅存在了短短几个月。

1927年春,国民革命军由福建北上江浙。控制无锡的直系军阀无力抵抗国民革命军,只能弃地而走。国民革命军进入无锡,建立了新的政权。新成立的无锡县行政委员会的教育委员徐梦影采取了激进的改革措施,下令解散国专、驱逐师生。学生崔履宸、张惟明、路式遵等赴县署力争,不能挽回。唐文治不得已在3月29日辞职。外面又谣言四起,有说唐文治是保皇党、复辟党,有说要将唐文治的住宅封禁,颇有"山雨欲来风满楼"之势。

1927年4月18日,南京国民政府成立,时局才开始稳定下来,无锡的社会秩序也逐渐恢复平静。于是国专学生会代表先后具呈县政府、省教育厅,请求恢复学校。同年6月,唐文治复职,国专师生回校复课。在学校被迫解散的近三个月时间里,由于学馆被军队驻扎,导致"马腾于舍,粪污于堂,书籍零散,薪木毁伤"[1],学校建设只得从头再来。

从1927至1930年,国专尝试着由私立学馆向国家高等教育的正规体制进行转变。国专第一次改名为无锡国文大学,就有创办正规大学的志向。由于北伐战争的影响,国专第二次改名为无锡国学专门学院。学院比大学低了一个层级。但是即使如此,国专若要顺利完成转制,仍旧有很多事务需要补充。比如,1927年7月,国专成立了学校董

---

[1] 唐文治:《国学专修学校十五周年之过去与未来》,《新无锡》1936年6月20—22日第四版。

事会,呈请江苏省教育厅备案,并参照国立大学的中文系增设了学分制,区分了必修、选修课程。1928年3月,中央大学汪旭初、王伯沆调查国专办理情况①,"回京覆呈,极称办理完善"②。同年9月,国民政府大学院派柳诒徵、薛仲华来国专调查,他们调查得很细,对学校办理提出了改进意见。此外,"他们出了一道作文题,学生集中在大礼堂作文,限三小时完成(用毛笔将文卷誊就)。这一方式类似一次作文竞赛,对国专学生来说,准时完卷没有什么困难。柳、薛两位向大学院报告:'办理完善。'"③调查组专家回京报告,认为国专办学"成绩斐然,办理完善"④。经过这几番考察,在1928年9月20日,私立无锡国学专门学院在江苏省教育厅成功立案。这意味着国专成为国家正式承认的正规高等教育机构。

1929年7月,国民政府教育部颁布了《大学组织法》《专科学校组织法》《大学规程》《专科学校规程》等条令。按照这些条令,高等教育机构分为国立、省立、市立、私立四种。只具一科的为专科学校,具备两科的为独立学院,具备三个以上学院的为大学。专科学校又分为甲类工业专科学校、乙类农业专科学校、丙类商业专科学校、丁类其他专科学校。其他专科学校是指前三类之外的专科学校。按照教育部的规定,无锡国专属于私立丁类专科学校,于是第二次更名的无锡国学专门学院明显不符合教育部的规定,只能按照要求,第三次更名为私立无锡国学专修学校。

正式批准立案之后,国专在经费上可以获得政府的补助,每年3000元左右,这为国专校舍扩建和教学设施完善提供了经济支持;同时国专学生的毕业文凭也获得了国家的认可,这对国专的招生以及毕业生的就业都起到了极好的促进作用。"自是而后,国专的办学宗旨、管理体制、师生队伍以及教学内容,开始向正规的高等教育机构转变和发展,国专

---

① 1927年6月,国民政府教育行政委员会颁布"大学区制"制度,要求各省设立一所大学,统管全省教育。此制度在江浙两省试行。因此,中央大学才会派遣专员对无锡国专进行调研之事。

② 《无锡国学专修学校十五周年纪念册·校史概略》,《无锡文库·无锡国学专修学校十五周年纪念册》第二辑,凤凰出版社2011年版,第250页。

③ 黄汉文:《记唐文治先生》,苏州大学(原无锡国专)广西校友会主编:《无锡国专在广西》,1993年版,第66—67页。

④ 唐文治:《自订年谱》,《唐文治文集》第六册,上海古籍出版社2018年版,第3723页。

从此进入稳步发展的轨道。"①

　　唐文治为转制后的国专确立的办学宗旨为："研究本国历代之文化，明体达用，发扬光大，期于世界文化有所贡献。"②改制后的学校设有董事会，分为经济股和教育股。经济股由经济董事10人组成，负责保管学校财产以及支配学校经济。教育股由教育董事10人组成，负责学校教育计划及指导实施。经济董事任期四年，教育董事任期两年，无论经济董事还是教育董事，经选举后皆可连任。董事会需要召开董事会议，商讨议题如下：提出本学校预算案、复核本学校决算案、建议本学校扩充事项、建议本学校设备事项、关于本学校招生事项、关于本学校教育计划。在学校的管理体制上，共分为三个层次。第一个层次是校长。校长需要综合管理全校事务，秉承校董事会议决议，负责聘免教职员。第二个层次是教务主任和校务主任。教务主任综合管理一切教务事项，校务主任综合管理教务之外的一切事项。第三个层次是校务委员。学校所有教职员都是校务委员，凡遇到学校重要事务，都由校长临时召集开会。会议以校长为主席，议决后由校长执行。校务会议商讨议题如下：教育方针、全校风纪、课程事项、考察学生成绩事项、关于教授全体之重要事项、审定本学校毕业事项。

　　在学校成功转制后，招生人数明显增加，由原来学馆时期每届30人扩充到1920年代的每届50余人，1930年代的每届80或90人。每届人数超过50人则分作两班。学制仍旧为三年。在招生上，国专有三项改革。其一，由于报考人数增多，其中专业水平较低者，可以先上补习班。比如到了1936年，"全校有学生300余人，7个班，正科3年，分甲、乙6班，另设1个补习班"③。其二，国专开展了插班生的招考工作。在1932—1936年，每年1月份都举行了插班生的招生考试。其三，开始招收女生入校。国专从1930年代起，开始招收女生，"当地封建残余还很多，中学多是男女分校。迨国专一招收女生，打破了封建保守的男女界

① 陆阳：《无锡国专》，凤凰出版社2011年版，第200—201页。
② 《无锡国学专修学校概况·简章》，《无锡文库·无锡国学专修学校概况》第二辑，凤凰出版社2011年版，第12页。
③ 陈其昌：《无锡国学专修学校简史》，《无锡文史资料》第5辑，1983年版，第37页。

限,男女同校蔚然成风。"①学校的课程分为必修课、选修课两种。必修课和选修课都有相应规定的学分要求。学生在校满三年,修满 120 学分,则准予毕业。

图 5-3　无锡国专教室

图 5-4　无锡国专宿舍

在给学生发放毕业文凭一事上,还发生了一些波折。由于在学馆时期,没有相关高中毕业文凭而以同等学力入学者较多,而在转制后,这些学生还未毕业。国民政府教育部曾以"所招同等学力者超过规定"为由对

① 张尊五:《三十年代的无锡国专》,苏州大学(原无锡国专)广西校友会主编:《无锡国专在广西》,1993 年版,第 6 页。

国专进行整顿,并在国专毕业证的验印上作出限制。看到学生心慌意乱,唐文治当即表示,"既然三年前录取了你们,一切由学校负责"[1],并以私人名义写了一封书信给教育部长,说明事情缘由,并在信的末尾添了一行字:"文治将亲率诸生,赴京聆听雅教。"[2]这封信由国专总务主任叶长青带到北京进行申说,经过一番努力,终于获得毕业生全部验印的保证。

国专的课程也逐渐制度化,形成了一套体系完整的国学知识传授系统,其三年的课程、学分等要素如下表[3]:

表 5-1 第一学年第一学期课表

学年	学期	学程	每周时数	学分	选修或必修	备注
第一学年	第一学期	党义	1	1	必	
		军事训练	3	1.5	必	
		散文选	4	4	必	
		国学概论	3	3	必	
		文字学	3	3	必	
		文学史	3	3	必	
		韵文选	2	2	必	
		作文训练	2	1	必	
		看护学	3	1.5	必	
		论语	1	1	选	
		孟子	2	2	选	
		国术	3	1.5	选	

---

① 黄汉文:《记唐文治先生》,苏州大学(原无锡国专)广西校友会主编:《无锡国专在广西》,1993 年版,第76 页。

② 黄汉文:《记唐文治先生》,苏州大学(原无锡国专)广西校友会主编:《无锡国专在广西》,1993 年版,第76 页。

③《无锡国学专修学校十五周年纪念册·各学年学程学分及纲要表》,《无锡文库·无锡国学专修学校十五周年纪念册》第二辑,凤凰出版社 2011 年版,第 337—345 页。原表竖排,现改为横排,删去纲要部分。

表 5－2　第一学年第二学期课表

学年项目学期		学程	每周时数	学分	选修或必修	备注
第一学年	第二学期	党义	1	1	必	
		军事训练	3	1.5	必	
		散文选	4	4	必	
		国学概论	3	3	必	
		文字学	3	3	必	
		文学史	3	3	必	
		韵文选	2	2	必	
		作文训练	2	1	必	
		看护学	3	1.5	必	
		论语	1	1	选	
		孟子	2	2	选	
		文史通义	2	2	选	
		国术	3	1.5	选	

在第一学年中,除政府规定的党义、军事训练、看护学①外,余下课程都是与国学有关的。在这些课程中,通论类、文选类课程较多,且多为必修课。作文训练贯穿了两个学年,每两周进行一次,现场作文,老师点评,为学馆时期课程的延续。国术相当于体育课,每学期都有,讲授传统武术的拳械套路。第一学年的国学选修课较少,仅为《论语》《孟子》《文史通义》三门课。

① 男生上军事训练课,女生上看护学课。

表5-3　第二学年第一学期课表

学年	学期	学程	每周时数	学分	选修或必修	备注
第二学年	第一学期	党义	1	1	必	
		中国文化史	3	3	必	
		散文选	4	4	必	
		韵文选	2	2	必	
		目录学	3	3	必	
		修辞学	2	2	必	
		作文训练	2	1	必	
		荀子	3	3	必	
		王荆公文	3	3	选	
		音韵学	1	1	选	
		要籍解题	1	1	选	
		左传	2	2	选	
		性理学	2	2	选	
		国术	3	1.5	选	

表5-4　第二学年第二学期课表

学年	学期	学程	每周时数	学分	选修或必修	备注
第二学年	第二学期	党义	1	1	必	
		中国文化史	3	3	必	
		散文选	4	4	必	
		韵文选	2	2	必	
		版本学	2	2	必	
		作文训练	2	1	必	
		昭明文选	3	3	选	

项目 学年 学期		学程	每周 时数	学分	选修或 必修	备注
第二学年	第二学期	毛诗	1	1	选	
		音韵学	1	1	选	
		要籍解题	1	1	选	
		史记	4	4	选	
		左传	2	2	选	
		国术	3	1.5	选	

在第二学年中,选修类课程增多,必修课与选修课几乎各占一半。目录学、音韵学、版本学等课程的相继开设,为学生的文史研究奠定了扎实的基础。而在选修课中,设置了文史哲各科课程,学生可以根据自己的学术兴趣选择相应的课程。

表5-5 第三学年第一学期课表

项目 学年 学期		学程	每周 时数	学分	选修或 必修	备注
第三学年	第一学期	哲学概论	2	1	必	
		伦理学	1	1	必	
		毛诗	1	1	选	二年级选 读则不选
		礼记	1	1	选	
		史通	2	2	选	
		老子	1	1	选	
		昭明文选	3	3	选	二年级选 读则不选
		韩昌黎文	3	3	选	
		钟嵘诗品	1	1	选	

项目 学年 学期		学程	每周时数	学分	选修或必修	备注
第三学年	第一学期	史记	3	3	选	二年级选读则不选
		吕氏春秋	3	3	选	
		韩非子	3	3	选	
		音韵学	1	1	选	
		要籍解题	1	1	选	
		国术	3	1.5	选	

表 5-6　第三学年第二学期课表

项目 学年 学期		学程	每周时数	学分	选修或必修	备注
第三学年	第二学期	中国哲学史	3	3	必	
		西洋文学史	2	2	必	
		教育学	2	2	必	
		尚书	1	1	选	
		周易	1	1	选	
		尔雅	2	2	选	
		汉书	4	4	选	
		墨子	3	3	选	
		孙子	1	1	选	
		楚辞	3	3	选	
		要籍解题	1	1	选	
		音韵学	1	1	选	
		国术	3	1.5	选	
		毕业论文		1	必	

在第三学年中,必修课大幅减少,选修课大幅增加。必修课主要为哲学类课程和西学类课程,而选修课则为大量的国学经典原著。这些经典原著是前面各学期通论类课程、文选类的深化,学生可以根据自己的学术兴趣选择若干门进行选修,并在此基础上撰写毕业论文。

常任老师的数量也大为增加,由原来学馆时期的三五人,增加到15人左右。这些新增的教师中,比较有代表性的为冯振、钱基博、陈衍等人。

冯振(1897—1983),字振心,号自然室主人,广西北流人。早年跟随叔父到上海,先后就读上海公学、上海南洋公学和上海高等工业专门学校,毕业后回广西,先后在梧州中学、北流中学、容县中学任教。1927年,冯振应唐文治之邀,赴无锡国专任教,兼国专教务主任。从1927年至抗战爆发,冯振还在江苏省立教育学院、上海国立暨南大学、上海大夏大学兼课。

钱基博(1887—1957),字子泉,号潜庐,江苏无锡人。钱基博本来在上海光华大学任教,由于北伐军到达苏沪,无锡与上海之间的交通暂时受阻,于是钱基博无法去上海授课。受唐文治之邀,钱基博就近到无锡国专上课,后来又担任了国专的校务主任。等到无锡去上海的交通恢复后,钱基博周末回无锡。周五下午到锡,晚上来国专讲课两小时,周六上午再讲两小时。如此往返锡沪,风雨无阻,一直持续到抗战爆发前夕。钱基博在国专上过《古文辞类纂》、《文史通义》、目录学、现代中国文学史、韩昌黎文等课程。"(他)讲课有一个共同的特点,要求学生每人备两个笔记本,一个是课堂笔记,另一个是读书笔记。讲课时重要的论点,先生都要端端正正的板书。每堂课都要布置问答题,开列书目,让学生自己去阅读,对问题作出解答。回答的问题,写在读书笔记上,要求字迹清楚端正,潦草的发还返工。读书笔记照例由班长收齐汇送,先生在课后认真评阅。评定成绩优劣,一般都在笔记的第一道题上以加圈多寡来表示。从一个圈到四个圈,代表甲乙丙丁等次。圈越多成绩越好。特别优异的可以画五个圈。下一堂课,先生先作简短的讲评,然后讲新课。讲评是成绩优异的——指明表扬。如此循环往复,先生从来没有误过期。我们班有三十多人,读书笔记最多有长达二三千言的,简直是一篇论文。一本本评阅,不知要耗费先生多少时间和精力。"①课堂笔记是记录课堂上老师所示的门径心得、讲评内容,以供学生自己消化吸收,而读书笔记则是检查学生常规的读书效果。钱基博良好的教学方式和负责任的评阅态度帮助学生打下扎实的学问基础,并在学生心里留下了深刻的印象。

陈衍(1856—1937),字叔伊,号石遗,福建福州人。清光绪八年(1882)举人,曾先后入刘铭传、张之洞的幕府,担任书院教席等职务。辛亥革命后,陈衍曾在京师大学堂、厦门大学任教,晚年寓居苏州,与章炳麟、金天翮共同倡办国学会。陈衍精于论诗,他认为中国历史上诗风最好的时候应属"三元"时代,即唐玄宗的开元时期、唐宪宗的元和时期、宋哲宗的元祐时期。而继承"三元"诗风的就是同光体。同光体是指清代同治、光绪时期的诗歌流派,陈衍就是同光体的领袖人物,其所著《石遗室诗话》《近代诗钞》等,都具有极高的盛名。除诗歌创作外,陈衍对文字学、礼学、史学等领域也颇有研究,留有相关的著作。

陈衍的年纪比唐文治还要大 9 岁,两人早年就在沈曾植处相识,但并不熟悉。1931 年,唐文治得知陈衍定居在苏州胭脂桥毛家弄后,便邀请陈衍来无锡国专授课,聘任他为国专特约讲师。两人虽然治学侧重点不同,但都非常赏识对方的才学。陈衍评价唐文治,"治经汉宋兼采,合考据义理而一之……平日力宗紫阳,根柢盘深,益以数十年宦海仕途之阅历,故与养晦之作相伯仲,而经术湛深,又刘所不逮耳。"②养晦是指刘蓉。陈衍认为咸丰、同光时期,湖南最好的古文三大家为曾国藩、郭嵩焘和刘蓉。曾国藩自负学韩,颇务词章之工而才气不足;郭嵩焘才有余而理气不足;刘蓉专学朱子,气极盛而才亦随之。陈衍以为刘蓉在三人中水平最高,而唐文治学宗朱子,又有宦海经历,故其文章与刘蓉相仿,同时唐文治经学、理学的造诣又超过刘蓉,故唐文治的文章还要盛过刘蓉一等。唐文治曾称赞陈衍,"先生为文凡四五千篇,体曲

---

① 王绍曾:《钱子泉先生讲学杂忆》,《目录版本校勘学论集》,上海古籍出版社 2005 年版,第 1038 页。
② 陈衍:《〈茹经堂文集〉三编序》,《唐文治文集》第六册,上海古籍出版社 2018 年版,第 3827 页。

而直,辞矫以健,他人或出于作为,先生则纯任自然,平淡苍老,于子厚、介甫为近。其所为诗,风骨高骞,时时发明哲理,天怀高旷,自言得于山水游为多。"①唐文治特意用每课时 20 元大洋的高额酬金聘请陈衍来国专授课。当时的 20 元大洋可以购买白米 300 斤,而当时其他的教授每课时才 2 元酬金。大家本来对此有点意见,唐文治说:"我之所以要聘陈石老,固然是为学生,主要还是为了教师。诸君皆很博学,但无锡一隅之地,不能像北平、上海、南京那样多得贤师友之助。陈石老来我校,可以与诸君奇文共赏,疑义相析。"②在唐文治看来,陈衍的学问不仅有助于国专学生水平的提高,更能促进国专教师水平的提高。而事实上,也真的达到了这样的效果。

陈衍在国专讲授《资治通鉴》、宋诗、要籍解题等课程。他当时年纪已近八十,在大礼堂给二三年级合班上课,也没有扩音设备,仍旧精神矍铄,声音洪亮。期末考试时,他总是出综合性的开卷试题,让同学们去图书馆查了资料再写。比如在宋诗课上,他以《论苏诗七绝二首》为题,既要学生评论苏东坡的诗,又要以近体诗的形式写出答案。通过这样的考试,学生的学识涵养和创作水平都得到了考察,即使开卷考试,学生也没处抄袭,只能硬着头皮自己去做。而且他评分极严,80 分已经算优等了,一般只能拿 60 多分。不及格的人数是国专所有课程里最多的。此外,由于他讲课一口福建方言,学生很难听懂他讲的是什么。时任国专总务主任的叶长青原是陈衍在厦门大学的学生,又是陈衍的同乡,故主动承担起书写板书的事务。同时又生怕陈衍不习惯国专的伙食,就请老师住到自己家里,由他的夫人做了福建菜招待老师。陈衍的课程在国专很受欢迎,有学生薛思明等 9 人,希望能够深入接受陈衍的指导,在征得陈衍同意后,向陈衍举行拜师仪式。拜师仪式在国专图书馆东侧平房内举行,点了一对红烛,请老师上座,弟子们向老师作一长揖。冯振知道此事后,也来行拜师礼,甘愿列为陈衍弟子。冯振一经拜师,果然获得陈衍的更多指点。同来拜师的薛思明曾言:"以前冯先

---

① 唐文治:《陈石遗先生墓志铭》,《唐文治文集》第五册,上海古籍出版社 2018 年版,第 3103 页。
② 黄汉文:《记唐文治先生》,苏州大学(原无锡国专)广西校友会主编:《无锡国专在广西》,1993 年版,第 68 页。

生请石老改诗,石老很客气,偶然提一二点个人的看法,请他自己斟酌。冯先生的诗文本来就很好,自从行过拜师礼,石老稍加改动,益增风采。他还讲为什么要这样改,我们听了得益不浅。"①其他同学得知后,也想向唐文治行拜师礼。唐文治说你们既然来到国专,我们就有了师生名分,不必再行拜师礼了。此事传到陈衍那里,陈衍很佩服唐文治,说:"唐校长所见甚大,我和诸君多此一举了。"②后来陈衍也不再接受拜师,无论学生是否拜师,只要来请教问题,他都非常热情地回答,绝无半点保留。

1934 年秋,国专第三届毕业生钱仲联应唐文治之邀来国专任教,担任诗选、古文选等课程。钱仲联与陈衍同住一楼,时常和陈衍对酒谈诗,向陈衍请教同光体的技巧。受陈衍的影响,钱仲联也开始撰写《梦苕庵诗话》。但是钱仲联与陈衍的诗歌崇尚不同,钱仲联认为同光体艺术技巧太强,思想性相对欠缺,而自己则要将艺术性和思想性统一起来。在宋诗课的自编教材上,陈衍自编《宋诗精华录》,而钱仲联自编《宋诗选》。两书相较,相同者十之四五,不同者十之五六。1937 年暑假,陈衍回福建老家探亲,不久病逝。同年七七事变爆发,全国抗战,国专内迁。故钱仲联挽诗云:"当公弥留日,胡马复披猖。"③陈衍此时故去,避免了山河破碎之痛,这对于一位 81 岁的老人而言,或许也算得上是不幸中的幸事。

国专除常任教师增多、课程正规化之外,唐文治还多方邀请名家学者来学校进行演讲,让学生获得更多的学术信息。在 1927—1937 年的 10 年里,唐文治邀请了马寅初、柳诒征、吕思勉、章太炎、陈中凡、李根源、蒙文通、孟宪承、黄宾虹、缪凤林等专家学者来校演讲,演讲的题目有与国学一致的文学、史学、理学的内容,也有开阔学生眼界的田赋经济、国际关系、地理兵防、佛教哲学、欧洲汉学、中国绘画等主题。这些讲座对于打造国专学生的学术抱负与治学眼光无疑具有极好的促进作用。

---

① 黄汉文:《记唐文治先生》,苏州大学(原无锡国专)广西校友会主编:《无锡国专在广西》,1993 年版,第 69 页。

② 黄汉文:《记唐文治先生》,苏州大学(原无锡国专)广西校友会主编:《无锡国专在广西》,1993 年版,第 69 页。

③ 钱仲联:《钱仲联学述》,浙江大学出版社 1999 年版,第 32 页。

学术出版和学术刊物是学术发表的载体,也是学界了解当下学术动态的窗口。国专很注重学术作品的出版发行。就学术著作而言,国专陆续出版《无锡国学专修学校丛书》。该丛书收录国专教师的学术专著,至抗战爆发,总共出版了 15 种,包括唐文治的《礼记大义》《十三经提纲》《周易消息大义》《尚书大义》《性理学大义》,陈衍的《通鉴纪事本末书后》《史汉文学研究法》《石遗室论文》,钱基博的《名家五种校读记》《文心雕龙校读记》,朱叔子的《庄子新义》,冯振的《老子通证》,叶长青的《文史通义注》,陈鼎忠的《孟子概要》,钱仲联的《宋诗选》。而学生优秀的毕业论文,则收录在《私立无锡国学专修学校丛刊》之中。1931 年出版的《私立无锡国学专修学校丛刊》的"学生丛刊之一"中收录了王绍曾《目录学分类论》、周昶旦《荀子政治学说》两篇论文;"学生丛刊之二"中收录了邹静九《韩非子法学之研究》、王树槐《李善之注为〈文选〉功臣五臣后起思夺其席说者谓其纰缪良多试言其作注之概略及纯驳所在》、钱锺夏《问骈文盛于南北朝末晓南北朝文士亦有抉骈文之极弊者欤倘能备稽其说以扬榷得失欤》、施闲《王荆公之政治思想》四篇论文。就学术刊物而言,早在 1927 年,就有王蘧常编辑、无锡国学馆同学会发行的《国学年刊》。该刊由学术、文苑、特载等栏目构成,刊载了陈柱以及国专同学会成员的作品。此外,1929 年还有《国光》杂志发行。该刊由通论、专著、文苑、丛谈等栏目构成,刊载了国专教师的作品。只是《国学年刊》和《国光》似乎仅出了一期,没有延续。而到了 1930 年 11 月,无锡国专学生自治会成立,该会下属之出版委员会则正式负责国专学术刊物的编辑出版。据现在能查到的资料来看,出版委员会正式发行的国专学术刊物有《国专年刊》《国专季刊》《国专月刊》三种。《国专年刊》出版于1931 年 5 月,由论文、文录、诗词、附录等栏目组成,所收文章均为当时在读学生的作品。《国专季刊》出版于 1933 年 5 月,由专载、论著、文苑、杂俎、附录等栏目组成,

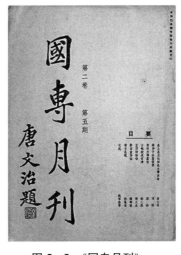

图 5 - 5 《国专月刊》

收录了章太炎、陈衍、陈柱、钱基博的演讲记录以及国专学生的作品。《国专年刊》与《国专季刊》似乎各自仅仅出了一期,没有持续下来。《国专月刊》创刊于 1935 年 3 月,每月一期,寒暑假停出,这样就每学期五期,合称一卷。《国专月刊》自创刊到 1937 年 6 月因抗战停刊,总共发行了五卷二十五期。该刊物设有论著、考古、谈丛、文苑、书评、专载、校闻、补白等栏目,主要刊载国专师生的学术论著、诗词文章、读书笔记等。在国专刊行的各类学术刊物中,《国专月刊》办刊时间最长,在学界也有一定的影响,"日本东京帝国大学图书馆即来信要求继续交换期刊,并将各期中的论文摘入该馆索引"①。

图书馆是一所正规文科院校必备的教学研究场所。国专本来就注重学生的自修,故图书馆建设就显得更为重要。1929 年,国专新建了图书馆,原来就有藏书 6000 多册,陆勤之捐赠了 15000 多册,又从北京运来一批赠书,这样就构成了图书馆书籍的基本库存。唐文治每年逐渐添购图书,比如在 1935 年购买了全套《影印宋版碛砂大藏经》,之后又购进了万有文库、四部丛刊等。据统计,到抗战前期,新旧图书一共有 50000 册左右。这些图书编目后,可供师生浏览借阅,促使师生充分利用图书馆的学术资源。除此之外,只要学生有需要,唐文治也不吝把个人私藏的图书珍本借给学生。比如,唐文治曾把袁昶评点的《左文襄公全书》借给学生去做研究,又把自己圈点过的《资治通鉴》借给学生,让他们在课外去过录。不到一年时间,已有部分同学把《资治通鉴》读完,国文水平也大有进步。

除了国学知识的传授,唐文治还十分重视学生的体育锻炼,无论是平时体育课还是军训课,国专都极力聘请优秀教师,创造优越条件。国专每学期都要开设的国术课,就是具有中国传统的体育课。唐文治聘请了无锡颇负盛名的武师侯敬舆担任国术课教师。侯敬舆既能行医,又擅长武术,掌握了 500 余种拳械套路,并在无锡发起组织了精武体育会、西神国技社,对无锡地区的武术发展作出了很大贡献。国专学生郑

---

① 张尊五:《三十年代的无锡国专》,苏州大学(原无锡国专)广西校友会主编:《无锡国专在广西》,1993年版,第 7 页。

学弢对这门国术课印象深刻,他回忆说:"国专的'国术'课,在当时许多高校中也是少见的。这是一门比较独特的选修课程,从补习班到三年级都开设。教师侯敬舆先生是一位老中医。那时,他大约五十多岁了,戴一副眼镜,瘦瘦的身材,他教武术,先授一套拳术,名为'脱战'。这套拳术,有一些腾跃的动作,能很快接近对方。学了拳术后,依次学习棍、枪、单刀、双刀、剑、双剑、大砍刀等。学校在接待宾客时,有时也插入武术表演。"①侯敬舆在国专任教时,还撰写了《国术进化概论》一书,阐述了原始之武术、古代之武术、中古之武术、近代国术之趋势四大主题。唐文治为其作序,序中称侯敬舆所著之书"源流毕贯,洞明趋势,嘉惠学子,足资圭臬"②,又赞扬了他在国专的武术教学"训练有方,忠实精勤,诸生翕服无间言"③。唐文治又聘请史渭清为军事训练教授,定期赴惠山进行实弹演练。1935年,国专学生在惠山进行实弹演练时,正巧被国民政府教育部派出视察的参事陈梓屏、编译主任陈可忠看到。他们目睹了国专学生荷枪实弹的军事训练,深为嘉许,认为"即使在国立高等学校也不容易做到"④。此外,学校还组织了篮球队、网球队,参加江苏省运动大会,通过第一轮、第二轮的比赛,取得大会特奖银杯一只、锦旗一面。虽然这次比赛没有获得最高奖项,但国专运动员在赛场上奋力厮杀的勇武姿态,大大改变了国专学生被外界冠以"文弱书生"的片面印象。

国专的办学宗旨,不仅贯穿在教学过程中,而且表现在国专生活的方方面面。在国专建校十周年之际,唐文治定下"作新民"三字为校训,并将之制成匾额,悬挂在学校礼堂上。"作新民"取自《大学》的朱子改本"大学之道,在明明德,在新民,在止于至善"。此三字激励学生们要自明其德,推己及人。礼堂两边配上长一丈有余、宽二尺许的长幅对联,上联是:"好学近乎智,力行近乎仁,知耻近乎勇。所存者神,所过者

---

① 郑学弢:《回首母校——记六十年前的人和事》,无锡国学专修学校上海校友会编:《国学之声》2002年总第24、25期。

② 唐文治:《〈国术进化概论〉序》,《唐文治文集》第三册,上海古籍出版社2018年版,第1426页。

③ 唐文治:《〈国术进化概论〉序》,《唐文治文集》第三册,上海古籍出版社2018年版,第1426页。

④ 黄汉文:《记唐文治先生》,苏州大学(原无锡国专)广西校友会主编:《无锡国专在广西》,1993年版,第75页。

化。"下联是:"富贵不能淫,贫贱不能移,威武不能屈。虽愚必明,虽柔必强。"这副对联是唐文治集孔孟语录而成,以圣贤为榜样鼓励学生们进德修业,勇猛奋进。

此外,唐文治创作了校歌歌词,再请沈庆鸿谱曲,其词曰:

> 五百载,名世生,道统继续在遗经。乾坤开辟,学说何纷纭?惟我中华,教化最文明。上自黄帝迄孔孟,先知先觉觉斯民。大道行,三代英,我辈责任讵敢轻。勉哉!勉哉!俭以养德,静以养心,建功立业,博古通今,为生民立命,为万世开太平。

这首歌曲声调激昂,情绪奋发,歌词中充满着经世济民、勇于担当的儒家精神。师生每周一集会,都会高声演唱校歌,由此来激励自己的志气,发扬自己的情操。

图 5-6 膳堂铭

在学校小会议室上,唐文治悬挂了杨继盛的名联:"铁肩担道义,妙手著文章。"食堂里挂上"膳堂铭",其词曰:"世界龙战,我惧沦亡,卧薪尝胆,每饭不忘。"同时配上王守仁、顾炎武、陆世仪、高攀龙四先生的画像。"王守仁宣传良知良能,主知行合一。顾炎武具有民族气节,他的名言'天下兴亡,匹夫有责'。陆世仪提倡学问要'切用于世',还主张'习武'。高攀龙为东林党领袖,崇尚气节。"①这些儒者都是既具民族气节又能学以致用的表率,唐文治希望学生们能够在前贤精神的照耀

---

① 陆振岳:《无锡国学专修学校述略》,陈国安、钱万里、王国平编:《无锡国专史料选辑》,苏州大学出版社 2012 年版,第 5 页。

下,像勾践那样"卧薪尝胆,每饭不忘",将来学以致用,报效祖国。

作为一校之长的唐文治,把全身心都扑在教育上,自己的生活既有规律,又十分俭朴。"他每天早晨起来盥洗完毕,便独自摸索走入庭院,仰天虔诚默祝;然后,手舞足蹈地打太极拳,运动片刻,即入室静坐。静坐完毕,进早餐。旋即备课。由秘书陆景周先生读经、读文、读有关注解。每日上午,上课两小时,风雨不辍。午膳后,休息一会,即午睡。至二时许起身。由师母读报,读传记、小说等。如有空闲时间就背诵诗文,钻研义理。"①唐文治平时穿一件青灰色棉布长袍,脚穿布袜、布鞋,夏天则一袭夏布衣,也不穿绸缎。即使出门见客,衣着仍旧如此。有人曾送他一块绫罗,他很生气,将馈赠者拒之门外。唐文治70岁生日时,为了避寿特意到故乡祖茔扫墓,家人偷偷为他换上清朝做官时"出客"的绸衣,他摸知后坚决脱掉。他曾对身旁亲近的弟子说:"我一领青衫,永远服之无斁。"在饮食方面,唐文治同样十分节俭,常吃苜蓿、雪里蕻和豆腐羹。早上吃粥时吃一枚煮鸡蛋,下午拿芋头、红薯当点心。当有人送来鱼肉、糕点时,他总要留下一部分用来待客,并一再叮嘱馈赠者不要再送。无论严寒酷暑,疾风急雨,他天一亮就起床,保持每晨八点前到校处理校务的习惯。唐文治由于目盲,需要坐轿子去学校。去学校的路上要途经孔庙,孔庙墙上有一块"文武官员到此下马"的石碑,当时已经无人当真,但唐文治必命令轿夫停轿,自己下轿摸索后走过孔庙,再坐上轿子进入学校。有一次,早上雨越下越大,轿夫到了石碑处就没有停轿,匆匆忙忙往学校赶。唐文治却已经意识到轿子到了石碑,急得他在轿内直跺脚,一定要停轿,然后冒着大雨摸索走过孔庙。国专师生知道后,生怕以后下雨天老夫子都会在孔庙前冒雨徒步,就在国专的另一面开了一个后门,这样唐文治来学校就不需要经过孔庙大门了。唐文治到校后,虽然双目失明,但每日必定亲自讲课一二节。他自己没有课的时候,还要到教室外巡视,驻足聆听上课情况,甚至晚间也到学校旁听学生读书或讨论。

国专在唐文治的亲自主持下,全校上下充满着浓厚的国学研究风

① 许倬云:《唐文治先生轶事几则》,《无锡文史资料》第12辑,1985年版,第33页。

气。这种良好学风,给来参观的国联考察团留下了深刻的印象。事情发生在 1931 年秋,国联教育考察团来中国考察教育文化事业。考察团成员德国人培根、法国人伦希维 11 月 14 日来到无锡国专。参观无锡国专的整个过程由唐文治的长子唐庆诒陪同翻译,培根、伦希维两人首先参观图书馆,翻阅了元版《礼记》《资治通鉴》、明本《学律全书》、殿本《史记》,随后参观大礼堂。唐文治向远来的客人致欢迎词,培根、伦希维先后上台演讲。培根的演讲认为:"凡一国家求生存于世界,故当以研究科学为先,然研究科学必当先使国民自觉,而国民自觉心之发动,唯有藉'国学'以发扬光大之。而后可以保持各国固有之民族精神,此尤须研究本国历史和固有文化。贵校为研究'国学'之最高学府,负有保存固有文化之责,与普通学校之使命不同,希望贵校同学能整理中国博大之历史,编成大中小各学校适宜的历史课本,遍行世界各学校,以发扬中国民族之文化学术,而促起国民之自觉。"[1]伦希维的演讲认为:"中国之文化发达,能贡献于世界……必以其固有之文化为基础焉。颇期诸君努力于斯。"[2]两人在演讲后还感叹道:"我们来中国看过很多学校,读的是洋装书,用的是洋笔,充满洋气。这里才看到纯粹中国化的学校,才看到线书和毛笔杆。"[3]他们对唐文治的办学精神赞叹不止,并希望这所继承中国文化的学校能够发扬光大。

在国专改制后,国专的发展总体来说一直欣欣向荣。但是时局的动荡,如乌云一般笼罩着整个中国,即使是偏居于江南一隅的国专,也无法置身事外。1931 年 9 月 8 日,日本侵略东北,国专学生闻知后义愤填膺,纷纷商量要罢课游行。有一部分教师支持学生,还有一部分教师认为学生本职任务是学习,不应参与政事。学生们写了"天下兴亡,匹夫有责"贴在后者的办公室门上。唐文治召开校务会议,一开头就说:"鄙人在甲午年,曾替江苏举人代拟呈都察院稿,申述自强御敌之宗旨。

---

[1] 健实:《国联教育考察团莅锡来校演讲志略》,《无锡文库·无锡国专季刊》第二辑,凤凰出版社 2011 年版,第 332 页。

[2] 健实:《国联教育考察团莅锡来校演讲志略》,《无锡文库·无锡国专季刊》第二辑,凤凰出版社 2011 年版,第 333 页。

[3] 陈其昌:《无锡国学专修学校简史》,陈国安、钱万里、王国平编:《无锡国专史料选辑》,苏州大学出版社 2012 年版,第 327 页。

今则忝为校长,诸事须凭功令,未便悉凭个人意志办事。今日之事,请诸君公议。"①唐文治提了他当年代拟之事,亦即表明了他的一贯立场。看到一些教师还在争论不休后,唐文治最后说:"学生出于爱国热忱之动,由其自决。诸位先生亦可各存素志。"②同年年底,无锡1300余名学生去南京请愿,要求国民政府出兵抗日。唐文治亲自将国专请愿学生送到大门口,以示支持。同年,唐文治还加入了马相伯发起的国难救济会,又作《新六国论》一篇、《国鉴》一卷,痛陈利害,呼吁抗日。

1932年年初,上海爆发了"一·二八"事变。"日人竟冒大不韪,攻击闸北宝山路、北四川路等处,焚烧杀掠,惨无人道。上海损失约八千万以上,商务印书馆、东方图书馆均付一炬。"③国民革命军第十九军在总指挥蒋光鼐、军长蔡廷锴指挥下,奋起抵抗,给日军以迎头痛击。战火在上海及其周边地区蔓延开来。虽然无锡离上海较远,没有直接被战火波及,但仍旧受到战争的巨大影响。战争打响的时候,正是国专开学之际。由于交通断绝,很多苏浙沪的新学、老生无法按时报到,班级人数不满,无法正常开班教学。更为重要的是,作为私立学校的无锡国专,其经费来源主要依靠学生的学费和校董的资助。由于半数学生无法到校,学费收入大量减少。校董的工商企业大多设在上海,经此战火,校董的资产大受损失,不得不暂停资助学校。于是国专的经济情况一下子困难起来。面对困难,唐文治决定降薪,教员减三成,职员减四成,月薪30元以下者不减。唐文治自己带头减四成。冯振、朱叔子自愿减五成,而钱基博更是分文不取,免费为学生授课。在此困难期间,大家"互相激勉,茹苦含辛,半尽义务,照常开课"④,这种情况一直维持到1932年下半年才逐渐恢复过来。

1935年年底,北平学生数千人举行了抗日救国示威游行,反对华

① 黄汉文:《记唐文治先生》,苏州大学(原无锡国专)广西校友会主编:《无锡国专在广西》,1993年版,第78页。
② 黄汉文:《记唐文治先生》,苏州大学(原无锡国专)广西校友会主编:《无锡国专在广西》,1993年版,第78页。
③ 唐文治:《自订年谱》,《唐文治文集》第六册,上海古籍出版社2018年版,第3732页。
④ 《无锡国学专修学校十五周年纪念册·校史概略》,《无锡文库·无锡国学专修学校十五周年纪念册》第二辑,凤凰出版社2011年版,第252页。

北自治,反抗日本帝国主义,要求保全中国领土的完整。国民政府出动大批军警,打伤逮捕多名学生,是为"一二·九"运动。事发后,上海各校学生纷纷响应"一二·九"运动,冲破军警封锁,欲赴南京请愿。上海学生乘火车抵达无锡后,被南京赶来的兵车截住,部分学生被困在车站里,还有部分学生被围在无锡城内中南大戏院里。国专学生要求罢课游行,跑到校长室提出声援要求。"唐老夫子虽已双目失明,但消息还是很灵通的,他似乎已经知道了这些事情,并没有问什么,就毫不犹豫地说:'好,好,反正上不了课,就暂时停课罢!'接着便让秘书陆景周先生出一布告,以无法上课为由,公开宣布暂时停课。"①国专学生有的来到火车站,将茶水、大饼送到被困的学生那里;有的与无锡其他大中学校的学生一起来到中南大戏院。戏院外站满了宪兵,手提木棍,气势汹汹。国专学生与大家一起冲破了宪兵的阻拦,与被困在戏院里的学生会合。当天,唐文治一直坐等在校长室里,直到学生回校,他才松了口气。

无论外界风云如何变动,唐文治与国专师生们仍旧坚守着理想,脚踏实地进行着文化建设。在这几年里,国专的发展迎来了新的希望。1934年,唐文治南洋大学时的学生胡端行、张廷金等人为唐文治70岁生日发起集资,并由无锡实业家薛明剑等人相地,在五里湖边的琴山山腰上购地10亩,为唐文治建造茹经堂。经过一年多时间,茹经堂竣工。"建筑为宫殿式,傍山临水,风景绝佳。"②门首为牌楼式,上有陈衍所书"茹经堂"三字,内侧有"师表人伦"四大字。进门有一池塘曰芝泉。四面环有太湖石,侧面有甬道,可以拾级而上。正房数间在半山腰上,再上为石阶梯,有亭形廊庑。厅堂之中悬挂数副楹联,内有章太炎所书"光风霁月之怀,何止吞三万顷;鹿洞鹅湖而后,于今又五百年。"在茹经堂落成典礼上,各大学学术团体代表、国专各地校友会代表、交通大学校友、无锡当地乡绅纷纷前来祝贺,国专全体师生也整队前往。观者一时络绎不绝,热闹非凡。最后唐文治作答词,勉励大家培养本乡道德,淬励东林气节,大家掌声雷动,极一时之盛。而在建设茹经堂的同时,国专

---

① 陈其昌:《唐文治支持一二·九学生运动》,倪明:《三吴采风》,上海书店出版社1993年版,第38页。
② 《本校校长茹经堂落成典礼》,《国专月刊》第二卷第五期,《无锡文库·国专月刊(二)》第二辑,凤凰出版社2011年版,第232页。

的扩建也传出了新的好消息。由无锡实业家唐星海等人资助,国专在太湖五里湖滨、宝界桥畔购地20余亩,用来作为国专的新校校址。

图 5-7 茹经堂

　　1936年是国专建校十五周年。此时学校建制已臻完善,学生数目持续增多,教学质量不断提高。唐文治十分欣慰地看到国专这十五年的变化,他总结说:"此十五年中,拮据卒瘏,一经齐卢之战,再经匪人之侵陵,三经中日沪上之衅。道途梗阻,黉舍飘摇,然风雨如晦,鸡鸣不已。庋图书则自数百册增至四万余册,修屋宇则自十数幢增至七十余幢,核学额则自三十名增至二百七十名。至于救时之志,更无日不申儆诸生,相与朝乾而夕惕若也。"[1]面对眼前这些成就,唐文治感觉到他的救世理想正在逐步实现。国家建设需要更多的人才,唐文治确信国专培养的这些学子必然会对国家作出非凡的贡献。国专已经走过了创业的瓶颈期,现在迎来的是新的发展期。在1937年的花朝节,唐文治召集全校师生,赴新校址行植树礼。那天春寒料峭,雨霰交加,但大家兴致很高,一共种植了400株,半桃半柳。唐文治口中念颂词曰:"十年树木,百年树人。人才蔚起,中国太平。"[2]在唐文治和全体师生的心目中,这一切都预示着国专美好

① 唐文治:《国学专修馆十五周年纪念刊序》,《唐文治文集》第三册,上海古籍出版社2018年版,第1530—1531页。
② 《本校新址行植树礼》,《国专月刊》第五卷第三期,《无锡文库·国专月刊(四)》第二辑,凤凰出版社2011年版,第322页。

的未来,"他日春风桃李,黉舍巍峨,宝界桥边之盛,可预卜也"①。

万分惋惜的是,世事无常,天违人愿。就在行植树礼的下半年,卢沟桥事变爆发。日本帝国主义发动了全面侵华战争,五里湖畔茹经堂与新校址的美好憧憬也随之烟消云散,国专的命运在刀光火影的时局中再度风雨飘摇。

三、桂沪两校

1937 年 7 月 7 日,卢沟桥事变爆发,日军向北平发动进攻;1937 年 8 月 13 日,八一三淞沪战争爆发,日军又对上海发动了进攻。中国军民奋起抗日,从此开始了全面抗日战争。随着战争的延续,东南地区逐步沦陷,在这样的紧张局势下,国专不得不向内地迁徙。

(一) 西迁湘乡

1937 年 9 月,无锡国专秋季开学,除了教授陈鼎忠在长沙未来无锡,其他教职员全部到校。但学生人数则由上学期 300 余人减少到 50 人。战争的阴云笼罩在无锡上空。唐文治等人未雨绸缪,先在学校附近建造防空洞,可以容纳 200 多人,并准备好了防毒物品和急救药品。到了同年 10 月,日军飞机频频轰炸无锡。无锡北门车站、东门均被波及。五里湖畔的茹经堂亦遭轰炸,幸而未被击中。10 月 8 日,唐文治宣布迁校。他收拾好先人手迹,叩别家祠,率领部分师生转移到无锡南门外 10 余里的王祥巷上课,居住在无锡学生许岱云家里。还有一部分在城里的高年级学生,由冯振、叶长青负责管理。然而,随着战火的蔓延,即使在无锡城外的王祥巷也不安宁。王祥巷教室屋顶上也屡有敌机掠过。这时,湖南教师陈鼎忠从长沙来函,建议国专迁至长沙。唐文治与全校师生商议后,毅然决定国专内迁。城外王祥巷的师生,由 74 岁高龄、双目全

---

①《本校新址行植树礼》,《国专月刊》第五卷第三期,《无锡文库·国专月刊(四)》第二辑,凤凰出版社 2011 年版,第 322 页。

盲的唐文治率领,在 11 月 14 日晚 5 时雇船数艘,从许巷启程,经常州、丹阳,至 17 日午后抵镇江。城内的国专师生,由冯振率领,在 11 月 14 日夜半,从无锡乡间乘舟沿运河避难,在 17 日晚上到达镇江。两支队伍会合后,19 日乘坐英国轮船"德和"号溯江而上,21 日过芜湖,22 日过九江,24 日抵达汉口,29 日至武昌。随后由水路转陆路,30 日晚抵达长沙。

图 5-8　抗战时期唐文治夫妇与唐庆诒一家合影

这一路上的旅途经历,足以用触目惊心来形容。唐文治曾描述一路上的见闻,其言:"余雇小艇四,与眷属、生徒蜷伏其中。道出武进、丹阳。飞鸟之音,照明之弹,吾民号哭流离之状,震耳、刿目、怵心。抵京口,寓大华旅馆。登英公司德和轮船溯江而上,山哀浪咽,离愁万端。过芜湖,夜,忽舟中人惊相语曰:'铁鸟在樯上回旋矣!'于是灯火尽熄。数时始去。抵长沙,未旬日,忽同人竞相告曰:'京口之大华、英公司之德和,俱被炸矣!死者二千余人。'闻之惶骇。"①唐文治等人到了长沙,觅得黄泥街屋舍作为无锡国专的临时校舍,招收学生,照常上课。

但长沙城中情况极不安定,有大量从前线退下的伤兵,情形如散沙。这时,恰巧唐文治南洋大学时学生谭戒甫托人在湘乡铜钿湾找到了房屋。1937 年 12 月下旬,唐文治率领部分国专师生先迁往湘乡铜钿湾。停舟登陆后,天雨路滑,山路陡峭,唐文治只能以藤榻代步,夫人黄

---

① 唐文治:《王君慧言家传》,《唐文治文集》第五册,上海古籍出版社 2018 年版,第 2666 页。

彬琼和秘书陆景周都步行,由学生搀扶,才到达了铜钿湾所租民房。唐文治疲劳万分,"形神几若相离"①。而留在长沙的国专学生,则由当时任总务主任兼校务主任的叶长青负责管理。1938年1月,叶长青由长沙来湘乡,说时局一时不定,拟将国专暂时解散。唐文治并不认同叶长青的建议,他告知叶长青,如果有学生愿意继续求学,则可以让他们来湘乡上课。没有想到叶长青回到长沙后,竟然宣布学校决定停办,请大家各奔前程。同在长沙的钱仲联急忙跑到湘乡去禀告唐文治,唐文治召集师生谈话,说学校没有做过解散的决定,请大家安心上课。如果这里也留不住,我到哪里,学生就随我到哪里,我有饭吃,学生也有饭吃。钱仲联又跑到长沙宣布校长的指示,学生们这才安定下来。此时,已经有部分学生以为学校解散而走掉了,后来听说并未解散,又有二三人到湘乡归队了。叶长青之所以急于宣布学校解散,是由于他接到福建来信,请他回家担任县长。他急于上任,才干出这种丑事。"唐先生常说'知人不易',以后他很少提到此人,也不提此事。"②

叶长青去职后,国专全部迁到湘乡铜钿湾上课。1938年2月1日,正是大年初二,唐文治就为学生讲授《格物定论》,强调了"论人物当知君子、小人之辨","论事物当知是非、善恶之界","论物理当格知、道,艺不可偏废,以道为本"③。唐文治在民族存亡之际讲论《大学》义理,蕴含了在动荡时局中保存民族文化的深切用意,勉励学生砥砺品行,学以致用。同时,在寓居长沙、湘乡期间,唐文治经常从当地人口中探听乡情。唐文治在南菁书院的老师王先谦以及唐文治非常崇敬的曾国藩都是湖南人。但在当地人口中,王先谦鱼肉乡里,欺压百姓,名声很不好。而曾国藩本人虽无劣迹,但曾国藩的父亲和弟弟却横暴乡里,在百姓那里口碑极差。唐文治得知后,对这两人的敬意也动摇了,他私下对陆景周说:"曾氏居乡如此横暴,求阙斋主人(按即曾国藩)不得辞其咎。对昆弟宜严加约束;即使对尊长,也应谏阻,谏而不听,则涕泣随之,及其悟

---

① 唐文治:《自订年谱》,《唐文治文集》第六册,上海古籍出版社2018年版,第3754页。
② 黄汉文:《记唐文治先生》,苏州大学(原无锡国专)广西校友会主编:《无锡国专在广西》,1993年版,第82页。
③ 唐文治:《〈大学〉格物定论》,《唐文治文集》第一册,上海古籍出版社2018年版,第154—157页。

而后止。何况曾氏之横暴,始于求阙斋主人中进士以后,诸弟尚在读书,谏其父而戒其弟,犹可及也。迨至其九弟(按即曾国荃)建立军功,则难禁矣。所以君子慎其始也。"①从此以后,唐文治推崇王先谦、曾国藩的话就少了许多。

　　在湘乡没有安定多久,战况传来,蚌埠失守,徐州危急。日军可能会进攻长沙、宜昌、常德,对两湖有包围之势,情况又陷入危急之中。1938年2月9日,长媳俞庆棠自桂林来言,广西省府主席黄旭初因黄炎培先生介绍,邀请国专师生转迁桂林,并派汽车前至衡阳迎接。唐文治当即决定转迁桂林,在2月17日早上启程,由湘乡先至湘潭,再过株洲,始南下衡阳。当时交通阻塞,师生渐渐散失。至湖南株洲时,"只剩校长唐文治、教师陆景周,工友高福与学生袁步祺、沈令生、虞念祖、奚干城等数人而已。又值隆冬严寒,唐校长仍于旷野命学生席地而坐,朗诵《诗经》'兕虎'一章,夫子声泪俱下,诸生皆为动容。"②"兕虎"出自《诗经·何草不黄》,其中有"匪兕匪虎,率彼旷野。哀我征夫,朝夕不暇"一句,表示征夫行途之苦,孔子厄于陈蔡之间,亦作此歌。唐文治在艰难的行程中歌此"兕虎"一章,也是以孔子的精神来激励师生。大家重新振奋精神,由株洲南下衡阳。到达衡阳后,稍作休息。19日乘车,再赴桂林。

　　国专先后租赁了桂林正阳街17号、环湖路18号作为新校址,在1938年2月26日照常开学,从此开启了无锡国专历史上的桂校时期。此时,避居长沙的蒋庭曜应唐文治的召唤,奔赴桂林。蒋庭曜(1898—1979),字石渠,江苏常州人。早年曾入江南大儒钱名山之门,得其赏识。1920年考入无锡国专,为国专第一届毕业生。国专毕业后,先后任教于私立无锡中学、上海中西女校、大夏大学附中、交通大学。1937年,抗日战争全面爆发,蒋庭曜不愿做亡国奴,带领母亲妻儿向抗日后方流亡,于是出常州、走高淳、奔镇江,逆江而上,再至武汉,最后暂留长沙。在长沙收到唐文治的电信后,蒋庭曜就立即来桂林国专,担任教授兼总务主任。

① 黄汉文:《记唐文治先生》,苏州大学(原无锡国专)广西校友会主编:《无锡国专在广西》,1993年版,第81页。
② 奚干城:《湘桂行》,苏州大学(原无锡国专)广西校友会主编:《无锡国专在广西》,1993年版,第284页。

国专最初学生约 20 人,后来学生渐渐多起来,又分作了两班。桂林书籍缺乏,印刷不便,幸亏有广西省教育厅赠送书籍,才勉强解决了这一问题。

　　1938 年 6 月,桂林频遭空袭,居民纷纷躲入山洞。唐文治年迈体弱,又双目失明,行动多有不便,而且他在长途迁校过程中,溽暑郁蒸,水土不服。于是,唐文治召开校务会议,委托冯振为代理校长,将学校钤印、存折交付给冯振,自己请假转沪就医。6 月 28 日,唐文治夫妇、陆景周等人告别国专师生,取道漓江,南下而行。冯振一直送到梧州轮船码头,才与唐文治握手而别。

(二) 桂地存续

　　唐文治走后,国专桂校的维持就落在冯振的身上。1938 年 9 月,桂校招收了一批广西籍学生,加上湖南、江西一路赶来复学的同学,合计 60 多人。学校刚刚有所起色,消息传来,武汉、广州相继失守。日军攻占武汉后分兵南下,长沙陷入战火,几成焦墟。当时国专师生有数十人,何去何从,十分彷徨。有的意见是索性解散学校,有的意见是西迁黔滇,有的意见是西迁桂南六万大山。经过反复研究,大家觉得国专师生辗转千里,患难与共,危急关头,更应该团结一致,故不能解散学校。此外,根据一年多的迁徙经历,在人力财力物力缺乏的情况下,翻越群山,转迁黔滇,风险太大,也不可取。最后决定迁入桂南六万大山。冯振的老家广西北流县山围村,就在大山支脉边缘。那里具有安静的读书环境,即使敌人进扰,也能退避到群山之中。

　　冯振和一位学校职员先雇小汽车连夜赶到山围,为学生的到来做好准备。随后,蒋庭曜、钱仲联带领国专学生雇舟顺漓江南下,在梧州换乘汽车到达北流县。下车后,再步行约十里,方可到达山围。

　　山围正如其名称所示,是一个四面环山的小平原,南北东西各相距二三百里。这里绿树掩映,居住着多户人家。四周群山上的溪水流到山脚,汇成一条条渠水,穿村而过,在岭口汇合,再向山外流去。这一带物产丰富,田畴万顷,国专迁校此地,真有一派世外桃源的景象。师生们一部分住在冯振"沙梨院"的祖宅中,一部分住在冯振族侄的"绿竹居"的田舍中。生活用水则用连接的竹管将后山的悬泉引入厨房和浴室,清洁而方便。

国专到山围后,在艰苦的条件下继续上课。沙梨院和绿竹居都开辟了办学场所。沙梨院的藏书楼前有宽约三米的走廊,权充了教室。绿竹居的一部分房子被腾出来,也作了教室。因为是山村,木材众多,课桌与长板凳都能临时制作。在物质方面,大家一切因陋就简,随地取材。但最大的困难则是随校搬来的图书不多,上课的教材和参考资料相对缺乏。于是冯振主动把他家的藏书以及族中其他家的藏书贡献出来,以救燃眉之急。由于特殊时期,蜡烛、油墨很难买到,故油印教材也要省着用。只有必要的教材才能油印,一般则以学生笔记为主。这一时期,国专的教师有冯振、蒋庭曜、钱仲联、王桐荪、郑师许、陈一百等人。冯振讲《论语》和文字学,蒋庭曜讲国学常识和书法,钱仲联讲民族文学和中国文学史,郑师许讲抗战史料和中国文化史,陈一百讲统计学。

国专迁到山围的第二年,学生人数增加,校舍无法继续安排。冯振等人商议后,决定将学校迁往萝村。萝村距山围约二十里,也是大山中的一个居民点,那里是原国专教师陈柱的家乡。国专师生迁到萝村后,借用陈氏宗祠作为校舍。陈氏宗祠占地四五亩,高大宽敞,可供二三百人食宿。王桐荪回忆祠堂的场景,说:"进入宗祠大门,迎面是一个铺着石板的大院子,大到尽可容纳上百学生做早操。院子东西两侧各有一个月亮门,进门就见南北对称的三间花厅,厅前各有一块相称的天井(空地)种植花木。中间有道隔墙,使互不干扰。厅前有回廊,连接两厅。这设计很有特色。其后我和冯先生各占南北向花厅的东西二间,中间一间作会议室,北向花厅就由教授和他们的家属居住。院子另一侧的六间花厅就作为女同学宿舍。正对大门和院子的是三间大厅,用作礼堂。两侧各有三间侧屋,用作教室。第二进就是百余人住的男同学宿舍。第三进是食堂、厨房、储藏室、工人住房等(仅厨房和热水房做了些改造)。……当时即使增加一倍学生,也足够安排。"①有了陈氏宗

① 王桐荪:《冯振心先生和迁桂无锡国学专修学校——纪念冯先生诞辰 100 周年》,《冯振纪念文集》,广西师范大学出版社 2000 年版,第 23 页。

祠作校舍,再租了部分民房作为宿舍,国专的招生与教学就有了基础保障。在萝村的两年时间,国专进入一个较为安定的时期。

按照国民政府教育部在重庆召开的第三次全国教育会议精神,国专增设了五年制的班级。三年制的班级是招收高中学历的学生,而五年制的班级则是招收初中学历的学生。1939年秋季开学时,老生和新生加起来一共有100多人。这个时期,国专课程的开设也较为完备,历史方面有《尚书》《左传》《史记》《汉书》《通鉴》,中国历史、世界历史、中国文化史、中国文学史、西洋文学史等;文学方面有《毛诗》《楚辞》《昭明文选》,历代诗选、历代名家散文选等;哲学方面有《周易》《老子》《墨子》《韩非子》《荀子》,中国哲学史、哲学概论等;小学方面有文字学、训诂学、音韵学等;科学方面有自然科学概论、社会科学概论等。此外,学校十分注重学生的品行教育,对于"四书"这一儒家经典,尤其注重,希望学生能够知行合一、身体力行。而在抗战的特殊时期,学校还特别开设民族文学、抗战史料、国防地理,激发学生的爱国热情。学校的藏书虽然有限,但好在可以借用陈柱的"十万卷楼"中的藏书,故也可以勉强解除困难。

国专的教学生活颇有规律。每天晨光熹微,起床的铃声便敲响了,学生们纷纷起来整理铺盖和洗刷。十分钟后,早操的铃声响起,学生跑到校门的空地上,各自站到自己的位置上,进行升旗仪式和早操锻炼。早餐之后,就是早读时间。大家都抓紧时间,各人读各自的书。整天的时间,都用在课内听讲与课后研究上了。一直到下午四点半,全体师生又聚拢,把国旗缓缓降下来。晚饭后,除一部分学生继续在教室用功外,还有学生或去运动场打球,或去丛林中散步,或在草地上读诗。如果是炎热的夏天,则会三五成群跑到溪流里游泳,拿着渔网在溪水里捕鱼。周末,学生组建了国风诗社、史地研究会、书法研究会。国风诗社的导师吕集义准备茶点,借樟山园开设诗词雅集。史地研究会的导师郑师许在大礼堂给大家讲林则徐虎门销烟,满村老少都来听讲,深夜才散去。书法研究会的导师蒋庭曜弄来许多碑帖,布展起来,并对之一一加以点评,让学生们眼界大开。休假日,导师又带领大家到山中郊游,或者谈谈进德修业,或者随意说笑,都别有乐趣。

在寒暑假中,学生还深入民众去做宣传工作,创办了民众阅览室和民众学校。民众阅览室是全天候向民众开放的,那里悬挂着民族英雄的画像,抗战的地图、漫画和标语,以及日寇侵华以来种种暴行的实录画报。这些悬挂的图画,大大激励了人民群众抗日的决心。此外,还陈列着300多本通俗读物和抗战常识小册子,这些成为附近青年和孩子们最喜爱的读物。民众学校则是晚饭后由国专学生给民众上课。来听课的都是附近的村民,他们很高兴过来听大学生给他们上课。

1939年12月,教育部参事孟寿椿视察萝村桂校。孟寿椿性喜作诗,即席赋诗勉励学生。学生也依韵和诗。孟寿椿兴致很好,第二天又在大礼堂挥汗讲了两个小时的诗学问题。讲座结束,用完茶点后,又即席作了两首谢诗,同学们也即席奉和。大家都很兴奋,盛况一时无两。孟寿椿视察后,在写成的报告中说:"该校精神方面,足称苦干,但物资方面太觉贫乏。一切设备,均属因陋就简,假若所研究者非为国学,决难成一学校局面。而全校师生尚能互相维系,求精神上之满足,孜孜讲学,惟日弗足者,未始非寝馈国学,究易服膺前哲遗训,有以致之。中国文化之伟大,于此又可获一显证。"[1]孟寿椿的报告是对国专桂校办学的肯定。

1940年以后,抗战进入相持阶段,局势趋于稳定。在萝村的几年中,国专桂校有了长足的发展。学校需要进一步添置图书、设备,扩招学生,而萝村地处偏僻、交通不便的问题就凸显出来了。国专向广西省府申请在桂林建校,得以批准,并获得1万元拨款;同时又得到广西银行和广西合作金库贷款,于是在穿山购买了一片土地,兴建新校区。穿山在桂林市区东南10余里,漓江的一段分支小东江流经其旁。附近茂林修竹,风景如画。新校区占地300亩,在1941年开工,建设分期进行,历经3年才正式完工。完工后的校区由礼堂、图书馆、教室、办公室、男女生宿舍、教工宿舍、运动场等设施组成,可容纳学生500多人。为了纪念老校长唐文治,大家特意在穿山山顶兴建了一座茹经亭。

---

① 孟寿椿:《视察迁桂无锡国学专修学校报告》,《教育部派员视察私立无锡国学专科学校的有关文件(1941—1943)》,全宗号五,卷案号2031,中国第二历史档案馆藏。

第五章 国学宗师

虽然在桂校的穿山时期,师生物质条件仍旧十分艰苦,但从桂校的整个发展历程上看,穿山时期可谓桂校的全盛期。1941年秋季国专开学,就有学生200余人,到1944年迁校蒙山之前,全校学生达到300余人。在这一时期,桂校不但有三年制、五年制的班,还受国民政府委托,开设两年制的文书专修科,为社会培养文书专门人才。在课程方面,授课体系相对完整,以五年制课程为例来看:第一学年开设课程有《论语》、历代散文选(以唐宋八大家为主,选读姚鼐《古文辞类纂》)、中国历史、中国地理(高中课本)、国学概论、书法;第二学年开设课程有《孟子》、历代散文选、世界历史、世界地理、目录学、《中庸》、《大学》、书法;第三学年开设课程有诸子选读、文字学、西洋文学名著介绍、诗词学、骈体文学、逻辑学、修辞学、中国哲学思想史;第四学年开设课程有《诗经》、《易经》、文字学、《左传》、诸子(以老子、庄子、荀子、墨子、韩非子为主)、中国哲学思想史;第五学年开设的课程有诸子选读、《尚书》、伦理学、心理学、《易经》。① 在教师方面,除了萝村时期的原有老师,学校还先后聘请了梁漱溟、吴世昌、阎宗临、饶宗颐等人。

梁漱溟(1893—1988),名焕鼎,字漱溟。彼时正由香港避难到桂林,冯振得知后,多次邀请他来国专讲学。梁漱溟盛情难却,就住到穿山,给学生开设中国文化要义、东西文化及其哲学两门课程。冯振知道梁漱溟好静,特意将他安排在半山腰的房子里,又知道梁漱溟不吃荤腥,嘱咐夫人每餐必备素食,而且亲自送餐,日日如此,从不间断。梁漱溟每周讲一次,一次三小时,冯振校长和全校各年级学生都来听课。课堂里座无虚席,课堂外的走廊上也站满了人。就当时而言,冯振既是校长,也是学者,但他没有任何架子,对待梁漱溟恭敬有礼,才能将这样一位大学者请到国专,给求知若渴的学子们留下了深刻的印象。

1941年12月,教育部派督学王凤喈到国专桂校视察,并为国专学生做《中国文化之特点》的演讲。在他向教育部提交的视察报告中,王凤喈称国专"办理尚为认真,学生风纪尚佳……该校经费极为困难,如

---

① 参看谢庭芳、萧德浩、陈国定、唐树人:《桂林穿山无锡国专散记》,苏州大学(原无锡国专)广西校友会主编:《无锡国专在广西》,1993年版,第217页。

不新辟来源，上述各项，不特不能改进，即维持现状，亦属难能"①。办学经费的缺乏，确实严重影响了学校的发展。无锡国专在战火中辗转迁徙，与原来学校董事会失去了联系，缺失了一大笔社会资金的支持。本来财政部每月拨发补助 2000 元，由于战事，减为每月 1260 元。而这些拨款，还需要沪校、桂校平分②。桂校实际拿到的仅仅 600 多元。因此，往日桂校的维持，仅仅依靠教育部削减的拨款以及部分学生的学费，故学校运转万分困难。老师以及家属住的是"夏热冬凉"的板木结构平房，面积又小，经常煮饭、备课、科研、会客都在一个地方。学生生活也很艰苦，平时只能吃蔬菜，一星期加一次荤菜，也只是薄薄的肉片，"加菜时，如刮大风，首先要用手盖着菜碗，免得肉片飞上天"③。

1942 年，国专桂校在梁漱溟的推动下，重新建立了桂校的董事会。国民政府军事委员会桂林办公厅主任李济深被推为董事长。此外，浙江省主席、第三战区副司令长官黄绍竑，两广监察使刘侯武，省临时参议会参议长李任仁，第四战区长官部少将处长、省粮食管理局局长黄星垣，广西大学前副校长兼农业学院院长盘珠祁，省财政厅厅长、广西银行行长黄钟岳，广西大学前校长、广西教育研究所所长雷沛鸿，广西绥靖公署参谋长徐启明，省政府咨议黎民任等都担任了董事会成员。董事会成立后，积极向教育部、广西省政府以及民间筹款。有了这些董事的帮助，桂校办学经费的问题得到了一定程度的缓解。

在穿山的几年中，尽管战争纷乱，生活清苦，但国专学生在学习上多姿多彩。他们不但能够得到国专老师的悉心教导，而且由于临近桂林，可以获得比山围、萝村更多的信息资源。由于当时桂林位于抗战的大后方，很多著名的文学家、思想家、艺术家都汇聚在此，不少蕴含新思想、新观点的报纸书刊在这里出版发表。由此，学生们有幸听到巨赞法师讲佛学，田汉讲戏剧与抗日运动；阅读宣传团结抗日的《救亡日报》、

① 王凤喈：《视察报告》，《教育部派员视察私立无锡国学专科学校的有关文件（1941—1943）》，全宗号五，卷案号 2031，中国第二历史档案馆藏。

② 关于国专沪校的事情，可参看本章"沪渎开新"部分。

③ 谢庭芳、萧德浩、陈国定、唐树人：《桂林穿山无锡国专散记》，苏州大学（原无锡国专）广西校友会主编：《无锡国专在广西》，1993 年版，第 220 页。

艾思奇的《大众哲学》等书籍;观看《大雷雨》《茶花女》等话剧演出。这些活动,大大开阔了学生的眼界。国专学生们渐渐养成了新的学习风气,即将报纸上、社会上接收的信息,与书本知识相结合,进行学术辩论。这样一来,既能将书本知识的学习变成活学活用,又能对社会各类信息产生理性的辨别能力。

1941年到1944年夏,冯振等人用了3年多时间,建设了国专桂校的穿山校园,使无锡国专在桂林扎下了根。然而,就在1944年6月,前线消息传来,衡阳战况吃紧,于是桂林宣布疏散,国专桂校提前放暑假。就在这一年秋季,日军大举进犯广西,冯振与蒋庭曜等人只能放弃辛苦建设的新校园,让大部分桂籍学生各返本籍,自己则带领着剩余的学生顺漓江而下,再转乘汽车,疏散至蒙山。有一位家住梧州的女生李桂秋,身无分文。当时冯振也身无分文,只有三打新袜子。冯振就送她一打,让她在路上换成盘缠回梧州。那位学生谢绝了冯振的好意,决定和学校一起去蒙山。

蒙山的局势较为平静。等到秋季开学,国专就借住蒙山文尔村钟文会家中复课。参加学习的有桂林随校来蒙山的同学、蒙山籍的同学以及文尔村钟家的读书子弟,共计30多人。人数虽然不多,但课程作息都与穿山时期一样。"教授们生活非常清苦,授课却很认真。同学们在这四周沦陷、烽火连天的日子里仍是勤奋读书,早操后书声琅琅,晚上小楼的教室里灯火荧荧,同学们勤奋读书不辍,保持和发扬国专的艰苦勤奋的学风。"①在国专开课的同时,借着国专师资转迁蒙山的机遇,蒙山当地的乡绅也创办了黄花学院,设置三年制1个班、五年制1个班、附中班2个班,总共招收学生180人。多数国专教师在黄花学院兼课任教。

国专师生在蒙山开课不久,就在1944年的冬季,日军攻陷新圩,蒙山危在旦夕。国专桂校和黄花学院被迫停课疏散。对于国专再往何处迁移,国专师生产生了分歧。"一部分师生强欲西往贵阳,冯校

---

① 萧德浩:《1944年无锡国专在蒙山的艰苦岁月》,苏州大学(原无锡国专)广西校友会主编:《无锡国专在广西》,1993年版,第237页。

长不同意,仍留蒙山。苦留不住,他们便往金秀。冯校长和西去的师生意见分歧,双方都坚持己见,但大家都是维护学校的,是从学校前途、师生安危着想的。欲西去者,认为深入内地,远离敌寇,所以走向贵阳。冯校长考虑到,往贵阳路途遥远,年老教师及家眷儿童体弱难行。又认为广西'民情淳厚',冯校长是广西北流县人,对家乡情况熟悉又有声望,到处有人支持。去留都有道理,各人看法不同,但不是各执成见,冯校长苦留不住,心里难过,作诗送别。"①由于商议没有一致的结果,国专师生就兵分两路,一支由蒋庭曜带队,打算西去贵阳;一支由冯振带队,继续留在广西。

蒋庭曜带领的队伍,步行至蒙山西面百余里瑶山附近的金秀瑶族自治县。这时,桂林、柳州相继沦陷,西去贵阳的道路断绝。于是,这一支队伍只能逗留在金秀。在此期间,国专师生仍旧借用当地小学校舍上课。"瑶山人烟稀少,山高势险,行动困难。但他们这一群具有民族气节的学子,不畏艰难,穿行在曲折崎岖的漫漫小道之间,登险峰,越山谷,涉溪水,深入瑶山腹地。行装甫卸,立即上课。瑶山高寒,白天砍柴,夜晚教学,躬耕山野,弦歌不辍,为无锡国专历史写下了艰苦卓绝而又熠熠生辉的一页。"②他们在金秀驻留了3个月,由于粮食缺乏无法久住,只能再由金秀步行,经平南,渡西江,经容县,最终于1945年3月折回北流县山围村。

冯振带领的队伍,从文尔村转移到古苏冲,休息几天后,再由古苏冲迁至大塘乡。1945年1月,蒙山沦陷,冯振又带领大家迁至昭平县仙回乡鹿鸣村。同年2月,日寇至仙回乡劫掠,国专师生逃避至山上露宿两夜。等到日寇撤退,他们回到鹿鸣村,很多书籍行李都被洗劫一空。正在困难之际,由昭平县县长韦瑞霖介绍,国专教师去北陀乡的昭平国民中学兼任教员。1945年3月,冯振带领的部分师生又回到了北流县山围村。

---

① 李立德:《无锡国专迁桂回忆录》,苏州大学(原无锡国专)广西校友会主编:《无锡国专在广西》,1993年版,第207—208页。
② 励述:《记爱国学者蒋石渠先生》,无锡国学专修学校上海校友会编:《国学之声》2001年总第22、23期。

两处师生会合后,在同年 4 月借助山围磐石小学校舍继续开课。当时教师不过 10 人,新旧学生 100 余人。这是国专第二次到山围。与 7 年前第一次来山围的情况不同,这时山围处于沦陷区之中,远在重庆的国民政府教育部无法拨给经费,而国专师生经过半年多的逃难,大多身无分文。学校的维持,只能依靠冯振的家族以及山围的群众。即使在这样的烽火连天的岁月里,国专的教学仍旧保质保量。由于这次是 4 月开学,超过预定开学日期,学校就决定暑期继续补课,以此来补足一学期的课程。

1945 年 8 月 15 日,日本正式无条件投降,抗日战争结束。消息传来,国专师生欣喜若狂。蒋庭曜写下了《山围闻日寇投降》一诗,充分表达了当时师生的心态,其词曰:

投荒经八载,两度到山围。

逐贼无消息,传经徒是非。

忽闻倭屈膝,喜极泪沾衣。

准拟东归日,草长莺乱飞。[1]

1945 年的下半年里,国专桂校一面继续上课,一面准备复原工作。1946 年 2 月,国专师生 100 多人从山围出发,由容县乘车到梧州,再搭轮船赴广州。由于南海搜雷未尽,无船往来。故冯振又暂借中山大学轰炸后的残破校舍上课 3 个月。同年五六月间,国专师生搭乘招商局轮船分两批到达上海。

在上海,冯振重新见到了唐文治,他欣喜地写下“九年桑海饱曾更,旧地重来似隔生。涕泪亲朋悲喜集,艰危道义古今明”[2]的诗句,并亲自将学校钤印、存折交付给唐文治。在国专流亡的 8 年里,冯振代理国专校长一职,没有辜负唐文治老校长的重托。他倾注了全部心血在国专师生身上,即使自己两男一女相继病逝,也没能回家亲自料理丧事。在

---

① 蒋庭曜:《山围闻日寇投降》,苏州大学(原无锡国专)广西校友会主编:《无锡国专在广西》,1993 年版,第 264 页。

② 冯振:《胜利后重来沪锡遇诸亲旧感赋并呈唐蔚老夏剑老两师》,苏州大学(原无锡国专)广西校友会主编:《无锡国专在广西》,1993 年版,第 247 页。

上海别过唐文治校长后,6月初,国专桂校师生全部返回无锡。

在 1946 年年初,唐文治已经嘱托无锡国专沪校教务主任王蘧常以及无锡籍国专毕业生许岱云做好无锡复校的工作,在学前街国专原址招收了一批学生。当桂校师生回到无锡时,锡校的师生举办联欢会热烈欢迎。"同学们在联欢会上,握手拥抱,激动得情不自禁地流下泪来。正是孔门同砚友,太湖漓水两相通!"①

虽然屡遭患难,历尽沧桑,但国专桂校终于顺利地完成了其历史使命。国专在桂地的杏坛布教,开创了广西地区的一代学风;国专在烽火中弦歌不辍,守护了中华文脉的薪火之光;国专品学合一教学模式下,师生所显现出的百折不挠精神,必将在中国近代教育史上留下光辉的一笔。

(三) 沪渎开新

1938 年 6 月 28 日,唐文治一行人由桂林漓江乘舟,过阳朔,抵梧州,经广州,再由虎门而渡零丁洋,至 7 月 5 日到达香港。唐文治抵港后,香港的南洋大学同学举办欢迎会欢庆老校长的到来。香港孔道学院邀请唐文治去做演讲。当时听者五六十人,唐文治的演讲阐述了中国学术纲要以及求学门径,认为"今欲兴盛我中国,必须求精神上之建设,推广到文化上之建设"②,而求学门径最为关键的则为经学、性理学、文学、品行四个方面。

在香港讲学结束的第二天,唐文治即乘舟离港赴沪。此时日本已经占领上海,但无法直接进入上海的公共租界和法租界。故上海的租界就成为沦陷区的孤岛。很多学校都迁到租界内,继续坚持教学。唐文治到达上海后,租住在租界区内南阳路 44 号。住址安顿后,唐文治大半年避难的劳伤开始发作,一直在病床上躺了两个月,才逐渐恢复。

得知唐文治在沪,唐文治在南洋大学的学生胡端行持交通大学校长黎照寰来信,邀请唐文治开设特别讲座,每星期讲授一小时。唐文治

① 庞心逸:《抗战胜利,复校回锡并怀冯振心夫子》,苏州大学(原无锡国专)广西校友会主编:《无锡国专在广西》,1993 年版,第 289 页。
② 唐文治:《香港孔道学院演讲录》,《唐文治文集》第二册,上海古籍出版社 2018 年版,第 1048 页。

欣然应允。此讲座先在交通大学内举行,后又移至国专沪校,讲座内容被整理为《唐蔚芝先生演讲录》出版。与此同时,国专在沪校友以及因国专内迁而失学的学生也纷纷前去探望,并表示希望校长在上海重开国专。于是唐文治与陆景周、国专毕业生卢景纯商议上海复校事宜。恢复学校,除经费之外,还需要学生、教师、教室。学生方面有现成的;教师方面虽然没有专任教授,但各类课程的兼职教授倒是容易聘到。最为困难的是教室方面的问题。卢景纯提意见,说租界里的文科学校都是上午在学校上课,下午学生回家自修,教室就空了下来。国专上课可以放在每天下午,租用其他学校下午的教室。大家觉得这个建议可行,于是就与通州中学联系,暂借了教室。唐文治就国专沪校复课事宜向国民政府教育部呈文请求核准,教育部不久批复,认定国专沪校为补习部,而国专桂校为本部①。教育部的批复给予国专沪校以合法地位,从此,国专历史上就有了桂校和沪校并立的时期。

1939年春,国专沪校在通州中学正式开课。此后,沪校又曾先后改迁至戈登路稽山中学、爱文义路乐群中学上课。学校运行的经费比较紧张,主要有三个来源:"一是国民政府每月千元左右的补助费,以及偶尔有之的特别补助费,但这点经费堪称'微不足道';1940年初,钱仲联从桂林返沪时曾带来国民政府补助费2000元。二是社会的资助,1943年,金城银行吴蕴斋先生补助一万元。其余的收入来源就主要是学生的学费。"②沪校第一次招生时,只有学生59人,但到同年9月第二次招生时,则学生人数总共达到90余人。以后渐次增加,到1941年暑假,已有在校学生200人以上。在办学过程中,由于特殊时期,报考学生的国学水平较低,故沪校与桂校一样,增设了五年制,用来招收只有初中学力的学生。

沪校最初的教师仅有唐文治、王蘧常、陆景周、张世禄、夏承焘、郝立权等8人。王蘧常为教务主任,卢景纯为事务主任,陆景周为秘书兼助教。后来聘请的老师逐渐多起来,文学方面有郭绍虞、胡曲园、郝立

---

① 虽然教育部将国专沪校认作补习部,国专桂校认作本部,但在国专师生和外界人士眼中,并不做补习部和本部的区分。

② 陆阳:《无锡国专》,凤凰出版社2011年版,第373页。

权、钱仲联、王佩琤、朱东润、郝昺衡、朱大可、徐震等；历史学方面有蔡尚思、周谷城、周予同、吕思勉等；地理学方面有葛绥成、李长傅等。此外还有钟鼎学、甲骨学专家鲍鼎，音韵学、文字学专家张世禄。"学校聘请教师，兼容各种不同的主张和学派：如唐先生治经又主张学生读经，周予同先生治经而不主张学生读经；周谷城先生用唯物史观讲通史，蔡尚思先生激烈批孔，和唐先生及当时许多教师观点都不同；同讲经学概论，周予同先生倾向今文学派，朱大可先生倾向古文学派；同讲哲学，胡曲园先生和傅统先生观点也有不同。这些老师，在校各抒所见，彼此之间、师生之间，思想活跃，关系融洽，并没有出现不相尊重的紧张气氛。"[1]

沪校的招生、教学也延续了以往的传统。1939 年就读国专沪校的黄汉文回忆，当时入学考试由笔试和面试两部分组成。笔试有两道题，任选一题。黄汉文选了"得天下英才而教育之"。面试由王蘧常主持，问学生读过哪些书、为何要选择报考本校、个人的爱好和志愿等。唐文治就端坐在一旁，随着学生的回答而追问。比如由于黄汉文笔试的选题，唐文治就要求他背诵《孟子》中"君子有三乐"章，又问他关于教育的乐的问题。

在沪校的教学上，教师们"多年来摸索了一套读、写、评三者结合的教学方法。各门课程的内容虽然不同，每位老师都提倡读原作、能评、能写"[2]。从读上看，沪校课程多数是原著类课程以及文选类课程，比如说基本文选是一二年级的必修课程，就按照文章体裁来分，而二年级另外开设的历代文选则是按照时代来划分。唐文治又有一套传自桐城派的读文法，他每星期都要讲演和读文章。黄汉文记得 1941 年 11 月下旬的某一天，77 岁高龄的唐文治亲自为学生示范古文四象的场景。[3]

---

① 陈祥耀：《对唐茹经先生的教育思想教育精神的几点体会》，《唐文治先生学术思想讨论会论文集》，第 36 页。

② 黄汉文：《缅怀唐文治先生》，《文教资料》1985 年第 2 期。

③ 唐文治以《过秦论》《送李愿归盘古序》《五代史·伶官传序》《岳阳楼记》为例，来讲授古文四象以及相关的吟诵要点。《过秦论》是太阳文，《送李愿归盘古序》是少阳文，《五代史·伶官传序》是少阴文，《岳阳楼记》是太阴文。关于这四篇文章的四象归属，可以看唐文治：《唐文治国学演讲录》，上海交通大学出版社 2017 年版，第 75 页。

校长准时而来,先讲读《过秦论》《岳阳楼记》两篇,这是急读、极急读和缓读、极缓读的代表作。他特别指出,《岳阳楼记》中"若夫淫雨霏霏"和"至若春和景明"两节情景不同,应该读出不同的感情。但这是一篇中的两个部分,又必须和谐。因此"感极而悲者矣"这一顿很重要。有此一顿,宕入"至若春和景明"就自然有致。此读文秘诀,亦作文秘诀,嘱学生们切记。这一次虽然没有对外宣扬,但也有少数校外人士来旁听。听到这里掌声四起……唐尧夫名景升,国专第一届毕业生,是校友中模仿唐校长的读法最著名的一位,现在校中教一年级基本文选。平日大家都说他的读法很像校长。今天他照校长刚才读文的音量读了,读到上半篇将结束,已经面红耳赤,声音也似乎不够自然。亏得最后的一首歌,开始时音量可以低一些,所以完成得还是很好。接着唐校长又读了《五代史·伶官传序》,并指出其中"盛""衰"两段也应该照《岳阳楼记》的读法处理。这次四篇文章同时读,有了比较,对不同的文气、文情怎样用不同的音量、速度来读,启发很大。[①]

在沪校课堂上,唐门早期弟子后又执教沪校的唐尧夫、王蘧常、钱仲联等人也用唐调读文。在这些老师的带领下,学生也纷纷用唐调读文。学校内书声琅琅,可谓校园一景。虽然没有老师要求学生背诵,但学生大多能背诵很多名篇名著。

从写上看,沪校仍旧延续着作文竞赛的传统。全校学生集中在礼堂写作,唐文治端坐监视,大家不能交头接耳。写作时间三课时,到时没有完成就会抢卷。学生交卷后,先后有多轮阅卷。首先,由讲师、助教将不及格的试卷剔除。其次,由教授评阅。再次,由教务主任、文学专业主任评阅,选出优秀试卷25份。随后,唐文治亲自评阅,选出前二十名。最后,再挑排序在前的六份试卷,邀请校外名流评阅,结合校长和老师的评分,最终确定一至六名。得奖者受到大家尊重,不及格者取消一个学期的基本文选写作成绩。

从评上看,老师的课堂讲授,就是针对每一篇文章的评论。黄汉文

---

① 黄汉文:《缅怀唐文治先生》,《文教资料》1985年第2期。

回忆上基本文选时的情景，"我们班从一年级下学期起由钱仲联教授担任。在二学年内《庄子》《楚辞》《子虚上林赋》《史记》《汉书》，汉魏六朝文，下逮唐宋散文以及马端临的《文献通考序》等选读了很多篇。钱先生讲得很精要，说话又快，我们学到不少知识，也初步懂得评文、作文的方法。"[1]除课堂讲授外，还有两星期一次的作文。学生的作文，老师都会认真批改，写下评语。时为沪校学生的陈祥耀回忆唐文治说："先生是失明的人，看考卷不但计分，还要加眉批、总批，修改文辞，并在卷上盖印。……每当我看到先生发下的考卷，都感动得要流泪，不禁要再三细读先生的批改文字。这时期，先生每周上课都在八课时左右，而且每星期天上午，还常常要应上海各界人士之请，公开讲评古典散文，朗诵古典散文。先生这种'学而不厌，诲人不倦'，不辞辛苦，'不知老之将至'的精神，大大感动着我们，激励着我们。"[2]

1941年12月7日清晨。日本偷袭珍珠港，太平洋战争爆发。12月8日，日军侵入上海租界。租界里的暨南大学被日军查封了，门口设有日军的岗亭。学生黄汉文等向唐文治汇报了情况，唐文治说："学校继续上课，我观日军不可能干预上海这许多学校。"黄汉文又问："日军会不会强迫学校登记？"唐文治说："唐某决不妥协！"[3]

抗日战争爆发以后，战火所及，各地大学纷纷内迁。1940年，汪精卫投靠日本，在南京成立了亲日的傀儡政权，并设立伪教育部，企图在沦陷区重新接管大学，收买没有骨气的知识分子，对人民进行奴化教育。为了避免被汪伪教育部接管，唐文治将沪校以"国学专修馆"的名义对外办学，让人以为是私人性质的学馆，并始终与汪伪教育部周旋拖延。一直坚持到日本投降，国学专修馆都没有在汪伪教育部立案登记。用类似的方法，交通大学改为"私立南洋大学"，唐文治等11人组成私立南洋大学董事会。但交通大学实在名气太大，这样的权变之策，仍旧

---

① 黄汉文：《缅怀唐文治先生》，《文教资料》1985年第2期。
② 陈祥耀：《对唐茹经先生的教育思想教育精神的几点体会》，《唐文治先生学术思想讨论会论文集》，第34—35页。
③ 参看黄汉文：《记唐文治先生》，苏州大学（原无锡国专）广西校友会主编：《无锡国专在广西》，1993年版，第89页。

第五章　国学宗师

151

无法帮助学校成功逃脱汪伪教育部的魔爪。1942年8月,汪伪教育部强行接管私立南洋大学,将校名"私立南洋大学"改回"国立交通大学",并企图让唐文治担任汪伪交通大学董事长,强迫唐文治签字。唐文治视死如归,毅然回绝道:"行年七八十,此字可以不签矣。"①无锡的学生许岱云、徐友三、周达泉来信询问,唐文治回信说:"确有人来诱说,余已婉言拒绝之。余虽贫困,岂求升斗之水,以效涸辙之鲋乎?望汝等持吾书以告无锡诸生。"②后来此事被夏承焘所知,特意作《南乡子·倚老吟》以颂之,其词曰:

> 龙血战玄黄,初见江楼鬓已苍。摸索能知人几许,仓皇,别语匆匆未敢忘。晚节挺风霜,饘粥生涯歌慨慷。惊倒胡儿三两语,光芒,合向坟头篆数行。③

王蘧常本来在交通大学担任教授,自汪伪教育部接管交大后,王蘧常就果断从伪交大辞职。此时物价飞涨,生活拮据,王蘧常家里人口众多,生活窘困,但他情愿忍饥挨饿保持民族气节。有些人劝他担任伪职,但王蘧常不为所动,断然拒绝。他曾在给朋友的信中说:"同侪中变服为时世妆者,颇不乏人。时以不入耳之言来相劝勉,兄唯以死自誓而已。此后如不获行,则拟以商贾自晦,或能苟延残喘。"④对于劝他担任伪职的人,王蘧常回复了一首《节妇吟》以表明心迹,其词曰:

> 有女十六余,皎皎冰雪姿。一朝嫁夫子,夫子出不归。三年沈消息,六年泪涟洏。邻媪前致辞,夫归不可期,饔飧且不继,苦守空尔为?不如嫁富儿,富儿真光辉。居有连云栋,衣有明月玑。食有五侯鲭,出有四壮騑。邻媪语未毕,女已双泪垂。自我嫁夫子,生死誓不携。生作山头石,死作江头泥。泥入江头水,犹得载夫回。悠悠生与死,区区寒与饥。富贵有时尽,此情无尽时。江山有时改,此心不可移。⑤

---

① 夏承焘:《夏承焘词集》,湖南人民出版社1981年版,第233页。
② 许岱云:《唐文治先生轶事几则》,《无锡文史资料》第12辑,1985年版,第35页。
③ 夏承焘:《夏承焘词集》,湖南人民出版社1981年版,第233页。
④ 王蘧常:《致吴子馨教授书》,《抗兵集》,新纪元出版社1948年版,第63页。
⑤ 王蘧常:《节妇吟》,《抗兵集》,新纪元出版社1948年版,第12—13页。

王蘧常以节妇自比,表明自己不为荣华富贵所动心,永远忠于自己的操守,奉劝他人不要为此枉费心机。唐文治对于王蘧常的行为大为赞赏,常说:"瑗仲已成王寡妇了。"

然而,并不是所有人都和唐文治、王蘧常一样具有非凡的骨气。1941年5月,陈柱来到南京,不久就担任了汪伪中央大学文学院院长,并在此位置上做了两年。到了1943年8月,陈柱又改任汪伪浙江大学校长。两个月后,在1943年10月,陈柱再度接任汪伪中央大学校长的职务。在陈柱的召唤下,钱仲联在1942年也来到了南京,兼任汪伪中央大学教务,1944年2月,钱仲联任汪伪中央大学文学系主任,1945年又任汪伪中央大学文学院院长。在此期间,钱仲联还担任了汪伪国民政府行政院参事、检察院委员。唐文治曾经写信劝他们不要担任伪职,但并没有得到他们的回信。陈柱、钱仲联的附逆经历成为他们一生中洗刷不去的污点和心病。陈柱在1944年春称病辞职,回到上海,心情极度苦闷,同年因脑出血突发,病逝于上海。钱仲联在汪伪政府倒台后,息影还乡,埋头乡间十年。1957年,钱仲联复出,最后任教于苏州大学,重新恢复了学术青春,作出了许多新的贡献。

顾炎武在《与人书》中引用《宋史》中刘忠肃之言,说:"士当以器识为先,一命为文人,无足观矣。"[1]文人有了气节,所写文字有关经术政理,则可以顶天立地,万古流芳,倘若丧失骨气,进退失据,仅以文辞作为阿谀权贵、谋禄食蠹之工具,那真是自轻自贱了。唐文治的老师王紫翔曾教导唐文治说"文章一道,人品学问皆在其中"[2],唐文治也一生遵守师训,屡屡和学生们强调,"吾人欲成学问,当为第一等学问。欲成事业,当为第一等事业。欲成人才,当为第一等人才。而欲成第一等学问、事业、人才,必先砥砺第一等品行"[3]。唐文治、王蘧常师生能够秉持文人气节,成就一代风骨,足以让后人肃然起敬。而陈柱、钱仲联两位的学问虽然堪称大师级别,但是若把他们与唐文治、王蘧常相比,则人

---

① 顾炎武:《与人书十八》,《顾炎武全集》第21册,上海古籍出版社2011年版,第145页。
② 唐文治:《自订年谱》,《唐文治文集》第六册,上海古籍出版社2018年版,第3622页。
③ 唐文治:《上海交通大学第三十届毕业典礼训辞》,《唐文治文集》第二册,上海古籍出版社2018年版,第1024页。

格高下,判若云泥。王蘧常与钱仲联分别为国专第一届、第三届学生,两人同为唐门弟子,皆有诗才,由于王蘧常字瑗仲,故与钱仲联并称为"江南二仲"。早在1930年,钱仲联的《梦苕庵诗》和王瑗仲的《明两庐诗》就曾合刊为《江南二仲诗》。本来是名可并肩的两位大师,但在大是大非面前的不同选择,导致两人身后评价,终有长短之别。

唐文治为教育事业呕心沥血,而他自己在上海的生活,却不太讲究。平时积蓄大多用来救灾恤贫。他在上海的寓所仅有朝东卧室一间,不仅光线差,而且一室三铺,住着唐文治、夫人黄彬琼,以及一位保姆。即使是这样的生活条件,唐文治已经很满意了,他常常与箪瓢陋巷的颜回相比。1941年夏,陆汝挺由国专沪校毕业。当时由于陆景周年老,无法继续胜任秘书工作,唐文治就请陆汝挺接替陆景周的秘书工作。唐文治女儿早夭,平生引为憾事,就认陆汝挺为义女,为陆汝挺取名庆禄,称呼她为禄宝。陆汝挺也称呼唐文治、黄彬琼为寄父母,称呼唐庆诒、俞庆棠为大哥大嫂。唐文治平时爱吃洋山芋。陆汝挺有次特意做了洋山芋饼送给先生,不料路上洋山芋饼被乞丐抢去。唐文治听说后,只问陆汝挺人有没有受到惊吓,不问洋山芋饼。1942年秋,唐文治不幸患上前列腺炎,无法正常小便,只得施行了小便改道手术,皮管终日不能离身。即使如此,唐文治还是坚持授课。在80岁后,虽然体力大不如前,仍给学生讲授读文法。

1945年8月,抗日战争胜利。国专沪校重新恢复无锡国学专修学校的名称。1946年,国专桂校全部回迁无锡,标志着无锡国专正式复校。按照道理,国专沪校也应该迁回无锡,但唐文治则主张国专沪校继续留在上海招生办学。当时国民政府教育部指令沪校可以在上海将老生的课程上完,但不能在上海招收新生。唐文治似乎并未理会教育部的要求,除五年制的班级迁回无锡外,三年制和文书科的班级仍旧在上海招收新生。面对教育部门的责问,唐文治在给教育部的发函中声称:"窃文治贱体自前年患膀胱炎后,至今尚未能脱离医师,前荷钧长枉驾敝寓慰劳,已将此意面陈,未能即时到锡。职是之故,查上年七月间呈报员生已到无锡,系指北流迁回无锡而言;至上海部分复员方面,本年寒假已将五年制学生迁回无锡,与北流迁锡学生合并上课,正拟呈报。

所有三年制学生,亦继续在积极整备中,俟暑假告一段落,即可一并迁回。谨据实陈明,呈报钧部赐察。再目下文书人才缺乏,于事实极为需要,前年奉令委托办理二年级文书科,实为应时之急。查上海为人文荟萃之区,文书科师资在沪选聘,实为便利,可否将本校二年制文书科借地上海,切实办理,以副钧部广植人才之意?"①从唐文治对教育部的回复上看,他不愿意将沪校复迁无锡,主要有两个原因:其一,上海人文荟萃,选聘师资等办学条件都十分便利。其二,唐文治本人身体欠佳,需要依靠上海的医疗条件,再不能长时间离沪赴锡。吴湉南有一段评论说得颇为中肯,大致可以看出唐文治晚年坚持沪校办学的心境,"唐文治一向爱校爱教育甚于生命,此时已八十三岁,年老体衰,疾病缠身,自膀胱炎手术后,小便改道于皮管中,更加重了其出行的困难。事实上,其身体状况已无法离开上海,更无法在上海无锡之间来回奔波。但即便是这样,他依然支撑着给学生授课,一直坚持到上海解放,沪校迁回无锡止。他深知,国专沪校一旦全部迁回无锡,便意味着他教学生命的结束,他深爱学校、深爱学生、深爱他的国学教育事业……明乎此,我们才能对这位八十多岁的老人在其生命的最后几年,拖着重病仍然不愿离开讲台的行为有更多的理解、更多的敬意!"②正是由于唐文治的坚持,沪校迟迟没有回迁无锡。这样一来,就有了国专沪校和国专锡校的并存时期。

1948 年,政府对国专沪校停发经费,沪校的日常运行陷于困难之中。于是唐文治出面,请求上海著名书画家伸出援手,举行一次书画义卖活动。当时负责此事的范敬宜回忆称:"我和同学拿着唐校长盖章的信函,登门拜访了当时第一流的书画家,有张大千、吴湖帆、冯超然、吴子深、贺天健、樊少云、马公愚、沈尹默、王福庵、王季迁、朱梅邨、陆抑非、唐云、白蕉、石伽、樊伯炎、庞左玉、吴青霞、应野平等八十余人,无一拒绝,有的还当场挥毫交卷。义展在上海成都路中国画苑举行,非常成

---

① 唐文治:《呈报本校五年制业经复员无锡,三年制继续整备迁回,所有文书科因事实需要拟请借地上海办理,敬祈赐准备案由》,《私立无锡国学专修学校、武昌文华图书馆专科学校迁校及校舍建筑等问题的文件(1937—1947)》,全宗号五,案卷号 5614,中国第二历史档案馆藏。

② 吴湉南:《无锡国专与现代国学教育》,安徽教育出版社 2010 年版,第 84—85 页。

功。事隔二十多年，当年的教务长王蘧常教授还对我说：'这就是唐老夫子的人格力量！'接着又问：'你还记得那封征求书画的信是怎么写的吗？'我答：'记不清了，只记得唐老夫子口授了一句：俾膏火之资得继，束脩之奉无缺。这是点睛之笔。'王先生闻言怃然。"①经由上海书画家的帮助，沪校筹集到一笔款项，暂时缓解了经费紧张的问题。

1949 年 4 月，中国人民解放军进入无锡，无锡解放。同年 7 月 8 日，经苏南行政公署备案，无锡国学专修学校改名为无锡中国文学院。其实，早在两年前唐文治呈报教育部的国专英文名称就是"The College of Chinese Culture"。可以说，将国专建设成为独立的中国文学院，正是唐文治与国专师生长期的心愿。而这个心愿，终于在 1949 年达成了。无锡中国文学院分设文学、史地、哲学三系，由唐文治任院长，王蘧常任副院长，同时新增了俄文、辩证唯物论等课程。1949 年 10 月，中华人民共和国成立。15 日，中国文学院补行开学典礼，同时庆祝改院成功。唐文治因年老不能亲赴无锡，请王蘧常代为主持。在典礼大会上，王蘧常代读了唐文治的演讲词，嘱咐师生以立品为要。当时，中国人民解放军无锡市军事管制委员会主任管文蔚等人到校祝贺并作发言，可谓极一时之盛。

1950 年 2 月，奉华东军政委员会教育部令，国专沪校并入无锡中国文学院本部。沪校完成了其历史使命，12 年的办学历程正式画上了句号。

图 5 - 9　1948 年无锡国专沪校部分师生合影

① 范敬宜：《校长的人格魅力》，无锡国学专修学校上海校友会编：《国学之声》2000 年总第 20、21 期。

1950 年 5 月,经苏南行政公署决定,无锡中国文学院并入苏南文化教育学院语文系。从惠山之麓办学至今,屈指算来,无锡国专在风雨中已经整整走过了 30 个年头。在这 30 年里,唐文治倾注了后半生的全部心血,既为一大批优秀教师提供了成长的舞台,又为国家培养了无数优秀的文史人才。这些人才在 1949 年之后大多成为中国教育事业的主要干将,为国家的文化建设作出了卓越的贡献。

第六章　理学思想

　　无论从政还是办学,贯穿唐文治一生的根本精神动力为性理学。即使其学术生涯中还有汉学与文章学,但皆以性理学为指导,其目的仍旧是发扬性理学"正人心,救民命"的主旨。

　　性理学,现在一般称为理学。[①]理是指天地万物的存在根源,而性是指理落实在主体上构成主体的存在根源。故理偏重于普遍性上讲,性偏重于主体性上讲。由于儒者的修行工夫必然是从主体自身发端,故欲体悟到天理,必从自身心灵上去体证自我主体之本性,再由主体之本性通达普遍之天理。凡是讲理,必然讲性,故称之为性理学。[②]

　　唐文治的性理学研究,以程朱理学为其发端,再逐渐会通象山与阳明,最后形成自身的性理学结构与性理学思想史的解读。唐文治的性理学著作,据完稿时间依次为《性理学大义》《紫阳学术发微》《阳明学术发微》《性理救世书》,此性理学四书充分体现了唐文治性理学研究发展变化的思想脉络。

---

① 理学有广义与狭义之分,狭义的理学是指与陆王心学对立的程朱理学。广义的理学是指既包含程朱理学又包含陆王心学的理学。程朱与陆王都讨论理气心性的问题,只是由于义理结构的不同而侧重面向有所差异。不能说朱理学不讲心,也不能说陆王心学不讲理。唐文治虽然以程朱理学为宗,但后来又融合陆王心学,故其所论之理学或者性理学,皆为广义的理学。

② 现在有用"理性"一词来解读宋明理学之"理"的。"理性"在康德哲学中包含"道德理性"与"知识理性"两个层面,宋明理学之"理"大致接近于"道德理性",与"知识理性"尚有一层转折,故以康德哲学之"理性"来解读理学之"理",虽大致可通,但仍需作一番解释。我们更为常态的"理性"用法,比如经济学上"理性经济人"之假设,则在于表明清醒的理智,即具有逻辑能力与判断能力,多为"知识理性",而少"道德理性"之意,故以此"理性"来解读宋明理学之"理",则多有不妥,有误释之嫌。通观而论,"性理"较之"理性",能够更好地表达宋明理学之学术精神。

《性理学大义》完稿于唐文治58岁时（1922年），此书"大义"之名与《四书大义》相应，以示承接先秦儒学之义理脉络。全书编撰体例为学案体，分为五编。一编为《周子大义》二卷，二编为《二程子大义》二卷，三编为《张子大义》一卷，四编为《洛学传授大义》一卷，五编为《朱子大义》八卷。每编先置自序，阐述周、张、程、朱性理学之要义。正文先载史传行状，以为知人论世之用；后录作品精要，并随加按语，以示学问精要之处。此书以周子开其端，以朱子总其成，萃取有宋一代性理学之要义，为后人学习宋明理学入门之径。此书中并无心学的专论，唯有一处出现陆象山，为《周子大义》中"诸儒太极论辩"章。该章录入朱子的《答陆子静书》，多为批判陆象山对太极的错解。

《紫阳学术发微》完稿于66岁时（1930年），唐文治在《自订年谱》中言：

> 初，于教授《性理学大义》中朱子诸篇，不能契其纲要。后取王白田、朱止泉、秦定叟诸先生书读之，略事分门撰述，粗有成书。本年，购得夏弢甫先生《述朱质疑》，更觉轶然有条理。爰仿其意，编辑是书。后附陆桴亭、顾亭林诸先生之评论。朱子学者得九家，为《九贤朱子学论》，颇足发明朱学源流。[1]

唐文治阅读了王白田、朱止泉、秦定叟等人的朱子学著作后，对朱子学有了更为深刻的理解，《性理学大义》中《朱子大义》的内容已经不能范围，故唐文治撰写了《紫阳学术发微》，专门论述朱子学。该书分为十二卷，讨论了朱子为学次第、朱子己丑悟道、朱子心性学、朱子论仁善国、朱子经学、朱子政治学、朱子论道释二家学、朱子辨金谿学、朱子辨浙东学、朱子晚年定论等议题，最后又附上清代九位朱子学学者的论朱子文章。每一卷前都有唐文治按语，总括该卷所论问题之所在。后附朱子代表性文章，以及后儒对相关问题之见解。唐文治自己或引用他人文字再对之评点，以明其中得失。该书中特辟"朱子晚年定论"一章，指出朱子学本身包含心之本体的理论架构以及未发涵养的工夫路径，

第六章 理学思想

由此为会通朱王打开了理论路径。

《阳明学术发微》完稿于 66 岁时(1930 年),与《紫阳学术发微》同时。该书之作,在于会通朱子学与阳明学,阐发阳明学之救世之用。唐文治在《自订年谱》中言:

> 自明季讲学之风,流弊日甚,于是王学为世所诟病,实则阳明乃贤智之过。其倡"致良知"之说,实足救近世人心。日本服膺王学,国以骎强。余特发明其学,都凡七卷,其中《四大问题》及《阳明学通于经学》二卷,颇为精审,较之二十年以前喜辟阳明,自觉心平而气和矣。①

唐文治本来宗朱而辟王,后来东赴日本,看到阳明学在日本明治维新中所起的作用,故对阳明学的态度发生改变,逐渐否定了朱子学者对于阳明"认心为理,气质用事"②的批评,并认为阳明学与朱子学有相通之处,致良知之说可以"正人心,救民命"。该书共分七卷,依次论述了王阳明讲学事迹考、阳明学圣学宗传、阳明学四大题、阳明学贯通经学变化神明、阳明学通于朱子学(一)、阳明学通于朱子学(二)、王龙溪述阳明学髓。每一卷前都有唐文治按语,以明该卷之宗旨,除最末一卷为王龙溪文献外,其余各卷又附以王阳明代表性文献,文献之中与之后,再加上唐文治自己或者其他儒者的评论性文字,以点出文章要义。该书"阳明学四大题"一章专门对程朱派攻击阳明学的四大理论问题进行辩护,并在"阳明学通于朱子学"一章中辑录阳明语录,评点其与朱子学相通之处,旗帜鲜明地提出朱王二家殊途同归。

《性理救世书》原名《性理学发微》,肇始于唐文治 70 岁时(1934 年)讲授《性理学大义》对宋明儒者各家学派思想的阐发,经过一年整理,完稿于 71 岁时(1935 年)。该书分为三部分:

> 一曰"理学大原",言性理为政治之本,当严君子小人之辨;二曰"学派大同",自宋周濂溪始,至清曾涤生止,详论学派源流,

---

① 唐文治:《自订年谱》,《唐文治文集》第六册,上海古籍出版社 2018 年版,第 3726—3727 页。
② 唐文治:《阳明学术发微》,《唐文治性理学论著集》第二册,上海古籍出版社 2020 年版,第 1075 页。

实事求是，反诸躬行，不存门户之见；三曰"读书大路"，先总集，次专集，为读书记凡六十二篇……此书一出，期有裨于人心世道云。①

第一部分"理学大原"后改为"救心大本"，可以视为唐文治对于性理学义理结构和社会功能的讨论；第二部分"学派大同"则为唐文治对宋元明清性理学人物思想的阐发，认为各类学派异中有同，皆归于孔孟思想。第三部分"读书大路"为唐文治开具后学的理学阅读书目。这些书目都经唐文治亲身阅读，再对之提要钩玄，表彰大义，从而可作为后人入学之门径。在此书第一部分的理论架构中，唐文治已全然无有心学、理学的对抗，而是将程、朱、陆、王全然融入性理学的体系中；在第二部分分论学派中，唐文治在朱、王关系上不但认为"朱子学为今时救世之本论"②，还认为"阳明学为今时救世之本论"③；在朱、陆关系上则于"朱子、陆子学派异同论"中称二人"原无有背于圣人……晚年又志同道合"④；在第三部分开具的书目介绍中，唐文治也撰写了"读《象山先生集》记"⑤与"读《王文成全书》记"⑥。

虽然在唐文治的性理学著作中具有这样的态度变化，但不能简单地说唐文治吸收陆王心学，改造了程朱理学。在唐文治的视域中，程朱理学本身就包含了心学的维度，而陆王心学本身也包含了理学的维度。故唐文治的治学探索是对本有义理系统的深入认识，而不是对既有义理系统的升级改造。由此之故，唐文治的性理学研究仍旧可以视为朱子学脉络内部的一种更为全面性的解读。

① 唐文治：《自订年谱》，《唐文治文集》第六册，上海古籍出版社 2018 年版，第 3745—3746 页。
② 唐文治：《性理救世书》，《唐文治性理学论著集》第三册，上海古籍出版社 2020 年版，第 1387—1391 页。
③ 唐文治：《性理救世书》，《唐文治性理学论著集》第三册，上海古籍出版社 2020 年版，第 1414—1420 页。
④ 唐文治：《性理救世书》，《唐文治性理学论著集》第三册，上海古籍出版社 2020 年版，第1395页。
⑤ 唐文治：《性理救世书》，《唐文治性理学论著集》第三册，上海古籍出版社 2020 年版，第 1578—1579 页。
⑥ 唐文治：《性理救世书》，《唐文治性理学论著集》第三册，上海古籍出版社 2020 年版，第 1601—1607 页。

唐文治的性理学以朱子学为宗,这与其自小的求学经历有关。唐文治17岁受业于太仓王紫翔,王紫翔就是一位学宗程朱的儒者,他"学问造程、朱之室,文章登韩、欧之堂,高蹈拟于亭林,治行几于清献"①。唐文治在王紫翔门下,学习程朱理学,受到极为严格的朱子学训练,其言:"余年十七,始为性理之学,所读者陈清澜《学蔀通辨》、张武承《王学质疑》、陈定斋《明辨录》、陆清献《三鱼堂集》、吴竹如《拙修集》。"②早年的学习确定了唐文治的学术宗旨,即使之后会通朱王、兼采汉宋,仍旧以朱子学为其学术的基础。唐文治晚年回忆其读书之路,云:

> 文治十五岁时,先大夫授以《御纂性理精义》,命先读《朱子读书法》与《总论为学之方》,其时已微有会悟。逮年十七,受业于先师王文贞公之门,命专治性理学。明年,赴会试,拟购理学诸书,苦于无赀,先妻郁夫人亟出奁赀助之,现藏之《四书精义》《或问》《二程全书》《朱子大全集》等,皆典质而得之者也。厥后官京师,益广购理学诸书,友人中亦间有以性理书相赠者。迄今数十年,自《正谊堂》及诸先儒全书外,专集计共百余种。虽自维荒陋,而沉浸其中,有终身知之行之不能尽者焉。③

唐文治朱子学的治学道路可谓伴其一生。其沉浸朱子学如此之久,并非仅仅将朱子学当作一门学问,而是将朱子学视为儒家精神的完美表达。在唐文治看来,儒家精神不仅是天地人生中的至高真理,也是医治其所处时代的最好药方。唐文治的治学,并不是将历代文献当作故去的史料,并用科学的精神进行客观分析来整理国故,而是直接将朱子学视为孔孟精神的体现,并直接以自身活泼泼的生命来承担并传承

---

① 唐文治:《王文贞先生学案》,《唐文治文集》第二册,上海古籍出版社2018年版,第971页。

② 唐文治:《〈阳明学术发微〉序》,《唐文治性理学论著集》第二册,上海古籍出版社2020年版,第1074页。

③ 唐文治:《性理救世书》,《唐文治性理学论著集》第三册,上海古籍出版社2020年版,第1519—1520页。

这延续千年的慧命。在唐文治的思想中,历代儒者的思想虽有差异,但基本上都可以视为同一儒家精神在不同时期的体现,故不同人物、不同时代的儒家文献可以进行会通与互释。

从当下的学术视野出发,朱子学的理解具有四条路径,分别是明清以来阳明学学者对朱子学的诠释路径;马克思主义哲学史家对朱子学的诠释路径;现代新儒家对朱子学的诠释路径;宋元以来朱子学学者对朱子学的诠释路径。

阳明学学者对于朱子学的诠释,始于王阳明本人,并通过黄宗羲的著作而对后世产生极大的影响。王阳明的许多论述,几乎处处与朱子针锋相对。尤其在对《大学》的解读上,无论是文本的选择还是三纲领八条目的理解,朱、王二人似乎存在着巨大的差异。而其中最为根本的不同,则在于心性的定位。《传习录》中有如下记载:

> 或问:"晦庵先生曰:'人之所以为学者,心与理而已。'此语如何?"曰:"心即性,性即理,下一'与'字,恐未免为二。此在学者善观。"①

在这段记载中,朱子似乎将心、理两分,而王阳明则是将心、性、理三者视为同一之物。这种不同的心性设定,亦会导致格物的差异,比如:

> 问:"名物度数,亦须先讲求否?"先生曰:"人只要成就自家心体,则用在其中。如养得心体,果有未发之中,自然有发而中节之和,自然无施不可。苟无是心,虽预先讲得世上许多名物度数,与己原不相干,只是装缀,临时自行不去。亦不是将名物度数全然不理,只要知所先后,则尽道。"②

阳明的格物,是以心体为核心的扩充,并批评了"先讲求名物度数"的方法。后者一般会被认作朱子的格物法。

类似的记载在王阳明的文集中还有不少,这对于世人定位朱子思

① 王守仁:《传习录》上,《王阳明全集》,上海古籍出版社1992年版,第15页。
② 王守仁:《传习录》上,《王阳明全集》,上海古籍出版社1992年版,第15页。

想理气两分、心性两分起到了不小的作用。而批评朱子学对后世影响最具代表性的,则是明清之际的儒者黄宗羲。比如黄宗羲曾言:

> 求性者,必求之人生以上,至于"心行路绝"而后已,不得不以悟为极,则即朱子之"一旦豁然贯通",亦未免堕此蹊径。佛者云"有物先天地,无形本寂寥,能为万象主,不逐四时凋",恰是此意,此儒佛之界限所以不清也。不知舍四端之外何从见性?仁义礼智之名,因四端而后有,非四端之前先有一仁义礼智之在中也。①

黄宗羲秉持心学立场,在其视域中,认为朱子学将心归于气,将性归于理,气心与性理是完全两分的,气心在自身中无法寻求性理,故只能向外去求。这种抛弃自身本有之物,而悬空去求一个性理的方式,与黄宗羲所理解的佛教相似,反而与儒家思想南辕北辙。黄宗羲这种批判朱子学的态度,在其传世著作《明儒学案》中多有体现,并深深地影响了后世哲学史的撰写。

后世哲学史主要分为两类,一类是马克思主义哲学史家对朱子学的诠释路径;另一类是现代新儒家对朱子学的诠释路径。

马克思主义哲学史家对于朱子学的定位,虽然在学术立场和叙事话语上,与阳明学学者的表述具有很大的不同,但在对朱子学的义理系统的客观了解上,则又与阳明学学者具有相通之处。比如,正是鉴于阳明学心即性、性即理,真理与心灵为一体,故将其定位为主观唯心主义;朱子学气心与性理二分,真理不在心灵自身之中,而是需要心灵向外追求,故将其定位为客观唯心主义。②

现代新儒家在大陆最有影响力的当数冯友兰,而在港台最有影响力的要数牟宗三。二人虽然学术倾向不同,但无论是冯友兰还是牟宗三,他们对于朱子的定位,仍旧与阳明学学者的诠释一脉相承。比如冯友兰论朱子:

> 理世界为一"无形迹"之"洁净空阔底世界"。理在其中,"无情

---

① 黄宗羲:《孟子师说》,《黄宗羲全集》,浙江古籍出版社 2005 年版,第 69 页。
② 比如任继愈编撰的《中国哲学史》,称"朱熹的客观唯心主义哲学体系"、"王守仁的主观唯心主义哲学思想",参见任继愈:《中国哲学史》第三册,人民出版社 1963 年版,第 231、295 页。

意,无计度,无造作"。此其所以为超时空而永久(Eternal)也。此具体的世界为气所造作;气之造作必依理。如人以砖瓦木石建造一房;砖瓦木石虽为必需,然亦必须先有房之形式,而后人方能用此砖瓦木石以建筑此房。砖瓦木石,形下之器,建筑此房之具也;房之形式,形上之理,建筑此房之本也。及此房成,而理即房之形式,亦在其中矣。[①]

冯友兰认为朱子之理是超时空的形式,而气是形而下的事物。形式虽然寓于器物之中,但此形式仍旧是静态。形式之理对于气而言,似乎只是一个立法者,而不是一个执法者。同理,如此的理气关系落实在心性关系中,亦有类似的特征。

性非具体的事物,故无不善。情亦是此具体的世界中之事物,故须从心上发出。性为气中之理,故亦可谓为在于心中。所以谓"心统性情"也。性非具体的事物,故无不善。情亦是此具体的世界中之事物,故须从心上发出。性为气中之理,故亦可谓为在于心中。所以谓"心统性情"也。[②]

性是理,是超越于时空的形而上的形式。而心是形而下的事物,其具体的运动就是情。性在心中,只是形式地在而已,并不对气心的发动产生形而上的动力。

在这一点上,牟宗三对于朱子的理解与冯友兰一致,认为朱子之理"存有而不活动",故朱子之学是"别子为宗",其言:

性体既只存有而不活动,只剩下理,则性之为理只能靠"存在之然"来核对其为理,并不是靠其自身之自发自律自定方向自作主宰(此即其心义、其活动义)来核对其为理。……就客观地由"存在之然"来逼显说,是性理之道德意义之灭杀;就主观地由心气之灵之凝聚来把握这些理说,吾人之实践之为道德的,是他律道德,盖理在心气之外而律之也(理经由心气之灵之认知活动而摄具之、内

第六章 理学思想

① 冯友兰:《中国哲学史》,中华书局 1961 年版,第 904 页。
② 冯友兰:《中国哲学史》,中华书局 1961 年版,第 915 页。

在化之，以成其律心之用以及心之如理，此不得视为心理为一，此仍是心理为二）。①

牟宗三认为，朱子学之求理，只是气心去认知一个外在于气心的不活动之理。即使气心觉知到性理，主动性仍旧在气心而不在性理，故终究是心理为二。

综上所述，马克思主义哲学史家与现代新儒家的朱子学诠释路径都是受到阳明学学者对于朱子定位的影响，故虽然使用的马哲话语、西哲话语有异，但几乎都认定朱子学的性理与气心的二分，同时性理无法自我显现于气心，唯有气心主动觉知性理。以上三条诠释路径构成了朱子学理解的主流路径，也塑造了教科书版的朱子学形象。

教科书版的朱子学形象，就其理论体系而言，主要分为本体的工夫，在此理论体系的基础上，又产生相应的理论效果。

从本体上看，性即理，心即气，故理气二分、性心二分。在气心与性理的关系上，性理不具有主动性，气心可以觉知，具有主动性。但此主动性的觉知，既可以认识性理，也可以认识性理之外的事物。性理对于气心，仅仅是立法者，而不是执法者。从工夫上看，气心需要杜绝自身被他物牵引的情感倾向，要努力去觉知性理。觉知性理最为有效的方法是格物致知。因为有事物就有事物之性理，格物就是依次去觉知事物中的性理。

这样的理论体系事实上很难自圆其说，在理论效果上存在很多的问题。其一，求理而不得。气心自身的觉知中本无性理，气心觉知的经验对象亦无性理，故要寻求性理，必然抛弃整个人生，在觉知世界之外去求，故黄宗羲批判其"求人生静以上"，即在人生之外去求人生的真理，是求个空头的真理。其二，灭欲则毁情。气心本不具有性理，气心生成的情感，不具性理的主宰，亦无道德的合法性。这样一来，气心中的情感欲望都要去除，其实施效果就是以"存天理，灭人欲"的道德口号来压制人的正常情感，产生"以理杀人"的弊端。其

---

① 牟宗三：《心体与性体》第 1 册，《牟宗三先生全集》第 5 册，台湾联经出版事业公司 2003 年版，第 90—91 页。

三，格物成歧出。气心中本无有性理，故需要即物而穷理。如果所格之物，仅仅是作为对象的器物，那么格物即如同阳明格竹子，无法格出道德的性理，最多可以通过经验归纳得出科学知识。而这种精神在清代主要体现在对传统文献的整理上，而发展了训诂学、音韵学、文字学等小学。如果所格之物为人事，那么通过研究人伦处事可以得出伦理规范，虽然这伦理规范接近道德，但属于有关道德的知识，即使以此而行，仍旧属于道德他律，并不是真正的道德。在格物上，后人对于朱子学要么欣赏其能开展出科学的道路，要么惋惜其至多只能达至道德他律，然而，无论哪一种格物方式，都与格出道德自律的性理无关。

上述对朱子学理论体系的把握和对理论效果的批评，归根结底都是基于以阳明学学者的朱子学理解为核心的前三条诠释路径，而宋元以来朱子学学者对朱子学的诠释路径在学术舞台上则一直处于弱势。在一般哲学史教科书中，阳明后学具有很大的篇幅，但朱子后学则鲜有提及，明清朱子学更是销声匿迹。在这种情况下，学术舞台上的朱子学形象，几乎都不是由朱子学学者塑造的。然而，唐文治是一位纯正的朱子学学者，从唐文治的朱子学理解中，可以一窥朱子学学者对朱子学的诠释路径。

唐文治对于朱子学的评价很高，其言：

> 朱子学者……居敬穷理，下学上达，尽人以合天而已。"仲尼祖述尧舜，宪章文武"，朱子则祖述孔孟，师法周程，一脉相承，为人心民命之所依赖。欲救今日之世界，当自尊孔读经始，而尊孔读经，当自学朱子之学始。[1]

在唐文治看来，朱子可以比拟孔子，朱子学是儒学入门的最佳津梁。唐文治之所以如此评价朱子学，在于他对朱子学具有十分全面而透彻的理解，其言：

> 朱子之学所以"尽人合天"者，惟在体验仁、义、礼、智浑然之

① 唐文治：《性理救世书》，《唐文治性理学论著集》第三册，上海古籍出版社 2020 年版，第 1392 页。

第六章　理学思想

性，恻隐、修恶、辞让、是非灿然之情而已。夫天地生人，不外太极阴阳健顺五常之德，朱子沼知此德之精微，即天命我之性，性体无为，浑全在我，发出呈几，尽力体验，积累扩充，虽周流于万物，而皆统会于一心。①

体验在心，一心体验"浑然之性"与"灿然之情"，即朱子之"心统性情"说。"太极阴阳健顺五常之德"，则是朱子"理气之说"，太极是理，阴阳是气，理气不离不杂。"性体无为，浑全在我"，并非说性体不活动，而是说性体之活动乃由性体自身所主宰，不由人力所左右。浑然性体必然呈露于我的气心之中，产生德性的端倪。这个时候，自我需要抓住端倪，体验此德性，并将此德性扩充，遍施于天地万物，而天地万物亦在自我道德情感的感通之中。

唐文治对朱子学最为关键之理解，在于主张心中具有本体，其言：

> 夫宗朱学之所讳言者，本体也。然朱子何尝不言本体乎？《四书》注，晚年之所作也。《大学》首章注云："其本体之明，有未尝息者，故学者当因其所发而遂明之。"非言本体乎？《中庸》首章注云："君子之心，常存敬畏……所以存天理之本然，而不使离于须臾之顷。""在下位"节注云："不明乎善，谓未能察于人心天命之本然，而真知善之所在。"夫"人心天命之本然"，非即本体乎？《孟子》"舜居深山章"注云："圣人之心，至虚至明，浑然之中，万理毕具。一有感触，则其应甚速，而无所不通。"此正与《易传》"无思无为章"相合，非由本体而行达道乎？②

为了与心学区别开来，或者避免被攻击为禅学，部分宗朱者不大说朱子学的心之本体。但唐文治引用了许多朱子晚年对四书的注释，来佐证朱子学可以讲心之本体。此外，我们还可以从朱子40岁③思想成熟之后的书信来佐证此意。例如《紫阳学术发微》一书中所录朱子《答

---

① 唐文治：《性理救世书》，《唐文治性理学论著集》第三册，上海古籍出版社2020年版，第1389—1390页。
② 唐文治：《读朱子晚年定论》，《唐文治性理学论著集》第二册，上海古籍出版社2020年版，第970页。
③ 朱子40岁时(1169年)，有己丑之悟，创中和新说，进入其思想的成熟期。

吕子约书》,其云:

> 然所谓寂然之本体,殊未明白之云者,此则未然。盖操之而存,则只此便是本体,不待别求。惟其操之久而且熟,自然安于义理而不妄动,则所谓寂然者,当不待察识而自呈露矣。[①]

该书信写于 1174 年[②],为朱子思想成熟时期的作品。此书中所谓"寂然之本体""不待察识而自呈露",都是指性理是存有而活动,并主动落实在气心中。"寂然"不是不活动的意思,而是指性理之体具有自身的创生性,不待人力左右。

又如《紫阳学术发微》一书中所录朱子《答陈器之书》,其云:

> 盖四端之未发也,虽寂然不动,而其中自有条理,自有间架,不是儱侗都无一物,所以外边才感,中间便应。如赤子入井之事感,则仁之理便应,而恻隐之心于是乎形;如过庙过朝之事感,则礼之理便应,而恭敬之心于是乎形。盖由其中间众理浑具,各各分明,故外边所遇,随感而应。[③]

该书信写于 1195 年[④],亦为朱子思想成熟时期的作品。所谓"外边才感,中间便应",是指横向关系的经验感触,可以引发纵向关系的性理在此经验感触上的呈现。

上述的注释和书信,揭示了朱子学的重要信息,即朱子之性理是存有而活动,并且自主显露在气心之中,由气心之经验感触而具体体现在事事物物上。

在工夫论上,唐文治以德性端倪的把捉来通论涵养、察识、扩充,其言:

> 《孟子》曰:"人皆有不忍人之心,先王有不忍人之心,斯有不忍

---

① 朱熹:《答吕子约书》,唐文治:《紫阳学术发微》,《唐文治性理学论著集》第二册,上海古籍出版社 2020 年版,第 728 页。

② 陈来:《朱子书信编年考证》,生活・读书・新知三联书店 2007 年版,第 131 页。

③ 朱熹:《答陈器之书》,唐文治:《紫阳学术发微》,《唐文治性理学论著集》第二册,上海古籍出版社 2020 年版,第 720 页。

④ 陈来:《朱子书信编年考证》,生活・读书・新知三联书店 2007 年版,第 396 页。

人之政。"朱子注曰："天地以生物为心,而所生之物,因各得夫天地生物之心以为心,所以谓人皆有不忍人之心也。"夫不忍人之心,所以不泯?其始在"涵养",其继在"察识",其终在"扩充",此其精义与其方法。①

孟子讲不忍人之心,此端倪若能扩充,则能成就不忍人之政。朱子对之从天人关系上发扬阐发,既讲了客观普遍面向的"天地以生物为心",又讲了此天理落实在具体有限性的个体上而成就个体之性理,此性理表现于感通之心灵上而为不忍人之心。唐文治在朱子的基础上,再进一步指明对此"不忍人之心"的工夫路径。先注重维持此德性端倪,此为"涵养";再将此德性端倪体现在心意之发动中,此为"察识";最后将此德性端倪主宰心意之发动而遍照于事事物物上,此为"扩充"。

无论在本体还是工夫上,唐文治对于朱子学之义理皆有系统之把握,其在朱子学脉络中了解朱子学,则与前三条路径不同,亦无其理论效果之弊病。

其一,对于"求理而不得"之弊病,唐文治之朱子学可谓"存理而得"。唐文治之朱子学所认为的理气关系,不是理气二分,而是理气不离不杂,故理气虽有分,但理自身则具有活动义,必然降衷于气之氤氲变化中。故气心之中必然有性理之体的展露。气心之中本能展露性理,故不是"心外求理",而是就心中本有之性理端倪进行保存与扩充。

其二,对于"灭欲则毁情"之弊病,唐文治之朱子学可谓"以理导欲"。性理之端倪若能主宰情欲之发动,规范情欲之走向,则为合理之情欲,故不需要灭欲。故无有道德与欲望的彻底对立,而是可以将两者联系起来,以理导欲,正视情感欲望,用德性精神来指导物质生活,在物质生活的追求中体现德性精神。

其三,对于"格物成歧出"之弊病,唐文治之朱子学可谓"格物致知"。在唐文治编著《紫阳学术发微》中,录有朱止泉《朱子格物说辨》一文,其言:"凡讲习讨论之功,酌古参今之学,无非明此性体。久之而

① 唐文治:《性理救世书》,《唐文治性理学论著集》第三册,上海古籍出版社 2020 年版,第 1390 页。

众物之表里精粗无不到,即物之统于吾性者无不至,吾心之全体大用无不明,即吾性之涵夫物者无不彻。终朱子之身,总是格物,总是知性,而未发之中,昭明信著,斯学问之极功,内外一致之实验也。"①对于朱止泉论朱子格物内外合一之说,唐文治极表赞同,其言:"此篇合涵养、致知为一事,深得《易传》'敬以直内,义以方外'之旨。所谓'方外'者,实在内而非外也。"②格物与涵养、察识、扩充本是一体两面,偏于能感一面说是涵养、察识、扩充,偏于所感一面说是格物。在唐文治74岁所作《〈大学〉格物定论》一文中,唐文治对内外合一之说又有发挥,其言:"盖格物之学,当知内外之辨。心、意、知,内也。身兼内外者也。家、国、天下,外也。……朱子注:'穷至事物之理。'似偏于外,而《补格致传》曰:'众物之表里精粗无不到,吾心之全体大用无不明。'则兼内外矣。"③心、意、知、身为内为能感,身、家、国、天下为外为所感,身兼内外,既是对象又是主体,可以自我反思,自我觉醒。此外,由于西方科学的引入,同时代人多称科学为格致之学,唐文治力辨其失,其言:

> 近人且以西人"科学"目为"格致",道与艺不分,而技巧之徒乃司修、齐、治、平之事,生民之害不胜言矣。④

> 郑子产之称君子在恭敬惠义,岂仅博物而已哉?然则谓《大学》之格致,足以该科学则可,而谓西人之科学,足以尽《大学》之格致则不可。阳明先生格庭前竹子,惜当时科学未发明尔。⑤

唐文治分辨了格致与科学的关系。一方面,格致属于道,科学属于艺。治国平天下需要依靠得道之君子,而不是依靠技术官僚。君子之所以为君子,根本上不在于具有广博的知识,而在于恭敬惠义的道德实践。另一方面,君子以道德实践去处理家国天下的事务,亦需要获得家

① 唐文治:《紫阳学术发微》,《唐文治性理学论著集》第二册,上海古籍出版社2020年版,第1022页。
② 唐文治:《紫阳学术发微》,《唐文治性理学论著集》第二册,上海古籍出版社2020年版,第1025页。
③ 唐文治:《〈大学〉格物定论》,《唐文治文集》第一册,上海古籍出版社2018年版,第147—148页。
④ 唐文治:《答陈柱尊论"格物"书》,《唐文治文集》第四册,上海古籍出版社2018年版,第1868页。
⑤ 唐文治:《〈大学〉格物定论》,《唐文治文集》第一册,上海古籍出版社2018年版,第158—159页。

国天下运行的知识,掌握家国天下运行的技艺。故格致必然要导出科学,所以说格致可以包含科学,但科学不可以包含格致。唐文治顺便提及王阳明的格竹子。阳明的格竹子之法,并非落实在致知之大本处,而是在科学的层面用力,故而不能有显著成效。倘若王阳明当时已有科学思想,其格竹子说不定可以格出竹子生长的规律出来。综合两方面而言,唐文治所认可的朱子学之格物,乃整个人生的道德实践,即处处通过事上磨炼道德意识,以德性精神为主导,以知识技艺为辅助,做好人伦事物的合理安排。

唐文治对于朱子学理论体系的定位以及其理论效果的解读,充分发挥朱子学之优势,一扫通常朱子学遭受之诟病,恢复了朱子学在宋明儒学中应有的地位。如果放眼唐文治一生的成就,则朱子学更在其身上产生了深远的影响。唐文治早年学宗朱子,并终身将朱子学奉为圭臬。在其一生的学术事业中,无论从政,还是办学;无论会通朱王,还是兼采汉宋;无论通贯文学、哲学,还是融会中学、西学,都是以朱子学精神为核心的开物成务、经世济民的实践之路。可以说,朱子学就是唐文治的精神内核,唐文治的一生就是朱子学精神在这一时代的具体展现。

二、理学架构

唐文治的理学架构基本上源于朱子一脉。然而,唐文治所理解的朱子思想,基本上继承了明清以来朱子学的传统,与阳明学者的朱子理解具有很大不同。依照传统儒学义理系统,再参照唐文治的性理学特征,其理学架构可以分为本体与工夫进行叙述。本体又可分为客观面的理气论和主体面的心性论;工夫又可分为求放心工夫、内外交修工夫以及心与理一工夫。

图 6-1 《性理学大义》

（一）唐文治的理气论

气在整个儒学体系中是整体性的存在，世上一切事物都由气来构成。气永远在感通变化之中，塑造着有限的个体。有限的个体亦有自身的动静变化，并与整体之气以及其他个体进行不同程度的感通交流。经过一些阶段，旧的有限的个体逐渐消散，新的有限的个体逐渐生成。气构成了存在的时空场域，而理不具有独立的时空性。理是气感通变化的存在根源与主导方向，并生成了感通变化的内在规律。唐文治论理气关系，继承了朱子的学说，其曰：

> 余尝昼夜渊思，博稽往籍，而知"理气合一"与"理在气先"之说，自古圣贤以迄后代通儒，皆莫之或易……夫自古圣贤通儒，皆不离气以言理，即不离气质以言性。①

"理气合一"与"理在气先"是理气关系的两大命题。"理气合一"是指理气不离，理不能离开气而独存，气也不能离开理而独存，有是气必有是理，有是理必有是气，存在与存在的方向是不相分离的。"理在气先"并不是指时间上的先后，而是指理气不杂，理具有主宰性、方向性，决定了气的感通变化。气的感通变化，都在理的存在的基础上得以完成。

> 惟夫气之轻清而上浮者为天，必轻清者有上浮之理也；气之重浊而下降者为地，是必重浊者有下降之理也。不然何不闻重浊上浮、轻清下降也？以人之一心言之，喜而后喜气生，怒而后怒气生，有是理故有是气也。喜而饰怒，怒而饰喜，则气不至，何也？无是理，故无是气也。是故理不离乎气，亦不杂乎气，此千古不磨之论也。②

理始终在山河大地的存在中维持其作用，不但是山河大地规则的立法者，还是保证山河大地继续存在的执法者，故此理气关系为格物致知提供了存在论根据。理气关系不但表现在客观的天地之中，也表现

---

① 唐文治：《性理救世书》，《唐文治性理学论著集》第三册，上海古籍出版社 2020 年版，第 1327—1331 页。

② 唐文治：《性理救世书》，《唐文治性理学论著集》第三册，上海古籍出版社 2020 年版，第 1326 页。

在主体的人心之中。天地万物是气,需要循理而变化;人心情感亦是气,亦需循理而变化。

(二) 唐文治的心性论

理气关系落实在主体上,就是性心关系。在儒学系统中,心灵具有变动性、应物性、感发性、省思性。变动性是指心灵变化无方,纯粹自由,可善可恶,无善无恶。应物性是指心灵能够察识外物。感发性是指心灵能够发动情感。省思性是指心灵能够反思推理。在朱子学中,这四个特性都是气的感通变化功能的体现,若以此四大功能论心,则此心为气心。

理落实在有限的个体上则为性。性有两层涵义,若就性赋予形气自身内在规律而言,则为气质之性。气质之性主要作用在于维持有限者的肉身性延续,比如"食色性也"之说,虽然有限者种类繁多,食色之方式亦因物种而异,然而非食无以延续个体之生命,非色无以延续族群之生命,此种生物本能则是相同的。若就性奠基生命的存在根源与主导方向而言,则为天地之性。天地之性是道德性,唐文治曾撰联"人生惟有廉洁重,世界须凭气骨撑"即此意。廉洁、气骨是道德性,是天地人生之性理,撑起了天地人生的气化世界。

理气不离不杂,性心也不离不杂。但是心作为气,则是气之精英,故比一般浑浊之气更具感通的功效。无论是气质之性,还是天地之性,都在气心中呈现。气质之性本身就是气的经验性呈现,故在心灵中天然能够自觉;而天地之性则是超验性的,在心灵中未必能够天然自觉。儒者更为重视的是天地之性的自觉,一般谈性,主要是指天地之性。唐文治论心性关系,其曰:

> 陆稼书先生《学术辨》曰:"气之精英,聚而为心。是心也,神明不测,变化无方,要之亦气也。其中所具之理则性也。故程子曰'性即理也',邵子曰'心者性之郭郭'……是心也者,性之所寓而非即性也。性也者,寓于心而非即心也。"此辨心性界限极为分明。①

---

① 唐文治:《性理救世书》,《唐文治性理学论著集》第三册,上海古籍出版社 2020 年版,第 1340—1341 页。

唐文治引用陆陇其的说法，性是理，心是气，心性界限由此可以分清。其实，若依照理气不离不杂之说，我们也可以这样认为，气是就感通发用而言的，理是就感通发用后面的道德方向而言的。

气的感通发用，可以有两类源头。唐文治分梳了这两类源头的发动，其曰：

> 盖人之阳气，皆天地生生之机，是以好生而恶杀。《孟子》曰："天下之生久矣。"又曰："乐则生矣，生则恶可已也。"此生气也，而皆本于生理，故凡有血气心知之属，莫不自爱其生。人为万物之灵，而圣人尤得其最秀者，故尽人物之性，即有以遂人物之生。《礼记》曰"人者天地之心也"，言人皆有天地生生之性也。此性字从心从生之精义也。①

> 春夏之交，林木向荣，人游其下，见青青之，悱恻缠绵之意，油然自生，是则青有以感外，而情因以动于中也。盖情之取青，犹意之取音，审音可以知音，察色乃能得情。……性之善，因情而见也。②

一种发动是本于理的发动，一种发动是源于境的发动。前者是纵向的根源，后者是横向的根源。这两种发动并不矛盾。源于境和本于理的发动则是正面的，是性善的体现③；而源于境不本于理的发动则是负面的，是性善的遮蔽。

心的发动可以称为情。情的发动若要是正面的，就需要有性的贞定。唐文治言：

> 性情二字俱从心，"天地之大德曰生"，性者生理也，故先儒又曰"性，生也"。人秉纯粹至善之性，发而为蔼然恻坦之情。情字从青，青，东方之色，发露于外者也。人当春夏之交，见万物萌芽，弥望青葱，欣欣向荣，不觉缠绵悱恻之情，油然自生，是何也？以人之情应乎天地之情是也。是故性本善而情亦善，性为未发，情为已

---

① 唐文治：《性理救世书》，《唐文治性理学论著集》第三册，上海古籍出版社 2020 年版，第 1304 页。
② 唐文治：《性理救世书》，《唐文治性理学论著集》第三册，上海古籍出版社 2020 年版，第 1305 页。
③ 唐文治所论之性理，为即存有而活动者，此与唐文治所认知的朱子之性理相同。

第六章 理学思想

发,而皆统摄于心,以为体用。①

　　唐文治继承了朱子"心统性情"之说,性体情用,皆统于一心之中。所发之情,是否以性为主导,皆由心所统摄。

　　在此基础上,唐文治又分辩了欲的三种用法。一种是可善可恶之欲,其言:

　　《礼记·礼运篇》曰:"何谓人情?喜怒哀惧爱恶欲,七者不学而能。"又曰:"饮食男女,人之大欲存焉。死亡贫苦,人之大恶存焉。夫欲恶者,心之大端也。人藏其心,不可测度也。"董子曰:"命者,天之令也。性者,生之质也。情者,人之欲也。"又曰:"人欲之谓情,情非制度不节。"许氏《说文》"情"字下注曰:"人之阴气有欲者也。"梅赜《古文尚书》曰:"惟夫生民有欲,无主乃乱。"凡此所谓欲,皆凡民平常之欲,可善可恶者也。②

　　气质之性本身不能简单以善恶论。若只是满足自身合理的气质之性,决不能说是恶。反之,若某种道德说教鼓励人们轻视生命而去追求道德,这种说教反而是大恶的。也就是说,人要满足生理与物质上的需求本身没有错,而且满足每个人的生理与物质上的需求,也是善的体现。但是,个体的生理与物质上的需求满足,须不影响其他个体的生理与物质上的需求满足,而一旦影响到其他个体的生理与物质上的需求满足,则就会转成恶。

　　一种是有善无恶之欲,其言:

　　《论语》子曰:"己欲立而立人,己欲达而达人。"《孟子》曰:"所欲有甚于生者,故不为苟得。"又曰:"可欲之谓善。"《礼记·闲居篇》曰:"清明在躬,志气如神。耆欲将至,有开必先。"凡此所谓欲,皆根于良知,出于天性之欲,有善而无恶者也。③

---

① 唐文治:《性理救世书》,《唐文治性理学论著集》第三册,上海古籍出版社 2020 年版,第 1341 页。
② 唐文治:《性理救世书》,《唐文治性理学论著集》第三册,上海古籍出版社 2020 年版,第 1334—1335 页。
③ 唐文治:《性理救世书》,《唐文治性理学论著集》第三册,上海古籍出版社 2020 年版,第 1333—1334 页。

有善无恶之欲,就是性理在心中的发动,是一种道德性的愿望。既可以表现为在精神上希望人人都能自觉自身的德性,又可以表现为在物质上希望普天下的人们都能获得气质之性的合理满足。

一种是有恶无善之欲,其言:

> 《易·颐卦》爻辞曰:"虎视眈眈,其欲逐逐。"《论语》子曰:"枨也欲。""苟子之不欲。"原思曰:"克伐怨欲,不行焉。"《礼记·坊记篇》曰:"命以坊欲。"许叔重《说文解字》"欲"字下注曰"贪也","贪"字下注曰"欲也",凡此所谓欲,皆贪欲之欲,有恶而无善者也。[①]

气质之性本身不能说善恶。但若是妨碍他人气质之性的满足,过分贪求自身气质之性的满足,则为有恶无善之欲。

可善可恶之欲是原生态的欲,一旦落入到人际环境中,就会被引向不同方向。若由性理为主宰,则变为有善无恶之欲,而成就天下人的精神物质需求;若不由性理为主宰,则被物欲所引诱,则变为有恶无善之欲,剥夺天下人的精神物质需求。

> 君子于是有养欲之方,遏欲之功,寡欲无欲之道焉。[②]

总而言之,有善无恶之欲要养,有恶无善之欲要遏、要寡、要无。

(三) 唐文治的工夫论

工夫是指由不完美状态达到完美状态的方法措施,唐文治论儒者工夫曰:

> 论孔门求仁功夫,当分三层:曰"苟志于仁矣,无恶也","我欲仁,斯仁至矣",是求放心,第一层也。曰"敬而无失,恭而有礼","居处恭,执事敬,与人忠",是内外交修,第二层也。曰"其心三月不违仁,无终食之间违仁",是心与理一,第三层也。[③]

---

① 唐文治:《性理救世书》,《唐文治性理学论著集》第三册,上海古籍出版社 2020 年版,第 1334 页。
② 唐文治:《性理救世书》,《唐文治性理学论著集》第三册,上海古籍出版社 2020 年版,第 1335 页。
③ 唐文治:《性理救世书》,《唐文治性理学论著集》第三册,上海古籍出版社 2020 年版,第 1403—1404 页。

第一层是求放心工夫，偏向于个人自身；第二层是内外交修工夫，兼顾自身与他人；第三层是心与理一工夫，心之一切运作皆符合理则，为本体境界的展现。

1. 求放心工夫。

求放心工夫为诚正自我的修身工夫。修身工夫主要落脚点在正心上，唐文治言：

> 盖性者，仁义礼智信五常之德，皆寓于心。性无迹而心有形，气以成形，则其质或不免有所偏，且易为物欲所蔽，故必修道而后能复其性。①

性理虽至善，但无形迹。心是气心，则有形迹。性理必然落实在气心中，由于气心的干扰则有所偏，就会产生有恶无善的物欲。针对这种情况，需要做工夫来恢复良善的本性，让气心无所偏斜地展现性理。然而欲做此工夫，需要对于心灵的内在结构具有较为深刻的认知，唐文治言：

> 诚意之功，须体察至精密深细处，以验心音之调和。心气和平，则发音和平。心气粗暴，则发音粗暴……学者不必遽察人之善恶，当先察己心之音。彼音之出于金石丝竹匏土革木者，各自成声，闻于耳，则能辨其声音之所自出。以审音之法，内省其心，则一念动于善、动于恶，其发而为音，善恶自不能掩。善意则出善言，恶意则出恶言。②

心灵具有两层功能。第一层功能是气心之发动为意，意有善恶之分。秉持性理方向之意为善，不秉持性理方向之意为恶。第二层功能是气心对于善意与恶意可以进行彻底反省，不被所发之意遮蔽。

> 夫一浑然至善之心，而一任喜、怒、哀、爱、恶、欲六者，循环其中而无已时，则心之受其戕贼而斫丧者，将何所极？是以不得不归之于惧，此《中庸》所先言"戒慎恐惧"也。故既察青之色而知情之

---

① 唐文治：《性理救世书》，《唐文治性理学论著集》第三册，上海古籍出版社 2020 年版，第 1340 页。
② 唐文治：《性理救世书》，《唐文治性理学论著集》第三册，上海古籍出版社 2020 年版，第 1306 页。

用,尤须通惧之意以得情之节。①

若要保证第一层功能的心意所发为存善而无恶,则需要维持第二层功能的气心自身的戒慎恐惧。此戒慎恐惧,即主敬工夫,"戒惧慎独,所以养神而事天也"②,此第二层功能属于气心与性理的纵向关系。"然则君子之功,岂偏于静乎? 曰:不然,此特言其体尔。曰'戒慎乎其所不睹',则其所可睹者,戒慎更可知也;曰'恐惧乎其所不闻',则其所可闻者,恐惧更可知也。"③心意未发之静,心意已发之动,都是气心与客境的横向关系。然而敬贯动静,无论是第一层功能的心意未发,还是第一层功能的心意已发,都有第二层功能的戒慎恐惧的工夫作为其底色,故戒慎恐惧的心灵状态伴随着意念收敛与扩充的整个过程。在此过程中,主敬工夫仍可以分为四个不同层次:

> 先儒论主敬用功,共分四层,曰:提撕警觉,是敬之入手处。惺惺不昧,是敬之进步处。主一无适,是敬之会聚处。缉熙光明,是敬之大成处。④

主敬工夫在心上做,其目的是去除物欲之弊,让性理之体可以朗现于心中,基于心与性理之体融合程度的不同而有四个阶级。提撕警觉是突然在浑浑噩噩中有所警觉,而能截断众流,此为主敬工夫之入手处。惺惺不昧是一旦有所自觉,则朝暮于是,不敢松懈,此为主敬工夫之进步处。主一无适是此心一无旁骛,专注于性理之体之降衷,此为主敬工夫之会聚处。缉熙光明是心与性理之体融合无间,处处随心所欲不逾矩,此为主敬工夫之大成处。此主敬工夫并不仅仅限于求放心工夫上,而是贯通于内外交修、心与理一工夫过程中。

上述敬贯动静是工夫论的常态,但初学者可能一下子难以达成,故其工夫可以先从以敬通静着手。

> 学者未能遽言自强,先当调息以养气,使心气平和,而后能因

---

① 唐文治:《性理救世书》,《唐文治性理学论著集》第三册,上海古籍出版社 2020 年版,第 1306 页。
② 唐文治:《中庸大义》,《唐文治经学论著集》第三册,上海古籍出版社 2020 年版,第 1861 页。
③ 唐文治:《中庸大义》,《唐文治经学论著集》第三册,上海古籍出版社 2020 年版,第 1861 页。
④ 唐文治:《性理救世书》,《唐文治性理学论著集》第三册,上海古籍出版社 2020 年版,第 1404 页。

应万事。盖修养生息,必自本心始。①

心意纷杂的时候,直接调顺较难实施,故可行之法在于先将纷杂之念平息下来。心灵第一层功能由动转静,以便于心灵第二层功能来通贯此收敛的状态。待到以敬通静达成之后,始终保持第二层功能的戒慎恐惧,并让第一层功能的心意由静转动。通过此渐进之法,亦能达成敬贯动静的状态。

2. 内外交修工夫

在修身的同时,人亦时刻处在与他人的交往之中。故工夫不能以自身为限,而需要由自身扩充到他人上去,体现在待人接物之上,此为内外交修工夫。唐文治的内外交修工夫,可以从其对"忠""恕"二字的解读上看出。唐文治言:

> 中心为忠。中者,喜怒哀乐未发之谓。人受天地之中,以生至善至中之道,发之于心,推之于事,谨慎以出之,尽力以行之,是乃忠之大者。至如乡隅之人,能遇事持实,竭心力而为之,亦可谓之能忠。②

忠,就是性理纯粹表露于气心,而对气心所对之事态人物持道德性的立场与行动,故能够尽心尽力地去成就事态人物。

> 恕者,如心之谓也。"一人之心,千万人之心",心相如也。"己欲立而立人,己欲达而达人","刑于寡妻,至于兄弟,以御于家邦",推之"老吾老以及人之老,幼吾幼以及人之幼",此恕以及人也。"己所不欲,勿施于人","所恶于上,毋以使下。所恶以下,毋以事上",此恕以克己也。然人之私胶固于中,则恕不行,故学者当先行克己之恕,乃可以言及人之恕。③

恕,是他人之心如同自己之心,暗含着人人平等,人人皆有同理心并可以相互感通的立场。从恕道上看,一方面,面对他人对自己的不

---

① 唐文治:《性理救世书》,《唐文治性理学论著集》第三册,上海古籍出版社 2020 年版,第 1317 页。
② 唐文治:《性理救世书》,《唐文治性理学论著集》第三册,上海古籍出版社 2020 年版,第 1309 页。
③ 唐文治:《性理救世书》,《唐文治性理学论著集》第三册,上海古籍出版社 2020 年版,第 1310 页。

好,自己可以反省是否也有类似的过错,并不断修正自己,此为恕以克己。另一方面,在自己追求物质精神的时候,也会想到他人也有其物质精神需求,也应该满足他人的物质精神需求,此为恕以及人。唐文治认为,人应该先行克己之恕,再行及人之恕。

3. 心与理一工夫

在唐文治的性理学系统中,气心与性理是不离不杂的关系,性理具有自我降衷于气心的能力,故性理的德性力量时时在心中显露。但此心若不做工夫,则此德性的显露即一闪而过,仍易为物欲所蒙蔽。仅仅始源一点上心与理合,随后就由恶意所岔出,在所发之显著处则与天理迥异。若此心经过求放心工夫、内外交修工夫,则此心之发动流行无论在内在外,皆有理则为依循,故第三层次的工夫,即此心之所发,无论始源一点,还是所发之显著处,无不与性理之发动相合,达到从心所欲不逾矩的境界,真正做到体与用上都达成了心理合一。

三、会通心学

唐文治早年所习皆为程朱之学,一直抱着尊朱辟王的态度。但后来对于心学的态度则有转变。其晚年弟子潘雨廷说:"唐先生(文治)就是不知怎样一来,朱、王合一了。"[①]如果检其文献,可知唐文治对于心学态度的转变,始于其赴日经历。"中年两游东瀛,究其立国之本,则自尊奉王学始。"[②]唐文治考察了日本的明治维新,印证了"程朱之徒处事过于拘谨,陆王之徒颇能通敏于事"[③]的说法,并认为:"致良知之学,决然可以救国;知行合一之说,断然可以强国。"[④]

然而,如果仅仅从功效的意义上来吸收陆王之学,那么两家之学在义理上仍旧是矛盾的。潘雨廷说:"唐先生最尊崇王阳明,以为日本得

① 张文江:《潘雨廷先生谈话录》,复旦大学出版社 2012 年版,第 100 页。
② 唐文治:《性理救世书》,《唐文治性理学论著集》第三册,上海古籍出版社 2020 年版,第 1415 页。
③ 唐文治:《性理救世书》,《唐文治性理学论著集》第三册,上海古籍出版社 2020 年版,第 1415 页。
④ 唐文治:《性理救世书》,《唐文治性理学论著集》第三册,上海古籍出版社 2020 年版,第 1415 页。

其学尚能明治维新,中国竟亡。但他自己做的却是朱子的事,也是两样矛盾在身上拍拢。"①如果要彻底解决这样的矛盾,就需要从性理学内部去寻求会通两家思想的方案。

陆象山、王阳明之学都为心学,唐文治会通心学,对于陆、王皆有阐述。唐文治对待陆、王的态度似有不同。在对陆象山的态度上,唐文治认为其发明本心之论杂有佛老之嫌,而对王阳明的态度上,则认为其良知学与朱子学相合,同为圣学。

(一) 会通朱陆

后人对于朱陆之差别,一般认为陆子尊德性,朱子道问学。唐文治认为两人在此方面并无多大差异,其言:

> 陆子尊德性,朱子道问学,实出于朱子之自言,盖一时之谦辞尔。实则陆子未尝废问学,而朱子之问学,正所以养其德性,故自己丑悟道,晚年涵养邃密,统德性、问学而归于一贯。特陆子之尊德性偏于虚灵,朱子之尊德性本于主敬耳……后儒当知卫道救世之功,两贤正复相合,乌可分门户于其间哉?②

唐文治指出,"陆子尊德性,朱子道问学"乃朱子的谦辞,不能当真。事实上,陆子也有道问学,朱子也有尊德性。而作为性理学,真正具有核心要义的部分就是尊德性。朱、陆之差异在于尊德性之不同。陆子之尊德性偏于虚灵,此虚灵是指气心本身的昭昭灵灵,与性理之降衷无关。朱子之尊德性本于主敬,此主敬是指气心与性理相通之戒慎恐惧,与性理降衷直接有关。从偏于虚灵上看,则在认知的横向关系上气心仅仅不执着于物欲之念,但没有涉及纵向关系的性理之体。从本于主敬上看,则是在纵向关系上气心与性理合一,由此统摄横向关系的发用。故虚灵仅仅包含横向关系,主敬却包含了纵向关系与横向关系,由此唐文治以"偏"论虚灵,以"本"论主敬。但即使如此,"偏"的虚灵仍可

---

① 张文江:《潘雨廷先生谈话录》,复旦大学出版社 2012 年版,第 77 页。

② 唐文治:《性理救世书》,《唐文治性理学论著集》第三册,上海古籍出版社 2020 年版,第 1398—1399 页。

以包含在"本"的主敬中,所以可以"两贤正复相合",而不必存门户之见。

依照上文论述,则唐文治虽然注重两贤相合,其实对于朱、陆仍旧存在高低之判。我们可以继续考察唐文治《陆象山"先立乎其大"辨》一文。该文为其 1885 年求学于南菁书院时所作。此时唐文治处于尊朱辟陆的阶段,故对于陆象山的看法似不成熟。然而,唐文治又将此文附录于《紫阳学术发微》一书中,并加按语曰:"陆子之学,近于禅宗,不必讳饰。朱子别书,谓其从葱岭带来,切中病痛。"①以此语来看,唐文治应该一直秉持"陆子之学,近于禅宗"的观点,故以其早年之论来解释"陆子之尊德性偏于虚灵"亦不会过于偏差。在该文中,唐文治言:

> 陆象山说"先立乎其大",散见于《文集》《语录》者,不可殚举。吾考其说,盖有浅有深,各宜区别。其浅焉者,足以制此心嗜欲之动,与《孟子》去耳目之欲同;其深焉者,则欲一空其心之所有,并善念而屏绝之,乃与禅家净智妙圆、体自空寂同,而与《孟子》"思则得之"之旨实背。②

唐文治认为陆象山所谓"先立乎其大"有深浅之分。所谓浅层之"先立乎其大",是断绝心中之物欲。此断绝物欲之工夫,为儒释道三家之共法,故与《孟子》去耳目之欲相同。在此层面上,陆象山之学说可以被儒学体系接受。所谓深层之"先立乎其大",是断绝心中之善念,不让性理显露于心中。也就是说,把德性之发动与杂念之发动等同视之,一并断除之。这就与《孟子》精神相违背,并落入佛教性空之旨了。故而,对于陆象山之学,唐文治只能接受其断绝物欲之说,而决不能接受其断绝善念之说。唐文治借陆陇其之说,认为有成德之师、兴起之师之分。陆象山不能算成德之师,但可以为兴起之师。因为就陆象山"先立乎其大"之浅层说,则为去掉物欲,此为截断纷纷扰扰之心念,故由此可以脱

① 唐文治:《紫阳学术发微》,《唐文治性理学论著集》第二册,上海古籍出版社 2020 年版,第 914—915 页。
② 唐文治:《紫阳学术发微》,《唐文治性理学论著集》第二册,上海古籍出版社 2020 年版,第 911—912 页。

离俗世,而有进至圣域之可能。然而,就陆象山"先立乎其大"之深层说,其工夫甚至连善念端倪亦须屏绝之,仅仅保留昭昭灵灵之气心,故无法真正让性理与气心合一,依照"先立乎其大"之深层说,则后学者无法获得德性,陆象山也就不能算作成德之师。

由此可见,唐文治对于朱陆之会通,是以朱子包陆子之法来处理的。朱子之学可以心通性理,而陆子之学只是打扫气心,为心通性理做准备而已。这其实是唐文治囿于朱子学,故会对气心、性理严加分判。若从象山立场而言,其"发明本心""先立乎其大"绝非气心,而是"心即理"之心,原与禅宗本无相涉。唐文治之判断,虽然用语委婉,曲加调和,但毕竟在朱子学中窥人,不易被宗陆者所认同。

(二) 会通朱王

唐文治对王阳明良知学的定位,则与对陆象山"先立乎其大"的定位,具有很大差异。可能就是这种差异,导致唐文治对阳明学产生更多的认同感。依照唐文治的相关论述,其会通朱王之途,大致可以从三个方面进行论述。

1. 良知的朱子化理解

良知是王阳明思想的核心。对良知的把握,关涉对整个王学的把握。唐文治曾谓:

> 高邮胡氏白水著《阳明书疏证》,于朱陆两家之学,尽力沟通,其《自序》谓:"以阳明之学拟诸象山,尚属影响。以阳明之学准诸朱子,确有依凭……惟朱子精微之语,自阳明体察之,以成其良知之学;惟朱子广博之语,自阳明会通之,以归于致良知之效。"是说也,虽不无穿凿附会之处,然要知两家之言本体,确系相同,而于体察用功则两家互异。①

唐文治引用胡白水之说,以证朱子学与阳明学之相近。虽然认为白水之说有穿凿之处,但又明确表示朱子、阳明所言之本体,确系相同。

---

① 唐文治:《性理救世书》,《唐文治性理学论著集》第三册,上海古籍出版社 2020 年版,第 1428 页。

如此,唐文治所理解王阳明之良知遂成关键之处。我们可以从唐文治《阳明学术发微》中的一段话里发现其对良知的理解,其言:

> 良知者,天地中和之气也。《易传》曰"乾以易知",良知禀天气而生者也,"易知""简能",即良知良能也,未有不易简而得天下之理者也。东海有圣人出焉,此心同此理同也;西海有圣人出焉,此心同此理同也。惟其心同,故其所禀之知同;惟其理同,故其所禀之良知同,彻上下贯中外者也,故阳明曰"良知是造化精灵"。[①]

在这段文字里,唐文治将良知定位为天地中和之气。本来在唐文治的义理系统里,心是气,性是理,理气不离不杂,性心不离不杂。天地中和之气,不是纯粹的气,而是自觉禀赋着理的作用的气。此气既有性理之贞定,故曰中,又有性理主宰而扩充之无不中节,故曰和。天地中和之气的良知,就是性理体现在气心中并主宰气心合理发动的状态。在后文中,唐文治言"心同而知同",此心为气心之心,故知为昭昭灵灵之感通;而"理同则良知同",则气心具有了性理之作用,心之感通必有其道德方向,故此时之"知"已不是一般无所住之知,而是具有道德性的无所住之"良知"。简而言之,唐文治所理解的良知,是理在气心中的道德发用。此理解不悖于朱子学,又可以适用于阳明学,故在此基础上可言"两家之言本体,确系相同"。

2. 阳明学四大题

阳明学有四大题,常被宗朱者所攻击,唐文治言:

> 后儒之所以质疑于阳明者,其说有四大端:一曰无善无恶乃告子之说,即释氏之学;二曰改用《古本大学》,以致知为致良知,背于经传;三曰心即理也,与性即理也不同;四曰知行合一,与朱子说异。[②]

此四大题,一为无善无恶之问题,二为《大学》文本之问题,三为心

① 唐文治:《阳明学术发微》,《唐文治性理学论著集》第二册,上海古籍出版社 2020 年版,第 1155—1156 页。
② 唐文治:《阳明学术发微》,《唐文治性理学论著集》第二册,上海古籍出版社 2020 年版,第 1120 页。

理关系之问题,四为知行关系之问题。在此四个问题上,朱子学的说法貌似与阳明学的说法迥然有异,唐文治欲会通朱王,必须对此四大题作一疏解。

(1) 无善无恶之问题

阳明晚年与弟子钱德洪、王龙溪论学,点出了作为为学宗旨的四句教:"无善无恶心之体,有善有恶意之动,知善知恶是良知,为善去恶是格物。"王龙溪认为四句教还不究竟,提出心体、意、知、物皆是无善无恶。钱德洪则不赞同。两人在天泉桥向阳明请益,王阳明说,王龙溪之说是接利根人,钱德洪之说是接钝根人,正好相资为用,不可各执一边。

后人对于四句教中首句"无善无恶心之体"以及"利根人、钝根人"之说有很大争议,认为夹杂禅宗,并非儒学正统。此处虽无直接的朱王会通问题,但若王学变成禅学,那么朱王亦不可会通,否则朱子学亦为禅学矣,故对此首要之事,不可不辨。唐文治言:

> 天泉一证,后学诧为漏洩天机,甚至比于六祖偈语"本来无一物,何处惹尘埃",此诚禅机矣!得梨洲之说以正之,始知所谓"无善无恶心之体",乃言无善念恶念耳。……明乎此,则知阳明所谓"无善无恶",与告子所谓"性无善无不善",固绝不相侔矣。至于接利根人、钝根人之说,未始非因材施教之法,圣门固有语上语下之别矣,何必因此而诋之哉?①

其一,唐文治对于"无善无恶"的辩护。唐文治认为,王阳明的"无善无恶心之体"并非来自禅宗的"本来无一物,何处惹尘埃",而仅仅是表示无善念无恶念。因为善念恶念是心体与境物之间的横向关系,并不具有超越性。而王阳明之心体,是指性理降衷于心体之状态,是纵向的超越关系。纵向的超越关系无法用语言明说,故通过否定横向关系来进行遮诠。若依唐文治对于王阳明心体之了解,则王阳明之"无善无恶"是指性体落实于心体的本然状态。此状态是一切意念发动的源头,故不能等同于发动的意念。此意念发动的源头本身仍具有超越性,具

---

① 唐文治:《阳明学术发微》,《唐文治性理学论著集》第二册,上海古籍出版社 2020 年版,第 1124—1125 页。

有生生的道德方向。告子所谓"性无善无不善"是横向关系上的"无善无恶",意即一切善恶都是人与环境的关系塑造的,正如水"决之东向东,决之西向西",故而善恶是偶然性的,善恶本身是无本质的。告子的学说与禅宗的缘起性空十分近似,属于同类的义理构成。唐文治认为王阳明的"无善无恶"之说仍旧具有本质性的超越的道德方向,这与告子、禅宗绝不相似。

其二,唐文治对于"利根人、钝根人"之说的辩护。唐文治认为,对于不同层次的人,要使用不同的教学方式。这并非佛家独有,孔门自身也有。孔子即有因材施教之说,曾言:"中人以上,可以语上也;中人以下,不可以语上也。"①故王阳明用"利根人、钝根人"亦无不可。

(2)《大学》文本之问题

朱子所作《大学章句》删减古本《大学》,并作《格物补传》。而王阳明解读《大学》,则不依朱子改订后的文本,而是按照古文《大学》来阐述良知之学。宗朱者对此议论纷纷,以为朱、王之差别即在于此。唐文治则认为王阳明改用古本《大学》,虽然与朱子有差异,但其义理内容则是相合的,其言:

> 《大学》八条目以修身为本,而修身又以诚意为本,盖意之诚伪,人心生死之关也。人惟不能诚其意,是以好恶颠倒,拂人之性,身不能修,而家国天下于以乱。故本经首章之"此谓知本",指修身为本而言;次章之"大畏民志,此谓知本",指诚意为本而言,经意本极明显,而格物之物,即物有本末之物。身、心、意、知、家、国、天下,皆物也,汉唐诸儒,皆主此说。郑君注"致知"云:"知,谓知善恶吉凶之所终始。"注"格物"云:"格,来也。物,犹事也。其知于善深则来善物,其知于恶深则来恶物,事缘言人所好来也。"阳明先生以致知为致良知,深得圣经诚意为本之旨,而与郑注意亦隐相符合,惟与朱子《补传》异耳。②

朱子改订《大学》文本时,重新排列了秩序,导致"此谓知本,此谓知

---

① 《论语·雍也》。
② 唐文治:《阳明学术发微》,《唐文治性理学论著集》第二册,上海古籍出版社 2020 年版,第 1131 页。

187

第六章　理学思想

之至也"一句无善解,就将"此谓知本"依照程子意解为衍文,将"此谓知之至也"解为阙文后的结语。由此,朱子又用《格物补传》重新填补了阙文。唐文治认为,《大学》八条目以修身为本,修身又以诚意为本。古本文本不需要改订,"此谓知本,此谓知之至也"中的"知本"是指修身为本,另一个"大畏民志,此为知本"中的"知本"是指诚意为本。而《格物补传》也非必要,因为格物之物,就是物有本末之物,包含了身、心、意、知、家、国、天下。郑玄所注"格物致知"是指事物的开显根源于人的善恶意念的发动,而王阳明解"格物致知"是指致良知来正物。唐文治认为王阳明的解读暗合于郑玄的解读,只是与朱子的解读有差异。其言:

> 朱子《补传》云:"人心之灵,莫不有知,而天下之物,莫不有理。惟于理有未穷,故其知有不尽。"固未尝以心与理判而为二也;又云:"至于用力之久,而一旦豁然贯通焉,则众物之表里精粗无不到,而吾心之全体大用无不明。"则更以心与物合而为一矣。郑君、朱子、阳明,同是羽翼经意,同一觉世苦心,何以纷纷然起门户之争乎?①

但是,王阳明与朱子的解读差异可能只是形式上的区别,在内容上又是十分一致的。郑玄与王阳明,都注重格物致知的心与物两个维度的合一。而朱子所言"众物之表里精粗无不到,而吾心之全体大用无不明"亦是将心与物两个维度合一。所以,归根结底,郑玄、王阳明、朱子三人的解读虽有差异,但都有心物合一的共同点,都是对《大学》的有效解释。

(3)心理关系之问题

一般而言在心理关系上,程朱、陆王之学的分判是,程朱派主张性即理,陆王派主张心即理。但此说未精,蔡仁厚更有深论,其言:"一般虽亦知道朱陆异同的中心点,是落在'性即理'与'心即理'的问题上,但大家对于这两句词语的实义,却又不能得其确解,只管把'性即理'与'心即理'看作是单纯的对立,仿佛这一字之差,真成水火之不相容。事

---

① 唐文治:《阳明学术发微》,《唐文治性理学论著集》第二册,上海古籍出版社 2020 年版,第 1131—1132 页。

实上，陆王同样亦讲'性即理'耳。"①程朱、陆王都承认性即理，性即理是儒学之共法，无论心学、理学皆可承认。故朱、王之差别，不在性即理上，而在心与性的关系上。阳明学可以直截了当地说"心即性理"，而朱子学则说"心不即性理"。因为在朱子学中，心是气，性是理，理气不离不杂，性心亦不离不杂。若一定要说"心即性理"，则只能说性理落实在气心之中。

唐文治以朱子学为宗，其对于心性理解，亦是认为心是气，性是理，此与阳明不同。唐文治认为阳明学所主张之心即理，即性理落实于气心上。这是从朱子学的立场来解读阳明学。这样一来，朱子学讲心之本体，必须先承认性理，再将性理落实于气心，需要条分缕析才能证成。而阳明学讲心之本体，直接压缩了推论过程，浑在一起直接证成。唐文治言：

> 凡解经穷理，不知浑言即合而言之、析言即分而言之之别，则不免执滞而鲜通……至于初下手功夫，曰"尽心知性"，曰"存心养性"，性与心，自当有别。然知性即所以尽心，存心即所以养性，固未尝不一贯矣。讲学修身，讵可以执滞而自是哉？②

唐文治将解经穷理分为浑言与析言。析言是分而言之，浑言是合而言之。唐文治认为，这种浑言与析言的言说方式，在《论语》《孟子》中就有，比如：

> 《孟子》言"理义悦我心，犹刍豢悦我口"，又言"君子以仁存心"，是心非即理义，非即仁，固矣。然须知心兼具理气者也，若非心则理何所寓？心即理也之说，不过语意稍伤快耳。孔子"从心所欲不逾矩"，是心即矩也。颜子其心"三月不违仁"，是心即仁也。即矩、即仁、即理也，此非一蹴可及者也。③

---

① 蔡仁厚：《中国哲学史大纲》，吉林出版集团有限责任公司 2009 年版，第 217 页。
② 唐文治：《性理救世书》，《唐文治性理论著集》第三册，上海古籍出版社 2020 年版，第 1342—1343 页。
③ 唐文治：《阳明学术发微》，《唐文治性理论著集》第二册，上海古籍出版社 2020 年版，第 1136—1137 页。

孟子言"理义悦我心,尤刍豢悦我口","君子以仁存心",则是分别说理义(仁)、分别说心,此为析言。但此理义(仁)必然寓于心,故合而言之则为心即理。孔子言"从心所欲不逾矩",颜子"三月不违仁",此为心即理的浑言,但此浑言需要持久的工夫才能彻底混合无间。此处需要注意的是,唐文治所论之浑言,既包含性理透出气心的一点端倪,更包含性理全副由气心透出而生中和之情。前者仅仅感物而发,并非难事,而后者则要以此一点端倪为基础,进行发动扩充,故须做持久工夫。如此,通过析言与浑言的方式,唐文治将心学"心即性理"与理学"心不即性理"的矛盾化解了,两者在朱子学的立场下相合为一。

唐文治以析言来看待性即理、性理寓于心,以浑言来看待心即理,其背后的思想基础,仍旧是朱子学的理气不杂。若放在阳明学那里,心即理是当下的事实,故未必承认心即理为浑言。但在朱子学的视域中,唐文治的解读则不啻为一种较好的以朱子学解阳明学的会通方式。

(4)知行关系之问题

在宋明儒学中,知行关系由于关涉工夫论实施,故是一个需要重视的问题。王阳明提出"知行合一"之旨,俨然成为王学的核心理论之一。王阳明论"知行合一"曰:"知之真切笃实处即是行,行之明觉精察处即是知。知行工夫本不可离,只为后世学者分作两截用功,失却知行本体,故有合一并进之说。真知即所以为行,不行不足谓之知。……专求本心,遂遗物理,此盖失其本心者也。夫物理不外于吾心,外吾心而求物理,无物理矣。遗物理而求吾心,吾心又何物耶?"[1]王阳明的知行关系乃是从良知的发动与扩充上立说。在良知最初的发动中,心之知善知恶之觉知判断为知,意之有无之间的发动之几为行,明觉与发动本为一体。在良知随后的扩充中,良知之知善知恶之觉知判断仍旧为知;而意之所在则成物,行即表现在正物上,故知为心,行为物,知行合一又是心物合一。王阳明的"知行合一"来自其心性论,是对知行关系十分精微而深层的理解。

---

[1] 王守仁:《答顾东桥书》,唐文治:《阳明学术发微》,《唐文治性理学论著集》第二册,上海古籍出版社2020年版,第1144页。

后人对于王阳明"知行合一"的批评,则多不在上述层次进行理解。后人所理解之知行关系,仅仅在所知之道德与知识上论知,在实践行动上论行。所谓先知后行,则是实践需要以道德与知识为引导。所谓先行后知,则是真切的体会需要从亲身实践中求来。这个层次的知行关系的理解较为外在而粗浅,为日常生活中的理解,尚未进入心性之微,故其理论深度无法完全包含王阳明的"知行合一",反而被王阳明的"知行合一"所包含。张武承的《王学质疑》即从外在层次理解知行关系,并对王学作了批评。唐文治回应了张氏,并作了自己对于知行合一的解读,其曰:

> 张氏所谓先知后行,先行后知,极是。然统其先后而言之,即所谓知行合一也。合一者,统乎知行之始,即贯乎知行之终,指全体而言,而非以偏端言也。……故知阳明立教本意,在兢兢于慎独之功,欲善即可为善,欲恶即堕于恶,指视其严,知此而后能不妄行,心几事几,互相应而隐相贯者也,故曰合一。[1]

唐文治一方面承认了先知后行、先行后知的正确性,并认为通贯先后而言之,也是知行合一。但这个层次的知行合一,是浅层次理解,并没有达到王学"知行合一"的精义。唐文治认为王阳明"知行合一"的深层次理解在于心体上的慎独之功,由此意之萌动与物之露几皆有一体之功,这是真正抓住了王阳明的本义。

> 朱子言致知力行,多言随知随行;而云小学先行后知,大学先知后行,朱子之意,盖亦统知行先后而言之也。陈氏北溪深得朱子之师法者也,其言曰致知力行,如"目视足履,动辄相应",非截然判先后为二事。阳明之言与陈氏合,亦未尝与朱子相悖也。[2]

唐文治认为,朱子关于知行关系的论述,既有浅层次的知行关系,也有深层次的知行关系。浅层次的知行关系如朱子言:"小学先行后

---

[1] 唐文治:《阳明学术发微》,《唐文治性理学论著集》第二册,上海古籍出版社 2020 年版,第 1143—1144 页。

[2] 唐文治:《阳明学术发微》,《唐文治性理学论著集》第二册,上海古籍出版社 2020 年版,第 1148 页。

知,大学先知后行",若统贯先后来看,亦是知行合一。深层次的知行关系,则有随知随行,以及朱子弟子陈淳所言的"目视足履,动辄相应",这与阳明的"知行合一"则相差无几。

其实,朱子更多的是从浅层次上讲知行关系,而阳明更多的是从深层次上讲知行关系。当然,朱子偶尔也有一些言语可以作深层次解,阳明也有部分举例可以从浅层次解。倘若模糊地说,朱子也同意"知行合一"之旨。倘若细致地说,则朱子之知行关系与阳明之知行关系,所论的场域不同。阳明以心性论之精微处立言,而朱子以日常工夫之实行处立言,故两者在不同的场域都有其正当性,两者正好相资互补,而并非对立矛盾。以阳明攻朱子,或者以朱子攻阳明,都不是善解先贤之法。

3.《朱子晚年定论》发微

《朱子晚年定论》一书为王阳明所作,欲以会通朱王之学。后世宗朱者多有攻击,以为该书中所列朱子文本,颠倒年次,既有朱子晚年所作而被阳明判为中年未定之论而舍弃的,又有朱子中年未定之论而被阳明误为晚年定论而羼入的。然而,唐文治并不如此认为,其言:

> 窃以为阳明之论朱子,不考其平生为学次第,举其《集注》《或问》《语类》之说,一扫而空之,仍不免鲁莽灭裂之病。然其所引朱子晚年涵养之说在己丑以后者,亦未可遽以为失而概废之也。……读先儒书,当先辨其是非。其言而是也,虽出于中年,未尝不可以笃信之;其言而非也,虽出于晚年,亦当慎思明辨,知其或有为而发也。《晚年定论》确有中年而误以为晚者,有中年而其言是者,有晚年有为而发者,然亦确有晚年专主于涵养者。①

唐文治认为,即使王阳明在选文时有所失误,但是倘若去除那些失误的篇章,剩下的那些确系朱子晚年主张涵养之说的文本,仍旧具有重大价值。所谓涵养者,乃是把持心中显露的性理之体。涵养心之本体,不仅仅是阳明良知学之根本,也是朱子学之主张,唐文治言:

> 朱子于己丑岁悟本体之当涵养,学者正当尽力发明,以见道之

---

① 唐文治:《紫阳学术发微》,《唐文治性理学论著集》第二册,上海古籍出版社 2020 年版,第 943 页。

本原,而可讳言之乎？惟讳言本体,而心体之窒塞乃愈甚,吾儒探赜索隐、开物成务之功,因以不明于天下。[①]

唐文治反对后世宗朱者讳言心之本体,认为朱子学倘若否认本体,即会导致心体窒塞,无法开拓。而唐文治所理解的朱子学,则是承认性体降衷于气心,由气心中显露其德性发动。正在这一点上,朱子学与阳明学可以会通。在唐文治看来,朱子学与阳明学在涵养上仅仅是析言与浑言的差异,此外并无太大区别,故阳明以此来会通朱王,唐文治亦以此来会通朱王。在此意义上,王阳明的《朱子晚年定论》就绝非如其他宗朱者认为的那样毫无价值,而是透露出朱、王之学真正的相近之处。王阳明抛过来的橄榄枝,固然不被其他宗朱者待见,但被唐文治接住了。唐文治真正领会了朱、王二家思想的真义。

四、判释佛老

宋明理学家早年大多具有"出入佛老,归宗大易"的经历。在以儒学名家后,他们或辟佛老,或融佛老,但无论持何种态度,佛老的义理成为他们的儒学思想中可供对照的一套异己系统。这套异己系统,似乎成为儒学的参照系,经常用来检验自己与其他儒者的儒学体系是否纯正。

唐文治似乎并没有宋明理学家那样早年疯狂地出入佛老的经历,但其对于佛老的态度似乎兼具辟佛老与融佛老两种不同的立场。

(一) 在理论上辟佛老

唐文治辟佛老的态度,继承了宋明儒学的传统,主要认为佛老仅仅在气质上用事,而缺乏德性的主宰。唐文治力辨儒佛之差异,其言:

> 近世不明宋儒之学者,概目之为禅,可谓不知分析之学而全无

① 唐文治:《读〈朱子晚年定论〉》,《唐文治性理学论著集》第二册,上海古籍出版社 2020 年版,第970页。

第六章　理学思想

体验矣！善乎陆稼书先生之辟禅也，曰："明乎心性之辨则知禅矣！……夫人之生也，气聚而成形，而气之精英又聚而为心。是心也，神明不测，变化无方，要之亦气也。其中所具之理则性也。故程子曰：'性即理也。'邵子曰：'心者，性之郭郭。'朱子曰：'灵处是心不是性。是心也者，性之所寓而非即性也；性也者，寓于心而非即心也。'先儒辨之矣至明矣。若夫禅者，则以知觉为性，而以知觉之发动者为心。故彼之所谓性，则吾之所谓心也；彼之所谓心，则吾之所谓意也。其所以灭彝伦，离仁义，张皇诡怪而自放于准绳之外者，皆由不知有性而以知觉当之耳。何则？既以知觉为性，则其所欲保养而勿失者，惟是而已。一切人伦庶物之理，皆足以为我之障，而惟恐其或累，宜其尽举而弃之也。"据此知吾儒之于禅宗，毫厘之差，千里之谬，正在于心性之辨。①

　　唐文治十分赞成陆陇其对儒家与佛家的分辨，我们可以从其引用陆陇其的文本中看出唐文治的儒佛之辨。在唐文治看来，儒家之世界观，既有气又有理。气之灵者是心，具有神明不测、变化无方的功能。而理则寓于心，成为性。但佛家的世界观不是这样。佛家虽然借用理和性的词汇，但没有儒家意义上的理和性，只是在气上用事。所谓"以知觉为性"者，知觉为气之灵明，仍旧属于气。以知觉为性即以气为性。气本身变化无方，没有自性，故佛教谓之缘起性空。所谓"以知觉之发动为心"者，知觉之发动为儒家意义上的意，意为主体性的气，故亦是变化无方，佛家以此为心，则为念念无住之般若智。由于佛家缺乏性理，故无论在客观面上还是在主体面上，都无法树立根本的原则性、方向性。一切根本的原则性、方向性的建设都会被其斥为魔障，必须荡相遣执而后可。由此，儒家的德性以及由德性建立的伦理、礼法在根本层面上也会被消解。故内在心性的显微差异，必然会导致外在伦理、礼法的变动。这正是儒家所不允许的，故必须严辨儒佛心性之微。

　　在同样的立场上，唐文治亦力辨儒道之差异。唐文治早年读《老

---

① 唐文治：《紫阳学术发微》，《唐文治性理学论著集》第二册，上海古籍出版社2020年版，第732页。

子》《庄子》书,即对道家彻底之无为有所批评,其言:

> 忆昔年读《老子》,见开卷云:"道可道,非常道,名可名,非常名。"即评云:"洵如是,则足下《道德经》亦多作矣。"庄子之书,亦当作如是观。①

在唐文治看来,老庄道家要去掉世界的普遍确定性,故其申说的无为之论本身也是不确定的。唐文治又言:

> 若夫主虚无淡泊者,如《老子》所谓"常使民无知无欲",谓"不欲以静,天下将自定",此欲字亦指贪欲而言。然道家功夫,究与儒家有异。盖儒家之无欲,以仁义充其欲而无欲也;道家之无欲,以清虚扫其欲而无欲也。后儒乃比而同之,且斥寡欲、无欲之说为禅学,然则孔孟亦禅学乎?②

表面上看,儒家要去欲,道家也要去除欲望。但是儒家去欲与道家去欲不同。儒家去欲是以激发仁义来去欲,而道家去欲是连仁义一起去除的彻底的去欲。道家的清虚扫欲去掉了德性精神,连性理一并去除,亦不承认一普遍性的原则与方向,动摇了人伦礼法的普遍性根基。故道家之清虚扫欲必为儒家所反对,唐文治要力辟道家之无。

(二) 在现实中融佛老

唐文治除在根本的心性论上严辟佛老外,对于佛老有助于儒学之处,则择取而融摄之。这种融摄主要分为两个方面,一为保气养生,一为神道设教。

1. 保气养生

儒家的世界中有理有气,肉身的存在主要为气,而道德精神则为理。在儒家看来,道家之学,虽然缺乏了性理,但对于气的理解与把控则有其优势,故儒者可以借鉴道家气学来保存肉身。唐文治言:

---

① 唐文治:《南菁书院日记十六则》,《唐文治文选》,上海交通大学出版社 2005 年版,第 7 页。
② 唐文治:《性理救世书》,《唐文治性理学论著集》第三册,上海古籍出版社 2020 年版,第 1336—1337 页。

龙溪之言"调息",吾有取焉。盖其言虽于圣贤存心养性之学,似同而异,然实道家之奥突,与老子《致虚守静》,庄子《养生主》《人间世》《在宥》诸篇相出入,用以养生,深有神益。①

王龙溪有一套调息的养生方法。唐文治认为其并非源于儒家,而是源于道家。但养生本来即在气上用事,可以忽略德性精神的主宰,故王龙溪具有道家特色的调息法正好用来养生。

文治考朱子晚年,颇参用道家而力辟释氏。其参用道家者,取其为存心养性之助也;其力辟释氏者,以其废人伦而蔑天理也。……是文王、周公、孔子皆通黄帝之学,实即后世道家之学,故朱子取之以为存养之助,实即《易传》"无思无为,寂然不动"之旨。②

惟儒家之用,则重在"开物成务,冒天下之道";而道家之学,则以为"神大用则竭,形大劳则敝",故"欲使人精神专一,动合无形",而与天地长久,此则其始同而终异者尔。故班氏《艺文志》谓:"道家者流……禀要执本,清虚自守,卑弱自持……合于尧之'克让'、《易》之'嗛嗛'……此其所长也;及放者为之,则欲绝去礼学,兼弃仁义,曰独任清虚可以为治。"是说也,可谓能探其本矣。③

儒家在保气方面可以与道家互通,这种不言及德性增长,只注重去除欲望的理论不仅出现在道家经典里,也出现在儒家经典《易传》中。倘若以此方法为辅助,善用道家的气论亦能保住肉身的形气与神思,进一步还可以为涵养德性做准备。倘若完全依此方法行事,则会走向废人伦、蔑天理的错误方向。故而儒家融合道家气论需要知道分寸,只能以之为辅助进行保气养生,不能误执为根本的处事方式。

2. 神道设教

面对愚夫愚妇,有时进行直接的道德教化并无明显的效用,而用怪力乱神引导反而收效显著,故虽然"子不语怪力乱神",但作为权法,神

---

① 唐文治:《性理救世书》,《唐文治性理学论著集》第三册,上海古籍出版社 2020 年版,第 1433 页。
② 唐文治:《紫阳学术发微》,《唐文治性理学论著集》第二册,上海古籍出版社 2020 年版,第 848—849 页。
③ 唐文治:《紫阳学术发微》,《唐文治性理学论著集》第二册,上海古籍出版社 2020 年版,第 849—850 页。

道设教仍可一用。唐文治言：

> 语云："神仙之事，儒家不道。"岂其然哉？《易传》曰："观天之神道而四时不忒，圣人以神道设教而天下服。"非孔子所自言乎？特所谓设教者，必以正人心、明世道为宗旨，《左氏传》曰："神聪明正直而壹者也。"依人而行，子思子曰："至诚如神。"以本心之良知，通神明于苍昊，致悫则著，惟诚故灵。①

唐文治认为，神道设教的目的是正人心、明世道。倘若有神仙之事迷惑了人的心智，扰乱了伦理纲常，让人从积极的入世奋斗转为希求神灵的福佑，则此神仙之事不能提倡。但倘若有神仙之事能够促进人心世道，则此神仙之事是人在天地间至诚状态的神妙反映，可以作为德性的辅翼，就应该加以提倡。唐文治曾亲自撰写《木道人灵异记》，即基于此神道设教之目的，陈以鸿对此事有较为详细的记载，其言：

> 上海沦陷期间，扶乩迷信盛行一时。霞飞路（今淮海中路）上有一家营业性质的来苏社供奉乩仙木道人，据说灵验无比，而且此"仙"博学多才，擅长诗文书画，又谙于世事，与来客对答如流，因此门庭若市。……又有人问到双目失明的教育家、国学大师唐蔚芝老夫子（名文治），乩语称："此老何曾老，目盲心不盲。"真是妙语如珠，令人赞叹。"乩仙"幕后必有操纵者，但究系何人捉刀，我不知道。②

扶乩是一种民间迷信活动③，本为儒者不齿。但来苏社的"乩仙"木道人却博学多才，能够教化世人，故唐文治对其亦有肯定。唐文治在

---

① 唐文治：《木道人灵异记》，《唐文治文集》第四册，上海古籍出版社 2018 年版，第 1981 页。
② 陈以鸿：《来苏社点滴》，顾国华编：《文坛杂忆》全编 5，上海书店 2015 年版，第 272—273 页。
③ 对于来苏社的扶乩细节，张联芳曾有记载，其言："当时大世界共和厅后面的寿石山房，地处闹中幽静，设有一个乩坛，每夜香烟缭绕，当众举行，室之中央设一大方桌，桌上置有沙盘，盘上有一个十字形的木笔，笔尖点在沙盘中，两人分立左右，两个扶乩人各以食指伸直，木笔左右两端搁在食指之上。据说乩仙来时，木笔会自己移动，在沙盘画字，另有一人专司抄录，沙盘写满后即用尺掠平，以便再写。……其时吴治平先生在卢湾区万年坊参加一个名叫来苏社的乩坛，常去该社活动，有一乩仙木道人常来降乩，有一次同社友人将原作哭儿诗焚化，请木道人乩笔步和，乩笔行动，先有小序，有舐犊情深、一字一泪之语，诗则以佛家语作劝慰辞，有时社友出上联，乩仙能答下联。……扶乩必以夜间举行，能够吟诗答联，敏捷异常，而扶乩者不一定是诗人，笔在指上，扶乩者自己毫不用力，觉得木笔微微移动，顺势随之，木笔就在沙盘上，有时运笔如飞，有时暂停不动。"张联芳：《大世界的扶乩》，顾国华编：《文坛杂忆》全编 3，上海书店 2015 年版，第 148—149 页。

《木道人灵异记》中言：

> 木道人在清乾嘉时，为南通吕四碧庵之高僧，二百年来，卓著灵异，迄今降乩于沪上，名曰"来苏社"。其为来自苏省乎？非也。盖欲警吾民之苏醒耳。尔来世运晦盲，如江河之日下，机械变诈，相率沦胥。民心之陷溺于利欲者，骎骎乎不能自拔。木道人之训，庄谐间作，壹以有益于人心世道为主，庶几挽回劫运，如大寐之将醒乎！①

唐文治之所以肯定木道人，并非在神异之事上，而在于其"欲警吾民之苏醒"，"有益于人心世道"。

此外，唐文治还有一篇《〈金刚弥陀经功德灵验〉序》，发表于1936年的《佛学半月刊》上，亦主要是从佛教能够去执断恶的方面来立论的。该文为唐文治为友人杨章甫所编的《金刚弥陀经功德灵验》一书所作的序。在这篇序文中，唐文治谈了自己对于《金刚经》《弥陀经》两经的看法，分别从般若、净土所表达的佛学理论、修行次第、社会效用上进行了阐发。在佛学理论上，唐文治认为《金刚经》《弥陀经》一为般若，一为净土，皆为如来无上至真之妙道，信受持诵《金刚经》，当得阿耨多罗三藐三菩提心，信受持诵《弥陀经》，不退转阿耨多罗三藐三菩提心。诸佛设教，不离真俗二谛，真谛明性空，俗谛明缘起，真若离俗，堕为空执；俗若离空，堕为有执。《金刚经》为真谛所摄，《弥陀经》为俗谛所摄，虽分二谛，同诠一心，般若净土，殊途同归。在修行次第上，唐文治认为，当今末法时期，禅观证道不易，净土保任可行，故修习法门应以净土为主，般若为助。② 在社会效用上，唐文治尤为看重佛教遏恶扬善之功效，其言：

> 一切诸恶，以我相为根本，人相、众生相、寿者相等，辗转相因而生，实皆我相之所变。执我既深，种种恶业，遂因而起，纵断杀、盗、淫、妄、贪、嗔、痴等一切诸恶，而未忘我相，是断恶尚未净尽也。纵修慈、悲、喜、舍、戒、定、慧等一切诸善，而犹存我执，是修善尚未

---

① 唐文治：《木道人灵异记》，《唐文治文集》第四册，上海古籍出版社2018年版，第1981—1982页。

② 参看唐文治：《〈金刚弥陀经功德灵验〉序》，《唐文治文集》第三册，上海古籍出版社2018年版，第1532—1535页。

充其量也。是故断恶以破我执为第一。①

一切恶的行为，都源自我执。故要彻底断恶，就要破除我执。佛家讲破除我执，儒家讲"勿意，勿必，勿固，勿我"②，儒佛之共同处即要去除"将有限定的形气之我作为我之全部"的执念。虽然在去除我执的习气之后，如何为善，儒佛之间有不同的看法和途径，但在去除我执上则是一致的。

综合考察唐文治辟佛老和融佛老的态度，则可以发现其中具有一贯的原则，即秉持儒家道德教化的立场。这与唐文治对于鬼神的态度颇为一致，其言：

> 孔子之言，一则曰："鬼神之为德，其盛矣乎！"一则曰："敬鬼神而远之。"由前之说所以敬天神、地祇、人鬼也；故曰："孝弟之至，通于神明。"由后之说所以敬淫祀、逆祀也，故曰："非其鬼而祭之，谄也。"报本反始、破除迷信，二者兼尽，其道广而大矣！③

融鬼神是为了报本反始，辟鬼神是为了破除迷信。同样，在对待佛老上，唐文治亦有类似的考量。在理论层面，唐文治辟佛老，因为佛老之学有害于儒家德性根源的建立，动摇儒家的伦理礼教；而在现实层面，唐文治融佛老，因为佛老之学可以保气养生、神道设教，利于道德教化。

---

① 唐文治：《〈金刚弥陀经功德灵验〉序》，《唐文治文集》第三册，上海古籍出版社 2018 年版，第 1535—1536 页。

②《论语·子罕》。

③ 唐文治：《天地机论》，《唐文治文集》第二册，上海古籍出版社 2018 年版，第 713 页。

第七章　经学诠释

唐文治幼承庭训，课习四书五经。年十七，受业太仓王紫翔，潜心于性理之学，以朱子学为宗，此为其宋学之研修。21 岁就读于江阴南菁书院，师从黄以周，参与编纂《续皇清经解》，由此开启汉学之研修。太仓与江阴的求学经历，奠定了唐文治兼通汉宋的治学风格。

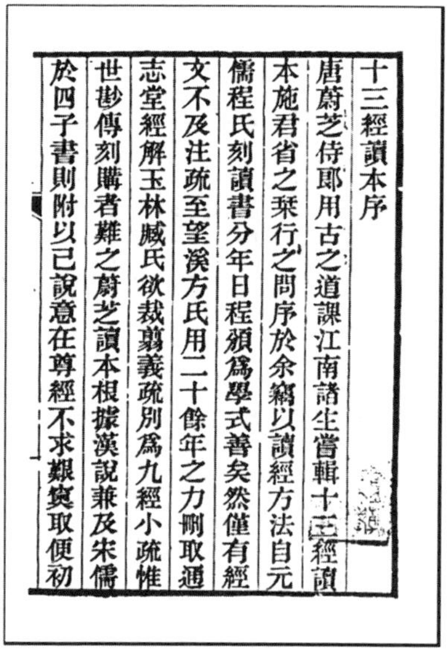

十三經讀本序

唐蔚芝侍郎用古之道課江南諸生嘗輯十三經讀本施君省之栞行之問序於余竊以讀經方法自元儒程氏刻讀書分年日程頒爲學式善矣然僅有經文不及注疏至望溪方氏用二十餘年之力刪取通志堂經解玉林臧氏欲裁翦義疏別爲九經小疏惟世尠傳刻購者難之蔚芝讀本根據漢說兼及宋儒於四子書則附以己說意在尊經不求艱寘取便初

图 7-1　《十三经读本》

唐文治主持无锡国专期间，编撰了《十三经读本》，以供国专学习研读之用。《十三经读本》首列唐文治所撰《十三经提纲》①，该书为《十三经读本》所作之指南，“分卷疏理各经大义、授受源流，并指点文法，意在指导读经，启发后学”②，充分体现了唐文治的经学思想。而《十三经读本》所选诸经之注本，皆为唐文治搜集十余年之精刻版本。《周易》采用朱熹《易本义》，附以黄以周《周易故训订》《周易注疏賸本》《乾坤屯卦注疏》。《尚书》采用孙星衍《古文尚书马郑注》，附以任启运《尚书约注》以及唐文治

① 《十三经提纲》于 1935 年单独辑出，修订重印，作为《无锡国学专修学校丛书》第 5 种出版。

② 彭丹华：《唐文治〈十三经提纲〉初探》，《湖南科技学院学报》2012 年第 3 期。

《洪范大义》。《诗经》采用《毛诗郑笺》,附以陈澧《读诗日录》。三礼采用郑玄注,附以王紫翔《礼记经注校证》。春秋三传采用《乾隆钦定左传注疏》《公羊传何休注》《穀梁传范宁注》。四书采用朱熹《四书章句集注》,附以王紫翔《读孟随笔》以及唐文治的《四书大义》。《孝经》采用黄道周《孝经集传》,附以唐文治的《孝经大义》。《尔雅》采用邢昺《尔雅义疏》。此注本之选择,汉唐而至宋明清,皆有选录,可谓汉宋兼治,同时也收录了唐文治及其老师的经学著作,由此亦可以看出经学体系之历史传承。

《十三经读本》于1923年刻成,此后唐文治又陆续撰写了《诗经大义》《尚书大义》《礼记大义》,以及单篇经学文章与演讲录文稿。这些经学论著,兼顾文章、训诂、义理,合采汉宋治经之精华,共同构成了唐文治经学思想的文献基础。以下将唐文治的十三经研究分为三大类,作一扼要介绍,以明唐先生治经之义。

一、孝经类研究

《汉书·艺文志》将《尔雅》归入“孝经类”,于是《孝经》《尔雅》就列为一类。唐文治认为,《尔雅》论训诂,《孝经》论道德,皆是启蒙正学,两者不可偏废。在唐文治的思想中,由训诂而能明字义,由字义而能明义理。

(一)《孝经》研究

在唐文治的经学研究中,《孝经》是其最为重视一部经典,其言:“《孝经》为群经钤辖,洵笃论哉! 盖天经地义,本教所由生;天理民行,万世不能灭。”[1]孝是一切德行的起点,一切经文所阐述的道理都要以孝为基础。唐文治的《孝经》研究,主要有《孝经大义》《孝经提纲》《孝经救世编》《劝孝编》等。《孝经大义》是唐文治对《孝经》一书的传注,该书多

① 唐文治:《孝经救世编·自序》,《唐文治经学论著集》第六册,上海古籍出版社2019年版,第3947页。

采用郑玄注,辅之以黄道周《孝经集义》之精义。《孝经提纲》则分述授受、大义、微言、实践、诵读,为学习《孝经》之津梁。《孝经大义》《孝经提纲》皆收录于《十三经读本》之中。1936 年,唐文治在无锡国专为学生讲《孝经》,编写《孝经讲义》,后在此基础上编撰《孝经救世编》。此书将《孝经》分为一个宏纲、十四个主题,以此宣讲,为救一时之用,并于 1937 年结集刊出。1942 年,唐文治又将《孝经大义》《孝经救世编》两书撷取精义,合为《劝孝编》,分十二篇,共十一个主题。该书先在上海《新闻报》上连载,后又结集付梓。此外,唐文治还有多篇论《孝经》的文章以及演讲稿。在上述著作中,《孝经大义》《孝经救世编》可谓唐文治《孝经》学的代表作。《孝经大义》载其纲,《孝经救世编》疏其目,《孝经大义》言其大而有助研究,《孝经救世编》涉于浅近而利于传播。这样一纵一横,基本上囊括了《孝经》学的各个方面。综观唐文治的《孝经》研究,其主要特征表现在如下几个方面:

其一,《孝经》分类主旨。唐文治在《孝经劝世编》中采用分类治经之法,列出《孝经》的孝德宏纲,再细分为十四个主题,即不敢毁伤、立身扬名、良知爱敬、法服言行、居则致敬、养则致乐、病则致忧、丧则致哀、祭则致严、移孝作忠、兄弟友恭、扩充不忍、大同盛治、不孝严刑。每个主题后都摘录了诸经中有关该主题的经文,并附以前哲今贤以及唐文治自己的解说。在"孝德宏纲"一章中,唐文治数引孔子、曾子、孟子之言,以点明孝德之宏纲即在孝子之心。余下十四个主题,亦多引先秦儒家经典,融通诸经,以明《孝经》分类之义,为儒家诸经所共奉。此十四个主题,大致依照修身、齐家、治国、平天下之秩序进行排序,以明德行推广扩充之义。

其二,《孝经》群经钤辖。唐文治认为《孝经》可以统领群经。这样的观点,其实与唐文治对于中国哲学元气本体论的理解具有密切的关联。唐文治认为:"人子之于父母,系于悱恻缠绵不可解之天性。故家庭之间,一爱情而已矣,一和气而已矣。和于家庭,而后能和于社会;和于社会,而后能和于政治;惟和于政治,而后能和于光天之下,至于海隅苍生。人情莫不乐生,君子本此悱恻缠绵不可解之性,拨而充之于万民,于是爱情结,和气滋,生机日畅,而千古之人道乃不至于灭息。此孝道之大,所以推诸东海而准,推诸西海而准,推诸南海、北海而准也。"①
天地之间就是和气氤氲变化,此和气之维持与扩充则需要人心之贞定。
人心之贞定又需要由家庭之孝道为开端,由此而能推广至社会、政治、
天下苍生。所谓"孝弟者,仁本,即政本也。俯仰千百年,上契周文,下
道齐桓,圣德霸功,有宜于今者,有不宜于今者,而其归本于孝则一"②。
孝悌是人在生活世界中最初流露出来的德行,是古今变动中恒定不变
的道德基础。其他的伦理道德,唯有在此基础上方能继续生发与扩充。
唐文治言:"孔子志在《春秋》,行在《孝经》。《春秋》深塞逆源,所以诛天
下之乱臣贼子;《孝经》和顺道德,所以培天下之孝子忠臣。"③《孝经》是
正面讲和顺之气的推广,而《春秋》则是从反面堵住不和不顺之气的源
头,从而保证德行可以由家庭家族而持续向外扩充拓展。当时有人批
评儒家思想是家族主义,唐文治对此进行了反驳:"亲亲仁民,仁民爱
物,圣人自有推暨之道。"④儒家并非囿于家庭之爱,而是要由家庭之爱
再逐渐外推。但家庭之爱必然有其重要地位,不能厚此薄彼。反过来,
如果一个人连家人都不爱,何谈爱国爱天下?可见真正的爱国爱天下
必然爱家,爱国爱天下而不爱家是绝不会有的。不主张爱家而极力鼓
吹爱国的人,爱国口号就是他对旁人道德绑架的工具,他自己实际上存
的只是自私自利的心。

其三,《孝经》读经四义。唐文治认为,讲经不可仅仅局限于经文,
更须触类旁通,扩充出浅义、深义、广义、旁义四类。他以《孝经·开宗
明义章》"身体发肤,受之父母,不敢毁伤,孝之始也。立身行道,扬名于
后世,以显父母,孝之终也"一文举例:就"身体"一节之解读而言,"浅言
之,谨言慎行不罹刑罚是也;深言之,保身体即以保心性聪明,父母全而
生之,子当全而归之;广言之,视中国犹一人,普天下皆吾身体发肤,百
姓有一毁伤者,犹吾身体发肤之受毁伤也;又有旁义,《礼记·祭义》篇
曾子曰:'战阵无勇,非孝也,若临阵而畏怯,即大不孝,故不毁伤忠爱之

① 唐文治:《孝经宏纲大用》,《唐文治经学论著集》第六册,上海古籍出版社 2019 年版,第 3972 页。
② 唐文治:《孝经救世编·自序》,《唐文治经学论著集》第六册,上海古籍出版社 2019 年版,第 3948 页。
③ 唐文治:《孝经救世编·自序》,《唐文治经学论著集》第六册,上海古籍出版社 2019 年版,第 3947 页。
④ 唐文治:《孝经救世编·自序》,《唐文治经学论著集》第六册,上海古籍出版社 2019 年版,第 3950 页。

天性,即不毁伤其身体发肤。'孔曰成仁,孟曰取义,正所以为孝。"①就"立身"一节之解读而言,"浅言之,人生最要者在自立,惟立身而后能行道,惟行道而后能扬名也;深言之,父母之名本当显著,惟为子者不能立身行道,而父母之名乃毁,要知所立之身,即父母所传之身,所行之道,即父母所教之道。……广言之,则传嬗道统,教育天下英才,俾之皆立身行道,而吾父母乃大显荣矣;又有旁义,今人但知功名富贵,以为显亲扬名,不知奔竞利禄,取不仁不义之财以养亲,适以贻羞于父母,故立身行道者,先自绝不义之富贵始。"②由上述读经四义之例,大致可知所谓浅义者,乃文字之直接意思。所谓深义者,乃将文字之意思置于经文内在系统中来贯讲,故文意即可由浅而入深。所谓广义者,乃将此义理由一人一时推广至天下万世,而展现出一宏观盛大之境界。所谓旁义者,乃对文字之意思置于经文内在系统中进行推演而导致的表面矛盾进行疏解。此读经四义法,将经文系统由点及面、由浅入深、由狭及广、由正析反地进行了分解与综合的工作,对于全方位掌握经文义理具有极大的帮助。

(二)《尔雅》研究

唐文治本身并不专门从事训诂的研究,但其治经时具有训诂的自觉,经常用字义的解读来窥见文字背后的义理。唐文治的《尔雅》研究,主要集中于《十三经提纲》的《尔雅提纲》,他在该书中通过引用前人时贤的论断来表达自己的思想。概括起来,唐文治的《尔雅》研究大约有以下若干特征:

其一,《尔雅》三变之道。唐文治引用姜兆锡《尔雅注疏参议》"字之言滋也,因名而滋;释之言解也,因义以解。然则字非道,安所生解?非道,安自著耶"③,认为文字本身就蕴含着道,故而能生生不息,不断发展。上古结绳记事,并无文字。后来才有图像,有图像才有书契,有书契才有典籍。而文字的产生,也是不断发展的。就《尔雅》一系的字书

---

① 唐文治:《孝经宏纲大用》,《唐文治经学论著集》第六册,上海古籍出版社2019年版,第3974页。
② 唐文治:《孝经宏纲大用》,《唐文治经学论著集》第六册,上海古籍出版社2019年版,第3974页。
③ 唐文治:《尔雅提纲》,《唐文治经学论著集》第一册,上海古籍出版社2019年版,第220页。

而言,就有三变。《尔雅》最初始于周公。而后继以孔子,增以子夏,益以叔孙通、梁文之徒,此为一变;孔鲋作《小尔雅》,张揖作《广雅》,此为二变;刘熙作《逸雅》,陆佃作《埤雅》,此为三变。因此,"自周公创《释诂》之例,孔子、子夏均有增益。可见《尔雅》并非限定三卷二十篇,且每篇亦并非限定若干条。学问之道日新月益,正赖后人递相推广。"①字本身的滋长生发,有其内在的道理,所格之物越多,名目就越多,理解就越细。这样文字就会滋生,义理就会生长。《尔雅》一系字书的发展,正是人类理解能力、创造能力不断进步的见证。

其二,《尔雅》通于义理。唐文治具有训诂与义理合一的治经主张。他认为《汉书·艺文志》中,《尔雅》附于《孝经》类中非常合理。"据夫《尔雅》与《孝经》非一类,而同一部居者,何也?盖《孝经》,道德之总汇也;《尔雅》,训诂之指归也。古者入小学,先读是二书,所以端修身之本、知文字之源,使道德、训诂合而为一,蒙以养正,皆圣功之基也。"②在唐文治看来,训诂与义理不能两分,而《尔雅》与《孝经》,一明训诂,一明道德,正为蒙童的学习打下最好的基础。

唐文治所作的《释子𠫓》一文,即蕴含着这样的思想。《说文》解释"子"字曰:"子,十一月阳气动,万物滋。人以为称,象形。"③解释"𠫓"字曰:"𠫓,不顺忽出也,从到子。《易》曰:'突如其来如。'不孝子突出,不容于内也。"④唐文治认为,子像婴儿形状,而𠫓像倒着的婴儿形状。如果用母生子为倒生来解不孝,那么每个人的出生都是倒生,岂不人人都是不孝?因此从婴儿倒着出生来解"𠫓"的不孝义并不妥当。唐文治从《易经》十二辟卦的义理出发,认为"子"的意思是,"坤终于亥,乾出于子。子在北方,冬至夜半,一阳初起,生物孳萌,是为箕子,故曰阳气动万物滋。"⑤"箕子"不是指殷人箕子,而是指荄滋,一阳初起时,万物初露萌芽之意。而"𠫓"的意思是,"《离》,南方之卦,为任物之象。以卦气言

① 唐文治:《尔雅提纲》,《唐文治经学论著集》第一册,上海古籍出版社 2019 年版,第 222 页。
② 唐文治:《尔雅提纲》,《唐文治经学论著集》第一册,上海古籍出版社 2019 年版,第 221 页。
③ 唐文治:《释子𠫓》,《唐文治文集》第一册,上海古籍出版社 2018 年版,第 50 页。
④ 唐文治:《释子𠫓》,《唐文治文集》第一册,上海古籍出版社 2018 年版,第 50—51 页。
⑤ 唐文治:《释子𠫓》,《唐文治文集》第一册,上海古籍出版社 2018 年版,第 51 页。

之,自《中孚》推行至《离》,正当夏至之时。离火上炎,而斯时阴气至微,成物未具,一与盛阳牾逆,即𠫤然而生。是故就五行而言,则离为木为火,《白虎通》曰:'木生火,所以还烧其母。此自欲成子之义。'盖自欲成子,则必至于伤母,故谓之不顺不孝,而郑君因以焚如为杀其亲之,此亦指其伤母而言也。"①𠫤是一阴初起,与盛阳牾逆,以阴逆于阳而为不孝子突出,为不容于内也。从五行上看,就木生成了火,火又反烧木,故为不顺不孝。唐文治从阴阳消息上来解"子"与"𠫤",显得更为合理,更揭示了字义与义理的联系,进一步说明了训诂与经义不能相隔。

其三,《尔雅》化俗为雅。唐文治引用刘熙《释名》曰:"尔,昵也;昵,近也。雅,义也;义,正也。五方之言不同,皆以近正为主也。"②又引用刘台拱《论语骈枝》曰:"王者就一世之所宜,而斟酌损益之,以为宪法,所谓雅也。然而五方之俗不能强同,或意同而言异,或言同而声异。综集谣俗,释以雅言,比物连类,使相附近,故曰尔雅。"③俗,有很多差异,无法达到统一。而雅,就是标准。尔雅就是近正,即向标准靠拢。唐文治认为,古人定雅的标准,不是要统一言语,而是要统一文字,其言:"古人之修教也,将以化俗而为雅;而今人之言教也,将以化雅而为俗。古人因言语之不能一,而以文字统一之;今人于文字之统一者扫而除之,于言语之不能统一者强而合之,而不一者更无统一之日。"④所谓文字之统一,是指文言文。言语有时代与地区的差异,但是写作文言文,则无论何地何时之人,皆能看懂。所谓言语之统一,则是依照日常说话而写成的白话文。白话文虽然一时一地容易读懂,但其他时空区域中的读者来读,就容易产生隔阂。所以唐文治认为,古人通过文言文来统一,是将能统一的统一起来;今人要废除文言文主张白话文,则是将能统一的抛弃掉,反而将不能统一的强制统一起来。古人是化俗为雅,今人是化雅为俗。唐文治的见解,坚持了传统精英主义的立场,与同时代流行的白话文运动大异其趣,怀有着守护国粹的拳拳之心。

---

① 唐文治:《释子𠫤》,《唐文治文集》第一册,上海古籍出版社2018年版,第52页。
② 唐文治:《尔雅提纲》,《唐文治经学论著集》第一册,上海古籍出版社2019年版,第223页。
③ 唐文治:《尔雅提纲》,《唐文治经学论著集》第一册,上海古籍出版社2019年版,第223页。
④ 唐文治:《尔雅提纲》,《唐文治经学论著集》第一册,上海古籍出版社2019年版,第223页。

二、四书研究

　　四书包含《论语》《孟子》《大学》《中庸》。四书自南宋朱子提倡后，一直成为儒家最为核心的经典，历代儒者对四书多有注释，学习四书亦成为传统知识分子的必备功课。唐文治自幼学习儒家经典，其在教学生涯中也常讲授四书，可以说四书研究是其经学研究中最为充分的部分。

（一）《论语》研究

　　唐文治的《论语》研究，主要体现在《论语新读本》《论语提纲》《论语大义定本》《论语大义外篇》上。《论语新读本》为唐文治因教学需要而编订的教本，该书节取朱注，并附有大义二十篇，作为"国学启蒙"读物在1915年由长沙湘鄂印刷公司刊出，1916年又在上海工业专门学校发行第二版。《论语提纲》则在《论语新读本·凡例》基础上进行扩充，凡例之"宗旨"扩而为提纲之"大义"，凡例之"文法"扩而为提纲之"文法"，凡例之"注解"扩而为提纲之"授受"，凡例之"分课"删去，而增加提纲之"微言"。由此该书独立成篇，列为《十三经提纲》之一部分。

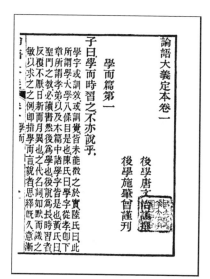

图 7-2　《论语大义定本》

《论语大义定本》则是在《论语新读本》的基础上，参考了明清朱子学者的注释，修订改进而成，于1924年刊出，收录于《十三经读本》之中。《论语大义外篇》乃为《论语》文本流变之甄别，仅存1929年无锡国专铅印本。该书共收录十一篇文章，具有三个层次，"第一层具载《汉志》《隋志》、何晏、皇侃、朱熹等书录序跋原文，为学子接触原始文献提供方便。第二层乃应对疑伪之挑战，就崔适疑经之论，特别作

《辨疑》一篇,质难之,从而全力维护《论语》地位。第三层在前二层之基础上,撰写详尽之《篇次章数表》《研究法表》《参考书目表》,以简驭繁,呈现完整《论语》授受源流与家法承传。"①此书之作,可以帮助学子在文本传承、义理授受上厘清《论语》一书的历史流变,对于学习《论语》具有不可或缺的辅助作用。总体来说,唐文治的《论语》研究,具有以下几个特色:

其一,《论语》诸篇大义。唐文治对《论语》二十篇都撰写了各篇大义。这种研究方法明显受到南朝学者皇侃的影响。唐文治言:"梁皇侃撰《论语义疏》,各篇下皆明其所以相次之义,穿凿颇多,识者病焉。然探其本意,实远宗《易》之《序卦传》,俾学者易识于心,实为汉师授受之古法。"②因而,唐文治对皇侃之不足进行了改善,重新撰写了各篇大义。唐文治认为,《学而》篇之大义为初学。所学之入手处,在于孝悌。为仁之本,从孝悌开始,而失仁之端,则从巧言令色开始。《为政》篇之大义是为政。学而后入政,故《为政》后于《学而》。针对为政之道,则必以立德为先。《八佾》篇之大义为礼乐。该篇发明礼乐之本意,人心作礼乐,礼乐感人心,人心与礼乐相互维系。《里仁》篇之大义,前半篇为求仁,后半篇为学道。仁与道本是一体同源,就其具于心者而言是仁,就其著于事物之当然者而言是道,故《里仁》前半篇皆为志仁、为仁之说,后半篇详言志道、闻道之功。《公冶长》篇之大义为人物品评。该篇论赞者为孔门弟子、列国卿大夫以及古今圣贤,这种写法影响了后世司马迁传赞以及班固《古今人表》的体例。《雍也》篇之大义为诸弟子之事,以明行道之艰难。孔子虽有弟子三千,但不能见用于世,只能徒抱博施济众之愿。《述而》篇之大义为圣门学派和圣人师表。所论学派,则是孔门师生之体用本末;所论师表,则为孔子之威仪动作。《泰伯》篇之大义为教人之道。圣人以忠厚笃实之道教人,并以笃实之学教人,故该篇多以历代圣贤为例,以明力行之意。《子罕》篇之大义为师范与施教,以督责为重。《子罕》与《述而》同论教育,《述而》篇之教育大抵为中人以上言,

---

① 邓国光:《整理说明》,《唐文治经学论著集》第四册,上海古籍出版社2019年版,第1997页。

② 唐文治:《论语篇次章数表》,《唐文治经学论著集》第四册,上海古籍出版社2019年版,第2630页。

《子罕》篇之教育大抵为中人以下言。《乡党》篇之大义为孔子居乡居朝。孔子为摈出使、衣服饮食、辞受取与、居常处变、造次颠沛，皆能合乎中道，故而不入网罗。《先进》篇之大义为孔子用世之心。该篇既记载孔子从先进，而有用世之心，又记载孔门弟子人才之盛，而有用世之事。《颜渊》篇之大义为仁、义、礼、智、信五德。仁为之主，义、礼、智、信为辅。义理相贯，文法相间。《子路》篇之大义为政治。《子路》与《为政》同论政治，《为政》篇之政治重在推原变化，本学术以为治术，多有缓和之辞；而《子路》篇之政治重在敷陈时政，补救当时之失，多有迫切之辞。《宪问》篇其迹似错杂，其义实浑伦。该篇大义所叙之形迹有激励心学、论言行与德与仁、论事君之大义与春秋时之人才、论进德修业之本、论观人处事之法、感叹不遭见用以及论礼等，而内在贯穿之义则为：人能对己有耻，待人有礼，而后观人处世，尚德终身，虽不见知亦不悔也。《卫灵公》篇之大义为明道之标准。孔子是万世之标准，该篇所记孔子，言有道，行有道，为学有道，治心有道，处世有道，以及观人接物，洪纤巨细，莫不有道。《季氏》篇之大义为痛鲁国之所以弱。该篇所言三友、三益、三愆、三戒、三畏，合十五之数，九思又有九畴之象，皆与《洪范》之数相通。《阳货》篇之大义为痛人心风俗之迁流。善在于人心刚柔之际。刚者以柔化之，柔者以刚矫之。周末文胜，故多柔恶，反激为刚。当事者鉴于刚恶，欲矫之以柔，却不以正道，于是色厉内荏，酿成战国之祸。《微子》篇之大义为孔子生平之不遇。孔子叹鲁不能兴鲁，思周公而不能兴周公之礼乐，神游唐虞之朝，梦想大同之治，抱无可无不可之志以终。《子张》篇之大义为孔门弟子进德修业，传道不倦。弟子所学孔子之道，皆得其性之所近。该篇所载孔门弟子子张、子夏、子游、曾子、子贡五人之语录，可开后世学案之先河。《尧曰》篇之大义为圣人讽道之辞。孔子独有道统之承续，却没有治统之权位。由其讽道之辞，隐而可见圣人之志。圣人之统，绝而复续，以待将来。这样的编撰，"发明连章以类排比之义，颇多精思而得之者"①，既厘定了《论语》二十篇的

第七章　经学诠释

① 唐文治：《十三经提纲·论语》，《唐文治经学论著集》第一册，上海古籍出版社 2019 年版，第 200 页。

大义以及相互联系，又对后人《论语》的研习起到了提纲挈领的辅助作用。

其二，《论语》分类主旨。除大义二十篇之外，唐文治将《论语》之主题分为十类："曰学、曰孝、曰仁、曰信、曰政、曰君子小人之辨、曰六艺论、曰教育立品准、曰人心风俗鉴、曰至圣救世不遇略史。"①在此十类中，又以孝、学、仁、政为根本。孝是自小就有的天然的道德情感，由此最宜体悟到仁爱。唐文治特意举出《里仁》篇"父母之年"一章，认为"父母之寿与不寿，系乎人子之孝与不孝也"②。学有浅有深，《学而》篇所言为浅者，《为政》篇"十五志学"章是由浅入深，《雍也》篇颜子"不迁怒，不贰过"则是专主心理，《阳货》篇"好仁不好学"则是专去气质之偏，《子张》篇"仕优则学"是兼政治而言。仁为孝、学所达到的状态，唐文治认为达到仁需要由浅至深三层工夫。第一层是返诸本心，如《述而》篇"我欲仁，斯仁至矣"；第二层是人己一贯，如《颜渊》篇"君子敬而无失，与人恭而有礼"；第三层是仁与本心合一，如《颜渊》篇"非礼勿视、听、言、动"。政，是仁的外在功效，《论语》中的政治学可以分为五层。第一层为爱民之道，如《学而》篇"敬事而信，节用而爱人，使民以时"。第二层为敬心大本，如《宪问》篇"修己以敬"。第三层为明人伦，如《颜渊》篇"君君、臣臣、父父、子子"。第四层为统一心理，如《为政》篇"为政以德"。第五层为本身作则，如《颜渊》篇"子帅以正，孰敢不正"。此外，唐文治还认为《子路》篇"胜残去杀"等为圣门军事学，《子路》篇之"庶富"、《先进》篇之"足民"等为圣门财政学。

其三，《论语》融通他经。唐文治认为《论语》一书，内涵儒家六经之要旨，其言：

> 圣人传道之奥，无行不与之谊，具详于本经，而六艺之要旨，亦散见焉。论《易》如"无大过"一章、"南人有言"一章，可见学《易》不外乎修身寡过。《尧曰》一篇不言引《尚书》，而二十八篇之精蕴，实

---

① 唐文治：《论语分类大纲》，《唐文治经学论著集》第四册，上海古籍出版社 2019 年版，第 2662 页。
② 唐文治：《论语分类要旨》，《唐文治文集》第一册，上海古籍出版社 2018 年版，第 231 页。

已掇其菁华。"思无邪"一语、"诵诗三百"一章、兴观群怨数言,学《诗》之道,有外于是者乎?至孔子谓季氏三章、请讨陈恒一章,所谓讨大夫以达王事也,《春秋》之旨也。《八佾》《乡党》二篇言礼乐详矣,而闻《韶》之不知肉味、《关雎》之洋洋盈耳,皆先进之遗风,至太师挚诸人云散风流而乐谱亡矣。①

儒家六经,《诗》《书》《礼》《乐》《易》《春秋》的精神都在《论语》中得到体现。唐文治认为,在学习宋代儒学的时候,后学者可以先读理学家的语录,再读其著作。同样道理,后学者在学习先秦儒学时,也可以先读《论语》,再学习孔门六经之学。

在解读《论语》诸章时,唐文治注重以经释经,融通各经之要旨。融通之法,有本经前后贯穿之融通,比如《学而》篇末章"不患人之不己知,患不知人也",唐先生谓此章与《学而》篇"人不知而不愠,不亦君子乎",《尧曰》篇"不知言,无以知人也"相应。有多经相互贯穿之融通,比如《泰伯》篇"民可使由之,不可使知之",历来多有诋讥其为愚民之策,唐先生举《尚书·盘庚》"不匿厥指",《诗·小雅·节南山》"俾民不迷"为理据,反诘云:"圣人岂不欲使民知哉?其不能使知之者,理也、势也。"②理是形而上的,民未必能体悟通透;势虽是形而下,但"苟知其偏不知其全,则徒滋议论,而政治为之掣肘"③,故某些政令在特殊时期亦不方便公布。唐文治这样的解读,利用不同经典文献的互证,有理有据地驳斥了愚民说,同时也合理地说明了"不可使知之"的理由。

在《论语》诸章的注释中,唐文治参考了多种书籍,有汪武曹《四书大全》、陆清献《松阳讲义》、李文贞《论语札记》、黄薇香《论语后案》、刘楚桢《论语正义》。唐文治一生服膺朱子,故笺注多引朱熹《集注》,标为"朱注",其他则标为"某氏曰"。在引述众说之后,多有"愚案"申述己意,或补充,或发挥,期使将经典原意发扬光大,其中不乏独抒己见者。

---

① 唐文治:《十三经提纲·论语》,《唐文治经学论著集》第一册,上海古籍出版社 2019 年版,第 202 页。
② 唐文治:《论语大义定本》,《唐文治经学论著集》第四册,上海古籍出版社 2019 年版,第 2220 页。
③ 唐文治:《论语大义定本》,《唐文治经学论著集》第四册,上海古籍出版社 2019 年版,第 2220 页。

如《子罕》篇"颜渊喟然叹曰:仰之弥高,钻之弥坚,瞻之在前,忽焉在后"一句,在前在后,究为何物,朱子解为"恍惚不可为象"。唐文治独出新意,解作:"盖道不过中庸而已。颜子初学时,觉中庸之道难能,致知力行,总觉未能适合,故有此叹,非'恍惚之象'也。"①原来朱子的解读,将"在前在后"解为孔子之道无穷尽、无方体,是道体的客观描述;而唐文治则将之解为颜渊修行中的不足,是颜渊的主观描述。综合上下文来看,唐文治的解读似乎更为贴切文意。

(二)《孟子》研究

唐文治的《孟子》学具有较深的渊源。唐文治18岁即读《孟子》,后师从太仓名儒王紫翔先生,摘录汪武曹《四书大全》,并将王紫翔讲授《孟子》的笔记整理为《读孟札记》。唐文治关于《孟子》学的研究著作,主要有《孟子新读本》《孟子大义》《孟子救世编》。《孟子新读本》为唐文治任职上海南洋公学期间编写的《孟子》教材,并于1917年由上海工业专门学校刊印。该书以朱子《孟子集注》为基础,兼采各家注释,并附圈点与评语。同时,对《孟子》七篇每篇皆撰写大义,贯讲各篇义理。《孟子大义》则是对《孟子新读本》的删减本。唐文治因编撰《十三经读本》,将《孟子新读本》中文法部分删去而成《孟子大义》,又将《孟子新读本·凡例》改题为《孟子提纲》,单列于《十三经提纲》之中,于1923年在无锡国专刊出。故《孟子大义》《孟子提纲》皆出自《孟子新读本》。《孟子救世编》乃唐文治对于《孟子》一书的分类衍义之作。唐先生原打算撰写《孟子分类简明读本》一书,将《孟子》文本进行分类研究,部分章节已刊于1940年《交通大学演讲录》之中,但苦于时局动荡,未能正式出版。1947年,唐文治将《孟子分类简明读本》重新整理,定名为《孟子救世编》,由门人集资刊出。总体来说,唐文治的《孟子》研究方向,主要有以《孟子大义》为代表的传注式研究与以《孟子救世编》为代表的分类式研究两类,其治学特征分别体现在以下几个方面:

---

① 唐文治:《论语大义定本》,《唐文治经学论著集》第四册,上海古籍出版社2019年版,第2247页。

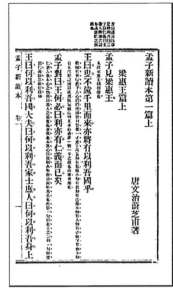

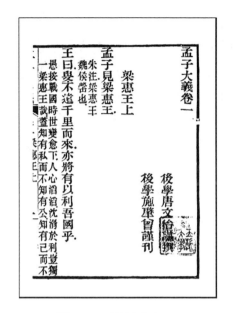

图 7-3 《孟子新读本》　　　　　图 7-4 《孟子大义》

　　其一，《孟子》诸篇大义。唐文治对《孟子》七篇的大义进行了总结提炼，他认为，《梁惠王》篇之大义为义利之辨。人君心术之大害，士大夫心术之大害，皆为嗜利而忘义。天下惟专利之君，必有嗜利之臣，故全篇以人臣出处去就作结。《公孙丑》篇之大义为去就之节。孟子备知言养气之学，持志养心，为卿于齐，而不被所用。道既不行也，故仕而不受禄，遂生去志。《滕文公》篇之大义为治国之道。孟子有井田、学校之制，能审天下之音，屏虚务实。而许行、陈仲子、张仪等人则如楚人南蛮之咻，声恶而乱是非，天下士大夫皆下乔木而入幽谷。孟子不得已之辨，在于善审天下之音，以息天下之恶声。《离娄》篇之大义为至诚之道。诚是纯一无伪，天地之生理，生民之生气，宇宙之内，家庭之际，政治之设施，无非至诚之精神。诚者，天之道；思诚者，人之道。思诚，而人道乃不至于灭亡。《万章》篇之大义为保民之道。命为天之最贵，由民命而有民权。贵卿易位、禅继之喻，皆所以明王权之所由来。神器之权，实归于天下人之公，故君权出于民权。君之职分，在于保民。《告子》篇之大义为心性之学。前六章发明性善，后数章发明本心。本心之失，在于陷溺，故示人以求放心之学。此外，再杂记交际出处与政治大纲,以明性善之见用。《尽心》篇之大义为教育学与政治学。教育需要根于性理,政治亦需要根于性理。淑政治、传性理、开万世之教育,其在斯人。唐文治对于七篇的总结,提取了《孟子》的核心精神,在错综复杂的文献中厘出一条脉络分明的线索,足以帮助后学者领会《孟子》一书的要义。

其二,《孟子》分类主旨。唐文治提倡读经救世,而读经中又以读《孟子》为要。为便于《孟子》的普及,唐文治撰写《孟子救世编》,将经文按照主题进行分类。正文分为十类:"曰孝弟学,曰尊孔学,曰贵民学,曰心性学,曰政治学,曰教育学,曰气节学,曰雄辩学,曰论战学,曰《周易》学。"①每类先有题辞,以示本类主旨;后附《孟子》诸章选文,以便后学者分类攻读。孝悌乃为仁之本,孟子申之以孝悌之义,故唐文治以《孟子孝弟学》居首。孔子之道,曰仁与义,乐天畏天,严辨君子小人。孟子继而申之,故唐文治作《孟子尊孔学》。孟子主张民贵君轻,提倡民权、开化民智、爱民救民,故唐文治作《孟子贵民学》。孟子心性之说上继孔子,以训练知觉为要,下开程、朱、陆、王等学说,陶铸圣人,昌盛国运,故唐文治作《孟子心性学》。孟子以人道言政治,以不忍人之心行不忍人之政,故唐文治作《孟子政治学》。孟子所论教育,有家庭教育、性情教育、道德教育。唐文治进而提出孟学为体以求其纯,科学为用以求其精,故作《孟子教育学》。气节即为气骨,有气骨则能严分辞受取与。孟子继孔子、子思之精神,而有泰山岩岩之气节,故唐文治作《孟子气节学》。战国之时,百家蜂起,邪说纷杂。孟子专宗孔子,辞而辟之,故唐文治作《孟子雄辩学》。诸侯争地以战,百姓惨遭荼毒。孟子讨论战争的正义性原则,预言不仁者而得天下未之有也,故唐文治作《孟子论战学》。孟子首言仁义同于《周易》"立人道"之义,孟子言"日夜所息,平旦之气"同于《周易》盈虚消息之义,故唐文治作《孟子周易学》。除《孟子救世编》之外,唐文治还作《孟子文辞学》阐明《孟子》文章之法度,《孟子外交学》阐明师法文王行仁、勾践用智之道,《孟子社会学》阐明交友成德之道,《孟子大同学》阐明儒家理想世界。

---

① 唐文治:《孟子救世编》,《唐文治经学论著集》第六册,上海古籍出版社 2019 年版,第 3524 页。

其三,《孟子》融通他经。唐文治认为《孟子》通于《周易》,其言:"余尝谓《孟子》不言《易》,而七篇中多寓有《易》理。昔人谓善《易》者不言《易》,岂不信欤?"①唐文治找出九条依据,认为《孟子》之所言与《周易》之义理相通。比如《孟子·尽心》篇"人之所不学而能者,其良能也;所不虑而知者,其良知也",就与《周易·系辞传》"乾以易知,坤以简能。易则易知,简则易从。易知则有亲,易从则有功。有亲则可久,有功则可大。易简而天下之理得矣"相通。唐文治认为:"'乾以易知',即《孟子》所谓'良知'也。'坤以简能',即《孟子》所谓'良能'也。'易简而天下之理得',即《孟子》所谓'达之天下'也。"②《易经》从天地存在的客观性上讲先天的知能,而《孟子》从人的存在的主体性上讲先天的知能。在中国传统思想天人合一的语境下,唐文治判断这种客观性与主体性必然合而为一。由此例可见,唐文治的融通比较并非仅仅在言语的相似性上寻找两部经典的一致性,而是深入到经典的内在义理中去寻找两者的一致性。这种义理上的融通,正是唐先生对经典理解精深的表现。

(三)《大学》研究

唐文治的《大学》研究,主要为《大学大义》一书。该书初稿起草于1907年,至1916年初刻,原来题名为《大学新读本》。1923年刊刻《十三经读本》时,将《大学新读本》略作增补,更名为《大学大义》,而《大学新读本》序文后的《读大学提纲》则改题《大学提纲》,附于《十三经提纲·礼记》之后。此外,唐文治关于《大学》的单篇文章,还有《大学讲记》《大学全体大用》《古本大学微言》《大学格物定论》等。从上述研究来看,唐文治的《大学》研究有以下几个特征:

其一,《大学》文本辨析。唐文治所用《大学》文本,以《礼记》原本为准,而不取朱子改本。在注释上,唐文治并不迷信朱子的注释,而是以审慎辩证的态度视之。一方面他批评朱子变乱旧章,故多取郑注,"朱

---

① 唐文治:《孟子通周易学论》,《唐文治文集》第一册,上海古籍出版社2018年版,第159页。
② 唐文治:《孟子通周易学论》,《唐文治文集》第一册,上海古籍出版社2018年版,第163页。

子强分经传，后人多加訾议。……夫以意说经，已违先儒家法，况以意改经乎？况颠倒其次序乎？故此书以郑注本为正，不分经传，以免改经之诮。"①另一方面，他又客观地认为朱注仍旧具有其合理性，"朱子分经传，虽与古本不合，然其注之质实简明，非他人所能及。"②因此，唐文治在《大学大义》里，一变他在其他读本中以朱注为主的惯例，而是以郑注为主，朱注为次，同时还罗列了孙夏峰、刘蕺山、顾亭林、陆桴亭、李二曲、陈兰甫等人的注释。在解读上，唐文治并不以朱注为归。比如朱子改"亲民"为"新民"，唐文治却引用王阳明的说法，认为"'亲民'应从古本，不必改字"③。朱子作《格物补传》，唐文治又认为并无作补传的必要，"《补传》云：'大学始教，必使学者即凡天下之物，莫不因其已知之理而益穷之。'窃恐本经无此意义。"④在唐文治看来，"格物"之物，就是"物有本末"之物，包含了心、身、家、国、天下。格物就是诚意由心而推至身、家、国、天下。郑注"其知于善深，则来善物；其知于恶深，则来恶物"与《孟子》"反身而诚，万物皆备于我"，都是归本于诚意，与此格物之旨相合，而朱子"尽穷天下事物之理"并不合乎格物原义。

其二，《大学》格物定论。《大学》"格物"二字的解读，历来说法纷纭，莫衷一是。唐文治在这个问题上，不采朱子的格物说，而是从王心斋、刘蕺山的格物说入手，并对之作出了新的发展。首先，对于物的理解，唐先生由"淮南格物"入手，将物解读为"身、心、意、知、家、国、天下皆物也"⑤。此物兼具内外而言。"盖格物之学，当知内外之辨。心、意、知，内也。身兼内外者也。家、国、天下，外也。"⑥心、意、知，是内在的物，而家、国、天下是外在的物。身若就工夫之主体上看，就是内在的物；若就工夫之对象上看，则是外在的物。内在之物与外在之物是一体的关系，没有单独存在的内在之物，也没有单独存在的外在之物。讲到内，必有外，而讲到外，必有内。郑君注"知于善深则来善物，知于恶深

---

① 唐文治：《十三经提纲·大学》，《唐文治经学论著集》第一册，上海古籍出版社 2019 年版，第 143 页。
② 唐文治：《十三经提纲·大学》，《唐文治经学论著集》第一册，上海古籍出版社 2019 年版，第 144 页。
③ 唐文治：《大学大义》，《唐文治经学论著集》第三册，上海古籍出版社 2019 年版，第 1741 页。
④ 唐文治：《十三经提纲·大学》，《唐文治经学论著集》第一册，上海古籍出版社 2019 年版，第 143 页。
⑤ 唐文治：《〈大学〉格物定论》，《唐文治文集》第一册，上海古籍出版社 2018 年版，第 148 页。
⑥ 唐文治：《〈大学〉格物定论》，《唐文治文集》第一册，上海古籍出版社 2018 年版，第 147 页。

则来恶物"是兼内外而言之。其次,对于格的理解,唐文治接受阮元的解读,主张格包含度量与至止的意思。"量度,知也;履而至之,经历家、国、天下之事,行也。知行必须合一,若徒知不行,空言无补,实吾国学者之大弊。"①格就是知行合一,将道德践履从自身扩展到家国天下的过程。再次,上述过程中,格物是总领,包含了致知、诚意、正心、修身、齐家、治国、平天下的内容。唐文治解读致知,认为"来物虽属在外,而善恶之自知,实根内心而出"②。此处致知的理解,是感物而动,纯粹为一个客观的陈述,这是做工夫的前提。所谓诚意,则是"发于好恶之正"③,也就是说在此处做"好善恶恶"的工夫。唐文治认为:"八条目以修身为本,修身以诚意为本。"④诚意之诚与伪,决定后续发动的善与恶,故为人禽之界。所谓正心,即"养其天命之性,斩其利欲之私也"⑤。意之发动,在具体的事件内,既可由义的坚持,又有利的引诱。做好义利之辨析,坚持义的方向,就是正心。所谓修身,就是将无形而难见的所诚之意与所正之心,表现在有形而可见的形貌行动上。所谓齐家,就是在家的范围内的道德实践合乎人伦。而此人伦,则以"孝道为大本"⑥。所谓治国,就是在国的范围内的道德实践合乎国情之实际,合乎礼乐之规范。所谓平天下,就是以絜矩之道平施天下人之人心。以上致知、诚意、正心、修身、齐家、治国、平天下,虽然由内向外逐个分解而论,但事件的真实发生却是内外俱起的。说内的时候,外的事物已经存在;说外的时候,内的工夫也已经存在,故在践履时,则是内外兼修,同时并进。

在唐文治所处的时代,西学东渐,西方所传的现代科学技术亦多为中国人所学习。时人多以格致之学称呼科学技术。在唐文治看来,科学技术属于艺。一方面,中国传统的格致之学在理论上应该包含了科学技术,所谓"非道无以植体,非艺无以利用,格物之学皆在焉,岂容偏

① 唐文治:《〈大学〉格物定论》,《唐文治文集》第一册,上海古籍出版社 2018 年版,第 149 页。
② 唐文治:《〈大学〉格物定论》,《唐文治文集》第一册,上海古籍出版社 2018 年版,第 149 页。
③ 唐文治:《〈大学〉格物定论》,《唐文治文集》第一册,上海古籍出版社 2018 年版,第 149 页。
④ 唐文治:《古本〈大学〉微言》,《唐文治文集》第一册,上海古籍出版社 2018 年版,第 241 页。
⑤ 唐文治:《〈大学〉格物定论》,《唐文治文集》第一册,上海古籍出版社 2018 年版,第 151 页。
⑥ 唐文治:《〈大学〉格物定论》,《唐文治文集》第一册,上海古籍出版社 2018 年版,第 152 页。

废？"①另一方面，科学技术只是传统格物学的组成部分，并非其全体，故"谓《大学》之格致，足以该科学则可，而谓西人之科学，足以尽《大学》之格致则不可。"②唐文治所诠释的可以容纳科学技术的格致之学，是在道德精神的指引下，利用科学技术来开物成务、经世济民的学问，而非纯粹为科学而科学、为技术而技术的学问。

其三，《大学》融通他经。唐文治提出《大学》乃文王之教，《大学》中出现的"仁、敬、孝、慈、信"，"孝、弟、慈、仁、让"，"絜矩、忠信、好仁、好义"等德目，皆为文王之道的体现。《尚书》叙文王之德莫详于《康诰》，而《大学》引《康诰》"克明德"，"作新民"，"如保赤子"，"惟命不于常"。《诗经》颂文王之德莫详于《文王》，而《大学》引《文王》"周虽旧邦，其命惟新"；"穆穆文王，於缉熙敬止"；"殷之未丧师，克配上帝"。从这一方面上看，《大学》融通《尚书·康诰》《诗经·文王》的精神。旧说曾子作《大学》。孔子传曾子，曾子传子思，子思传孟子。孟子传曾子之道，故《孟子》七篇又有发明《大学》之义。《孟子》中"人有恒言，皆曰天下国家。天下之本在国，国之本在家，家之本在身。所谓壹是皆以修身为本也。于所厚者薄，无所不薄也"；"万物皆备于我矣，反身而诚，乐莫大焉。强恕而行，求仁莫近焉"，概括了《大学》全书之旨。而"万物皆备于我"就是讲格物之本，"反身而诚"就是讲修身以诚意为本，"强恕而行"就是讲絜矩之道。《大学》一书以辨义利终，而《孟子》一书以辨义利始。两书遥遥相印证，具有一脉相承的师法。

（四）《中庸》研究

唐文治的《中庸》研究，主要著作为《中庸提纲》《中庸大义》。《中庸大义》在1917年编成，后收录《十三经读本》之中，《中庸提纲》亦附于《十三经提纲·礼记》之后。此外，复有1933年《〈中庸·天命章〉五辨》的单篇文章，1935年在无锡国专讲授的《中庸讲记》等。由上述的著作归纳，可以得出唐文治《中庸》研究的几个特征。

---

① 唐文治：《〈大学〉格物定论》，《唐文治文集》第一册，上海古籍出版社2018年版，第158页。
② 唐文治：《〈大学〉格物定论》，《唐文治文集》第一册，上海古籍出版社2018年版，第158页。

其一，《中庸》分章辨析。唐文治对比了郑玄与朱子所分《中庸》文本，认为郑玄的分章有三处错误。一处是将"索隐行怪"章与"君子之道费而隐"章并为一章，显得行文累赘；一处是"衣锦尚䌹"附于上章，丧失了引《诗》作结的特征。一处是将"声色之于以化民，末也"另起一章，割裂了前后一贯的文义。相较之下，唐文治认为朱子的分章法最为妥当，故其《中庸》文本则从朱子之分章。

其二，《中庸》救世大义。唐文治的经学研究，无不有淑世的企向，而其治《中庸》亦同样充满着强烈的现实关怀。唐文治在其《〈中庸大义〉序》里，叙述了《中庸》推本天人、为孝立诚、崇礼敏政、平治天下的道理。这是由道德形上学逐步下贯，由心性学而至伦理学、政治学的理论梳理。而在晚出的《中庸讲记》中，唐文治更为提纲挈领地勾勒出《中庸》救世的深浅二义。从浅层上说，"性不离气质而言，否则流为空虚矣。盖离气质必溯先天，溯先天必自人物。……气质有阳刚，有阴柔，若不归之于中，阳刚则流于偏激，阴柔则渐于畏葸……能中则能柔以克刚，刚以克柔矣。"[1]性理的存在，必然落实在气质中，而气质不免有阴阳刚柔，各有所偏，这就需要变换气质的工夫，使之达到中正平和。从深层上说，"陶淑国性，必先陶淑民性。……国性淑，则志气塞乎天地之间。……人心能如此，天下平治。"[2]在中正平和的基础上，民众的志气可以观照到天地万物，促成对天地万物持续不断的改进，这样就能达到平治天下的效果。

其三，《中庸》融通他经。《中庸》相传为子思子所作，《易传》相传为孔子所作，《大学》相传为曾子所作。孔子传曾子，曾子传子思子，故《易传》《大学》皆与《中庸》相通。就《易传》与《中庸》的关系上，唐文治梳理了《易传》与《中庸》天人之道相通之九例：一、上经首《乾》《坤》言天道，下经首《咸》《恒》言人道；《中庸》常兼天道、人道而言。二、《易》以山、泽、雷、风、水、火子天地[3]；《中庸》则言至诚无息。三、《易》言"遁世无

---

[1] 唐文治：《中庸讲记》，《唐文治经学论著集》第三册，上海古籍出版社 2019 年版，第 1990—1991 页。

[2] 唐文治：《中庸讲记》，《唐文治经学论著集》第三册，上海古籍出版社 2019 年版，第 1991 页。

[3] 所谓"山、泽、雷、风、水、火子天地"，意为乾天坤地为父母，生出艮山、泽兑、雷震、风巽、水坎、火离，此句之义为天地之道，生生不息。

闷,不见是而无闷";《中庸》则言"遁世不见知而不悔"。四、《易》言"庸言之信,庸行之谨";《中庸》则言"庸德之行,庸言之谨"。五、《易》言"素履之往,独行愿";《中庸》则言"素其位而行,不愿乎其外"。六、《易》言"学以序之,问以辨之,仁以行之";《中庸》则言"博学之,审问之,明辨之,笃行之"。七、《易》言厚德,言恒久;《中庸》则言博厚,言悠久。八、《易》言致一;《中庸》则言不贰。九、《易》言"与鬼神合其吉凶","知鬼神之情状";《中庸》则言"体物而不可遗","质诸鬼神而无疑"。上述九例,皆能阐述"天道之奥,人道之本"①,揭示了作为两经通义的天人之学。就《大学》与《中庸》的关系上,唐文治认为:"《大学》《中庸》二书,相为表里。《大学》言明德,《中庸》言天命之性;《大学》言慎独,《中庸》亦言慎独;《大学》言修身以诚意为本,《中庸》言修身亦以至诚为本。盖曾子、子思子一脉相传。"②针对《大学》言心不言性,《中庸》言性不言心的说法,唐文治认为《大学》"明德"即性也,《中庸》"喜怒哀乐未发之谓中"即心也。心性不能相离,《大学》《中庸》两经有所详略,是时代不同的缘故,并非有根本的差异。

三、五经研究

五经包含《周易》《尚书》《诗经》《礼记》《春秋》。四书侧重于义理的直接表达,而五经则是通过先秦历史文化间接表达此义理、运用此义理。故理解四书多为道德理论、道德实践上的事,相对比较简洁易晓,而理解五经若缺乏先秦历史文化知识,则难以从事态之曲折中进一步解其深义,故学习五经需要更多的知识储备。在传统的学习中,学生先学四书,再学五经。唐文治在其《读经条议》一文中,亦主张四书、《孝经》可以放在小学、中学阶段来学习,而《周易》《尚书》《礼记》等应置于专科或大学阶段来学习。

---

① 唐文治:《中庸大义》,《唐文治经学论著集》第三册,上海古籍出版社 2019 年版,第 1846 页。
② 唐文治:《十三经提纲·中庸》,《唐文治经学论著集》第一册,上海古籍出版社 2019 年版,第 147 页。

(一)《周易》研究

唐文治的《周易》之学深受南菁书院的老师黄以周的影响。黄以周注重汉学,而唐文治又通宋学,故唐文治的《周易》研究是汉宋兼采,其主要的《周易》研究著作有《周易提纲》《学易绪言》《易微言》《周易消息大义》《学易反身录》。其中,《周易提纲》《学易绪言》《易微言》三书编入《十三经提纲》之中,而《周易消息大义》《学易反身录》两书撰写较晚,未及编入《十三经读本》,曾于1934年作为《无锡国学专修学校丛书》单独刊出。抗战时期,唐文治在上海讲授《周易》,著成《周易忧患九卦大义》一书,收录于《茹经堂新著》之中。除专著外,唐文治尚有《读周易大纲》《学易入门录》《论周易君子教育》《周易天命学》《周易保民学》《周易积善学》等单篇文章存世。这些单篇文章是唐文治《周易》分类研究的初步成果,可惜最终未能成书。综观唐文治的《周易》研究,其有以下若干特征:

其一,《周易》消息大义。儒家传统认为,天地万物皆为元气氤氲化生。而《周易》描述了万物这种根本性的变化。人处在天地万物之中,需要从此变化中获得道德教诲,并付诸人生实践。《周易》中的消息,是指卦爻阴阳变化。阴爻来阳爻去为消,阳爻来阴爻去为息。一卦为六爻。全部是阳爻为乾卦,诸爻由阳逐次变阴,可得五卦;全部是阴爻为坤卦,诸爻由阴逐次变阳,可得五卦。如此可得十二消息卦,即乾、坤、复、临、泰、大壮、夬、姤、遁、否、观、剥。此十二消息卦,"乾盈为息,坤盈为消,其实乾坤两卦十二画周流六位也。……观乎此,而四时之递嬗,意念之善恶,事物之变迁,君子小人之消长,世运之循环,举可知矣。"① 十二消息卦的周而复始,代表着天道的周流变化。而研究此十二消息卦的卦象与爻辞,则可以领悟天道变化的道理。由于人与人所处之事,全部包含在天地万物之中,可谓部分与整体的关系,故任何部分的理解都不能离开整体的观照。唐文治研究卦爻、爻辞也秉持如此的观念,"治《易》者,凡释卦爻中之一辞,则当就一爻统言之,至释卦中一爻之

---

① 唐文治:《周易消息大义》,《唐文治经学论著集》第一册,上海古籍出版社2019年版,第277页。

义,则当就全卦统观之,盖必能明全卦之义,然后解一爻之义方能确凿。"①辞是爻的部分,爻是卦的部分,故解读爻辞,皆要考虑整体的定位。

其二,《周易》义理分类。唐文治曾撰有《周易天命学》《周易积善学》《周易保民学》。《周易天命学》的主要内容大致为:天道生生不息,个人禀赋有差等,但无论是出于自然,还是出于勉力,最终都能达到以心法天、自强不息。以心法天,必然心灵持敬,选择天命之性理,从而生起善念、实践善行。《周易积善学》的主要内容大致为:善与不善之念,其几藏于一心。由个人的道德选择最后决定人的善行与恶行,导致善恶之气的消长。但是天道无私,气有所感,必然会有善庆恶殃的结果。《周易保民学》的主要内容大致为:为政者需要敬德保民,达到君民一体,爱民惜民,养民教民,振民育德,培育人才,因时变通。此三篇贯彻了读经分类之法,虽然篇幅短小,但已可略见唐文治《周易》分类之要义。《周易天命学》是形上学,奠定了为善的本体基础;《周易积善学》是伦理学,规范了人的道德行为;《周易保民学》是政治学,导向了儒家的王道政治。

其三,《周易》世界构造。唐文治以《周易》构建了儒家的世界观,"夫盈天下皆道,则盈天下皆易。内而念虑之细,外而酬酢之繁;大而伦常之间,小而起居之际,莫不皆有易道焉。君子善用之以吉,小人不知用之而凶且悔吝。"②在此世界观中,事无巨细,皆是体用一如、心境相配。从体用上说,《周易》有交易、变易、不易之说。不易为人心之性理。交易、变易为具体之势态。理一而分殊,不易正从交易、变易中见。从心境上说,人事之吉凶悔吝,源于人心之喜怒哀乐相配而成。心喜而事吉,但喜过则伤生,心为气之奴,故由喜转怒,由吉转凶,于是心怒而事凶。怒而生哀,凶而生悔,于是心哀而事悔。哀者清明之气,两军相见哀者胜,故又由哀而生乐,乐而不止,故又生羞辱之吝,是为心乐而事吝。此一说,通过人的主体实践将人心与外境联系起来。当喜怒哀乐

---

① 唐文治:《〈易·屯〉二爻辞义》,《唐文治文集》第一册,上海古籍出版社 2018 年版,第 19—20 页。
② 唐文治:《易微言》,《唐文治经学论著集》第一册,上海古籍出版社 2019 年版,第 59 页。

未发之时，则为卦画未成爻之时；喜怒哀乐已发，则为卦画已成爻之时。六十四卦三百八十四爻，皆是发而皆中节。在这样的世界中，心的选择就十分重要。唐文治说："人生天地间，无论为长为少、为贵为贱、为智为愚、为贤为不肖，且无论为政治、为学术、为事业、爵昼夜回团、幼老递变，无时不在吉凶悔吝之中，即无时不在六十四卦三百八十四爻之中。圣人慎焉，以此洗心，退藏于密。……古圣人经历世故，既竭心思知以藏往，示人以阳息阴消进退得失之道，而世变人情、国家安危、存亡治乱，毕具于斯。天道恢恢，岂不大哉！"[①]圣人在此世界中，可以察出世界变动之几，感悟到天命之性，故能发而皆中节，为众人作出表率。众人也应该由之奋发而起，各得其性命之正。

其四，《周易》融通他经。敬天命是唐文治《周易》学之核心。唐文治认为，《文言传》"先天天弗违，后天而奉天时"，乾道之自强不息，坤道之敬以直内，都是在言敬天命。这样的敬天命，不但表现在泰、否、大有、无妄、革、鼎、姤诸卦上，更是先秦儒家一脉相承的历史传统。唐文治以之推证诸经。尧敬天命，则曰"钦若昊天"。舜敬天命，则曰"敕天之命"。汤敬天命，《诗经·长发》曰："汤降不迟，圣敬日跻。"文王敬天命，《诗经·大明》曰："有命自天，命此文王。""维此文王，小心翼翼；昭事上帝，聿怀多福。"周公、召公敬天命，《尚书·召诰》篇曰："若生子，罔不在厥初生，自贻哲命。"孔子敬天命，则曰："君子畏天命，小人不知天命而不畏也。"孟子敬天命，曰："畏天者保其国。"唐文治的梳理工作，将敬天命贯穿了先秦儒家经典，成为融通诸经的一条主线。

(二)《尚书》研究

唐文治的《尚书》研究主要有《洪范大义》《尚书提纲》《尚书大义》。《洪范》是《尚书》中的一篇，叙述了箕子向周武王传授的天地之大法。唐文治研究《尚书》先治《洪范》，再由《洪范》扩充至整本《尚书》。《洪范大义》成书于1923年，该书分为传注、政鉴、析疑三部分。传注是对《尚

---

① 唐文治：《〈周易〉洗心寡过大旨》，《唐文治经学论著集》第一册，上海古籍出版社2019年版，第591页。

书·洪范》的字义注解与文意释读,为经学诠释的传统体式。政鉴是全书重心,将九畴分为《五行篇》《五事篇》《八政篇》《五纪篇》《皇极篇》《三德篇》《稽疑篇》《庶征篇》《五福六极篇》九篇分别论述,全面反映了唐文治以儒家政治学解读《洪范》的特色。析疑是辑录史上研究《洪范》之代表作,以之厘清《洪范》的一些疑惑,比如朱子《皇极辨》驳斥皇极为大中,而训皇极为标准;苏洵《洪范论》破除五行家之谬误;王夫之《尚书引义·洪范篇二》以人治之正德、利用、厚生解读五行,《钦定四库全书提要》三则通过反例来说明经文不能轻易改动。《尚书提纲》为《十三经提纲》之一部分,分为《道政事》《辨真伪》《审文法》三部分。《洪范大义》与《尚书提纲》皆收录于《十三经读本》之中。《洪范大义》分为内编与外编两部分。内编诸章梳理尚书各篇大义,外编则是考订《尚书》古今源流。该书于1928年由无锡国学专修学校刊出,未收录于《十三经读本》之中。综观唐文治的《尚书》研究,主要具有以下几个特征:

其一,《洪范》九畴关联。唐文治的《尚书》研究,撰写《洪范大义》在《尚书大义》之前。唐文治不但在《尚书大义》中保留了《洪范大义》部分内容,而且在《尚书应读书目表》中称《洪范大义》"'政鉴'最可采"[1],可知唐文治对于《洪范大义》之研究颇有心得。《洪范大义》最为核心的地方是第二部分"政鉴"。该部分对于箕子所献之洪范九畴逐个进行梳理,发明其精义。唐文治说:"畴者,类也。九畴者,分类之学也。分类精而措施当,措施当而天下平矣。"[2]九畴就是治理天下的九个方面,分别为五行、五事、八政、五纪、皇极、三德、稽疑、庶征、五福六极。"盖九畴以五行、五事、八政、五纪为'体',以三德、稽疑、庶征、五福六极为'用';而体之中,又以五事为本;用之中,又以三德为本。王中心无为,以守至正,由是皇建有极,庶民锡汝保极,无淫朋之比,无偏党之私。"[3]九畴之中,皇极、五事、三德最为关键。《皇极篇》重在讲明公好公恶之标准,反对结党营私的作好作恶,树立了政治的根本大道,立于九畴之

---

① 唐文治:《尚书大义·尚书应读书目表》,《唐文治经学论著集》第二册,上海古籍出版社2019年版,第1067页。

② 唐文治:《〈洪范大义〉序》,《唐文治经学论著集》第二册,上海古籍出版社2019年版,第721页。

③ 唐文治:《〈洪范大义〉序》,《唐文治经学论著集》第二册,上海古籍出版社2019年版,第722页。

中。《五事篇》重在说思,"思者立心之大本"①,"一心者,身之主也,放焉荡焉,非自由也,盖自有法则焉。一心在法则之中,持志养性,则真自由矣"②。心具有秉持太极与反对太极的自主,但真正的自由则是对至善的太极的秉持。此一心的主体抉择,决定了此后之实践,故五事为体中之本,五行、八政、五纪皆围绕五事而成。《三德篇》则重在讲明治理之原则,唐文治认为皇极在心为太极,在人为人极。治理之道,即在动静刚柔的中正和谐,"今日治天下之道,一言以蔽之,曰'致中和'"③。阴阳刚柔之道,是形而下实践的总体原则,君、臣、民三者都需要遵守,故三德为用中之本,稽疑、庶征、五福六极皆附于三德之后。简而言之,唐文治作《皇极篇》论中道性理,作《五事篇》论主体心灵,作《三德篇》论行动指南。中道性理是宇宙人生的根本原则,主体心灵是对中道性理的抉择,构成了主体的动力来源,而行动指南则是动力在现实世界中的具体落实。唐文治的理论创造揭示了洪范九畴的内在关联,将之构造为一个自洽的治理体系。

其二,《尚书》诸篇大义。唐文治择取《尚书》中与政治有关的二十个篇章,诸篇撰写大义。《尧典》《皋陶谟》篇之大义为论三微五著心法要典。《汤誓》篇之大义为论圣人革命顺天应人。《盘庚》篇之大义为论盘庚能融新旧之界,不尚专制。《西伯戡黎》《微子》篇之大义为论亡国者之殷鉴。《洪范》篇之大义有四:其一,论禹用九数画州立极以治民;其二,论《五行章》天人相与之理;其三,论《五事章》天人相与之理;其四,论八政之原理,农工商兵宜相通而不相害。《金縢》篇之大义为论周公诚成王不敢荒淫,以造周代八百年之基业。《大诰》篇之大义为论圣人禅继之公心,与不灭人国之大义。《康诰》篇之大义为论明德新民之要旨。《召诰》篇之大义为论政治学必本于性命学。《洛诰》篇之大义为论《尚书》学通于《孝经》学。《无逸》篇之大义为论圣人自强不息之学。《君奭》篇之大义为论周公付托召公政事之重。《多方》篇之大义为论君狂民顽所以亡国。《立政》之大义为论政治学本于九德,用人贵能灼见

① 唐文治:《洪范大义·五事篇》,《唐文治经学论著集》第二册,上海古籍出版社2019年版,第773页。
② 唐文治:《洪范大义·五事篇》,《唐文治经学论著集》第二册,上海古籍出版社2019年版,第775页。
③ 唐文治:《洪范大义·三德篇》,《唐文治经学论著集》第二册,上海古籍出版社2019年版,第793页。

其心。《吕刑》篇之大义为论圣人精意在破迷信、除肉刑、去赎刑。《费誓》篇之大义为论军纪之当整,军法之当严。《文侯之命》《秦誓》篇之大义为论周、秦二代,国祚盛衰强弱与存亡,所以久暂之理。在此二十篇中,《尧典》《皋陶谟》《洪范》《康诰》《召诰》《立政》六篇为政治学,揭示了儒家传统中王道政治的基础架构。《汤誓》《盘庚》《西伯戡黎》《微子》《金縢》《大诰》《洛诰》《无逸》《君奭》《多方》《吕刑》《费誓》《文侯之命》《秦誓》十四篇为政鉴,表述了在施行王政过程中所应做与所不能做之事的训诫。

其三,《尚书》政治理论。唐文治认为《尚书》的核心是政治学,其言:"《尚书》者,政治学之权舆也。"①唐先生所谓的政治学,具有浓厚的传统儒家王道政治的色彩,其在《尚书提纲》中总结了政治之本与为治之要。所谓政治之本,"敬天尊贤而已"②,引《尧典》"曰钦曰明"等,以明帝王惟治心而能敬天;引《皋陶谟》"安汝止,惟几惟康"等,以明顺天无为而治;引《洪范》"无虐茕独而畏高明"等,以明行政在于仁慈恻隐。所谓为治之要,"务法前王"③,引周公赞文王以及《康诰》"往敷求于殷先哲王"等,以明所法之前王,皆为殷周之圣王;引《洪范》箕子言"无偏无党,王道荡荡。无党无偏,王道平平。无反无侧,王道正直","臣无有作福作威玉食"等,以明不兴偏党、不谋私利之意;又引顾亭林《日知录》一则,以明法制废弛之害。唐文治的政治之本,相当于在讲政道,治心敬天是政道的心性基础,顺天无为是施政的客观原则,仁慈恻隐是施政的主体动力。唐文治的为治之要,相当于在讲治道,务法前王是治理的模范先例,无党无私是治理的客观成效,法制严厉是治理的行动保障。此六者,为《尚书》政治学之大纲,蕴含于《尚书》诸篇要义之中。

其四,《尚书》融通他经。唐文治在《尚书大义·洛诰篇》中论述道:"《尚书》学通于《孝经》学矣。然而广其义,则又通于《中庸》学与《孟子》学。"④唐文治认为,《尚书》中记载周公行郊祀宗祀之礼,是将孝道推行

① 唐文治:《尚书提纲》,《唐文治经学论著集》第一册,上海古籍出版社 2019 年版,第 68 页。
② 唐文治:《尚书提纲》,《唐文治经学论著集》第一册,上海古籍出版社 2019 年版,第 68 页。
③ 唐文治:《尚书提纲》,《唐文治经学论著集》第一册,上海古籍出版社 2019 年版,第 71 页。
④ 唐文治:《尚书大义·洛诰篇》,《唐文治经学论著集》第二册,上海古籍出版社 2019 年版,第 1014 页。

于天下,达到为民立极的作用,这与《孟子·万章上》"养生送死无憾,王道之始也""孝子之至,莫大乎尊亲"的用意一致。《尚书》中郊祀配天、宗祀配帝,与《孝经·感应章》"昔者明王事父孝故事天明,事母孝故事地察",都秉持着事天如事亲、事亲如事天的道理。而这种孝亲的道理,非为君主一人所独享,而是天下任何人都具有的天性。如果君主能够让天下人皆自明自觉到这番道理,那么就很容易把天下治理好。《中庸》"明乎郊社之礼、禘尝之义,治国其如示诸掌乎?"就是此意。唐文治引《孝经·开宗明义章》言"身体发肤,不敢毁伤",又发挥《尚书》治理之道,其言:"圣人以中国为一人,使中国而有毁伤,即我身体发肤之有毁伤也。然则圣人之尊亲,岂有所私哉?是故古来惟大孝之士,乃能行大同之治。"①由上述的融通可见,唐文治将《尚书》《中庸》《孝经》《孟子》经文相互印证,从而形成了一个更为基础的王道政治的治理体系。这个治理体系,认为孝亲之道,上可尊天,下可保民。从孝亲的天性上讲,人人皆具此天性,故以此可以推行孝道,觉天下之民。从孝亲的发肤不敢毁伤上讲,人人皆有父母,天地为一大父母,故以此可以保天下之民,行大同之治。

(三)《诗经》研究

　　唐文治的《诗经》研究主要以《诗经大义》一书为代表。该书除《纲要》外,共有八卷,分别从八个类别选取诗篇,分类明义,以显《诗经》宗旨。唐文治于1929年开始撰写该书,后又请吴县单镇、太仓朱叔子补充注释,方才完篇。由于成稿较晚,该书并没有列入《十三经读本》之中,直到1939年才列入《蕺庐丛书》出版。此外,唐文治尚有《读诗经分类大纲》《读诗经大纲》等单篇文章留世,与《诗经大义·自叙》《诗经大义·纲要》内容近似,可以相互补充。综观唐文治的《诗经》研究,具有如下几个特征:

　　其一,《诗经》义理分类。唐文治对于《诗经》的分类,源自《论语》《孟子》《礼记》诸书,其言:

---

① 唐文治:《尚书大义·洛诰篇》,《唐文治经学论著集》第二册,上海古籍出版社2019年版,第1016页。

孔子之告子路曰："知之为知之，不知为不知。"分类之学也；孟子斥人之"不知类"，而《礼记·学记篇》言大学之教贵乎"知类通达"，惟知类然后能通达；孔子叹诵《诗》者之不达，谓其"不知类"也。①

唐文治认为，通过经文分类而通晓义理是儒门教学的传统，而学诗尤其需要通晓分类之要。以此之故，唐文治整理了《论语》中关于孔子谈论《诗经》的记载，有"兴观群怨""事父事君""多识而已""思无邪"这几处。唐文治通过这些记载进行了《诗经》的分类。由"事父事君"，列出《诗经》伦理学一类；由"可以兴，可以怨"，列出《诗经》性情学一类；由"可以观"，列出《诗经》政治学一类；由"可以群"，列出《诗经》社会学一类。由"可以观，可以群"再列出《诗经》农事学一类、《诗经》军事学一类。由"多识而已"，列出《诗经》修辞学一类。由"思无邪"，列出《诗经》义理学一类。这样一来，唐文治的《诗经》分类，就分为伦理学、性情学、政治学、社会学、农事学、军事学、义理学、修辞学八类。伦理学一类选诗十六首，性情学一类选诗十六首，政治学一类选诗十六首，社会学一类选诗十二首，农事学一类选诗六首，军事学一类选诗十五首，义理学一类选诗十首，修辞学一类选诗八首，总共选诗九十九首。每一类讲明该类义理主旨，以明选诗之义例；所选之诗篇，正文之后，附有诗序、注释、诗旨，便于读者理解单篇诗文。

其二，《诗经》融通他经。唐文治认为由《诗》而明道是孔门家法。这个道理，孔子、子贡、子夏、曾子、子思子、孟子一脉相传。唐文治从《易传》《论语》《大学》《中庸》《孟子》等经典中寻找依据。唐文治认为，《易传》中"引而伸之，触类而长之""惟变所适"就是《诗》的精神，而《论语》在"不耻缊袍"之后引《诗》"不忮不求"，在"有心击磬"之后引《诗》"深则厉，浅则揭"也秉持了这一精神。子贡因论贫富而悟《诗》，子曰："赐也，始可与言《诗》已矣。"子夏因论《诗》而悟礼，子曰："起予者商也，始可与言《诗》已矣。"这表明《诗》的精神传之于子贡与子夏。曾子作

---

① 唐文治：《诗经大义·自叙》，《唐文治经学论著集》第二册，上海古籍出版社 2019 年版，第 1079—1080 页。

《大学》，其释"止至善"，引《诗》"邦畿千里，绵蛮黄鸟"。子思子作《中庸》，引《诗》"鸢飞鱼跃"，曰"言其上下察也"；引《诗》"衣锦尚絅"，曰"暗然而日章"；引《诗》"潜虽伏矣"，曰"内省不疚"。孟子引《诗》"迨天之未阴雨"，"天生烝民"，孔子曰："为此诗者其知道乎！"孟子引《诗》以证公刘之好货、太王之好色为无私之公心，引《诗》"自求多福"既戒怠敖又勉反求，引《诗》"谁能执热"以喻"欲无敌于天下，而不以仁"。而孟子"不以文害辞，不以辞害志，以意逆志，是为得之"，则为说《诗》之定论。①

其三，《诗经》本原探析。唐文治探讨了《诗》的本原，认为"夫《诗》也者，本乎至性，发为声音，而流行于宙合之间"②。《诗》是人的天性介由声音语言的发动，而这种发动，来自心对外物的感知。"观其所感，而天地万物之情可见，《诗》之谓也。"③人在具体的场景中，面对事物，由天性感发而产生情感，进一步发出声音，形诸文字，就是《诗》。唐文治的解读，将《诗》的产生机理与儒家的心性论、性情论结合了起来。同时，唐文治也借用陈启源的话，认为记叙文有详尽的事实铺陈，可以记录世情；议论文有详尽的观点论证，可以记录心意，但唯有《诗》之产生的世情背景寥乎罕闻，所寓之心意旨向微词渺义。陈启源认为："夫论世方可诵《诗》，而《诗》不自著其世；得意方可说《诗》，而《诗》又不自白其意。使后之学《诗》者，何自而入乎？古国史之官早虑及此，故《诗》所不载者，则载之于《序》，其曰某王、某公、某人者，是代诗人著其世也；其曰某之德、某之化、美何人、刺何人者，是代诗人白其意也。既知其世，又得其意，因执以读其诗，譬犹秉烛而求物于暗室中，百不失一矣。"④在诗序中，既著其世，又白其意，故读《诗》必须先读诗序。唐文治非常赞同陈启源的观点，认为"陈君之言，深切详明，足为学者读诗序参考之资焉"⑤。在唐文治的《诗经大义》中，每首诗篇后皆有诗序，由此帮助读者

① 参看唐文治：《诗经大义·自叙》，《唐文治经学论著集》第二册，上海古籍出版社 2019 年版，第1077—1078 页。
② 唐文治：《诗经大义·自叙》，《唐文治经学论著集》第二册，上海古籍出版社 2019 年版，第 1080 页。
③ 唐文治：《诗经大义·自叙》，《唐文治经学论著集》第二册，上海古籍出版社 2019 年版，第 1080 页。
④ 唐文治：《诗经大义·纲要》，《唐文治经学论著集》第二册，上海古籍出版社 2019 年版，第 1089—1090 页。
⑤ 唐文治：《诗经大义·纲要》，《唐文治经学论著集》第二册，上海古籍出版社 2019 年版，第 1090 页。

理解此篇诗文的背景和用意,并进一步深入理解诗篇背后性情之感发。

(四) 三礼研究

三礼是指《周礼》《仪礼》《礼记》。《周礼》偏重朝廷的政治制度,《仪礼》偏重民间行为规范,而《礼记》则偏重对具体礼仪的解释、论述。传说《周礼》《仪礼》为周公所作,而《礼记》则为孔门后学所作。由于《周礼》《仪礼》多阐述所然之形式,而《礼记》则阐述所以然之精神,故《礼记》对于理解礼的内涵,具有更高的价值。唐文治对于三礼的研究,主要表现在《十三经提纲》中的《周礼提纲》《仪礼提纲》《礼记提纲》,以及《礼记大义》《礼记讲义》。《礼记大义》初撰于 1927 年,刊刻于 1935 年,为无锡国学专修学校丛书之一。《礼记讲义》大抵为唐文治抗战初期寓居上海时所作,收入《茹经堂新著》之中。综合唐文治的三礼研究,可以概括出其研究具有以下特征:

其一,《礼记》诸篇大义。唐文治认为,"礼者,天命秩序之原,民彝物则之要,人心世道,惟斯为大。"①也就是说,礼是具有天命秩序蕴含的民彝物则。民彝物则存在于经验世界中,具有多个方面的呈现,由此礼就可以进行多个方面的归类。唐文治借鉴郑玄《三礼目录》将《礼记》诸篇分为制度、通论、明堂阴阳、丧服、世子法、祭祀、子法、乐记、吉礼、吉事十类,其言:"通论十六篇,括天德、王道、圣功之全;丧祭诸篇,启发人之良知良能;而《礼运》《乐记》《中庸》三篇,则《易传》之支余流裔;此外制度诸篇,虽不宜于今世,要亦足供儒者之考证。"②其实,上述的《礼记》分类大致可以划为两部分,一部分是礼的典章制度,一部分是礼之所以然的心性之理。唐文治言:"读《礼记》者,卑之在乎践履之实,尊之达乎德性之原,未有外身心而可以学礼者也。"③对于心性之理的学习,需要启发道德的自我觉性,而对于典章制度的学习,则更要历史地考察心性之理在形器之中的落实与变化。这样一来,性理就不是空谈的理论,而是展现在生活世界中的动态历程。学习者就能在礼的践履中体悟并展现其德性之原。

---

① 唐文治:《仪礼提纲》,《唐文治经学论著集》第一册,上海古籍出版社 2019 年版,第 113 页。
② 唐文治:《礼记大义》,《唐文治经学论著集》第三册,上海古籍出版社 2019 年版,第 1369 页。
③ 唐文治:《礼记提纲》,《唐文治经学论著集》第一册,上海古籍出版社 2019 年版,第 125 页。

其二,三礼考辨与损益。唐文治在研究《礼记》时,十分注重具体礼制背后的人文精神,其言:"通《礼经》者,不徒通其制度也,当论世而知其通,得《礼经》之意焉耳。自殷周迄今数千年,宫室不同,衣服异制,饮食起居异宜,如本经《曲礼》《少仪》《玉藻》诸篇,多有不能行于今者矣。因其不能行于今而诋訾之,概谓其不适于用,是诬己也,是诬民也。君子读记文,贵得其意焉。是故善读《礼记》者,当择其有益于风俗人心者,兢兢致意而时措之。若夫制度考据之细,抑末也。"①唐文治这样的观点,也体现在研究《周礼》《仪礼》之中。比如,唐文治认为阅读《周礼》有两个困难,一是该书经过新莽之改篡,并非皆为周制,故学习者须有辨伪之功。唐文治引用方苞《周官辨伪》一文,以示其意。二是该书由于时代久远,礼制多有损益,学习者不宜泥其旧迹。唐文治言:"读《周官》,宜考汉唐以来历代官制,凡今有而古无,古有而今无,与名同而实异,实同而名异者,详为考证,以后人因时制宜之意,上契周公因时制宜之意。且研究历代所以能合与其所以不合之故,会而通之,则庶几成经世之儒矣!"②由于《周礼》具有如此的特征,故学习《周礼》既需要理解礼制的历史变革,又不能拘泥于礼形态之本身,而是要从礼的历史变动中寻找背后的道理。在此意义上,唐文治非常推崇顾炎武的《周礼》解读。顾炎武为"行己有耻,博学于文"的一代通儒,对于器物典礼具有历史的眼光和严密的考据,并在此基础上抒发议论。唐文治引用顾炎武《日知录》来发明《周官》之精义,比如引"阍寺、嫔御之系于天官",以明君主之内府仍须由文官政府管理;又如引"《士师》掌士之八成,七曰为邦朋",以明杜禁偏党、取缔私利之意。这样的议论,才能真正做到通古今之变,并对当今的世界产生积极的作用。又如,唐文治针对《仪礼》研究信古与从今的不同论调,认为"其言虽殊,其理则一"③。一方面,礼在时代的流变中必有变化。周公作《周礼》《仪礼》,欲用三王之事。周公距三王之时代较近,尚有不合,而当下距周公之时代更远,更不能如数照搬。在此意义上,唐文治赞成从今。另一方面,礼的精义在于穷理尽性,协调多方,安定人心。

① 唐文治:《礼记提纲》,《唐文治经学论著集》第一册,上海古籍出版社 2019 年版,第 124 页。
② 唐文治:《周礼提纲》,《唐文治经学论著集》第一册,上海古籍出版社 2019 年版,第 103 页。
③ 唐文治:《仪礼提纲》,《唐文治经学论著集》第一册,上海古籍出版社 2019 年版,第 119 页。

这是古今之通谊。在此意义上,唐文治赞成信古。但此从今与信古并不矛盾,唐文治认为发扬礼的方法,最好是对于"冠、昏、丧、祭、乡、相见之礼,博采古今、参酌中西,去其悖于古者,益其宜于今者"①。这些礼都是当下生活中不可缺少的,在形式上可以作出损益调整,在精神价值上则仍须继承历来的传统,这样就可以将从今与信古融合起来。

其三,《礼记》融通他经。唐文治解《礼记》,认为《礼记》与《易经》《孟子》《论语》《中庸》诸经相通。比如唐文治认为,《礼记·儒行》篇是讲气节教育,有关人心砥柱、世运升降,这就与《孟子·公孙丑上》中"至大至刚,以直养而无害,则塞于天地之间"的浩然之气一致。《礼记·儒行》"儒有席上之珍以待聘,夙夜强学以待问,怀忠信以待举,力行以待取,其自立有如此者",通于《易经》"君子藏器于身,待时而动",《论语·子罕》"我待贾者也",皆表示出处慎重之意。《礼记·儒行》"儒有居处齐难,其坐起恭敬,言必先信,行必中正,道涂不争险易之利,冬夏不争阴阳之和,爱其死以有待也,养其身以有为也",通于《易经》"由豫,大有得""洗心,退藏于密,吉凶与民同患",《中庸》"道前定,则不穷",皆表示备豫之意。唐文治融通诸经的工作,并非仅仅依从字面的联系,而是在深刻理解文字背后义理系统的基础上,才能将诸多表面看似绝无关系的儒家经典联系成为一个有机整体。

(五) 春秋三传研究

孔子作《春秋》经,著有微言大义。相传左丘明为《春秋》作传而为《左传》,公羊高及其传人为《春秋》作传而为《公羊传》,穀梁赤及其传人为《春秋》作传而为《穀梁传》。《左传》《公羊传》《穀梁传》世称"春秋三传",为研究《春秋》的必读经典。唐文治的"春秋三传"研究,体现在《十三经提纲》中的《左传提纲》《公羊传提纲》《穀梁传提纲》,此外还有《〈左传〉分类大纲》《读〈左〉研究法》等单篇文章。综观唐文治的"春秋三传"研究,大约有如下几处特征:

其一,《左传》读法分类。唐文治认为,孔子周游列邦,得天下之宝

---

① 唐文治:《仪礼提纲》,《唐文治经学论著集》第一册,上海古籍出版社 2019 年版,第 120 页。

书,而左丘明得以亲见之,故其编撰《左传》至为宏博。对于宏博的《左传》,必须分类读之,方尽其妙。唐文治将《左传》分为八类,一曰纪事类,此类文章以线索变化为主;二曰兵事类,此类文章以局度纵横为主;三曰讽谏类,此类文章以清婉正直为主;四曰辞令类,此类文章以婉转有度为主;五曰政治类,此类文章足资近世借鉴;六曰论道类,此类文章多有精粹朴实之处;七曰国际类,此类文章可以归纳出春秋外交法;八曰小品类,此类文章以趣味横生为主。此八种分类,主要依照文章风格与功用而进行,相较其他经书的分类,《左传》之分类似乎更偏于文学而非哲学。而在此八类中,唐文治对于国际类尤为注重。他认为《左传》所载管仲和子产都是了不起的政治家与外交家。他们内政外交的经验都足以后世师法。曾经有西人丁韪良(William A. P. Martin)撰写《中国古世公法论略》,唐文治嫌其为文太劣,打算撰写《春秋外交学》,后来因为人事变动而未果。就此而言,即可看出唐文治研究典籍,并非钻入故纸堆中不问世事,而是带着时代的问题去研究经典,希望能够从典籍中继往开来,返本开新。此外,世传左丘明亦作《国语》。唐文治认为《左传》为内传,《国语》为外传。外传采自列国,删削较少。读《左传》时,可以将内外传相互参考。

其二,《公羊》经义辨析。《春秋》经之微言大义,多为《公羊传》所发挥。而对于《公羊传》之解读,则有穿凿附会之嫌。唐文治认为,董仲舒、何休、康有为的解读,就与孔子多有相悖。唐文治总结了这一系学者崇尚的王鲁、故宋、纪时、谶纬、复仇五个命题进行辨析。王鲁说认为鲁隐公为始受命王。唐文治用“春王正月”的传文“王者孰谓?谓文王也”,“隐五年考仲子之宫”的传文“僭诸公,犹可言也;僭天子,不可言也”反驳之,认为如果王鲁说成立,“谓文王也”就会改为“谓鲁也”,而“僭天子,不可言也”这句也要删掉。故宋说认为春秋时黜周王鲁,周衰而退二王之后,何休注“孔子以《春秋》当新王,上黜杞,下新周而故宋”。唐文治引孔巽轩《通义》之说,认为传文中的“新周”,是因为周敬王迁至成周,故曰“新周”,而“故宋”两字根本没有出现在《公羊传》的传文里。《穀梁传》的传文中虽有“故宋”,但意思与“新周故宋”说完全不相干。纪时说认为纪时文字的省略含有褒贬之义,唐文治引用陈澧《东塾读书记》，认为《春秋》本来口耳相传，后来著于竹帛，漏掉某个字，并没有什么大要，不必去穿凿附会。谶纬说喜好标新立异，如将"西狩获麟"视为刘汉代周之兆。唐文治认为《公羊传》的传文上根本没有这些说法，完全是作注者为了谄汉干禄而去支离附会。复仇说认为上无天子、下无方伯的情况下，国君之复仇可及于百世，比如齐襄公为复九世祖的仇而灭了纪国。唐文治认可了"先君之耻即今君之耻"的大义，但认为齐襄公灭纪侯时，既不上诉周天子，又不向诸侯宣告纪侯之罪，就擅自动武而灭其国，这个行为本身就欠妥。如果依照大复仇的理论，复仇者都不去依法申诉，而是擅自行动，就很容易酿成天下大乱。从以上的辩驳来看，唐文治并不一味崇拜古人，而是能够以一贯而理性的精神来研究经典。他不但驳斥董仲舒、何休的注解，甚至毫不避讳地指出《公羊传》传文的不妥处。他在义理的比较上，看到《穀梁传》对于《公羊传》的继承与修正，认为穀梁赤善经近孔，更胜于公羊高。

其三，三传文法评鉴。唐文治治经，除通过分类解读绎取其义理外，还崇尚由文法入手来分析文章作法，以此达到由文而入道的效果。"春秋三传"相较于其他儒家经典，叙事议论尤多，文法变化万端，故唐先生对之尤为重视。唐文治引用郑玄的评论"《左氏》善于礼，《公羊》善于谶，《穀梁》善于经"①，礼、谶、经是就三传文字所描述的对象、展现的义理而言，而文字本身又有文法自身的特征。唐文治评价《左传》之文，"《九经》高文，《尚书》《诗经》而外，以《左氏》为最"②，评价《公羊传》之文，"盘屈苍老……而其横空提笔及硬住法，尤宜注意"③，评价《穀梁传》之文，"法律家也，断制谨严，于说《春秋》为最宜。……词严谊正，笔挟风霜，斯能简炼文义，精锐无伦"④。唐文治建议学习者可以将三传所记载的同一事件相互对比参看，揣摩三者不同的文法，这样文思文境就会日益精进。

总括上述唐文治的十三经研究，大致可以得出唐文治的经学研究

---

① 唐文治：《〈左传〉分类大纲》，《唐文治经学论著集》第一册，上海古籍出版社2019年版，第174页。

② 唐文治：《读〈左〉研究法》，《唐文治文集》第一册，上海古籍出版社2018年版，第133页。

③ 唐文治：《公羊传提纲》，《唐文治文集》第一册，上海古籍出版社2018年版，第184页。

④ 唐文治：《穀梁传提纲》，《唐文治经学论著集》第一册，上海古籍出版社2019年版，第192页。

具有四个共同方面,分别是分类治经、融通诸经、经世救民、文法评点。

所谓分类治经,就是对于传统经典,不能一概全收,而是需要进行删节与保留。经典的删节主要有两部分内容,一部分是"时代不同,则宫室衣服异宜,法度文为异制,风俗递变,器械日新,凡居今日而应行变革者,皆在古经中应行删节者也"。这些古代具体的宫室衣服、礼仪制度多为考古价值,对于当下的民生日用以及人心教化并不起到太多作用,这些内容只适合一部分专家研究,并不适合对广大民众进行普及。[1]另外一部分是"其他《周礼》《礼记》《左传》中,间有为王莽、刘歆辈所窜入者,宋朱子及诸先儒辨之綦详,悉应淘汰"[2]。这一部分内容被认为是汉人所篡,并不代表孔子之真精神。此外,唐文治对于辨析经文之真伪,采取十分谨慎的态度。真伪之辨析,应以朱子为代表的先儒判定为准,后学者不宜各自议论,不然容易走向疑古的道路,动摇经典的权威性。经典的保留部分,则对当下具有道德教诲的意义,唐文治主张"将各经中切于伦纪道德、修己治人,荦荦诸要端,有关日用者,详细分类删节,各为浅近注释,务使明白易晓,便于讲授"[3]。保留部分的经文陈列比较分散,主题不太集中,故唐文治主张按照主题进行分类整理,这样就会使经典的主题突出,经义明白易晓。

所谓融通诸经,就是在解释某部经典或者某部经典的某些语句时,用其他经典以及其他经典的某些语句来相互印证,以及用某家的注释与其他家的注释来相互印证,从而达到融通六经、兼采汉宋的功效,以示诸经以及各家注解虽有差异,但所论之宏旨多有切近之处。这样一来,儒家经典的经论疏注在解释过程中,就被逐渐糅合成你中有我、我中有你的有机的整体。学习者通过学习儒家各部经典,就能构造出一整套具有儒家特色的思想价值系统。

所谓经世救民,就是在凸显经典主题、融合经典系统之后,最终显

① 唐文治:《论读经分类删节法》,《唐文治文章学论著集》第一册,上海古籍出版社 2020 年版,第 242 页。
② 唐文治:《论读经分类删节法》,《唐文治文章学论著集》第一册,上海古籍出版社 2020 年版,第 242 页。
③ 唐文治:《论读经分类删节法》,《唐文治文章学论著集》第一册,上海古籍出版社 2020 年版,第 242 页。

现的价值旨向。"正人心,救民命"是唐文治治学之主旨,故其精神亦贯穿在其研究经学、传播经学的过程之中。分类治经之法为分解说,无非便于在庞杂繁琐的经学文献中抓住核心主题,如某经之性情说,某经之伦理学,但终究以某经之政治学为归。唐文治所谓政治学,必然秉持着孔孟传统中的经世济民之价值关怀。融通诸经之法为综合说,无非在诸多经典文本中构建统一的思想体系,而此思想体系亦无不指向经世救民。

所谓文法评点,就是把经典文献当作范文来研究作文章的方法。一般而言,文法评点不是经学研究的核心,而是文学研究的重点。然而,唐文治先生十分重视文章理论,将作文之法、读文之法当作儒门入道之津梁,故文法评点亦为经学不可或缺之辅助。唐先生在经文之后,加以文法之评论与文章之圈点,有利于后来者理解经义的多种表达方式,从而更为深入地领会经义。①

综上来看,可见分类治经为治经之入手处。繁杂多样的经典文献依照儒家义理被重新整合排序,这样就便于梳理文理,系统掌握。融通诸经为治经之深入。在分类的基础上,不同经典的同类内容须会通互证,这样可以进一步加深各类经文与整体系统的理解。经世救民是分类治经与融通诸经所促成的道德旨向。无论是类别之动力,还是经文之解析,最终都以"正人心,救民命"为归,这就构成了学习者面向社会人生的实践动力。文法评点则是从文学的角度,在文以载道的理论预设下,玩味古圣先贤的文章写法,从而体会古圣先贤的文思人格。此四者的结合,构成了唐文治经学研究的独特风格。

---

① 这一特点在上述十三经的治经特色中,除春秋三传提及之外,其他皆有所省略。盖春秋三传与其他诸经相比,叙事较盛,故特彰显此义。唐先生文法评点之系统评述,可以参看文章理论一章。

第八章　文章理论

唐文治的文章理论是其儒学义理中"游于艺"的一部分,是性理学落实在文章学中的体现。唐文治文章理论的来源有两个,一个是直接源头,来自桐城吴汝纶先生,由吴汝纶接续了曾国藩之湘乡派,继而上承桐城派,主要是文章中的气论思想。一个是间接源头,来自唐文治的儒学思想,尤其是宋明理学中天道性命相贯通的理论。两个源头一经融合,产生了以孔子为发端的文统传承谱系,并形成了一套以读文作文为切入口,兼具文统论、本体论、工夫论、境界论、实践论的完整系统。

(一) 桐城吴汝纶的教导

唐文治的文章理论多得益于吴汝纶。在唐文治所作《桐城吴挚甫先生文评手迹跋》中,唐文治主要叙述了其与吴汝纶的两次交往。第一次吴汝纶对唐文治讲了古文四象的理论,其曰:"天壤间作者能有几人?子欲求进境,非明文章阴阳刚柔之道不可。"①并告诉唐文治学者应读之文为《古文辞类篆》《经史百家杂钞》。第二次在日本,吴汝纶向唐文治除讲曾国藩、李鸿章之旧事外,特意细谈了读文之法,其曰:"不求之于心,而求之于气,不听之以气,而听之以神。大抵盘空处如雷霆之旋太虚,顿挫处如钟磬之扬余韵,精神团结处则高以俇,叙事繁密处则抑以

---

① 唐文治:《桐城吴挚甫先生文评手迹跋》,《唐文治文集》第三册,上海古籍出版社 2018 年版,第 1734 页。

敛。而其要者,纯如绎如,其音翱翔于虚无之表,则言外之意无不传。"①
又批评唐文治作文理学气太重,其言:"文者,天地之精华,牢笼万有,靡所
不赅。贵在独立,不当偏滞一隅。君文理学气太重。夫以理为学,固美矣
善矣。若以理学为文,动杂以阴阳理气之说,则易入于肤庸而无变化,其
弊与考据家之支离,词章家之浮靡,异体而同讥,宜洗涤之。"②又认为,学
者应读之书,除六经之外,尚有七书:《史记》《前后汉书》《庄子》《韩文》《文
选》《说文》《通鉴》。

这两次交往意义重要,基本上确定了唐文治文章理论的三个基点。
其一,以阴阳刚柔奠定了文章的形上基础;其二,以因声求气确定了文
章的吟诵方法;其三,以儒经古文建立了文章之道的文脉谱系。

事实上,从中国哲学史上看,这三个基点,都是依于中国古代的气
论思想。该思想认为,天地间一切精神与物质的存有都是气,气本身波
动不拘,沉浮不定,可以凝聚为具体的器,又可以由器散为无形无状的
气。无论气聚气散,本身都有与其他事物感通的能力。故而,文章亦可
视为气之凝聚,读文章亦可以具有感通的效用。

(二) 宋明理学的影响

唐文治早年熟读儒家经典,17 岁受业于理学家王紫翔先生,具有
非常纯正的理学功底。其后又撰写《四书大义》《性理学大义》《紫阳学
术发微》《阳明学术发微》,以朱子学为宗,旁涉诸家,在阐释经典中颇有
理论创新,可见理学思想在唐文治一生中占有极为重要的地位。

唐文治在注疏《中庸》"喜怒哀乐之未发,谓之中;发而皆中节,谓之
和"时,其言曰:

> 人事之吉凶悔吝,由于人心之喜怒哀乐相配而成……志,气之
> 帅也。气,体之充也,理为心之主,气为心之奴。人之心专以气用
> 事,奴者主之,未有不亡身破家者也,是为大凶。悔恨多而哀感生,

---

① 唐文治:《桐城吴挚甫先生文评手迹跋》,《唐文治文集》第三册,上海古籍出版社 2018 年版,第1735 页。
② 唐文治:《桐城吴挚甫先生文评手迹跋》,《唐文治文集》第三册,上海古籍出版社 2018 年版,第1737 页。

然哀者,清明之气也。两军相见,哀者胜矣。①

唐文治以朱子的理论为宗。朱子之学,心统性情,心在未发时感通性理,心在已发时发动情气。②此已发的情气亦须性理之主宰,才能获得真正的和。如果情气失去了主宰,心的已发状态任由情气肆虐鼓荡,则为"奴者主之",会导致负面的效果。心在错误的后果下悔恨哀感,其发动的情气逐渐平息下来,重新回到主宰的规范,故为清明之气。唐文治又说:"天下之大本,不外乎阴阳刚柔之性;天下之达道,不外乎阴阳刚柔之情。"③阴阳刚柔是情气,情气后面的主宰是性理,此为大本;情气发动而皆由主宰规范,处处恰到好处,此为达道。在这样的心性论基础上,唐文治说:"喜怒哀乐,爱恶悲伤,七情中节,发为文章。"④将文章作为已发来处理,由此将文章理论与宋儒心性论联系了起来。

唐文治文章理论的思想来源由吴汝纶而上溯至桐城派,表现为具有气论色彩的文章理论;由宋明理学而上溯至《中庸》,则为具有心性论色彩的文章理论。心性论包含了理气关系,故而唐文治能够融合出一套以宋儒义理为基础的、包含气论思想的文章理论。

唐文治的文章理论见于其不同时期的文章学论著中。唐文治弃官从教之后,目睹社会上西学东渐之风盛行,深痛国人废文言而行白话,故大力推行国文教育。1909年刊印《国文大义》,该书由唐文治课堂讲义编辑而成,正面论述了唐文治的文章理论,是其文章学的代表作。同年刊印《古人论文大义》,该书选录唐宋以至明清之文论,自韩愈至吴汝纶三十家,共一百零七篇,可谓唐文治文章理论之渊源与佐证。1910年刊印《国文阴阳刚柔大义》⑤,该书是以阴阳刚柔四象理论为指导的作品选读,以具体实例来说明唐文治以及前人的文章理论。此三书合并为《高等学堂国文讲义》,以期后来者由此三书而获学文门径。辛亥之

---

① 唐文治:《中庸大义》,《唐文治经学论著集》第三册,上海古籍出版社2019年版,第1866页。

② 具体可以参看朱光磊:《朱子学思历程》,《孔孟月刊》2015年第9、10期。

③ 唐文治:《中庸大义》,《唐文治经学论著集》第三册,上海古籍出版社2019年版,第1867页。

④ 唐文治:《古人论文大义》,《唐文治文章学论著集》第一册,上海古籍出版社2020年版,第151页。

⑤ 根据现存《高等学堂国文讲义》(包括《国文大义》《古人论文大义》《国文阴阳刚柔大义》)一书版权页记载,该书为上海文明书局宣统二年(1910年)出版,故《国文阴阳刚柔大义》在1910年就已刊印。《自订年谱》中误将《国文阴阳刚柔大义》编成时间记在1912年。

后,唐文治有感于小学废置读经,又不熟读古文,故于1914年刊印《高等国文读本》。该书专为高等小学而设,以期培养国文的初步基础,并可与《高等学堂国文讲义》作一衔接。1924年刊印《读文法》,该书增删《高等学堂国文讲义》第四册内容,并附有详尽的吟诵圈点,为后学者实践"因声求气"的吟诵之道提供方便,为读文、作文之入门书。1925年刊印《国文经纬贯通大义》,该书列出作文四十四法,为唐文治总结历代文章作法之大成。

图8-1 《高等国文读本》

唐文治的文章学论著由此构成了一个完整的体系:《国文大义》是文论,《古人论文大义》是文论史,《国文经纬贯通大义》是文论中的文章作法论,《国文阴阳刚柔大义》《高等国文读本》《读文法》是适用于不同层次读者的文章选本。

图8-2 《国文经纬贯通大义》

唐文治不但在文章学理论上具有非凡的造诣，还亲自实践文章的写作与吟诵。唐文治之文章见于《茹经堂文集》《茹经堂奏疏》以及其他著作。邓国光辑释的《唐文治文集》计列"经说""奏疏""论说""学志""诗赋""箴戒""序跋""书记""史志""家乘""传状""墓铭""哀祭""小说""日记""年谱"十六类。由于唐文治为官执教颇具名望，同时又精研文章之道，故时人多有求文，唐文治亦收取润格费用。"神道碑、墓志铭、家传、碑记各为 100 元；寿文、祭文、诔文各为 80 元；叙文、杂文各为 50 元（长篇则临时酌加）；题跋、像赞、寿诗、挽诗各 30 元。按照惯例，润笔费的 80% 捐于慈善事业，10% 酬劳执笔的陆景周先生，自留 10% 贴补家用。"①唐文治之吟诵，则有唱片传世。唐文治曾经两度录制读文唱片。第一次是 1934 年，由上海华东电气公司灌制了两张演讲唱片，讲演孝、悌、廉、耻，以及读《诗经》《左传》法。此唱片至今下落不明。第二次是 1948 年，由大中华唱片公司灌制两种唱片，分别为正集十张、通用集五张。正集十张包含《读文法讲辞》《诗经·鸨羽》《诗经·卷阿》《诗经·棠棣》《诗经·谷风》《诗经·伐木》《楚辞·九歌·湘君》《楚辞·九

图 8-3　《唐蔚芝先生读文灌音片说明书》内页

① 凌微年：《唐文治》，西泠印社出版社 2008 年版，第 156 页。

歌·湘夫人》《左传·吕相绝秦》《史记·屈原列传》《前出师表》《迎春诗》《送春诗》《泷冈阡表》《秋声赋》《丰乐亭记》《五代史·伶官传序》《送李愿归盘谷序》《岳阳楼记》《吊古战场文》《满江红·怒发冲冠》《水调歌头·明月几时有》《长生殿·小宴》等录音。通用集五张是正集十张的选辑版。1948年的录音现在仍有保存,可惜年代久远,部分篇目损耗严重,已经不甚清楚。2018年中国唱片(上海)有限公司对唱片音质进行了修复,发行了《唐文治先生读文灌音片》修复版 CD,其吟诵音质具有相当程度的改善。

一、文章品鉴

《高等学堂国文讲义》一共包含三部书,分别为《国文大义》《古人论文大义》《国文阴阳刚柔大义》。《国文大义》是唐文治自己的文章理论;《古人论文大义》为韩愈至吴汝纶等人的文章理论选集,可与《国文大义》中的理论相互佐证,互为发明;《国文阴阳刚柔大义》是唐文治以上述文章理论为依据进而选录的历代范文集。此三部书,理论与理论史一纵一横,继而裒集范文以供参照学习,故可为后人学习国文之系统性的教科书。

在此三部书中,《国文大义》为《高等学堂国文讲义》之关键,该书基本上全方位展开了唐文治文章理论的义理规模,是为唐文治文章学的核心理论。《国文大义》分为上下两卷。上卷所论为作文之人与文章之关系,可谓"因人而论文";下卷所论为文章自身之艺术特征,可谓"因文而论文",兹就循上下卷之主题而分论之。

(一) 因人而论文

唐文治以为文章因人而作,故文章之风格特征即人之风格特征,其要点如下:以立诚为根本,才、情为变化,志、意、理为脉络,繁简、奇正为表征。

1. 立诚为根本

唐文治是性理学家,其文章学的根源来自性理学。性理学客观上讲性,主观上讲心。用《中庸》言,"诚者,天之道"就是讲性,"诚之者,人之道"就是讲心。故一个"诚"字,既是主体面的真实工夫,又是客观面的真理开显,可谓拢括性理学之枢要。

文章本为人所作,以人之心灵描摹人之境界。人之心灵为主体面,人之境界为客观面,两者皆不离一"诚"字,故文章以诚为根本,唐文治言:

> 孔子有言:"修辞立其诚。"诚者,尽性之本,修身之源,而即文家之萌柢也。①

诚是尽性修身的根本,也是一切流行之气发散扩充的根本动力。人的言辞章句,作为发散扩充中的一物,须体现出诚的精神,而不是蒙蔽诚的精神。故唐文治以孔子"修辞立其诚"为依据,即开辟出了文章学的形而上学体系。② 在这套体系中,既有本体论的厘定,又有工夫论的阐述。在本体论上,唐文治分别从"至诚为能化""人工补天工""文品即人品"进行阐述;在工夫论上,唐文治论述了养气、炼气、运气的作文之法。

其一,至诚为能化。唐文治言:

> 《中庸》云:"惟天下至诚为能化。"文达于诚之至,而变化生焉。譬之于风,瀏瀏刁刁,文之声也;譬之于云,夭矫离奇,文之态也。退而至于山之崔巍,川之澎湃,日月之所以昭明,陵谷之所以变迁,草木鸟兽之所以繁殖飞翔,人事老少生死存亡之理,礼乐食货、战斗号令之具,皆由文焉刻画以象其变化。更有进者,凡宗教之传嬗,道德之权舆,忠臣孝子之事迹,一载之于文,百世而下,读者或廉或敦、或歌或泣、或感动奋发,以思私淑,若是者,皆文章变化之所为,实文章至诚之所为也。③

---

① 唐文治:《国文大义》,《唐文治文章学论著集》第一册,上海古籍出版社 2020 年版,第 29 页。

② 在唐文治的文章理论中,唐文治所谓之修辞学即世俗所谓之作文法,而唐文治所谓之润色修饰即世俗所谓之修辞。参看唐文治:《修辞学大义》,《唐文治文章学论著集》第三册,上海古籍出版社 2020 年版,第 1470—1471 页。

③ 唐文治:《国文大义》,《唐文治文章学论著集》第一册,上海古籍出版社 2020 年版,第 30 页。

诚是生生不息之道体、性体,故而在诚的精神动力下,人就充满了创造性。这种创造性体现在作文上,就是文章变化的根本动力,促成文章能够刻画描摹天地万物,此谓因诚而生文。

其二,人工补天工。唐文治言:

> 大凡各科学,皆以人工补天工之所不足,惟文亦然。天地温厚之气,春夏气也,惟仁人能得之。天地俨凝之气,秋冬气也,惟义士能得之。天不言而四时行,百物生;文之至者,实足以包举万汇,能开物而成务,所以补天下之所不言也。①

天地万物生生不息,四时行,百物生。这些变化虽有实际的运行,却不能刻意自我展现,此为天地之所憾。此天地之所憾的不足,就需要人力去弥补。作文者以诚之者的心态来观天下之物,以文章勾勒出天地生生之精神,此谓由文而立诚。

其三,文品即人品。唐文治言:

> 伊古以来,周公、孔子、曾子、孟子之文,修辞之最能立诚者也。下逮司马迁、董仲舒、刘向、班固、诸葛武侯、陆宣公、韩文公、欧阳文忠公、范文正公、司马温公、朱子、王文成公,以及本朝之陆尊道、汤文正、陆清献、张清恪、胡文忠、曾文正、左文襄诸家之文,亦均能立其诚者也。惟其诚意有深浅,故文字亦有深浅。②

上述因诚而生文,由文而立诚,可谓一大回环。借鉴天人合一之术语,则可称之为诚文合一。达到诚文合一之作者,其诚为贯通性理之人品,其文为表达性理之文品,故人品与文品亦合一。唐文治历数往圣前贤,由周公、孔子而至曾国藩、左宗棠,皆为诚文合一之表率。

这些榜样人物皆能做到诚文合一,但对于后学者而言,至此境界则非一朝一夕之工夫,于是就须引入作文的工夫论,唐文治言:

> 养气之功尚矣,诸生不能骤几也,则下而求之于炼气。炼气之法尚矣,诸生不能骤几也,则下而求之于运气。先儒论运气之法,

---

① 唐文治:《国文大义》,《唐文治文章学论著集》第一册,上海古籍出版社 2020 年版,第 30 页。
② 唐文治:《国文大义》,《唐文治文章学论著集》第一册,上海古籍出版社 2020 年版,第 30 页。

当一笔数十行下,亦诸生所不能骤几也,则下而求之于一笔十数行下,或一笔数行下。然作文之时,所以能运气者,要在读文之时先能运气。运与炼者,乃繁与简之别、纵与敛之别、粗与精之别,此中消息程度,惟善读者乃能知之。①

唐文治认为作文的至诚之法由易到难可以分为运气、炼气、养气三个部分。运气可以分为读文与作文。读文是以自我之气模拟范文中作者之气,以范文中作者之气规范激发自我之气,久而久之则增长扩充自我之气。作文表面上虽然表现为一笔数行、十数行、数十行,但其实质上是指作者文思心念之活跃与连贯。简而言之,运气之法是让心中之念在一定的外在规矩引导下沛然而出。此沛然而出的心念,放而无收,粗而不精,故须通过炼气将此沛然之念凝练精简,使之收敛而有韧性。括而言之,炼气之法即用更为精炼的心意来纯化此心念。养气之法,唐文治尚未谈及,若依孟子养气之说,所谓"其为气也,配义与道;无是,馁也。是集义所生者,非义袭而取之也。行有不慊于心,则馁矣"②。臆而言之,养气之法在于让心中本有之性理自然而然产生其作用,主宰意念之发动。故可以说,运气只是发念,炼气则是以意统念,而养气则是以性主意、以意统念的一贯。三者关系,由外到内,由粗至精,工夫一层深似一层,由诚之外层进至诚之自身,并最终达到诚之体用一贯。

2. 才、情为变化

性理学以为,天地之间一气之流行,其中必然的动力、方向,以及流行之规则可为理。气之聚散分合,变化万方,人之形体为气之聚散变化的暂时封限状态;而人之心灵虽有封限却可以通过工夫达到与性理合一的无限状态。就此无限状态而言,则为立诚之根源;就此封限状态之气化体质而言,则为先天禀赋之才;就此封限状态之气化发用而言,则为后天感动之情。先天禀赋之才,为固有之气,虽为固有,然非后天用功,则其潜质无法开拓完备。后天感动之情,为发用之气,虽为发用,若无才质之美,则其感发难有吞吐之势。简而言之,才、情皆为人身之气

---

① 唐文治:《国文大义》,《唐文治文章学论著集》第一册,上海古籍出版社 2020 年版,第 32 页。
② 《孟子·公孙丑上》。

之流行，一主固有，一主发散。

唐文治论才，其言：

> 才字之本义，为木甫萌达，未成木者，故曰才。①

> 人在三十以前，其才与年而俱进；在三十以后，其才与年而俱退。若少壮不学，则才思日窒，才气日敛，深可痛也。②

才虽为人先天固有之气，然此气仍会自然消长。若无人力之功，则难以长久维持。

> 才之为用，广矣大矣。《周易》称天地人为三才。天之才，雨露涵濡，雷霆精锐；地之才，山川焕绮，五谷繁殖；人之才，含五行之秀，经纬万端。故惟能尽人性、尽物性，而其学无不通者，乃谓其才。③

> 才有极难以体状者，惟刘彦和《文心雕龙》云："神思方运，万途竞萌；规矩虚位，刻镂无形。登山则情满于山，观海则意溢于海。我才之多少，与风云而并驱矣。"斯言刻画最当。才能与风云并驱，方为绝才，而其得力处全在"万途竞萌"四字。"万途竞萌"，所谓万象在旁，群言争赴是也。④

才之体量规模，则以其气之感通能力而论。山海风云为万途万象。此万途万象在前，若我之才气感通羸弱，则物是物，我是我，我对之麻木而无感；若我之才气感通无间，则我之情由物而起，物之价值亦由我而生，我之才气澎涌而出，万象皆我才气抒发之途径。如此之我，则为尽才性，如此之物，则为尽物性。⑤ 在这种尽才性、尽物性状态下表现出来的文辞，就是构成上好文章的基础。

> 奇才者何？破空而来，不知其所始，不知其所终，是谓奇才，如

---

① 唐文治：《国文大义》，《唐文治文章学论著集》第一册，上海古籍出版社 2020 年版，第 39 页。
② 唐文治：《国文大义》，《唐文治文章学论著集》第一册，上海古籍出版社 2020 年版，第 39 页。
③ 唐文治：《国文大义》，《唐文治文章学论著集》第一册，上海古籍出版社 2020 年版，第 36—37 页。
④ 唐文治：《国文大义》，《唐文治文章学论著集》第一册，上海古籍出版社 2020 年版，第 37 页。
⑤ 此处之尽人性，尽物性，皆从气上说，仅仅尽其气性而已。倘若更深一层，则可以有儒、释、道三家不同的尽气性，从而表现出不同的感通特征。

《国策·宋玉对楚王问》是也。雄才者何？气吞云梦，又如能负山岳而趋，是谓雄才，如韩文公《送孟东野序》是也。逸才者何？其境翛然绝俗，若翔翥于烟云之间，是谓逸才，如苏东坡《前赤壁赋》是也。至于有辩学而后有辩才，纵横机变，虽以无理之辞耳若有至理寓乎其中，是谓辩才，如《庄子·骈拇篇》是也。[1]

就其感通能力之特征而言，又有奇才、雄才、逸才、辩才之分。奇才凌空，其气无视感通物；雄才宏大，其气包容感通物；逸才超脱，其气无关感通物；辩才曲折，其气解析感通物。

唐文治论情，其言：

> 情居才之先，情之挚者乃能善用其才。[2]

才为体制，情为感发。故非情无以显才，非才无以动情。情对才而言，为现象的先在。情的发用，既可以囿于一时一地，仅仅表达才的一个侧面，而淹没才之其他方面；也可以突破一时一地的局限，而获得全面的呈现。囿与不囿，则为善用、不善用而已。

> 情根于天，有时因地而异。天有六气，阴阳风雨晦明，此六者，皆足以动人之感情，故古人以六情配六气。六情者，喜怒哀乐好恶是也。人含六情，或有所偏至，而遂成为风气。风气者，皆人情之所为也。昔季札观乐，能知民风。鄙人谓观文亦足以知民风。何者？以文皆人情之所为也。是以燕赵多慷慨之音，吴越多靡曼之调，惟豪杰之士，其情能与时消息，其文亦不为地方风气所限。[3]

对于群体而言，人所处的周围环境，皆由众人之气与天地之气，相互涤荡、相互影响而塑造。故观一地之文风，即可知一地之人情风俗。地域风气倘若良好，则能助力个体才情之所发；地域风气倘若恶劣，则会牵制个体才情之所发。对于个体自我而言，其才情之发动，固受地域风气之影响，但又可以超越地域风气之影响。超越与否，则完全在自我

① 唐文治：《国文大义》，《唐文治文章学论著集》第一册，上海古籍出版社 2020 年版，第 38—39 页。
② 唐文治：《国文大义》，《唐文治文章学论著集》第一册，上海古籍出版社 2020 年版，第 33 页。
③ 唐文治：《国文大义》，《唐文治文章学论著集》第一册，上海古籍出版社 2020 年版，第 35 页。

意志上。若是,则须由气之发动而进至气之主宰。

3. 志、意、理为脉络

才情仅仅是气的禀赋与感发,而决定其感发的原因,则有积极与消极两个方面。就消极原因而言,人所处的环境会影响情气的感发,但这种感发可能随物而动,并没有自身的主宰。就积极原因而言,人之情气具有内在的线索,以志为方向,意为行动,理①为结果,是气自我所决定者。志、意、理是才情发动的内在脉络。志之根本,即在于道,在于性理。唐文治论志,其言:

> 志者文之干,而因之觇识度焉。……故学文必先辨志。志之卑者,文不能高也。志高则识亦因之高,而气度自然宏远矣。②

志是心之所之,即心所确定的未来开展方向,主宰着将来的变动轨迹。有大志未必能成事,但未有大志一定不能成事。在文气上,志就是文气之主干。志以体悟性理、实践性体为高远,故志之向道与否决定了文章格局的大小。

唐文治论意,其言:

> 气者意之辅,意者气之主。③
> 理与事不宜蹈空,而用意则贵翻空。④

志与意相维系,志给予意以方向,意则以心念之行动来实践此方向。就情气之运行言,由志到意的脉络主导了情气的感发,是主体积极性的展现。而且,意联结着志与物,且以志为主导来赋物以意义,而不是以物为主导来牵制志。因此,意之发动,须翻空而不能滞于迹象。若滞于迹象,则为物所牵。故文章之意,最宜翻空,以志为线索,应物而无滞于物,便宜行事、灵活处置,则文气活泼灵动,纵横捭阖。

唐文治论理,其言:

> 理者,细言之为治玉,粗言之则道里经纬,精粗兼赅,斯谓之

---

① 此处之理,并非天理、性理等超越之理,而是指事物之条理,为气之规律,属于内在之理。
② 唐文治:《国文大义》,《唐文治文章学论著集》第一册,上海古籍出版社 2020 年版,第 42—43 页。
③ 唐文治:《国文大义》,《唐文治文章学论著集》第一册,上海古籍出版社 2020 年版,第 43 页。
④ 唐文治:《国文大义》,《唐文治文章学论著集》第一册,上海古籍出版社 2020 年版,第 44 页。

理。……理忌窒,窒则不能通。理忌晦,晦则不能显。理忌空,空则泛滥无所归,而辞必流于遁。①

此处之理为事物之条理。条理必蕴含于具体之事物中,故文章谈条理者,不能凭空而论,而要就事论事,不宜蹈空,而须着实。

4. 繁简、奇正为表征

文章有繁简之异、奇正之别。唐文治认为,这些文章的特征来源于作文之人的特征。在文风之繁简上,唐文治主张由繁进简,繁简得宜,其言:

> 为文繁简之异,即能者与劣者所由判也。如叙一事,劣者叙数千字而始明者,能者可以数百字括之;劣者叙数百字而始明者,能者可以数十字括之。即说理亦然,故后世文之复杂无翦裁者,若以司马迁、班固、韩文公为之,虽数万言,可删作一二千言,而左氏之文,其简洁者尤妙绝千古。②
>
> 文必由繁而进简,未有先简而后繁者也。③

不会作文者,叙事繁琐,条理晦涩;会作文者,简洁干练,事理明晰。作文之练习,都是由不会而至会,故对于学人而言,由繁进简为其必须之工夫途径。

> 繁又譬如春之华,简又譬如秋之实,各有佳处。要而言之,善为文者,能繁而益使人喜;不善为文者,虽简而亦使人厌。④
>
> 凡才气之盛者,其文必繁;理想之富者,其文必繁;纪事之委蛇而曲折者,其文必繁。……凡文才气之盛者,节目必求其晰;理想之富者,词句必求其工;纪事之委蛇而曲折者,叙述必求其有序而有条理。晰也、工也、有序而有条理也,皆非简不可。⑤

文章亦非一概简优于繁。倘若去除劣者之繁,则繁简皆有佳处。

---

① 唐文治:《国文大义》,《唐文治文章学论著集》第一册,上海古籍出版社 2020 年版,第 44—45 页。
② 唐文治:《国文大义》,《唐文治文章学论著集》第一册,上海古籍出版社 2020 年版,第 48 页。
③ 唐文治:《国文大义》,《唐文治文章学论著集》第一册,上海古籍出版社 2020 年版,第 49 页。
④ 唐文治:《国文大义》,《唐文治文章学论著集》第一册,上海古籍出版社 2020 年版,第 49 页。
⑤ 唐文治:《国文大义》,《唐文治文章学论著集》第一册,上海古籍出版社 2020 年版,第 49 页。

才气盛、理想富、纪事曲，则文繁；节目晰、词句工、事有序，则文简。繁在铺陈，简在关节。繁无关节则散漫，简无铺陈则事晦。真正的好文章，必然是繁简相宜。

在文风之奇正上，唐文治主张奇正相生。至于何谓奇、何谓正，唐文治言：

> 理想之奇，《庄子》中为最多；格局之奇，《左传》《史记》、韩文中为最多；比喻之奇，《国策》中为最多。学者求文之奇，先从理想入手。理想不新，文字不奇，此一定之理。理想奇则格局与之俱奇，而比喻之奇，随时供我之驱使矣。至理想之奇，固由于平日之积学与阅历，而临时则以放胆为第一要义。①

> 格局之正，创自大禹、周公，《尚书·禹贡》《无逸》二篇是也；《周礼》一书，文体最为严整。《孟子》文亦好用正局，"庄暴论乐""牛山之木""北宫锜门"诸章是也。韩文公《原毁》用两大段，是为两翼包抄法。王紫翔先生《李傅相寿序》前用四段，后用四段，四奇四正，是为布方阵法，此皆炼局之宜研究者也。至于义理之正，造言之正，诸生宜于诸经及诸名臣、诸先儒集中求之。②

唐文治分奇有理想之奇、格局之奇、比喻之奇。正有义理之正、格局之正、造言之正。大致上，文章之正多在正面宣说儒家经义；而文章之奇或在用佛老义，或在论辩文，或在叙事曲折之文。

> 奇正还相生者，言奇之中有正，正之中有奇，所谓变化无方是也，如此者乃可言文。……行文之道，随题神题理而变，亦无可泥之法。善为文者，临时或默运精心，或任自然以纵其所之，道在行乎其所不得不行，止乎其所不得不止，而用奇用正，乃各归于至当。③

> 文之奇者，大抵在因心构象而出以突兀，譬诸偏师所以能制胜者，要在出其不意。然诸生果能神会此言，仍须守定"奇正相生"四字。若一味逞奇，其弊之小者为偏锋，弊之大者则成伪体，不可不

---

① 唐文治：《国文大义》，《唐文治文章学论著集》第一册，上海古籍出版社 2020 年版，第 54—55 页。
② 唐文治：《国文大义》，《唐文治文章学论著集》第一册，上海古籍出版社 2020 年版，第 55 页。
③ 唐文治：《国文大义》，《唐文治文章学论著集》第一册，上海古籍出版社 2020 年版，第 54 页。

慎也。①

奇之来源在于"因心构象而出以突兀"。依此类推,则正之来源在于"因心构象而出以平实"。平实与突兀之区别在于,平实为常态,而突兀为罕见。常态里有经典,也有平庸;罕见里有创新,也有招摇。唐文治之奇正相生,大抵是在经典基础上的创新,而非平庸中的招摇。经典为永恒之道,而文题不同,故永恒之道落实在不同文题上需要有不同的文章表达,在此文章表达上可以创新出奇。

此外,唐文治认为上述奇正相生之道还显粗疏,尚有精微之处三条:一为奇而有法;二为文包奇象;三为暗而实明。唐文治论奇而有法,其言:

> 盖奇而法者,非法不能奇也。……惟义理之正乃能为比喻之奇,圣人之道不外是,圣人之文亦不外是。是以学者求奇,根于积理,反是而非法以矜奇,纵坚辩博泽,决为大雅之所不道,如此者以理言之也。②

易经之义理中正醇厚,而其所表达则为性理统摄下的气之生成变化。在变化上,则为奇,在不变之根本上,则为正。

唐文治论文包奇象,其言:

> 惟得奇人乃得奇事,叙奇事乃得奇文。……方今世变愈嬗而愈新,则文字亦当愈嬗而愈奇。鄙人所以谓国文非特不废,当因而转盛者,以国文包天下之奇象也。如此者,以事言之也。③

唐文治所处者为中西交流之时代,故有无穷之新事物、新思想风起云涌。此万象之新,可谓奇;而处于此时代之文章不能被杂多之世风带偏,更应该回到儒家经典,以性理学之正来主导新事物、新思想。

唐文治论暗而实明,其言:

---

① 唐文治:《国文大义》,《唐文治文章学论著集》第一册,上海古籍出版社 2020 年版,第 56 页。
② 唐文治:《国文大义》,《唐文治文章学论著集》第一册,上海古籍出版社 2020 年版,第 61 页。
③ 唐文治:《国文大义》,《唐文治文章学论著集》第一册,上海古籍出版社 2020 年版,第 61—62 页。

作文须至线索迷离惝恍之境,而实则极分明,方为神奇。①

线索迷离惝恍,意之翻空也;实则分明,则前有志之性理也,后有事之条理也。

统而言之,奇正之道的粗疏部分,多以文章表现的特征而论;奇正之道的精微部分,多以理气之关联、心意之行动而论,是文章特征后面的人文因素。前者为表象,后者为本质。

(二) 因文而论文

因文而论文,则是不从文章作者之主体性上说,而是直接从文章本身的特征上说。唐文治将此特征分为声、色、味、神四类,并论文之戒律,以对治其弊。

1. 论文之声

文之声,实为文气之韵律。吟诵文章,则依照文气之韵律而发声。依照韵律言,则有阴阳刚柔;依照声音言,则有高低徐疾。唐文治言:

> 文章之妙蕴,通于天而协于律。……人惟秉中和之德,乃能为转移风俗之文。至治之世,天地之风气正,十二律定。故盛世文字,多含浑沦之元音,廉直啴谐而民气乐。迨其衰也,粗厉猛奋、纤微憔悴之声并作,先王忧之。故作乐之蕴,要在阳而不散,阴而不集,刚气不怒,柔气不慑,夫然后能安其位而不相夺。盖不散不集、不怒不慑者,乐律之本原,而亦文声之秘铨也。是故文之声贵实而戒浮;实则沉,浮则散。文之声贵疏而戒滞;疏则朗,滞则集。文之刚者,其气宜直而勿暴,暴其气则声怒。文之柔者,其气宜和而勿馁,馁其气则声慑。②

文章精神,通于天道氤氲之理气,协于人声气息之变化。天地之气有大中之至正,也有时局之偏向,故若无人力之功,自然时运之气体现在文章上亦有优劣之表征。然而,善为文者可以超越时运的局限,以人

---

① 唐文治:《国文大义》,《唐文治文章学论著集》第一册,上海古籍出版社 2020 年版,第 62 页。
② 唐文治:《国文大义》,《唐文治文章学论著集》第一册,上海古籍出版社 2020 年版,第 70—71 页。

工补天时之不足。故作文之法，虽阴阳刚柔，各有所重，但皆能与时和谐，各得其道。而吟诵之法，亦宜实而疏，不宜浮而滞。文气刚者宜直，文气柔者宜和。

> 往者张廉卿先生谓："学古文，其始在因声以求气。得其气，则意与辞因之而并显。"吴挚甫先生亦谓："才无论刚柔，苟其气之既昌，则所为抗坠、诎折、断续、敛侈、缓急、长短、伸缩、抑扬、顿挫之节，一皆循乎机势之自然，无之而不合。"盖文章之道所以盛者，实在于声，是以和声乃可鸣盛也。[①]

具体的作文途径，则为因声求气。因声求气，即由着吟诵文章的声音来把握文气韵律。文气韵律是文章的生命节奏，一旦把握了文气韵律，则文章之精神呼之欲出。无论作文者，还是学文者，皆可以从吟诵入门。对于作文者而言，通过吟诵获得自身内在生命感悟之韵律，从而笔之于文辞；对于学文者而言，通过吟诵体悟前贤往圣所作之文的生命韵律，从而提升自身之境界。

> 盖凡文之提纲挈领，包举各节处，其声宜大；文之排纂震动、顿挫结束处，其声宜远。……盖读凄惋之文，宜凄然以促，如风雨夜至之声。读华贵之文，宜舒然以和，如雌雄雍雍相鸣之声。[②]

> 大抵文之震荡茹吐处，宜多用平用长；辩难奥衍处，宜多用仄用短。于重阳之中而伏以一阴，则阳者不散；于重阴之中而间以一阳，则阴声不集。至于首位段落之处，其声皆须有宏大远到之致，或如波澜之潆洄，或如异军之突起，能神明于此，则其几于大成也不远矣。[③]

唐文治总结了文气韵律与吟诵声音之间的确立关系。文章之提纲挈领、包举各节处（亦即文章之首位处），其声宜大；文章之矫健奔放、顿挫结尾处（亦即文章之段落处），其声宜远；文章之凄惋处，其声宜促；文

① 唐文治：《国文大义》，《唐文治文章学论著集》第一册，上海古籍出版社 2020 年版，第 68 页。
② 唐文治：《国文大义》，《唐文治文章学论著集》第一册，上海古籍出版社 2020 年版，第 69 页。
③ 唐文治：《国文大义》，《唐文治文章学论著集》第一册，上海古籍出版社 2020 年版，第 72 页。

章之华贵处，其声宜和；文章之变化反复处，其声宜平而长；文章之辩难精深处，其声宜仄而短。文气韵律本身也不能一味阴或者一味阳，偏于阴者须有一阳，则其聚敛之气始能持其聚敛之势；偏于阳者须有一阴，则其发散之气始能持其发散之势。

2. 论文之色

文之色，实为文章之修辞。唐文治言：

> 文体固宜清澄，而修辞尤贵精采……若为文不务精采，则文境日即于枯涩。①

文之色，是附丽在文意上的修饰。孔子曰"绘事后素"②，素是文意，绘是修饰。文意为本质，修饰为表象。

唐文治认为文章之修饰，有需去除之四忌，有需掌握之五端。唐文治论四忌，其言：

> 一曰杂凑。譬诸用秦汉人之典故，而杂以六朝人之词句；用八家之格局，而间以词赋家之藻饰，是谓杂凑。杂凑者不伦。二曰涂附。文之所贵必依于质，若不问理之是非、词之当否，而强以字面剽窃点缀，丹文绿牒，其中空空，是谓涂附。涂附者无理。三曰晦黯。知用色而不知选择之法，致词不能与意相比附，则浮溢黏滞，令人费解，是为晦黯。晦黯者其色不能昭。四曰庸俗。譬之名园芳沼，万卉争妍，若仅猎取其俗艳，则不啻东施效颦，适以增厌，是谓庸俗。庸俗者其色不能正。③

杂凑是将不同风格之文辞汇聚一处，产生文辞之间的不和谐，由此导致文意不畅。涂附是徒事修饰，而无实理，导致文意空虚。晦黯是文辞与文意不匹配，导致文不达意。庸俗是拾人牙慧，东搬西抄，了无新意，导致文意平平。文辞本来应该有助于文意之表达，然此四忌者，反而是文辞阻碍了文意的表达。

---

① 唐文治：《国文大义》，《唐文治文章学论著集》第一册，上海古籍出版社 2020 年版，第 81 页。
②《论语·八佾》。
③ 唐文治：《国文大义》，《唐文治文章学论著集》第一册，上海古籍出版社 2020 年版，第 83 页。

唐文治论五端,其言:

> 津润怪丽,为精采之最著者。初学古文,宜先求有津润之色,俾不至于枯窘。迨才气日扩,笔下有汩汩乎来,缤纷陆离之致,当有怪丽之色。然怪丽不足为文章之能事,折于衷焉,乃为绚烂之色。由是而与道日胰,则为平淡之色。平淡之极,精光内敛,美在其中,则如白贲之无色,是为洁白。五端层次,大概如此。然亦有因天禀所赋,限于一端而不能变者;亦有兼擅众美而因题以施者,则亦勿庸拘泥以论之也。①

五端是五种具有递进层级的修饰手法。津润之色,始有文辞可为润色;怪丽之色,文辞广博而驳杂;绚烂之色,文辞稍为简练,但仍有铺陈;平淡之色,文辞愈加精炼,无有赘词;白贲之色,无废词,无缺词,多一词为其理应多,少一词为其理应少,真正达到作为表象的文辞与作为本质的文意的彻底合一。此五端之法,本是层次递进,但在具体操作中,可能作者不能完全掌握其技,或限于天禀,囿于一端,也有可能作者因题而变,五端兼用。

3. 论文之味

文之味,实为文章之功效。常言所谓"回味无穷",当是品尝之后而生之功效。而文之味,即文章被人所览后,预期所生之功效。唐文治以五味来喻五种功效之文,其言:

> 曷谓酸?《礼记》云:"春多酸。"盖果实之味也。其味生于涩,文能深思,乙乙而出者如此味,宜于诸子中求之。庄子、韩非子之文多涩,而韩非《说难》一篇尤显。曷谓苦?《史记·商君传》云:"苦言药也,甘言疾也。"《左传》臧孙云:"孟孙之恶我,药石也。"凡药石之箴,其味多苦。古人忠告,不惮苦口。曷谓辛?辛即辣,辣以《国策》为最。其味在一字一句之间,令人不敢尝。韩文公能效之。曷谓咸?《洪范》"润下曰咸",知润极则咸,故海滨多卤地,文家绝少此味。然咸则终敛于淡,司马子长最能为淡味。兹故以淡

255

① 唐文治:《国文大义》,《唐文治文章学论著集》第一册,上海古籍出版社 2020 年版,第 82—83 页。

易咸，韩文公知此意，亦能造此味。曷谓甘？《左传》却芮曰："币重而言甘，诱我也。"人生嗜甘者多，故甘言足以为饵，此味《左传》中为多。①

酸味应由苦思而出。凡遇题之结辖处，宜解难者用之，而其味宜回于甘，俾人大适。苦味用于尽言，惟善人能受，否则殆，其味且为人所废弃，故用之深浅宜详酌。辣味于檄文最宜，辩驳亦多用之，友朋书牍中用之者，宜依物以譬，令人尝之而不觉。甘味宜于奏疏之文，及书牍之须婉转以达其意者，亟防其弊，勿流于脆，勿入于滑。淡味为无上上品，并非太羹元酒之谓。②

味酸之文，酸在深思，如先秦诸子之文中多用之。味苦之文，苦在责善，如忠告之文中多用之。味辛之文，辛在辩难，如檄文、辩驳文中多用之。味甘之文，甘在美誉，如奏疏文、书牍文中多用之。

味咸之文，作者绝少，唐文治亦未论及。然而咸归于淡，以淡易咸，则为司马迁、韩愈之文。该书所录三篇味淡之范文，则为韩愈《送董邵南序》《送王含序》，欧阳修《送徐无党南归序》。唐文治论欧阳修《送徐无党南归序》曰："此文极为清淡……后一段精神更觉不磨，何者？以其脱胎于《史记》者深也。"③又论韩愈《送董邵南序》曰："文仅数行，而曲折有四。奇情壮志，都寓其中，绝不外露。其讽董生之不当远游耶？抑愤世嫉俗，而故为反言以喻之耶？皆令人自行体会。惟能味于无味者，始能知之。"④依唐文治所论，则味淡之文，精神千古不磨，情感含蓄不露，其功效不似酸、苦、辛、甘之文主旨明确，而是自行体会，常读常新。故五味之文，虽然各有所宜，但以味淡之文为上品。

4. 论文之神

文之神，实为文章之品性。唐文治以人物之品性以喻文章之品性，

---

① 唐文治：《国文大义》，《唐文治文章学论著集》第一册，上海古籍出版社 2020 年版，第 93—94 页。
② 唐文治：《国文大义》，《唐文治文章学论著集》第一册，上海古籍出版社 2020 年版，第 94—95 页。
③ 唐文治：《国文经纬贯通大义》，《唐文治文章学论著集》第三册，上海古籍出版社 2020 年版，第 1036 页。
④ 唐文治：《国文经纬贯通大义》，《唐文治文章学论著集》第三册，上海古籍出版社 2020 年版，第 1413 页。

其言：

> 论文之神，微矣渺矣，若不可以方物矣，然显而言之，则当前而立悟，何也？凡圣贤有圣贤之神，豪杰有豪杰之神，明君贤相有明君贤相之神，奸雄大滑有奸雄大滑之神，鄙夫俗子有鄙夫俗子之神。诸生试取班氏人表所分九等人物，以求之于二十四史、《通鉴》中，譬诸铸鼎象物，取镜鉴形，其人之神，无不毕露。①

圣贤、豪杰、明君贤相、奸雄大滑、鄙夫俗子皆各有其品性。东汉班固把古今人物分为九等，即上上、上中、上下；中上、中中、中下；下上、下中、下下。同样道理，文章亦各有其品性，唐文治以阴阳刚柔分文之品性为十二神，其言：

> 何谓阴阳？文依于形而达于气，呲于阴而发于阳，气阳而形阴也。阴阳阖辟，形气变化，于焉生神。故文宜炼形，形茹则神惢；文宜养气，气散则神失。②

《周易·说卦》曰："昔者圣人之作《易》也，将以顺性命之理，是以立天之道曰阴与阳，立地之道曰柔与刚，立人之道曰仁与义。"③唐文治依此义来论说人物与文章之神。阴为气之收敛，收敛为有定之形；阳为气之扩散，扩散为无定之气。阴阳阖辟，则有定之形与无定之气相互磨合，于是神妙之品性就此生发而出。这个道理落实在文章上，就是要炼形养气。气有阴阳，形有刚柔，气阳而形刚者，为阳刚；气阴而形柔者，为阴柔。文章形气阳刚、阴柔之不同，则生发文章的精神品性亦有异。唐文治言："以上者皆以文之神分阴阳，非以文之质言。"④前文所论文之声，乃就质而言，为文气自身之韵律变动；此处所论文之神，乃就神而言，为文气韵律所表达之精神品性。唐文治论文章十二神，其言：

> 自阳刚之美者言之，曰至诚之神，曰豪迈之神，曰灵警之神。

---

① 唐文治：《国文大义》，《唐文治文章学论著集》第一册，上海古籍出版社 2020 年版，第 105 页。
② 唐文治：《国文大义》，《唐文治文章学论著集》第一册，上海古籍出版社 2020 年版，第 106 页。
③《周易·说卦》。
④ 唐文治：《国文大义》，《唐文治文章学论著集》第一册，上海古籍出版社 2020 年版，第 107 页。

> 自阴柔之美者言之,曰淡远之神,曰凄惋之神,曰冷隽之神。
>
> 自阳刚之恶者言之,曰骄奢之神,曰强梁之神,曰放诞之神。
>
> 自阴柔之恶者言之,曰柔佞之神,曰依违之神,曰蠢野之神。①

至诚之神,恻怛诚恳,宜传忠臣孝子之事;豪迈之神,倜傥权奇,宜传名将任侠之事;灵警之神,应机立变,宜传灵智巧士之事。淡远之神,夐绝尘寰,宜传逍遥隐逸之事;凄惋之神,凄入心脾,宜传凄凉惨淡之事;冷隽之神,料峭隽永,宜传诡文谲谏之事。骄奢之神,愎靡从之,宜状权奸跋扈之事;强梁之神,猛鸷之象,宜状虓豁无术之事;放诞之神,毁典荡行,宜状狂诞靡纪之事。柔佞之神,媚言惑人,宜状鄙夫得志之事;依违之神,是非不明,宜状乡愿两是之事;蠢野之神,无知未化,宜状山妪鄙俚之事。

在此十二神外,尚有力神、梦神、鬼神、怪神四类附其后。盖此四神"皆圣门家法所不语"②,世有此事,而非常道。以非常道故,不列于十二神之正文中;以世有此事,仍需描摹故,列于十二神之附录中。

5. 论文之戒律

唐文治以声、色、味、神分论文章之韵律、修饰、功效、品性,这些都是正面的文章特征。在此论述之外,尚须对文章特征之流弊作一负面清单,以警惕后学者作文莫落此窠臼。

文章之流弊,从总体上说,则为心之轻忽、气之昏矜;从分别上说,则有失信、流俗、饰伪、无序、无物、村夫、武夫等类型。

总体上的对治之法,唐文治以"明理养气"论之,其言:

> 治轻心忽心之法,莫如主恭敬;治昏气矜气之法,莫如节嗜欲。主恭敬,则其心廓然而大公;节嗜欲,则其气清明而不杂。③

用主恭敬之法,获得性理在心中的显露,由此克治轻心忽心之弊;用节嗜欲之法,促使感发之情气不妄动,由此克治昏气矜气之弊。总之,"惟有多读古书,日以明理而养气。读书既富,理气既充,则一切痼

---

① 唐文治:《国文大义》,《唐文治文章学论著集》第一册,上海古籍出版社 2020 年版,第 106—107 页。

② 唐文治:《国文大义》,《唐文治文章学论著集》第一册,上海古籍出版社 2020 年版,第 131 页。

③ 唐文治:《国文大义》,《唐文治文章学论著集》第一册,上海古籍出版社 2020 年版,第 139 页。

习，不拒自远。"①

从分别上说，"今之为文者，襃扬则动称夔龙，贬斥则几邻梼杌，至于诔墓叙寿，累牍连篇，更多率意"②为失信。针对此流弊，唐文治认为学文者要以信今而传后，务宜守孔门直道而行之旨。"修辞而不雅，何遽为废弃中学？……恐人皆束古圣贤之文而不读也"③为流俗。针对此流弊，唐文治认为学文者需要砭俗，以《说文》学习文字学，以三代两汉文为学文路径。"摭拾瞽典以为奇，而按之并无实理真气运乎其间，譬诸东施效颦，优孟作剧"④为饰伪。针对此流弊，唐文治认为学文者须针伪，对这些妄说须谨慎择别，不可为其所惑。此外，"首尾横决，离乱而无章"⑤为无序，"空疏媆浅，漫衍而鲜理"⑥为无物，"性质寒俭，浸成萧索之象"⑦为村夫，"举止粗率，仅成犷悍之形"⑧为武夫。针对这些流弊，唐文治认为学文者宜慎宜戒，须随时惺惺，严自检点。

二、作文工夫

唐文治的文章理论遍布他的诸多著作，通过其或长或短、或详或略的论述，可以发现隐含着的一个整体的系统。此系统具有纵向的历史发展向度，也有横向的义理架构向度。唐文治的作文工夫理论即蕴藏在此文章系统的纵横向度之中。

（一）纵横向度

从纵向的历史发展向度上看，此向度包含两个要点。其一，文气随世运升降，由古至今，每况愈下。其二，虽然整体的历史趋势是今不如

---

① 唐文治：《国文大义》，《唐文治文章学论著集》第一册，上海古籍出版社 2020 年版，第 141 页。
② 唐文治：《国文大义》，《唐文治文章学论著集》第一册，上海古籍出版社 2020 年版，第 139 页。
③ 唐文治：《国文大义》，《唐文治文章学论著集》第一册，上海古籍出版社 2020 年版，第 140 页。
④ 唐文治：《国文大义》，《唐文治文章学论著集》第一册，上海古籍出版社 2020 年版，第 140 页。
⑤ 唐文治：《国文大义》，《唐文治文章学论著集》第一册，上海古籍出版社 2020 年版，第 141 页。
⑥ 唐文治：《国文大义》，《唐文治文章学论著集》第一册，上海古籍出版社 2020 年版，第 141 页。
⑦ 唐文治：《国文大义》，《唐文治文章学论著集》第一册，上海古籍出版社 2020 年版，第 141 页。
⑧ 唐文治：《国文大义》，《唐文治文章学论著集》第一册，上海古籍出版社 2020 年版，第 141 页。

昔,但在每个时代都有杰出的文章作者,其所作之文超越了时代的局限,而与天地清明之气相接,具有永恒的价值。唐文治论文气之递衰,其言:

> 文化盛衰,皆由时代为之。自三代至春秋时文化衰矣,故春秋时代之文,不能与典谟训诰同。至秦燔《诗》《书》,文化遭一大厄,故两汉之文又不能如春秋战国。至六朝时文化又遭一厄,故唐代之文不如两汉。至五代时文化又遭一厄,故宋之文又不如唐。此后乃愈变而愈弱。然则文化之迁流,实与世运升降相为维系,皆天为之也。①

这种文气的衰败是整体性的、客观性的,是气化的经验生命中的无奈。然而,人心之灵可以超越气化生命的局限,后人未必不能通过自身努力达到甚至超过前人的文章境界。从部分个体上看,则后世仍旧有贤达之人可以继承先秦之文统。唐文治论世代作者及其文章,其言:

> 孔子四教,其一曰文,传自游、夏。子游传《礼》,子夏传《诗》亦传《礼》,其后支与留裔,传嬗不绝,遂分南北两派;南方学者以华藻胜,北方学者以笃实胜,此其大概也。战国时,诸子争鸣,文体悉备。至西汉,文章尤盛,董、贾、两司马,莫与抗衡,末复有扬子云,皆为修辞之祖。《汉书·艺文志》贯穿六艺诸子、百家九流,特示蹊径,最宜熟诵。……如诸葛武侯《出师表》、陆宣公奏议,可与屈子《骚经》同称绝调。唐韩昌黎作《进学解》……茅鹿门选《唐宋八大家文钞》……朱子瓣香南丰……文文山对策、《正气歌》……元明以来,作者不逮于古,望溪崛兴,海峰、姬传踵之,是为桐城派。吾苏恽子居、张皋文,亦自辟町畦,是为阳湖派。曾涤生出,师承姚氏,发挥文家阴阳刚柔之旨,摘抉杳微,夐乎不可尚已。②

---

① 唐文治:《文章讲义》,《唐文治文章学论著集》第三册,上海古籍出版社 2020 年版,第 1462 页。
② 唐文治:《修辞学大义》,《唐文治文章学论著集》第三册,上海古籍出版社 2020 年版,第 1468—1469 页。

唐文治的举例,其实建立了文章之道的传承谱系。这些历史人物及其文章,皆是当代学文者学习的榜样。唐文治非常认同刘孟涂的说法,即"学者宜由方望溪以求八家,由八家以求《史》《汉》,由《史》《汉》以求六经诸子,循序以进,自不至误入歧途矣"①。这既指出了历代可供学习的文章,也罗列了历代文章先易后难、层层深入的学习秩序,更揭示了历史上具有儒家品性的士人群体。

唐文治所建立的文统脉络,表面上与吴汝纶所传之桐城派塑造的文统脉络颇有近似,但实则已经由气论思想更深入一层,在宋儒心性论的意义上重新奠定了文统谱系的性理学基础。这种文章作者的排序也可以视为建立了以儒家义理为导向的文统谱系。学习者可以顺此文统谱系,不断调适上遂,提升自我,最终获得像先秦儒家一样的君子品格。

从横向的义理架构向度上看,此向度蕴含了作文、读文的工夫路径。在文统的历史谱系中画出一个横切面,从而挑选出具体的文章。在对此具体文章的读文方法中,隐藏着唐文治文章理论的横向系统。唐文治言:

> 学者欲穷理以究万事,必读文以究万法,又必先潜研乎规矩之中,然后能超出乎规矩之外。而又扶之以浩然之气,正大之音。格物致知,所以充其用也,阅世考情,所以广其识也。至于化而裁之,从心所欲不逾矩,所谓过此以往,未知或知也。由是而成经成史,成子成集,成训诂家,成性理家,成政治家,成大文学家,岂非通乎经纬之道而然哉。②

这段文字中,唐文治讲了读文的工夫实践与境界功效。读文的工夫实践是读文以究万法,既要研究规矩,又要超出规矩;养出浩然之气,发出正大之音;格物致知,阅世考情。境界功效则是化而裁之,从心所

---

① 唐文治:《修辞学大义》,《唐文治文章学论著集》第三册,上海古籍出版社 2020 年版,第 1469—1470 页。
② 唐文治:《国文经纬贯通大义》,《唐文治文章学论著集》第三册,上海古籍出版社 2020 年版,第941 页。

欲不逾矩,并写就经、史、子、集的著作而成就各方面的大家。

　　然而,学文者之所以能够通过读文的工夫实践获得如此的境界功效,更为基础的一点是所读的文章都是圣贤豪杰之文,唐文治说:"圣贤豪杰之文,真理弥纶贯于内,精气旁薄溢乎外,刚柔阴阳,惟变所适。"①又说:"古之圣人,阴阳刚柔悉合乎中,故其庆赏刑罚各得其正。后世儒家能养之于喜怒哀乐未发之前,故其阴阳刚柔足以顺万事而无情,斯皆不必言文而实无在非文。"②圣贤豪杰的文章具有诚中形外的特征,悉合乎中。依照朱子的理论,中的状态,就是心之未发而与性体冥一;和的状态,就是心之已发,以性来主宰情恰如其分的发动。唐文治以这套理论用于文章中,故文章乃为性情已发的表现。而后来的学习者,可以读其文也获得性情上的熏陶,从而取得相应的功效。

　　依照上文的推论,其实唐文治横向的义理架构可以细化为三个维度,第一个是本体展开的维度,讲的是作为模范榜样的圣贤豪杰的诚中形外的展开逻辑;第二个是工夫实践的维度,讲的是学习者如何追溯圣贤豪杰的文章来培养浩然之气;第三个是境界功效的维度,讲的是学习者涵养了浩然之气,如何诚中形外写出优秀的文章,以及开物成务、经世济民。如果再进一步细化,以性表示道德性理的本体,以情表示气韵情感的发动,以声表示声音乐律的抗坠,以辞表示文辞篇章的撰写,那么三个维度的关系可以为下图所示:

表 8-1　横向的文章理论义理架构

本体展开		性→情→声→辞
工夫实践		辞→声→情→性
境界功效	作文效用	性→情→声→辞
	经世效用	性→情→开物成务、经世济民

① 参看唐文治:《国文阴阳刚柔大义》,《唐文治文章学论著集》第一册,上海古籍出版社 2020 年版,第332 页。

② 参看唐文治:《国文阴阳刚柔大义》,《唐文治文章学论著集》第一册,上海古籍出版社 2020 年版,第334 页。

唐文治文章理论横向的义理架构建立了一套本体论、工夫论、境界论的体系,而纵向关系则是就历代文章作者的性情之高低流变而排列的文统谱系。此谱系来源于儒家的尊经传统,故更多地基于圣贤人格之标准。从理论构架来看,横向的义理架构为其理论之主体,而纵向的排序则为文章作者圣贤境界之展现,可以视作理论主体带出的必然后果。

本体展开是工夫实践与境界功效的逻辑前提,唐文治从立诚方面讲尽性,从气论方面讲生情,从阴阳四象方面讲声音辞气。"性→情→声→辞"的本体展开已经详见前文唐文治文章本体部分,故此处不赘,直接论述工夫实践与境界功效。

(二) 工夫实践

唐文治文章理论的工夫实践,则是通过读文来由辞返声,由声返情,由情返性。需要指出的是,这种逆反的过程,不是达到了上一级就去除下一级,而是在读文的同时,通过维持初级而不断持续深入到高级。比如,最初读文,仅仅是由辞返声,即在读文中获得辞的理解和声的起伏;进一步由辞、声而返情,即在读文中获得辞的理解、声的起伏、情的气韵;再进一步由辞、声、情返性,即在读文中获得辞的理解、声的起伏、情的气韵以及性理寂感之神妙无穷。故在工夫实践的过程中,读文是永远持续的。由此唐文治总结出读文三十遍法,并由之分析出相应的 44 种具体的作文手法。

1. 读文三十遍法

唐文治所谓"读文",不是我们当下受到西洋话剧腔具有轻重音之影响的朗读,而是中国古代传统中具有声腔旋律的诗文吟诵。这种读文之法,是文气之阴阳刚柔与人声之高低缓急相互贯通的产物,具有重要的工夫论涵义。

这种读文理论认为,由天地之气的阴阳刚柔联系到人之性情的阴阳刚柔,由人之性情的阴阳刚柔联系到人之作文的阴阳刚柔,由人之作文的阴阳刚柔再联系到读文之法的阴阳刚柔。故而,《读文法》中的文章皆标出四象,以示读法之不同。在《读文法》中,唐文治继承了曾国藩

《古文四象》的理论，其言：

> 曾文正所选《古文四象》，分太阳气势、太阴识度、少阳趣味、少阴情韵四种。余因之分读法，有急读、缓读、极急读、极缓读、平读五种。大抵气势文急读、极急读，而其音高；识度文缓读、极缓读，而其音低；趣味情韵文平读，而其音平。然情韵文亦有愈唱愈高者，未可拘泥。而究其奥旨，要在养本心正直之气。顾亭林先生谓文章之气，须与天地清明之气相接，故其要又在修养人格。人格日高，文格亦日进。唯天下第一等人，乃能为天下第一等文。皆于读文时表现出来。故读文音节，实与社会与国家有极大关系。①

在这段论述中，唐文治一方面将天地之气与文章作者之气、文章吟诵者之气联系在一起，并归根于人格涵养上，此为读文理论心性论的形上基础；另一方面也对因声求气说有了继承，发展出了急读、缓读、极急读、极缓读、平读五种读法，分别与阴阳四象对应起来。在《读文法》具体的文章字句上，还密密麻麻做出了很多的圈点。圈点作为传统的文章标点，除具有断句功能之外，还有文理分析与鉴赏功能。唐文治认为：

> 圈点之学，始于谢叠山，盛于归震川、钟伯敬、孙月峰，而大昌于方望溪、曾文正。圈点者，精神之所寄，学者阅之如亲聆教者之告语也。惟昔人圈点所注意者，多在说理、练气、叙事三端，方、曾两家，乃渐重章法句法。②

唐文治在前人的基础上发展了圈点的吟诵提示功能，其言：

> 兹授诸生读文之法，不过四字，曰：轻重缓急。重者，高吟是也；轻者，低诵是也。因轻重之法，则可徐悟当缓当急之法。明

① 《唐蔚芝先生读文灌音片说明书》，赵敏俐主编：《吟诵研究资料汇编（现代卷）》，中华书局 2018 年版，第 15 页。
② 唐文治：《国文经纬贯通大义》，《唐文治文章学论著集》第三册，上海古籍出版社 2020 年版，第 944 页。

乎轻重缓急之故，则如八音齐奏，抑扬长短，无不各尽其妙。……兹将规定标记：重读者用密、、轻读者用——，急读者用密〇，缓读者用连△，每篇命意所在用囗。此外，可随意读者，则概用单〇（评语圈点别有体例），不敢过繁者，惧学者之易于眩惑也。①

这些具有文理鉴赏、吟诵提示的文章圈点，在唐文治撰写的《读文法》《国文阴阳刚柔大义》《国文经纬贯通大义》等书中大量呈现，从而有效地帮助读者吟诵与理解文章。

在正确理解"读"的基础上，可以进一步讨论三十遍读文法。唐先生言：

学者读文，务以精熟背诵，不差一字为主。其要法，每读一文，先以三十遍为度。前十遍求其线索之所在，划分段落，最为重要。次十遍求其命意之所在，有虚意，有实意，有旁意，有正意，有言中之意，有言外之意。再十遍考其声音，以求其神气，细玩其长短疾徐、抑扬顿挫之致。三十遍后，自不知手之舞之，足之蹈之，虽读百遍而无厌矣。②

三十遍读文法以十遍为界限，划分为三个十遍。第一个十遍，主要是寻找文章线索，划分文章段落，此可视为从文章的形上着眼，主要为由辞返声；第二个十遍，主要是探求文章各类命意，此可视为从文章的意上着眼，主要为由辞、声返情；第三个十遍，主要是体会文章神气变化，此可视为从文章的神上着眼，主要为由辞、声、情返性。此三个十遍，由形到意，由意到神，层层递进，由可见可闻的状态逐渐深化到感通神悟的状态，为因声求气理论的直接印证。

2. 作文四十四法

唐文治《国文经纬贯通大义》一书共分八卷，罗列了 44 种作文法，

---

① 唐文治：《读文法》，《唐文治文章学论著集》第二册，上海古籍出版社 2020 年版，第 806—807 页。
② 唐文治：《国文经纬贯通大义》，《唐文治文章学论著集》第三册，上海古籍出版社 2020 年版，第944 页。

265

第八章 文章理论

并配以范文和说明。范文共选 237 篇,其选录顺序一般按时间排列,先列先秦之文,并以儒家六经之文为重,次列司马迁《史记》之文,再列唐宋以来散文家之文。唐文治尝言:"余尝谓读宋以下文,不如读汉唐文,更不如读经。"①故其范文如此排序,除时间顺序之外,更有尊经的深意在焉。

此外,唐文治多次列自己所作之文于诸家之末。比如:在"奇峰突起法"后置《〈论语·微子篇〉大义》,在"段落变化法"后置《英轺日记序》,在"一唱三叹法"后置《〈论语·雍也篇〉大义》,在"说经铿铿法"后置《孟子大义序》,在"逸趣横生法"后置《〈孟子·滕文公篇〉大义》,在"光怪离奇法"后置《说龙》,在"倒卷珠帘法"后置《大孝终身慕父母义》,在"心境两闲法"后置《游日光山记》,在"层波叠浪法"后置《〈论语·子张篇〉大义》,在"洸洋诙诡法"后置《释气》,在"炼气归神法"后置《〈论语·乡党篇〉大义》。唐先生在诸家文末置自家所作之文,大抵有两个意义。其一,《国学经纬贯通大义》一书乃唐文治教授学生作文之书,颇具实操价值,所列作文四十四法,虽然难易有别,但皆可落于实处,故唐先生以自身作文为例,以示诸生如此作文亦非极其困难之事,今人亦可有此作法。其二,唐先生以儒者自命,上承孔孟,兼采汉宋,晚绍桐城诸贤,并发扬因声求气说,欲以天地清明之气相接,故其以自身之作置先圣之后,乃有承续文脉、担当道统之意。

唐文治的八卷四十四法,虽未明说,但亦可以按照读文三十遍法的形、意、神三类进行划分。大致上看,卷一到卷四,多注重文章之形的研究;卷五到卷六,多注重文章之意的研究;卷七到卷八,多注重文章之神的研究。关于文章之形有二十法,乃于读文中确立文辞之形体;关于文章之意有十二法,乃于读文中确立情气之命意;关于文章之神有十二法,乃于读文中确立性体之寂感神韵。对应关系如下表:

① 唐文治:《文学讲义》,《历代文话》第九册,复旦大学出版社 2007 年版,第 8381 页。

表 8-2　作文四十四法分类表

十遍之序	研究对象	方法名称
第一个十遍	文章之形	局度整齐法;辘轳旋转法;格律谨严法;鹰隼盘空法;奇峰突起法。 两扇开阖法;段落变化法;一唱三叹法;逐层驳难法;空中楼阁法。 匣剑帷灯法;万马奔腾法;凄入心脾法;说经铿铿法;逸趣横生法。 短兵相接法;光怪离奇法;倒卷珠帘法;布局神化法;响遏行云法。
第二个十遍	文章之意	摹绘炎凉法;摹绘英鸷法;摹绘激昂法;摹绘旖旎法;刻画物理法;钟鼓铿铿法。 俯仰进退法;皎洁无尘法;心境两闲法;画龙点睛法;风云变态法;典缀华藻法。
第三个十遍	文章之神	层波叠浪法;典重矞皇法;追魂摄魄法;洸洋诙诡法;高瞻远瞩法;翕纯皦绎法。 叙事精炼法;硬语盘牙法;选韵精纯法;议论错综法;炼气归神法;神光离合法。

唐文治研究文章之形,常言以某某为总冒,以某某为封锁,以某某擒题,又以某某虚字作线索。总冒是具有纲领性的开头,封锁是具有总结性的结尾,擒题是文章中间的点题,而诸多虚字则是把文章作者起承转合、顿挫提宕之意勾勒出来,畅通了文气。

讲授文章之形的作文法共 20 种,局度整齐法注重布局结构齐整;辘轳旋转法注重布局文意递进;格律谨严法注重布局正反呼应;鹰隼盘空法注重布局论辩举例;奇峰突起法注重布局插入情节;两扇开阖法注重布局并列论述;段落变化法注重布局分段起落;一唱三叹法注重布局反复抑扬;逐层驳难法注重议论辩驳条理;空中楼阁法注重布置凌空隐约;匣剑帷灯法注重布局叙事隐笔;万马奔腾法注重布局多事递进;凄入心脾法注重文意哀感心意;说经铿铿法注重布局简练精当;逸趣横生法注重随文小品插入;短兵相接法注重言辞倔强有致;光怪离奇法注重叙事奇特臆想;倒卷珠帘法注重叙事倒叙说理;布局神化法注重叙事虚实灵活;响遏行云法注重声情高远激越。

讲授文章之意的作文法共 12 种,摹绘炎凉法注重感慨世态人情;摹绘英鸷法注重描摹英雄智勇;摹绘激昂法注重发扬任侠好义;摹绘旖旎法注重阐发言情缠绵;刻画物理法注重凸显小中见大;钟鼓铿铿法注重用词音调铿锵;俯仰进退法注重行文从容不迫;皎洁无尘法注重记游清雅脱俗;心境两闲法注重心灵闲适高洁;画龙点睛法注重言事点睛之笔;风云变态法注重文势盛大变化;典缀华藻法注重义理质干古雅。

讲授文章之神的作文法共 12 种,层波叠浪法注重序记自然淡远;典重裔皇法注重气象峥嵘庄严;追魂摄魄法注重文气倏忽变幻;洸洋诙诡法注重文气纵横磅礴;高瞻远瞩法注重培养浩然之气;翕纯皦绎法注重炼气任运自然;叙事精炼法注重叙事一贯精纯;硬语謦牙法注重用语发乎性情;选韵精纯法注重铭颂韵声清亮;议论错综法注重文气以简驭繁;炼气归神法注重文气先敛后化;神光离合法注重文气变化无方。

以上四十四法可以视为在读文三十遍的基础上,归纳出来的理论性总结。因而,此四十四法既是鉴赏古人文章的四十四法,同时也是今人创作文章的四十四法。这些总结,既是对范文中作文手法的提炼归纳,又是对范文的超越,成为学生作文的普遍性理论。这些普遍性理论,具有很强的实操性,唐文治将自己的若干文章作为范文殿后,就是要告诉学习者,这些来自历代经典的写作手法,今人完全可以吸收融通,用于当下的文章写作中。

(三) 境界功效

唐文治文章理论的功效最终旨向正人心、救民命。正人心是注重精神上的道德纯正,救民命则是道德纯正的外化落实。

正人心并非空谈,须从境界论中转出乃得以真正的确立。我们知道,唐文治的文章理论,既是读文理论,又是作文理论。学习者在读古人文章的同时,自我的精神受到古人精神的感召,故自我的人格得以升华,同时也促进自我的文章水平提高。故学习者一方面体悟古圣往贤的精神，一方面涵养奋发自我的性情，读文作文就不仅仅是平面化的操作，而具有了人文化成之义，乃成为造就君子人格的必备环节。

涵养心性的结果，如果放在作文上，就是撰写道德文章。唐文治言：

> 学校教人之法，养性怡情，胥成于乐。故后代文章之妙，必当感动人情，如乐之合同而化然。斯诣也，必本于修德凝道、穷理尽性之功，人格愈高，浩然之气愈盛，而文章之程度乃愈进。[1]

唐文治一直认为文品与人品相联系，当作文者之文章品性达到一定水准，且能与古圣贤之文章靠拢时，那么作文者自身的道德境界亦会相应地调适上遂。唐文治论此境界，其言：

> 我之精神与古人之精神欣合而无间，乃借古人之精神，发挥我之精神，举并世之孝子忠臣、义夫烈妇，一切可惊可骇、可喜可悲之事，宇宙间之形形色色，怪怪奇奇，一见于文章。于是我之精神，更有以歆动后人之精神，不相谋而适相感。奋乎百世之上，百世之下，闻者莫不兴起也。[2]

当自我与古人精神相会通之时，也是与天地精神相会通之时。天地精神就是人人本具的赤诚之心。这个天人合一的境界，乃是真正贞定自我心性的关键之所在。这种呈现是内在自然的感化，故其铸就的人格具有永恒性。

涵养心性的结果，更为重要的旨向并非仅仅限于撰写文章，而是要体现在开物成务、经世致用上，从而得到救民命的功效。救民命就是在心性达到会通的基础上，则再去体会天下事理之曲折，由之而在道德心灵的发动下去成就他人他物。这种体会天下事理之曲折的感悟，也可以从读文作文中获得。唐文治言：

---

① 唐文治：《修辞学大义》，《唐文治文章学论著集》第三册，上海古籍出版社 2020 年版，第 1467 页。
② 唐文治：《国文经纬贯通大义》，《唐文治文章学论著集》第三册，上海古籍出版社 2020 年版，第 939—940 页。

文章之妙,要在感动人情,"合同而化"。读"一唱三叹""凄入心脾""响遏行云"诸法,而可得其浅。读"翕纯皦绎""议论错综""炼气归神"诸法,而可得其深。然斯诣也,必本于修德凝道、穷理尽性之功。人格愈高,善气愈深,浩然之气愈盛,而文章之程度乃愈进。①

需要指出的是,唐文治学问以朱子为宗,故"修德凝道、穷理尽性"一句须从朱子学理解。所谓"修德凝道"者,乃是以勤修德行来守取天道;所谓"穷理尽性"者,乃是以格物致知来穷尽性理。② 故修德穷理,需要在世事上磨砺。世事愈多,磨砺愈久,就愈能凝道尽性。这种磨砺多而持久,就能提高人格,加大善气,扩充浩然之气。此番道理体现在文章上,文章必然记物记事,以及作者在此事物中的处理与感慨,故读前人之文,正是间接吸取前人世事磨砺之经验教训,增长自我的理解与见识。这种理解与见识,就不仅仅是空谈心性,而是真正具有救民命作用之手段。唐文治言:

> 通人情,达物理,正人心而已矣。学者之心理,不宜迂拘,不宜固塞。此今人之所知也。世道陵夷,人道将不胜其苦,非豪杰之士,孰与救之? 然非提倡文化,陶淑人心,又安得豪杰之士乎哉?③

由此可见,唐文治希望读文作文所成就的人才,是诚于中而形于外的君子,是真正可以实施儒家经世思想的豪杰之士。

综观唐文治的文章理论,可以将之视为儒家工夫论的一条独特的门径。朱子讲格物致知,"半日静坐半日读书"④,如何通过读书来悟道,则需要更为具体的操作方法。"文章之道,大之穷宇宙,细之析

---

① 唐文治:《国文经纬贯通大义》,《唐文治文章学论著集》第三册,上海古籍出版社 2020 年版,第 1433—1434 页。
② 朱子的相关理论,可以参看朱光磊:《朱子之理的"活动"问题——兼论朱子格物说》,《哲学动态》2019 年第 1 期。
③ 唐文治:《国文经纬贯通大义》,《唐文治文章学论著集》第三册,上海古籍出版社 2020 年版,第 1432 页。
④ 黎靖德编:《朱子语类》卷一百一十六,中华书局 1986 年版,第 2806 页。

毫芒,深之探性情心术之微,显之达教化政治之美"①,唐先生的文章理论,则是通过读文这一门径,来让学习者由文辞进至声音,由声音进至情气,由情气进至性理之大道。虽则悟道并非只有读文这唯一门径,但读文却是悟道最为平易光大、切实可行的门径。一旦体悟到性理之大道,以此发用,则从小处看,可以由性理发动为情气,由情气体现为声音,由声音变现为文辞,而写成道德文章;从大处看,可以由性理发动为情气,由情气落实于生活实践,从而开物成务,经世济民。

三、吟诵探微

吟诵为唐文治之读书法,其假教学之际必诵读之,群弟子蜂拥而效,诵歌不绝。唐门弟子来自五湖四海,毕业后又身赴大江南北,故唐调盛传燕北桂南,为吾中华吟诵第一调。唐调吟诵传自桐城吴汝纶,吴氏传自湘乡曾国藩,乃方苞、刘大櫆、姚鼐一门之学脉,非唐文治光大,何能存亡继绝于今日? 惟唐调似易实难,因文体、文气而异,内含因声求气之旨,虽音域不甚宽广,实可顿挫起伏,变化万千,如惊涛拍岸,层叠而生。初学者不知其义,仅仅摹其样貌,常常事倍功半,今以文体腔格与四象理论为论述核心,庶几可揭唐调吟诵之要义。

(一)桐城派之传承

唐调吟诵的义理基础来自桐城派,主要可以分为两个部分,一个部分是桐城派关于经文与古文的观点;另一个部分是桐城派关于文章阴阳刚柔的观点。这两个观点是桐城派文论的关键要素,唐文治继之而将此观点用到诗文吟诵之中,从而赋予了唐调吟诵深厚的理论基础和渐进式的操作路径。

---

① 唐文治:《毕公天编〈全国学校国文成绩大观〉序》,《唐文治文章学论著集》第二册,上海古籍出版社 2020 年版,第 790 页。

桐城派置经文、古文以不同之等级。依照经史子集的分类,经文是指先秦儒家的"六经"以及《论语》《孟子》。除此之外,先秦其他经典,如《老子》《庄子》《墨子》《荀子》《韩非子》等算作子类。《史记》《汉书》等属于史类。而唐宋八大家文属于集类。在桐城派的理论中,经类、子类、史类、集类并不是并列关系。先秦的经类最为优越纯正,其他类别都出于经类。汉晋的文章不如先秦经类的文章,但仍有其开阔气象,到六朝则骈体绮丽之风盛行,文章格调每况愈下。幸而韩退之文起八代之衰,兴起古文运动,一扫文坛骈俪之风,重新回归先秦的文风。唐宋八大家的文章主要师法先秦经典,兼杂子类、史类与释氏,而呈现出多种风格。唐宋八大家之后,能继承其遗意者,唯明代归震川先生。桐城方苞、刘大櫆、姚鼐三先生出,自归震川而返诸唐宋,自唐宋而返魏晋先秦,卒归之于六经。

这样的叙事脉络,确立了三个重要的观点。其一,给予儒家经典至尊的地位。儒家经典为圣贤所作,其人为后世人格之典范,其文亦为后世文章之典范。儒家经典达到完美的文道合一,后世一切文章皆从六经而出。其二,构筑文脉的传承统绪。从先秦孔孟等儒家圣贤,演变为先秦两汉的诸子与史家,唯独韩退之能够继承其统绪,而开出唐宋八大家之盛况。八家之中,又以欧阳永叔为最。唐宋八大家之后,归震川得其文脉之正。震川之后,遂至桐城三祖。其三,揭示作文的工夫路径。凡学习作文者,先从桐城派文章入手,上溯归震川、唐宋八大家之文,旁涉子、史,最终归宗六经。

经文以先秦儒家经典为主,此绝无疑义。然而,何为古文?则尚待一番考察。韩退之振兴古文运动,以先秦两汉之散体文反对六朝之骈体文,故其作文以模仿先秦两汉之文为功。故对于韩退之而言,今文乃其所处时代骈体之文风,古文为先秦两汉之文风。儒家之经文亦可算作古文。而退之之后,继退之所创之文体者,皆为古文。唐宋八大家、归震川、桐城三祖之文章亦为古文。如此,为了独尊儒家经典,则将先秦儒家经典从古文中划出,另外归入经文类,而其余散体文则为古文。方苞《古文约选·序例》曰:"自魏晋以后,藻绘之文兴,至唐韩愈起八代之衰,然后学者以先秦盛汉辨理论事、质而不芜者为古文,盖六经及孔子、孟子之书之支流余肄也。"①于是,经文成为古文的根源,古文成为经文之支流。

在桐城派的选本中,姚鼐编《古文辞类纂》,其选文体例"不录子家,不载史传,春秋内外传之奏议不录,经文亦不录。……其所选录之文,自战国两汉以迄清代,其详略各有不同:于先秦西汉颇详,东汉三国至晋宋则递减,晋宋而下则尤略;于唐宋则尤详,于明独取归震川,于清则取方望溪、刘海峰二家"②。其以为《六经》《论语》《孟子》是古文根源,不当与古文并列,故不录经文以示尊经。而史类义法精密,为古文正宗,但体制宏伟,不易割裂片段,故不录。而诸子之学,与儒家之道不同,不能用衍生于儒家之道的文章之法来规范,故亦不录。

此后,曾国藩编《经史百家杂钞》,则对姚鼐之说有所开拓,其曰:"近世一二知文之士,纂录古文,不复上及六经,以云尊经也。然溯古文所以立名之始,乃由屏弃六朝骈俪之文,而返之于三代两汉,今舍经而降以相求,是犹言孝敬其父祖,而忘其高曾;言忠者,曰我家臣耳,焉敢知国,将可乎哉?余钞纂此编,每类必以六经冠其端,涓涓之水,以海为归,无所于让也。"③曾国藩之文选,将姚鼐不录之儒家经典、史家之文,以及诸子百家之文皆有录入。录入儒家经典,以示尊经,史家之文亦可为后世作文所取法,而诸子百家则亦有采撷得益之处。故姚氏精粹,而曾氏博大,两家取舍虽有不同,但其文章义法一脉相承。

桐城派讲求文章阴阳刚柔之气。文与道的关系历来是中国古代文论的重要主题。桐城姚鼐倡导"文道合一"之论,其言:"夫道有是非,而技有美恶。诗文皆技也,技之精者必近道,故诗文美者,命意必善。文字者,犹人之言语也;有气以充之,则观其文也,虽百世而后,如立其人而与言于此,无气则积字焉而已。意与气相御而为辞,然后有声音节奏高下抗坠之度,反复进退之态,采色之华。故声色之美,因乎意与气而时变者也,是安得有定法哉!"④在姚氏的文道论中,蕴含了文气以体道

① 方苞:《方望溪全集》,中国书店 1991 年版,第 303 页。
② 尤信雄:《桐城文派学述》,文津出版社 1989 年版,第 102 页。
③ 曾国藩:《〈经史百家杂钞〉题语》,《曾国藩全集》第十四卷,岳麓书社 2011 年版,第 225 页。
④ 姚鼐:《答翁学士书》,《惜抱轩诗文集》,上海古籍出版社 1992 年版,第 84 页。

的思路。若将重点聚焦在文气上,则有阴阳刚柔之说,其言:"文章之原本乎天地,天地之道,阴阳刚柔而已。苟有得乎阴阳刚柔之精,皆可以为文章之美。阴阳刚柔并行而不容偏废,有其一端而绝亡其一,刚者至于偾强而拂戾,柔者至于颓废而暗幽,则必无与文者矣。"①道体现在气的变化中。气的变化,在天为阴阳,在地为刚柔,在人为仁义。文章发乎人之性情,秉持天地之气,故亦可用天地之气的阴阳刚柔来称呼。

曾国藩继承了姚氏的理论,其言:"吾尝取姚鼐姬传先生之说,文章之道,分阳刚之美,阴柔之美。大抵阳刚者,气势浩瀚,阴柔者,韵味深美。浩瀚者,喷薄而出之,深美者,吞吐而出之。"②在其所著《古文四象》中,则将文章分为太阴、少阴、太阳、少阳四类,并命之为太阴识度,少阴情韵,少阳趣味,太阳气势。通过此四类来把握文章的风格,从而体会作者作文之境界。

唐文治的文章理论深受桐城派以及湘乡派的影响,其言:"文治少年读曾文正公书,未尝不翘翘翼翼,想见其为人。"③此外,唐文治曾经受到曾氏门下高足吴汝纶的文章教导。这些学习经历为唐文治创造系统的唐调吟诵理论打下了基础。

这种创造性的继承主要表现在两个方面,其一,唐文治创造性地继承了桐城派一系经、古文别异的理论,并重新完善其文体分类,从而依此文体分类而创造不同的吟诵的腔格特征。其二,唐文治创造性地继承了桐城派一系文章阴阳刚柔的理论,发明了读文"十六字诀",并对吟诵的高低缓急作出了指导。以下就分别对此两方面作出分析。

(二) 唐调文体分类与腔格特征

在唐文治所编《国文阴阳刚柔大义》一书中,上编收录《周易》《尚书》《诗经》《礼记》《论语》《孟子》;中编收录《战国策》《庄子》;下编收录贾生(贾谊)、董生(董仲舒)、司马长卿(司马相如)、贾君房(贾捐之)、司马子长(司马迁)、扬子云(扬雄)、刘子政(刘向)、班孟坚(班固)、韩退之

---

① 姚鼐:《海愚诗钞序》,《惜抱轩诗文集》,上海古籍出版社 1992 年版,第 48 页。
② 曾国藩:《求缺斋日记》,《曾国藩全集》第十七卷,岳麓书社 2011 年版,第 24 页。
③ 唐文治:《曾文正公日记序》,《唐文治文集》第三册,上海古籍出版社 2018 年版,第 1243 页。

（韩愈）、欧阳永叔（欧阳修）的文章。观其体例，上编为儒家经典，中编为子类文章，下编为两汉与唐宋文。其在序言中说："后之君子得吾言而深思之，由下编以溯中编，而至上编，则自有津梁之可逮。"①

由此可见，唐文治吸收了曾国藩兼取子类、史类的做法；也吸收了姚鼐一脉相承的作文体道的工夫路径。如此，则推高儒家经典的地位，将儒家经典作为一切文章的本源。需要说明的是，在桐城派的叙述中，六经、《论语》《孟子》皆于孔、孟有直接关系，属于经。但春秋三传则为孔门后人对《春秋》经的注解，与孔、孟没有直接关系，故方苞言："盖古文所从来远矣，六经、《语》、《孟》其根源也，得其支流而义法最精者，莫如《左传》《史记》。"②在方氏的理解中，《左传》《史记》都算是获得经文义法最精的古文，但不算经文。但从唐文治现存吟诵录音来看，《左传·吕相绝秦》、《诗经》五首之吟诵风格类似，且与其余文章（包含《史记·屈原列传》）的吟诵风格迥异，而唐门弟子陈以鸿、萧善芗以上古读经调称之。由此可知，唐文治将《左传》列为经文，《史记》列为古文。我们甚至可以进一步推测，儒家十三经皆属经文，须以读经调来吟诵之。③

唐调吟诵腔格④具有三类特征，其一，尊儒经以明本源；其二，别文体以异吟调；其三，化吟调以示流变。

1. 尊儒经以明本源。唐调吟诵须严格区分经文与经文之外的其他诗文。经文是指儒家的十三经，须专门用读经调来吟诵。

唐调读经调改造自流传于江南的读书调，其主要旋律是 53 56，6 613 5，1 126 65 3 三段⑤，无所谓高腔与低腔。唐文治在江南读书调的基础上增加一个高腔 11 3 3211，如此，除 1 126 65 3 为尾腔之外，原来的旋

① 唐文治：《国文阴阳刚柔大义·绪言》，《唐文治文章学论述集》第一册，上海古籍出版社 2020 年版，第 334 页。
② 方苞：《方望溪全集》，中国书店 1991 年版，第 303 页。
③ 因此之故，《孝经》属于十三经，应该用读经调来吟诵。网络盛传的北京大学生吟诵团李文文吟诵的《孝经·开宗明义章》，其以唐调读文调来吟诵是错误的。
④ 本文所用曲谱，翻译自唐文治先生的录音唱片，该音频内容收录在《唐调诗文吟诵二十讲》一书中，详见朱光磊《唐调诗文吟诵二十讲》，商务印书馆 2019 年版。
⑤ 这些特征仍旧能从太仓张云祥老先生的吟诵录音中发现。张先生吟诵任何文体都用此江南读书调。张先生之录音录像保存在苏州沧浪吟诵传习社。

律5356,66135就成为低腔,于是就产生了高腔与低腔。虽然貌似改动并不大,但将江南吟诵调的内涵作了极大的转变。一种吟调有高低两个腔,是为了与文章阴阳刚柔的四象理论配套,阳刚文多用高腔,阴柔文多用低腔。这种高低腔并存的局面,促使吟诵者能够自由变化声腔之高低来体悟文章的四象之美。

观现存的唐文治《左传·吕相绝秦》与《诗经》五首的录音,则都是读经调的风格。《诗经》是韵文,以四句为正格:

第一句是66135,属于低腔。

第二句重复第一句,也是66135,属于低腔。

第三句声音上抛,为22311,其实可以视作66135上移后略做修改而成,属于高腔。

第四句是223165,是22311最后两个音下滑而成,属于尾腔。

《左传·吕相绝秦》是散文,字句长短不一,但其所具四种基本腔格,则与《诗经》腔格一致:

其一,5356与《诗经》吟诵调一样,都以35为主干音,主要为勾连前后,以及起句时所用,属于低腔。

其二,1166,此腔格下移即6655,与《诗经》吟诵调66135十分类似,属于低腔。

其三,113 3211与《诗经》吟诵调22311类似,属于高腔。

其四,112 6 65 3,此腔格上移,就是《诗经》吟诵调的尾腔223165,属于尾腔。

吟诵时,每一句群,由低腔起,逐渐高昂,中间可以上下往复,最后以尾腔结束。

江南读书调无论经文、古文以及各类文体,皆套用一个调子来吟诵。唐文治独将此江南读书调发展为唐调读经调,则专门用来吟诵儒家十三经。

2. 别文体以异吟调。唐调读经调之外,遂有诗与文两条线索。从诗这条线索来看,以《诗经》的读经调为发端,依次演变为骚体的吟调,古风的吟调，词的吟调，曲的吟唱（曲已有曲谱，故依照曲谱吟唱，非为吟诵）。从文这条线索来看，以《左传·吕相绝秦》的读经调为发端，而演变为吟诵古文的读文调。①

（1）骚体的吟诵腔格

唐调骚体吟诵调的正格是四句：

第一句是6661 3 5，属于低腔。

第二句重复第一句，也是6661 3 5，属于低腔。

第三句声音上抛，22 22 231，属于高腔。

第四句是66 61 3 5，或者66 61 26 1，属于尾腔。

（2）古风的吟诵腔格

唐调七言古风吟诵调的正格是两个"四句"，第一个"四句"，韵为仄声韵或在首句的情况：

第一句是66 65 6 65 6，属于低腔。

第二句重复上句，66 65 6 65 6，属于低腔。

第三句是1 12 3 321 12 1，属于高腔。

第四句是66 66 6113 5，属于尾腔。

---

① 此处顺便讨论一下《前赤壁赋》的吟诵风格问题。在现有的唐调传世录音中，唯有《左传·吕相绝秦》与《诗经》五首是读经调吟诵的。但是，唐门弟子范敬宜和萧善芗在读苏东坡《前赤壁赋》时，也是用类似读经调吟诵的。如何解释这类矛盾？有一种观点认为，六朝骈体文去古未远，读骈文用近似读经调来吟诵。《前赤壁赋》是散赋，可以归入骈赋类，故用近似读经调来吟诵。但是，我认为这种观点不能成立。理由一，不符合桐城派的文体理论。桐城派文论是唐调的基础，其理论认为古文是经文是正脉，经文是古文的根源，而骈文是经文在两汉以后的歧出旁支，骈文的地位远远不如古文。既然骈文与经文的联系远远不如古文与经文的联系来得密切，为何离经文远的用读经调，离经文近的反而不用读经调，岂不怪哉？理由二，不符合唐调的录音事实。如果上述理由成立的话，唐调录音中有唐代李华的《吊古战场文》，文体上近似骈赋。如果骈体文都用近似读经调来吟诵，那么《吊古战场文》应该也用近似读经调来吟诵才对，而事实上却用读文调来吟诵。所以，我认为，骈体文仍旧属于读文调吟诵的文体范畴。那么，如何理解范敬宜和萧善芗用类似读经调来吟诵《前赤壁赋》呢？我的解释如下：无锡国专的吟诵调有两个系统。一个是江南读书调的系统，一个是唐调系统。江南读书调不分读经调、读文调，一律以653结尾的调子来吟诵各类文体。而唐调则为了尊经，则将原来江南读书调改造为专门吟诵儒家十三经的读经调，其余的古文则皆用以21615结尾的读文调来吟诵。也就是说，江南读书调与唐调读经调其实是一个调子，皆以653结尾。范敬宜与萧善芗的《前赤壁赋》的吟诵是江南读书调的传承，听上去似乎是用唐调读经调吟诵《前赤壁赋》，其实此篇吟诵不属于唐调系统的传承。

第二个"四句"，韵为平声韵的情况，第一句是35 53 1 12 3，或者53 35 3 32 1，前者有曲折跌宕之感，后者有一泻千里之感，可应文意灵活运用。这与第一个"四句"首句相比，音调拔高，更富有变化，属于高腔。

第二句是32 35 3 3216，是对第一句的化用，只是最后一个音下滑，从而可以与第三句的6勾连起来，属于高腔。

第三句是61 16 61 63，属于低腔。

第四句是61 16 612 6 65 3，前半部分承接第三句，属于尾腔。

（3）词的吟诵腔格

词又称长短句，没有四句的规律出现。故词的吟诵，没有规整的腔格。大体上，有一个低腔，一个高腔。

低腔以35两音为主干，并依照字声自由行腔，其所套吟处多不在韵脚的句段上。起句多用低音，以 3 开始，在句段结尾处末字，亦多数落在 3 上，也有落在 5 以及其他音上的，但不多。

高腔以61 6 65 3为主旋律，此高腔套用在韵脚的句段中，亦可视为尾腔。可以根据字数多寡，在字数较多的时候，依照前面几个字的字声，在此旋律前再添加 3 或者 5。吟诵时，在每一韵句中，以低腔起，中间略加上下往复，最后以尾腔结束。

（4）曲的吟唱腔格

曲若无曲谱，则可以依照词牌的规律进行套吟；若有曲谱，则可以依照曲谱进行吟唱。

（5）古文的吟诵腔格

读文调有以下四种基本腔格：

其一，5555或者5566，属于低腔。

其二，22 22 或者22 32，属于高腔。

其三，5522，此为低腔、高腔之间的勾连。

其四，21 61 5，此为尾腔，最具唐调特色。

此外,尚有 2̲1̲ 6̲1̲ ,此为尾腔的不完整结构,可以用在句段中进行承接,也可以用在句群中进行承接。

读文调包含高腔、低腔、尾腔三种程式结构。但这三种程式都可以灵活运动,高腔可以变化,低腔也可以变化,尾腔也可以完全展开,也可以不完全展开,可以一字一音,也可以一字多音,也可以多字一音。其中,各腔之间的衔接上,又颇为灵活。前一腔结束,可为一顿。一顿之后,则可以千变万化,皆由文章的具体涵义而定,没有定式。

3. 化吟调以示流变。唐调不但因着不同文体有不同的吟调,而且其不同的吟调之间还具有逐层演化的关系。从诗这条线索来看,骚体、古风、词牌的吟诵腔格皆从《诗经》的吟诵腔格中演化而来;从文这条线索来看,古文的吟诵腔格则从经文的吟诵腔格中演化而来。

(1) 骚体吟诵腔格的演化

第一句6̲6̲6̲1̲ 3 5,是由《诗经》吟诵调6̲ 6̲1̲ 3 5增加6化用来的。

第二句重复第一句,也是6̲6̲6̲1̲ 3 5,是由《诗经》吟诵调6̲ 6̲1̲ 3 5增加6化用来的。

第三句是2̲2̲ 2̲2̲ 2̲3̲1,是由《诗经》吟诵调2̲ 2̲3̲ 1 1化用来的。

第四句是6̲6̲6̲1̲ 3 5,或者6̲6̲6̲1̲2̲6̲ 1,其中,6̲1̲ 是3̲5̲上移,是由《诗经》吟诵调6̲ 6̲1̲ 3 5化用来的。

(2) 古风吟诵腔格的演化

唐调七言古风吟诵调的正格是两个"四句",在第一个"四句"中:

第一句是6̲6̲ 6̲5̲ 6̲ 6̲5̲ 6,从骚体吟诵调6̲6̲6̲1̲ 3 5化用而来。

第二句重复上句,6̲6̲ 6̲5̲ 6̲ 6̲5̲ 6,也从骚体吟诵调6̲6̲6̲1̲ 3 5化用而来。

第三句是1̲ 1̲2̲3̲ 3̲2̲1̲ 1̲2̲ 1,从骚体吟诵调2̲2̲ 2̲2̲ 2̲3̲1化用而来。

第四句是6̲6̲ 6̲5̲ 6̲ 6̲5̲ 6,从骚体吟诵调6̲6̲6̲1̲ 3 5化用而来。

在第二个"四句"中:

第一句是3̲5̲ 5̲3̲ 1̲ 1̲2̲ 3,或者5̲3̲ 3̲5̲ 3̲ 3̲2̲ 1,从骚体吟诵调2̲2̲ 2̲2̲ 2̲3̲1

化用而来，只是变化较大，轻易看不出来。

第二句是 3<u>2</u> 3<u>5</u> 3 32<u>16</u>，是对第一句的模拟，只是最后一个音下滑，从而可以与第三句的 6 勾连起来。

第三句是 <u>61</u> <u>16</u> <u>61</u> <u>63</u>，从骚体吟诵调 6<u>66</u>1 3 5 化用而来，去掉了 5。

第四句是 <u>61</u> <u>16</u> <u>61</u>2 6 <u>65</u> 3，前半部分承接第三句，后半部分从《诗经》吟诵调 2 2<u>31</u>6 5 下移，化用而来。

（3）词的吟诵腔格的演化

低腔以 35 两音为主干，可以视作节用《诗经》吟诵调 6 <u>61</u> 3 5 中的 3 5 而来，与读经调 <u>5356</u> 同类。

高腔以 <u>61</u> 6 <u>65</u> 3，是《诗经》吟诵调正格第四句 2 2<u>31</u>65 下移而来，或者说，与读经调的尾腔 1 <u>12</u> 6 <u>65</u> 3 同类。

（4）曲的吟唱腔格的演化

曲若无曲谱，则可以依照词的规律进行套吟，故其演化特征如词；若有曲谱，则依照曲谱进行吟唱，故无所谓演化特征。

（5）古文吟诵腔格的演化

其一，<u>5555</u> 或者 <u>5566</u>，此为读经调 <u>5356</u> 所化出。

其二，<u>22</u> <u>22</u> 或者 <u>22</u> <u>32</u>，此为读经调 <u>11</u> 3 <u>3211</u> 所化出。

其三，<u>5522</u>，此为低腔、高腔之间的勾连。

其四，<u>21</u> <u>61</u> 5，此尾腔前半部分 <u>21</u> 6 为读经调 <u>65</u> 3 上移化出，后半部分 15 为唐文治结合江南民间音乐的旋律所创造，从而增强表现力。

（三）唐调之四象理论与声腔原则

唐文治继承桐城派以来阴阳刚柔之说，继而对四象理论配之相应的声腔原则。四象理论的源头是《易传》"一阴一阳之谓道，继之者善也，成之者性也"①，又曰"立天之道，曰阴与阳；立地之道，曰柔与刚；立

---

① 朱熹：《周易本义》，北京大学出版社 1992 年版，第 141 页。

人之道,曰仁与义"①。姚鼐与曾国藩以之来论文章之气韵。盖文章出于人心,通于人性,人性即天理。故天地之阴阳刚柔即可为文章之阴阳刚柔。唐文治继承了姚、曾二人的学说,其言:"国文阴阳刚柔之说,创于姚姬传先生。……继其说而大昌之者为曾涤生先生。曾先生选《古文四象》,分太阳、太阴、少阳、少阴四种。以气势属太阳,识度属太阴,趣味属少阳,情韵属少阴。"②

唐文治在前人的基础上发展了四象理论,将文章之阴阳刚柔联系到人心之变现,其言:

> 凡此皆阴阳刚柔之所为,实皆一心之所为,此《大易》之精蕴也。善为文者,先明《易》理,固吾心之动静消息而制为言,慎天下之枢机,而吉凶悔吝,于是乎贞;又因吾心之动静消息而制为文,象万物之形色也,而川流敦化,于是乎备,此所谓阴阳也,刚柔也,善用之以至于中也。斯言非玄也,探其本则曰:"存其心,养其性。"因物付物,而阴阳刚柔,时措之宜矣。③

唐文治认为四象理论不仅仅在于论述文章的气韵,更与作文者"存心养性"的工夫境界具有内在的直接关系,由此开启读文悟道的工夫论门径。其主要贡献体现在两个方面:其一,解释了文道相连的辩证关系;其二,阐明了由声返道的工夫路径。

在文道相连的辩证关系上,唐文治评述圣人之性与其应物之迹,其言:

> 古之圣人,阴阳刚柔悉合乎中,故其庆赏刑罚,各得其正。后世儒家能养之于喜怒哀乐未发之前,故其阴阳刚柔,足以顺万事而无情,斯皆不必言文,而实无在非文。拘虚之士,茫昧是理,则不得

① 朱熹:《周易本义》,北京大学出版社 1992 年版,第 169 页。
② 唐文治:《国文阴阳刚柔大义·绪言》,《唐文治文章学论述集》第一册,上海古籍出版社 2020 年版,第 327—328 页。
③ 唐文治:《国文阴阳刚柔大义·绪言》,《唐文治文章学论述集》第一册,上海古籍出版社 2020 年版,第 331 页。

不就迹象以求之。①

圣人之性情,其未发能够得乎中,其已发能够致乎和。圣人的心境与其所处的场景是相应的,阴阳刚柔都能由着不同的心境和场景而呈现出相应的面貌。"匹夫开于道而壮士为之冲冠,嫠妇泣于舟而文士为之怨诉,故随时、随地、随象、随景,而阴阳刚柔分焉。因性、因情、因感、因遇,而阴阳刚柔又分焉。"②这些相应的心境和场景只是一种迹象。这些迹象或者偏于阳刚,或者偏于阴柔,但都是因着万物本身之不齐而产生的变化。对于圣人而言,他虽然顺遂万物而表现出偏阴偏阳的迹象,但仅仅是顺着万物之差异性而表现出差异性,其心性之中则不会被迹象所牵引,不会有情执之滞。在圣人这样的状态中,他若将此状态用文字记载下来,就是杰出的文章;他若不写文章,则写文章背后的精神也已经被他掌握了,故曰"不必言文而实无在非文"。但是,对于后来学人言,则难以有圣人的境界,他们为了达到圣人"阴阳刚柔足以顺万事而无情"的状态,则须从迹象上探求。但是,这种探求不能一味地模仿圣人的迹象,如果一味地模仿,就变成"执万事而有情"。故学人须明白圣人作文之迹象是因着其一心之自然变化而来,故后学者也要从迹象返求本源之心。

学人倘若"执万事而有情",则会不得其正,于是正好通过吟诵文章的偏执来觉察内中的问题,从而方便对症下药。"因乎人心以命乎天籁,因乎情性以达乎声音。因乎声之激烈也,而矫其气质之刚;因乎声之怠缓也,而矫其气质之柔。由是品行文章,交修并进,始条理者所以成智,终条理者所以成圣,即以为淑人心、端风俗之具可矣。"③人心与天籁相通,人心之根本即性,性发而为情,情表现为声音。人心若不得其正,则声音会有偏执,或激烈,或怠缓。学人就要从情执之激烈看出自身禀赋中刚性太多而做出纠偏,从情执之怠缓看出自身禀赋中柔性太

① 唐文治:《国文阴阳刚柔大义·绪言》,《唐文治文章学论述集》第一册,上海古籍出版社 2020 年版,第 334 页。

② 唐文治:《国文阴阳刚柔大义·绪言》,《唐文治文章学论述集》第一册,上海古籍出版社 2020 年版,第 333 页。

③ 唐文治:《读文法笺注序》,《唐文治文章学论述集》第二册,上海古籍出版社 2020 年版,第 803 页。

多而做出纠偏。通过声音来纠偏，能够变换自己的气质，从而得其中正。

学人要真正能够"顺万事而无情"，则必然求之内心之本然状态。唐文治言："然惟其有阴阳刚柔之质，原于一心，故读古人之文，亦辨其为阴阳刚柔，而其自为文，亦必有阴阳刚柔之可分，斯皆发于一心之自然，固不必以高下论也。"①如若真能返诸一心，化顺万物，则因其阳刚之境况而成阳刚之文，因其阴柔之境况而成阴柔之文，则阴柔之文与阳刚之文各得其是，无所谓偏执，亦无所谓高下之分。

在由声返道的工夫路径上，唐文治认为，道落实在人上，为人之性理，人之性理借由心灵而发动为情气，情气载于文字为文章，动乎口耳为声音。道是理，文字与声音是气。文道合一，就是用文章体现天道，从哲学上说，就是气的运动要呈现出理。同样，也可以用声音体现天道，也是气的运动呈现出理。但是，气与文字、音节还有差异。刘大櫆言："神气者，文之最精处也；音节者，文之稍粗处也；字句者，文之最粗处也。然论文而至于字句，则文之能事尽矣。盖音节者，神气之迹也；字句者，音节之矩也。神气不可见，于音节见之；音节无可准，以字句准之。"②气有神韵而不可见不可闻，音节可闻而不可见，文字可见而不可闻。吟诵之道，即由文字声音而调适上遂至神气，再由神气而返诸性理天道。此理论为因声求气（包含了因气求道）。

唐文治发挥了因声求气的理论，其论读文有十六字诀，但表述前后有别。在《读文法讲义》（1935）中为"神中有情，情中有神，神喻于气，气行于神"③，在《读文法纲要》（1938）和《唐蔚芝先生读文灌音片说明书》（1948）中为"气生于情，情宣于气，气合于神，神传于情"④。在两种表述中，唐文治都论述了神、情、气三者的关系。神是性理神妙不测之意，在吟诵上指人的精神；情是心之已发的具体状态，在吟诵上指人的情感；

① 唐文治：《国文阴阳刚柔大义·绪言》，《唐文治文章学论著集》第二册，上海古籍出版社 2020 年版，第 334 页。
② 刘大櫆：《论文偶记》，人民文学出版社 1959 年版，第 6 页。
③ 唐文治：《读文法讲义》，《唐文治文章学论著集》第二册，上海古籍出版社 2020 年版，第 902 页。
④ 唐文治《读文法纲要》，《唐文治文章学论著集》第二册，上海古籍出版社 2020 年版，第 914 页。《唐蔚芝先生读文灌音片说明书》，赵敏俐主编：《吟诵研究资料汇编（现代卷）》，中华书局 2018 年版，第 14 页。

气是承载一切的原材质,在吟诵上指人的气息。在第一种表述中,"神中有情,情中有神"阐明了"情—神"的关联,即精神与情感的互蕴关系。"神喻于气,气行于神"阐明了"神—气"的关联,即精神操纵气息,并在气息中表现自身。这一种表述的缺点是,没有阐明"情—气"的关联,这种不足在第二种表述中得以弥补。在第二种表述中,"气生于情"指气息被情感所带动,"情宣于气"指情感在气息上宣扬出来。这两句阐明了"情—气"的关联。"气合于神"指气息要符合精神的指引,"神传于情"指精神通过情感传达出来。在此表述中,神最为根本,统摄情与气。神去推动情的发展,而气不断为神的推动提供保障。情的发展表现于气上,气被情带动而运作。第二种表述阐明神、情、气三者两两之间的辩证关系,比第一种表述更为精确。

成功的吟诵应该做好精神的指引、情感的发动、气息的充备等工作,并协调好精神、情感、气息三者之间的关系。由吟诵者自己的情感与气息去体会文章作者情感与气息的互动,从而进一步体会文章作者的精神,以及其"顺万物而无情"的高妙境界。

唐调吟诵的声腔原则与四象理论具有紧密的联系,具体表现在三个方面:其一,文气之顿挫跌宕;其二,情意之阴阳刚柔;其三,字声之依字行腔。

1. 文气之顿挫提宕

唐文治引用张廉卿言曰:"文以意为主,而词欲能副其意,气欲能举其辞。譬之车然,意为之御,辞为之载,而气则所以行之也。其始在因声以求气,得其气则意与辞往往因之而并显,而法不外乎是矣。"[①]气是基础性的保障,由之而有意与辞。此处之气,乃就整体言,乃合性理之气,是具有道德方向性的存在。此道德性之气,既包含宇宙整体之存在(所谓天地清明之气),又包含个人整体之存在,更可以具象为呼吸之气息,以及文章之辞气。在性理学系统中,人本身之气就与天地清明之气为一体,但由于世运之衰、物欲之滞,则人本身之气或偏于一隅,其所养之气亦鄙薄,所作文章亦流于下品。而古圣贤则与天地清明之气相接,

---

① 唐文治:《论读文法》,《唐文治文章学论著集》第二册,上海古籍出版社 2020 年版,第 906 页。

其所养之气为浩然正气,所作文章为后世范本。故后人吟诵圣贤文章,亦以自身之气息接古圣贤之气,遂复与天地清明之气相接。

唐文治举《论语》论乐为例来讲文气变动之普遍规律,其言:

> 《论语》圣人论乐曰翕如纯如、皦如绎如,此不啻明示读文之法。翕如者,文章开始,翕聚全篇之神气也,于是放而纵之,其音节则纯而和,其条理则皦而明。至全篇结束时,则络绎奔腾,如百川之归海,八音之齐奏,故曰绎如。[①]

文气之变化亦可分为翕如、纯如、皦如、绎如四部分。翕如总领全篇,纯如和谐韵律,皦如分梳条理,绎如余音绕梁。其实,这也就是文章起承转合之法。起承转合之根本,为文气韵律之变化,此在吟诵中即表现为顿挫。

> 古人之文,无论阳刚阴柔,其妙处全在于顿。一顿之后,或一提,或一推,或一宕,便处处得势矣。[②]

> 而最宜注意者,在顿挫之间。盖初学读文,往往口中吟哦,而心不知其所之者,惟于段落顿挫之际,急将放心收敛,则我之神气始能渐与文章会合。且一顿一挫之后,必有一提或一推。细加玩味,则起承转合之法,不烦言而解矣。[③]

顿,原义是指低头,引申为暂停。挫,原义是指弯折。其实,两者具有的共同意思在于原来文气的运行轨迹已经无法维持,需要做出改变。所谓"一提",则顿挫后转为阳,文气更为扩散;所谓"一推",则在顿挫处有一警醒,后仍按文气旧迹行之;所谓"一宕",则顿挫后转为阴,文气更为收敛。文气之转折处,亦即文章命意之关键,故读文者须在此用心,便可掌握文章之精神。

2. 情气之阴阳刚柔

《唐蔚芝先生读文灌音片说明书》论读文法曰:"大抵气势文急读、

---

① 唐文治:《读文法纲要》,《唐文治文章学论著集》第二册,上海古籍出版社 2020 年版,第 914 页。
② 唐文治:《读文法讲义》,《唐文治文章学论著集》第二册,上海古籍出版社 2020 年版,第 902 页。
③ 唐文治:《读文法纲要》,《唐文治文章学论著集》第二册,上海古籍出版社 2020 年版,第 914 页。

极急读,而其音高;识度文缓读、极缓读,而其音低;趣味情韵文平读,而其音平。然情韵文亦有愈唱愈高者,未可拘泥。"①这段话将气的四象与声音的高低急缓配合起来。四象理论包含了对情感最为抽象的概括,故四象理论也可以看作以情带腔的指导原则。

气势之文是太阳文,音高而急。识度之文是太阴文,音低而缓。趣味之文是少阳文,情韵之文是少阴文,唐文治虽说是平读,但若细推其意,则少阳文较之少阴文来得高而急,但高而急不若太阳文,少阴文较之少阳文来得低而缓,但低而缓不若太阴文。四象只是对每篇文章大致的分类,每篇文章的段落中又有偏阳偏阴的,则低中有高,缓中有急,或者高中有低,急中有缓。

在唐调的吟诵腔格中,无论何种文体,大多有高腔与低腔两类。低腔以56为主,高腔以23为主,其音的跨度大概属于未经声乐训练的人自然说话的音域。前者是低声的说话,后者是高声的说话。如果再配上急缓,就可以有高而急、高而缓、低而急、低而缓四种。如果是太阳文,则以高而急的声腔为多,若其中有高而缓者,则在此宣情有所强调;如果是太阴文,则以低而缓的声腔为多,若其中有低而急者,则在此叙理有所急迫;若是少阳文、少阴文,则在前两者之间,起伏不似前两者大。

3. 字声之依字行腔

吟诵的声腔根本上有两个来源,一个是字,一个是情。字是字声,即汉字四声阴阳;情是情感,从吟诵者对文意的理解中得来。从字声上看,吟调须遵守字声的调值,这是一条较为客观的规则;从情意上看,吟调可以根据吟诵者的理解而自由变化,这是一条较为主观的规则。但是,这种主观也不是完全随意的,须符合人的普遍的情意表达方式。因此,在长期的吟诵实践历程中,表达情意的声腔会逐渐程式化而成为某种特有的吟调。这些吟调不但能够表达相应的情意,而且旋律也更加优美。于是,主观的情意表达反而转变成客观的吟调。依照吟调来吟

---

① 《唐蔚芝先生读文灌音片说明书》,赵敏俐主编:《吟诵研究资料汇编(现代卷)》,中华书局 2018 年版,第 15 页。

诵所谓套调,依照字声来吟诵所谓歌字,套调是客观性的,歌字也是客观性的,当两种客观性不一致时,就产生了套调与歌字的矛盾。这个矛盾在各派吟诵里都或多或少存在,但在唐调吟诵中却能较好地解决这个矛盾。

如果吟诵唐调仅仅依照其<u>556622</u> <u>32</u>去套,则很容易吟得倒字。一个字的吟腔和这个字的字腔不合,就会让听者听不出吟的是什么字。要做到不倒字,就需要依照字声来进行吟诵。唐调既然已经具有自身特征的旋律,如何能在保证其既有旋律的基础上,又不被套调所限,而吟出每个字声呢? 下面以唐调读文调的普通话吟诵为例来探讨此问题。

在南方的语音系统里,平声的调值较低,仄声的调值较高,所谓平低仄高。而在北方的语音系统里,平声的调值较高,仄声的调值较低,所谓平高仄低。唐文治吟诵时,以吴语文读音进行吟诵,故平低仄高。后人在学习唐调吟诵时,则多用普通话吟诵。但此处所用的普通话,大多保留了普通话的声母和韵母。而文字的声调,则不采用普通话平高仄低的声调特征,反而继续沿用南方语音平低仄高的声调特征,并且在碰到仄声字中的入声字时,仍旧保留入声短促的读音。

在吟诵实践中,字声须内嵌在吟诵曲调中,在吟诵基本调上进行依字行腔。这样的依字行腔,须考虑到吟调的音乐特色,用吟调的基本音来定位字声的主干音。所谓字声的主干音,是指描述字声旋律变化的主要音高。吟诵毕竟不是念字,不需要将每个字的调值都吟完整(如果将每个字的字声吟诵完整,反而单调刻板,声腔被限制在字声之中,不具有艺术性),可以一字一音,也可以一字多音①,而无论一字一音还是一字多音,抓取每个字的主干字音则为关键。唐调吟诵的主干音,仍旧依照平低仄高的原则,故在<u>5566</u>的低调中,平声字配上 5,仄声字配上 6;在<u>22</u> <u>33</u>的高调中,平声字配上 2,仄声字配上 3。如果要吟出入声字,则阴入仿照阴平但须出口即断,或出口即断,断后再续;阳入仿照阳

---

① 吟诵速度快,则一字一音居多;吟诵速度慢,则一字多音居多。在具体的吟诵中,一字一音与一字多音交替综合使用。

平但须出口即断，或出口即断，断后再续。此断处，可以空出半个字的音长，或者用休止来填补，或者用前字字音延长来填补，或者用后字字音向前紧凑来填补。

上述方法是抓取主干音。吟诵者还需要在抓取主干音的基础上进行润腔，比如加上滑音、下滑音，拖长韵母的音长以增加余韵等。

至于尾腔216 15，可以省略为216，或者216 1，可以多字配一音，也可以一字配多音，也可加滑音来作准字声。当然，如果实在有少数倒字，在不影响文意的前提下，也是允许的。

从上述的分析来看，唐调的四象理论，往上说可以相接天地清明之气，与道体相一贯；往下说则是人相应于某种场景情感的表达。在往下说的层面上，则是对人的基础情感的四个方面的概括。可以说，四象理论是唐调吟诵程式之所以成立的基础。在此基础上，高、低腔及其轻重缓急的确立才有其情感性与本体性的意义。此外，唐调在高、低腔的内部，又可以依照字声来进行吟诵，故虽然套调，仍旧可以依字行腔来歌字。于是，字与情在吟诵中就可以紧密地联系在一起。

综上所述，唐调吟诵继承了桐城派的文章源出六经的理论而将之用在吟诵上，推尊读经调，其他文体皆从读经调中化用而生。并且，唐调吟诵继承了桐城派的文章阴阳刚柔的理论而将之用在吟诵上，创造了高、低腔来演绎高低急缓的文章气韵，同时分别在高腔、低腔、尾腔中依字行腔来定准字声。唐调吟诵承载着深厚的历史文化积淀，具有独立完整的理论系统，是儒家诗教、乐教的现代发展。

第九章　政治学说

　　唐文治早年从政,中年之后执教。从政使其具有洞察中国高层政治运作的实际经验,而执教则促使其对中国政治学进行系统性思考。只是在唐文治执教的思想历程中,其在经学、性理学、文章学上的贡献较为突出,而在政治学上的成绩则世人知之甚少。这正如唐文治弟子崔龙所言:"当世言经学者,必曰我夫子太仓先生;言文章者,又必曰我夫子太仓先生;若性理学,更灵光巍巍,极东极西,我夫子太仓先生一人而已。呜呼! 人第知先生经学、文章为当世魁。理学之纯粹,根乎天性,式乎人伦,知者已鲜。若先生之政治学,体用兼赅,应世悉当,更知者寥寥矣。"[1]唐文治在政治学上的声望虽然不及经学、性理学、文章学,但其政治学理论却是唐文治学术思想中不可或缺的组成部分。唐文治政治学之建构,可谓在西方政治学影响下的儒学外王之学的自我衍生,在其学术思想中具有十分重要的地位。

　　唐文治的政治思想主要以《蓄艾编》《政治学大义》二书为主。《蓄艾编》作于1907年,在辛亥革命之前。彼时唐文治对清政府尚有新政之期望,故文中所论,多能针砭旧弊,力倡共和,此书可谓唐文治前期政治思想之代表作。《政治学大义》作于1923年,在辛亥革命之后,为无锡国专内部讲义。此时唐文治历经世变,弃官从教,思考政治更为成熟,看待问题更为长远,期冀建立以儒家思想为主体之中国政治学,故书中所论并不拘泥于一事一物,而多就政治学之普遍问题而发,此书可谓唐文治后期政治思想之代表作。

---

[1] 崔龙编著:《〈唐茹经先生政治学〉自序》,大东书局1938年版,第1页。

一、蓄艾大略

《蓄艾编》乃是唐文治有待于清廷新政之作。"蓄艾"二字,源自《孟子·离娄上》"今之欲王者,犹七年之病求三年之艾也。苟为不畜,终身不得",原本意思是储备艾草,以治久病,这里用来代指治理国家之方略,故文中处处针对清廷各部门之弊端,痛陈时政,提出改良方案。然而,"《蓄艾编》二卷,上之庆邸,闻者皆莫之省"①。唐文治满腔热血化作烟云。虽然唐文治的建议并未被采纳,但从其具体的改良方案中,仍旧可以看现出唐文治的政治理想。

(一)立宪之法

清末新政,清政府预备立宪,但多有空论而不见实行。唐文治针对时弊,提出预备立宪的三项主张。

其一,定名称、清权限。清末立宪之议,多仿照英国之制度,即将原来清廷之部门改换名称而为立宪之部门,比如,"中国军机处即内阁也,旧内阁即枢密院也,玉牒馆即定皇室典范之所也,议设之资政院即上议院也,都察院即下议院也。"②这样的措施其实是徒改虚名,仍延旧习,并非真正的改革。唐文治认为,改革更为关键的是立即依照立宪的精神重新界定各部门之权限,从而名实相符,真正发挥立宪的作用。

其二,各省、府、厅、州、县实行选举议员制。议员是人民的代表,可以沟通人民与政府之间的关系。唐文治言:"盖各省议会为宪政之要质,国家所以维系人民之具也。何言之? 盖'民为邦本',古之明训。民与君隔,而不能与闻国政,此否塞之渐也。各省设立议会,所以使人民知有与闻政治之权,而即以自尽其义务。"③唐文治还参照各国制度,认为在中国不满百万人口的府县,议员人数均设为 30 名。

其三,编纂法典。立宪政治,臣民都须以法典为办事依据。"惟法

---

① 唐文治:《自订年谱》,《唐文治文集》第六册,上海古籍出版社 2018 年版,第 3681 页。
② 唐文治:《蓄艾编·论立宪》,《唐文治文集》第二册,上海古籍出版社 2018 年版,第 460 页。
③ 唐文治:《蓄艾编·论立宪》,《唐文治文集》第二册,上海古籍出版社 2018 年版,第 461—462 页。

典未定,臣民无所适从。"①唐文治认为法典须由议院颁布,但中国立宪改革初始,议院尚未完备,可以先让清廷的法制局改为中央法制局,编纂由内阁发布之各种律令,审查各部新订之各种法律,审查各省发布之各种章程,条陈关于各种法律之意见。② 如此,立宪过程中就有法律可以依循。等到议院规模完备后,对于这些初创时期的法律可以进行修订完善。

唐文治的三项主张,抓住了立宪工作中部门设置、人员生成、法律保障三个要害。虽然清廷并未真正落实唐文治的主张,但就此主张本身而言,仍旧可以看出唐文治高瞻远瞩的政治洞见。

(二) 整理各部

唐文治在《蓄艾编》中具体论述了清廷诸部门需要整理的各类工作。固然此书之背景在于清末新政之立宪政治,故部门之名多用清廷旧称,但所涉之内容则具有国家治理的普遍意义。

唐文治论整理外务部,提出了三条外交建议。其一,据理力争。唐文治十分赞赏曾纪泽的观点,所谓"外交之法,可许者开口即许;不可许者,始终不移"③。唐文治认为,"势有强弱,而理无强弱。外人虽强,不能不诎于公理"④。故在外交事务上,外交官不应畏势退让,而应该据理力争。其二,培养人才。涉外事务缺乏人才,应尽快设立储才馆。"储才馆不必尽求非常之才也,以求过渡人才为第一要义。过渡人才者何?但得心术纯正,办事勤恳有条理,而又于公法条约稍知研究者,是即所谓人才已。"⑤出使事务,更应该选取德才兼备之士,"应以品端学粹、通知法律政治,而又能通西文者为上选;心地朴诚、办事认真者为次选;其素无品行者,即使能习西文,亦不得与保荐之列。"⑥其三,案情公开。已往洋务密于国人,而不密于洋人。最后导致谣言遍布,政府丧失公信

① 唐文治:《蓄艾编·论立宪》,《唐文治文集》第二册,上海古籍出版社 2018 年版,第 462 页。
② 参看唐文治:《蓄艾编·论立宪》,《唐文治文集》第二册,上海古籍出版社 2018 年版,第 462 页。
③ 唐文治:《蓄艾编·论整理外务部》,《唐文治文集》第二册,上海古籍出版社 2018 年版,第 463 页。
④ 唐文治:《蓄艾编·论整理外务部》,《唐文治文集》第二册,上海古籍出版社 2018 年版,第 463 页。
⑤ 唐文治:《蓄艾编·论整理外务部》,《唐文治文集》第二册,上海古籍出版社 2018 年版,第 463 页。
⑥ 唐文治:《蓄艾编·论整理外务部》,《唐文治文集》第二册,上海古籍出版社 2018 年版,第 466 页。

力。唐文治建议除密约要件之外,其余皆刊登于外交报章。

唐文治论整理度支部①,提出了六条财政建议。其一,裁退书吏。书吏是官府雇佣的文职办事员,协助官员分管事务。他们虽然地位不高,但父子师徒相传,陈陈相因,谙熟于官场操作,结成关系网络,造成各类弊端。度支部"恐外省款项之无从查考也,恐本部司官成例之不熟也"②,难以裁退书吏。唐文治提议将原来施行的造册管理改为清单管理,并对捐例进行简化,则书吏皆可裁退。其二,预算合理。唐文治认为要改革原来"量出以为入"的旧法,重新设定预算之法。"每年孟冬之时,度支部应会同税务大臣、农工商部、邮传部各堂官集议豫(预)算,来年入款若干、出款若干,先期并电达各省督抚豫(预)算各该省来年入款若干、出款若干,核定其盈余或不敷之数。每年定十一月初间奏于朝廷,达之各部,行之各省,督抚颁之各地方官。其不敷之款,应由各省议会提出集议,由国民分担义务,设法以弥补之。"③其三,筹款有度。唐文治以为官府筹款之法,屡有搜刮罗掘之弊,而无有弊端之法,则为公债票、印花税,以及选举议员所需之公民捐。此三项所筹之经费,应该优先弥补部库之不足,待部库充裕,再支持地方之用。其四,开设银行。唐文治认为银行是国家命脉恃以流通之所在,不仅要设中央银行,还要鼓励各省开设地方官办银行、商办银行,同时在全国推行纸币。其五,币制一律。唐文治指出"币制本原在于信用"④,提议度支部统一全国龙圆、小银圆、铜子的换算,以及中国银圆与外国银圆的换算。其六,培养人才。当时中外贸易欲行加税免厘的新政。所谓加税免厘,即提高进口关税,免去内地流转的厘金,促进货物的内地流通。此法初衷不错,但当时海关税务司由洋人担任,而内地征收厘金者为中国人,由于中国缺乏税务方面的专门人才,故加税免厘的政策在客观上容易造成洋人获益而国人吃亏的后果。由此,唐文治建议成立税务学堂,设速成科,

---

① 度支部源出于户部,为清代掌管财政事务的机构。
② 唐文治:《蓄艾编·论整理度支部》,《唐文治文集》第二册,上海古籍出版社 2018 年版,第 467 页。
③ 唐文治:《蓄艾编·论整理度支部》,《唐文治文集》第二册,上海古籍出版社 2018 年版,第 468—469 页。
④ 唐文治:《蓄艾编·论整理度支部》,《唐文治文集》第二册,上海古籍出版社 2018 年版,第 471 页。

一至二年毕业。中国有了这些专门的税务人才,加税免厘的实施方能真正达到理想的效果。

唐文治论整理民政部,提出了四条民政建议。其一,清查户口。"夫民数不清,则核计民食、民用两者,均无所措手。故今日民政部所司,以清户口为第一义。"[①]清户口之法,需要先划定区域,继而厘清各自区域中原驻民、迁居民以及往来过客。其二,新旧分籍。天下人口按照年龄[②]分为国民籍与新民籍两类。对于新民,无论男女,在教育、兵役、结婚、育子等方面都有相应规定与奖惩措施。其三,报章管理。报章新闻具有开导民风之用。官报除外交密件外,其余一概开诚布公,并允许发表评论。私报则须收押金,倘有泄密、传谣之事,则封闭报纸、没收押金为惩。其四,修道通渠。京城与省会城市,人口众多,交通繁忙,须做好城市基础建设,将道路开通,沟渠疏通,并设下水道,排除污水。

唐文治论整理学部,提出了两条教育建议。其一,设立学制。"定蒙学堂为一等,小学堂为一等,中学堂为一等,大学堂为一等,此外别设高等专门学堂……七岁入蒙学堂,十岁入小学堂,十三岁入中学堂,十七岁入大学堂,二十岁入陆师、水师学堂,二十五岁毕业。蒙、小学由县立,中学由府立,由中学直升京师大学。"[③]其二,颁定课程。蒙学读《孝经》、四书,旁及史地,聪颖者可兼读《左传》;小学读五经,聪颖者兼读算学;中学半日学文科,半日学洋文,兼习算学,聪颖者可学科学;大学专习某部经书,或者专习某门科学;陆师、水师学堂也应设置与其特殊人才培养模式一致的课程方案。此外,唐文治认为学校教育除国文、武备为必修外,还要增加国际交涉、法律政治、农工商业、声光化电等通识性的知识,这样才能培养出既有专门之学,又有通识素养的国家栋梁。

唐文治论整理陆军部,提出了两条治军建议。其一,提倡军学。"夫军学之大要有三:一曰道,二曰法,三曰术。道者治心之务,如《易》

第九章 政治学说

---

① 唐文治:《蓄艾编·论整理民政部》,《唐文治文集》第二册,上海古籍出版社 2018 年版,第 473 页。

② 《蓄艾编》作于 1907 年,唐文治以 7 岁以上入国民籍,7 岁以下入新民籍。其实,即以 1901 年为界,1901 年前出生者入国民籍,1901 年及其之后出生者入新民籍。以 7 岁为界之依据在于新民 7 岁须入蒙学。

③ 唐文治:《蓄艾编·论整理学部》,《唐文治文集》第二册,上海古籍出版社 2018 年版,第 478—479 页。

之《师卦》,《诗》之《车攻》《吉日》,以及古圣贤治兵格言,下逮戚南塘之《愚愚稿》、曾文正《杂著》之属皆是也。法者法制,如《司马法》《纪效新书》,及近今西人之《临阵管见》《陆操新义》等书皆是也。术者智术,如孙吴兵法、古今史传所记攻战之迹、胡文忠之《读史兵略》,及近今西国各战史皆是也。学兵者宜先学道,次学法,次论术。"①其中,熟悉地形特征、针对西洋战法在战术上尤为重要。其二,申儆治军。军中一方面提倡孝悌忠信,另一方面设置裁判、检察机构,整饬法度。如此,可令军士怀德畏威,减少老兵与新兵之间的矛盾。同时,国家对于兵士以及兵士家属的优待政策,亦须广为传布,让老百姓皆知尊重兵士,兵士亦会由百姓的尊重而自重自爱。

唐文治论整理法部、大理院,提出了五条法治建议。其一,分清权限。清末司法改革,改刑部为法部,改大理寺为大理院,然而法部与大理院权限不清,屡有争端。唐文治认为,法部专任司法行政,如设定权限、法官变动、监狱用刑等,而大理院专掌司法审判,具有独立的地位。唐文治的建议实质上是将司法与行政分立,是中国法治走向现代化的体现。其二,维护主权。整顿中国固有律例,使之与东西各国律例接轨,由此中国可以废弃"治外法权",中国主权可以行于本国全境。其三,新法教民。有反对者认为国民程度不足,不能改革制度。唐文治以为:"知用旧法而求人民之进步,虽至百年亦且无望。"②近来中国人民智识渐开,民权思想日渐发达,正好订立新法,开导民众趋向文明。其四,储备人才。方法有三,一则选曹掾。令旧制中的曹掾入诉讼研究所学习,并由大理院考验合格后,转职为新制中的下级裁判官。二则选学生。一方面,录用留日所学政法之学生,另一方面推广法律学堂,培养法律人才。三则储译才。法律学堂招考粗通外国语言文字之学生,通过专业学习与实习历练,为将来国家收回法权做好预备工作。其五,筹款有道。设置讼费规格,推广各省。所收费用包含印纸费、承发吏规

---

① 唐文治:《蓄艾编·论整理陆军部》,《唐文治文集》第二册,上海古籍出版社 2018 年版,第 481—482 页。
② 唐文治:《蓄艾编·论整理法部、大理院》,《唐文治文集》第二册,上海古籍出版社 2018 年版,第 487 页。

费、杂费。额度合理,简而易行,如此操办,则"官吏无从中饱,小民所省尤多"①。

唐文治论整理农工商部,提出了七条经济建议。其一,实业调查。农工商部所办均为实业,不能以文告空言,故任何经济政策,都需要去各省实地调查,才能减少政策的流弊。其二,设立银行。兴办实业模范银行,作为官办银行的补充,可以更有效地促进民间资金流转,提高经济效益。其三,整顿农业。考察山川土壤,兴修水利,开垦荒田,因地制宜进行农业生产。同时,设立农学研究会,开发农业新品种;设立农业调查会,通过互通有无来平准物价。其四,鼓励开矿。简化开矿手续条例,鼓励华人兴办矿业。同时设立提炼公司,提炼化分,挽回利权。其五,统一度量。各国度量衡不一,这在中西交流上造成很大困难。唐文治主张派遣精通洋文与算学者出洋考察,归来后确立中西以及西方各国度量衡之换算关系。其六,兴办工业。扩充各地工业场所,吸收游民从事生产。其七,优待侨民。侨民本有爱国情感,可用招商之法,礼遇有加,维系其与祖国之联系。

唐文治论整理邮传部,提出了两条交通建议。其一,整顿轮局。设立邮政学堂,培养专业人才。清除买办之弊,添置航海轮船,设立外埠银行,进行海外贸易。其二,兴修铁路。一则督办粤汉铁路,须调和粤、湘、鄂人士意见。二则督办四川铁路,其费用多由民间抽捐而集,须防外商对小股民出资转购,积少成多,掌控路权,同时公布财务账目,尽早勘路开工,由此保证政府信用,杜绝洋人觊觎。三则货物繁盛之区,路轨一律使用宽轨,虽然造价较贵,但日后获利亦多。

(三) 整理各省

整理各部是就中央的顶层设计而言,而整理各省则是就地方治理而言。唐文治论地方治理,分为整理东三省与整理各省两个部分,盖东

---

① 唐文治:《蓄艾编·论整理法部、大理院》,《唐文治文集》第二册,上海古籍出版社 2018 年版,第489 页。

三省三遭兵乱①,其情势与其余各省不同,故单列耳。

唐文治论整理东三省,提出去三弊,行七法。所谓去三弊:一为除冗滥,辞去官场中庸劣无能之辈。二为戒铺张,做事唯务实际,不尚空文,况且在卧薪尝胆之时,更需常备不虞之计。三为祛意见,为政者需要听取各方建议,避免自以为是,刚愎自用。所谓行七法:一为交涉之事必可争②,外交上事无大小,都应据理力争。二为练兵宜仿各国征兵之法,东三省各地按户抽丁,构成常备兵,分屯要地,三年后退为后备兵,要地另征新兵。如此,民气日强,而地方益固。三为盗匪宜改剿为抚,对其利而用之,渐归善良之地。四为联合农工商部,速设实业银行,并于各处广设分行,促使当地商贸发展。五为兴办实业,必须广招外埠及东南各省商人。六为开垦荒地,并建市集。开荒需要有规划,由奉天③至蒙古东四旗,成为一绝大开垦场地,并依照地质特点,用于耕作、牧场、林场等用途。同时,再划分若干区,区内再设置若干市集。七为开矿宜先占矿地,分配精研矿学之士勘察东三省之矿场,若是官地则先行圈定,若是私地则先购其地。如此,则可抵制洋商私买矿场,即使日后中外合办,中方以地作股,亦能倍取其值。④

唐文治论整理其余各省,主要有六端。其一,处置教案之法。基督教在中国传教,与当地官民产生冲突,最后导致外交上落人口实,经济遭受损失。唐文治认为,地方官员对于传教士的态度,不能一味的讨好或者一味的傲慢,而是须将交际与交涉分为两事。"交际之礼宜可从优,交涉之事则丝毫不容假借。故地方官与教士平时年节庆吊,不妨杯酒往还,以联络其情意。倘遇交涉,则宜一秉至公至允之法处之,但论其事之有理无理,不问其人之是教非教。久之彼且感我之诚、惮我之执法,敛手而自服。"⑤唐文治的处理方法,其实是反对失去理性的讨好与

---

① "东三省生命涂炭尽矣! 一蹉蹰于甲午,再蹉蹰于庚子,三蹉蹰于日俄之役。"参看唐文治:《蓄艾编·论整理东三省》,《唐文治文集》第二册,上海古籍出版社2018年版,第501—502页。

② 原文标题为"交涉之事不可争",然考其文意,则非不可争,乃必可争也,故依文意更之。

③ 即今沈阳。

④ 参看唐文治:《蓄艾编·论整理东三省》,《唐文治文集》第二册,上海古籍出版社2018年版,第502—508页。

⑤ 唐文治:《蓄艾编·论整理各省》,《唐文治文集》第二册,上海古籍出版社2018年版,第510页。

傲慢,继而采用合乎理性的情感交流,以及秉持公理的是非判断。其二,治贫之法。唐文治认为州县亏空,于官于民皆有损失。而亏空之由,则为提款之太多,钱价之太落,平余之归公。针对这些问题,唐文治认为须由地方掌管行政的最高官员核查收入款项,量入为出,预算财政支出。其三,治隔之法。官员与百姓,上下相隔,信息不通。究其原因,主要是家丁、书差、地保、圩长这些非正式的、私人性质的佐治人员在中间舞弊,鱼肉乡民。唐文治认为,新政改革既然已经设置了正式的佐治人员,确立了这些职务相应的权责,那么非正式的、私人性质的佐治人员就应该辞退,上下相隔的弊病也可以得到诊治。其四,课吏有法。地方领导须执掌地方的教化,倘若自辟幕僚须为专门之才。各省可设立法政学堂,培训具有实际法务经验的地方官吏。其五,察吏有方。原来文牍处理,来回数月,"往往事未办及,官已数移,前任所为,后来易辄"①。唐文治提出要让各省严立文书期限,如期覆结,并以此为考核依据,进行功过赏罚。其六,自治可行。唐文治主张立宪的地方自治,"当先立议会以为预备"②,而且要强制执行,反对缓行。一旦缓行,就会一拖再拖,永无实行之期。

此外,唐文治还在《蓄艾编·总结》中单独列出一段,提醒国人须警惕日本,其言:

> 某国于朝鲜用强硬手段,而于中国用柔软手段,非薄于朝鲜而厚于中国也。彼于朝鲜布置未定,于东三省各项势力范围尚未站稳,故不能遽用强硬之策。一俟与某国订定条约,如法国协约之例,两三年后,朝鲜布置定妥,且由东三省以入我内蒙古,其势如疾风之扫箨,一面拊我之背,一面改用强硬手段以干预我之政权,斯时而曰无及,则真无及矣。③

唐文治所论整理各部与整理各省,基本上涉及清政府国家治理与地方治理的各个方面,指出旧日陈弊,提出改良建议。唐文治殷切地希

望当局能够真正实施这些建议，其言：

> 今日之势犹可及也，惟愿当局者如上所言立宪之法以定立国之基，整理各部各省之法以分理立国之业，无昼无夜，悉力以图，俾天下之耳目焕然一新，天下之心思勃然一振，如是则三数年内可望保存，十数年后可期大治矣。①

唐文治为国为民，一片精诚，《蓄艾编》诸议，真可谓殚精竭虑，一字一血。在督办四川铁路以及警惕日本等事上，唐文治已深刻意识到问题之严重，可惜当局没有采用唐文治的建议，由前者之失终于酿成四川保路运动，以此为导火索而引发的辛亥革命直接导致了清朝的覆亡；由后者之失则造成东三省之沦陷，以及此后日本侵华战争的全面爆发。

二、为政之本

作为唐文治后期政治思想代表作的《政治学大义》一书并未公开刊刻，故现在难以搜寻。唐文治《自订年谱》记载：

> 七月，编《政治学大义》成。余因中国政治学始自唐虞，传自洙泗，而向无专书，倘有外人询及，茫然无以对，深可愧也。爰编是书，分《奏疏》《公牍》《书函》《本论》凡四门，而《本论》十三篇指陈近时利弊，尤为痛切。本学期即用作课本。②

留存在《茹经堂文集》中的《〈政治学大义〉序》亦有相应的描述，其言：

> 余悲吾国之政治学晦塞已久，无人焉以发明之，爰裒辑成帙，都为三类。曰奏疏，则昔贤之言行功业、国计民生诸大端备焉；曰函牍，则昔贤之擘画经纶、兵谋国际诸要务备焉；曰本论，则鄙怀所

---

① 唐文治：《蓄艾编·总结》，《唐文治文集》第二册，上海古籍出版社 2018 年版，第 517 页。
② 唐文治：《自订年谱》，《唐文治文集》第六册，上海古籍出版社 2018 年版，第 3709 页。

蓄积救世之意寓焉。①

　　年谱将该书分为《奏疏》《公牍》《书函》《本论》四部分,而序言将该书分为《奏疏》《函牍》《本论》三部分。因为原稿已佚,故无法分清年谱有误、序言有误,或者序言所论之《函牍》即为年谱所论《公牍》《书函》之合编。但无论何种情况,《本论》直接阐述了唐文治自身的政治学理论,可谓《政治学大义》一书之核心,而其余部分则为唐文治及前人政治学文章之合集,仅具辅佐之功效。唐文治弟子冯振在《自订年谱》中有按语,其言:"先生此书尚未刊,惟序文载《茹经堂文集》卷四第十二页。《本论》十三篇,编入《茹经堂文集》中,亦未刊。"②由此,我们可以从《茹经堂文集》中析出作为《政治学大义》核心的序言与《本论》十三篇。

　　唐文治创立中国政治学,很大程度上是为了应对西方政治学,并阐明中国本身固有之政治学,其言:

　　　　迩来颖秀之士负笈东西洋,研求彼国政治之学,自诩宏通。及反,而措诸我国,则北辙而南其辕,跋前踬后,斯已为政治之一大障矣。而首善名都、各省大学亦未闻有设"中国政治学科"者。倘令欧美人士入我庠序,考察我国政治源流,虽明达教师,举瞠目而不能答。③

　　政治学在唐文治所处的时代是当时每一个知识分子都无法回避的话题。然而唐文治所面临的挑战,在于中国政治学学科本身未能确立起来。政治学在西学中具有专门的学科,在中国学术中虽有相应的义理意涵以及实际的操作经验,但由于附着在儒学中,未有系统的学说阐述。作为儒者的唐文治不会完全同意西方政治学理论,故其必须提出一套儒学系统下的中国政治学。儒学中心性理气之形上建构本身具有

① 唐文治:《〈政治学大义〉序》,《唐文治文集》第三册,上海古籍出版社 2018 年版,第 1323 页。
② 唐文治:《自订年谱》,《唐文治文集》第六册,上海古籍出版社 2018 年版,第 3709 页。具体的序言和十三篇目录可见陆阳所著《唐文治年谱》,其言:"《政治学大义自序》,载《茹经堂文集》初编卷四。本论十三篇,其中上年作《不忍人之政论三篇》《政本审六气论一篇》《礼治法治论二篇》,本年作《地方自治论》《学校论》《文化论》《选举论》《财政论》《兵政论》《表论》,均载《茹经堂文集》三编卷二。"陆阳:《唐文治年谱》,上海三联书店 2013 年版,第 275 页。
③ 唐文治:《〈政治学大义〉序》,《唐文治文集》第三册,上海古籍出版社 2018 年版,第 1321 页。

第九章　政治学说

299

积极的旨向与经世的价值,故内圣之心性学必然导向外王之经世致用。正是在此意义上,唐文治结合了儒学义理与自我从政的实际经验,意欲在儒家文化脉络中建立起中国政治学。这种学说的建构,可以说是在西方政治学的刺激下,中国知识分子开始从儒学义理中转出系统的政治学说的一种尝试。唐文治在《〈政治学大义〉序》中论述了其政治学思想的大略,其言:

> 正其本,万事理,士不通经,不足致用,是故"行己有耻,使于四方,不辱君命",外交学之本也。"生之者众,食之者寡""百姓足,君孰与不足",财政学之本也。"临财无苟得,临难无苟免","出入相友,守望相助",军政学之本也。"大畏民志","用其义刑义杀","如得其情,哀矜勿喜",刑政学之本也。或以德进,或以事举,尊贤使能,重尚廉朴,选举法之本也。谨庠序之教,申孝弟之义,"博学于文,约之以礼",教育法之本也。善事利器,日新月异,惟公惟平,勿诈勿欺,工政商政之本也。①

"正其本"是唐文治的政治学基础。"万事理"则主要为财政、民政、教育、军事等具体事务。为论述方便计,依照唐文治政治学之分类,本节先论为政之本,下一节再分别论述理事之道。

(一) 为政之形上依据

在唐文治看来,政治学具有其形上依据,此形上依据就是儒家的天道性命之学。唐文治言:

> 天命之谓性,天生民,树之君者,所以经济天下人之性命、保养天下人之性命,使之各遂其生而已。百姓而不遂其生,在上者于是有制度文为、条教号令,以覆育而生成之,而不忍人之政于是乎出焉。此不忍人之政非外袭而取之者也,盖由在我性命之本原,合乎天下人性命之本原,固结不解而成焉者也。②

---

① 唐文治:《〈政治学大义〉序》,《唐文治文集》第三册,上海古籍出版社 2018 年版,第 1323—1324 页。
② 唐文治:《不忍人之政论一》,《唐文治文集》第二册,上海古籍出版社 2018 年版,第 640 页。

生存本身就是生生之德,人人都具有各遂其生的形上保障,此为人性之本源。如果现实中百姓得不到各遂其生,那么就需要政治来体现与助成天道之生生。所以政治之根源,并非外于人性的刻意设置,而是来自人性内在之本源。

发政施仁虽然源自天道,具体实施则源自人之主体。人何以能发政施仁,则在于人本具有生生之德性,此德性发之于心,即为不忍人之心。

> 因植物而不忍于动物,因动物而不忍于同类,因同类而不忍于至亲,分虽殊而理则一,此由远而返之于近者也。因九族而推及百姓,因百姓而推及于鸟兽,因鸟兽而推及于草木,理虽一而分则殊,此由近而推及于远者也。①

人人皆有不忍人之心。但此心之发动因人因境而异。比如,齐宣王见牛觳觫而有不忍,孟子言人见孺子入井而有不忍。在此发动之机上,则可以抓住此一点恻隐,进行扩充类推。由近可以推远,由远可以推近。如此,最终可以达至天地万物一体之仁。归根结底,这些都是同一个生生之德性的发动。天道之生生必由心性之不忍恻隐而显,故此不忍人之心即为政治学的心理依据。

孔子曰:"老者安之,朋友信之,少者怀之。"②这是对人所处不同生命阶段的生生的保障。唐文治言:

> 失其所安、所信、所怀,与夫求其立、求其达而不可得者,孰为之哉? 在上者之责也。在上者不能尽其责,而儒者言之。儒者空言而无益,而民乃自为之。至民自为之而上犹戕贼之、诛求之,此生机、生理之所以窒塞而日促也。知此者治,不知此者则乱;知者生,不知此者则亡。是故知天下之生,然后能为天下之政。③

好的政治应该促成百姓的所安、所信、所怀,而坏的政治则导致百

---

① 唐文治:《不忍人之政论二》,《唐文治文集》第二册,上海古籍出版社 2018 年版,第 644 页。
② 《论语·公冶长》。
③ 唐文治:《不忍人之政论一》,《唐文治文集》第二册,上海古籍出版社 2018 年版,第 642 页。

姓失其所安、所信、所怀。是故真正的治理天下，则是以生生之德性为根源，由上至下，依照不同的情况制定不同的维护生生的政策措施，"如身之使臂，臂之使指，一出于心理之大顺，无有稍稍违逆之者"①。

（二）为政之体、要、本

上述政治学的天道论、心性论，就是儒家思想中一贯坚持的天道论、心性论。这样的形上基础落实在政治上，可以谈为政之体、为政之要和为政之本。

为政之体是指政治的体制。由晚清至民国，中国的政体发生了极大的变化，由原来的君主制变成后来的共和制。这样一种政治体制的演变是历史的进步。唐文治虽然对此并不表示异议，但仍旧觉得这种改革尚有未尽之处。唐文治言：

> 心之公私判于隐微，而不系乎形迹。出其公心以为政，虽专制而天下亦服；挟其私心以为政，虽共和而天下益乱。人人怀私心，则人人皆专制也。人人皆专制，何如一人之专制也？吾非谓共和之制不当行于今也。共和者，独非有一人裁而断之、执而行之乎？往日之害，正由求治太速，未审乎本末轻重、先后缓急之序，一跃而入共和，是以天下受其大弊。继此而为治者，惟有行"开明专制"之法，渐次而入共和。②

唐文治认为，专制与共和只是一人为治与多人为治的差异，但无论专制还是共和都不能保证执政者秉以公心。专制为一人之心，可以有公心，也可以有私心；共和为多人之心，也可以有多人之公心，也可以有多人之私心。由私心转公心，是为政之本；而由专制转共和，只是为政之末。唐文治认为晚清时局变化太快，世人只知在枝末上变化，但尚未考虑根本上的改进。真正改革，应以公私之辨为急务，再缓以制度之变更。制度之变更亦不能一蹴而就，应该由专制逐步演进为开明专制，再由开明专制逐步演进为共和制。为政之体的制度变更，仅仅是发政施

---

① 唐文治：《不忍人之政论三》，《唐文治文集》第二册，上海古籍出版社 2018 年版，第 646 页。
② 唐文治：《政本审六气论》，《唐文治文集》第二册，上海古籍出版社 2018 年版，第 649 页。

仁的辅助与体现,并不真正具有核心意义。唐文治的政体论,既看到了政治制度演进的自身特征,更看到了政治与道德的内在必然关联,并强调了道德在政治中的基础性地位。这与西方契约论主导的政治学说具有较大的不同,彰显了中国政治学的特色。

为政之要是指政治之枢要。国内国际时势风云万变,任何一处的微小变动都可能引发蝴蝶效应,环环相扣,终致产生巨大的后果。唐文治言:

> 几者权衡于秒忽之微,毫发不容或爽者也。……几者圣人妙用之方,所以为行政之枢纽,未可以为政本也。①

面对这些微小变化,执政者需要不断地预计这些变化可能产生的后果,对某些变化态势要防微杜渐,对某些变化态势要加以引导。唐文治认为,这种对于时态变化的判断虽然非常重要,但亦非为政之本。任何一个厉害的权谋家,都具有审时度势、察机应变的能力。举例而言,诸葛亮可以察机,曹操也能察机,从气运之变化中看到未来的趋势并不能保证所察觉者秉持为政以德的道德方向。故而为政之要的察机能力,仍旧与政治制度一样,都是辅助性的工具,尚不是为政之本。

为政之本是指政治之根本。政治作为一个事件,在儒家思想中,本身就属于气。故政治之根本,就是政治之气的状态。唐文治言:

> 理先乎气,必先有是理而后有是气。诚则形,形则著,著则不疾而速,不行而至。故气者,心志之见端、圣人感应报施之大本也。观一人之贤否,察其气而可知也;观一家之盛衰,察其气而可知也;观一国之强弱,察其气而可知也。②

蕴含着德性之理的气是政治之根本,这是一个颇具理学色彩的政治学理论。气本身作为把握的对象难以厘定与捉摸,它并不是一个主客认识的理性化产物,而是一个主客感通的品鉴性状态。唐文治分此气有六种,其中燥静浮沉之气、通隔乖和之气、敛散促舒之气、诚伪虚实

① 唐文治:《政本审六气论》,《唐文治文集》第二册,上海古籍出版社 2018 年版,第 649—650 页。
② 唐文治:《政本审六气论》,《唐文治文集》第二册,上海古籍出版社 2018 年版,第 650 页。

之气、昏明清浊之气五种气为五个侧面,而善正邪恶之气则为根本宗旨。对此六气,执政者须审察明辨。

唐文治论审燥静浮沉之气,其言:

> 今宜审动静之理,俾其气先沉而不浮。根蒂既固,然后可与治事,然后可与行政。昔周子论太极之理曰"主静立人极",此立政之本。①

所谓审燥静浮沉之气,就是要以沉静来对治浮躁,执政者在变动中寻找其不动的基础。治天下具有自身坚持的核心价值观,任凭局势左右动荡,执政者都能不为所动、不去迎合,反而能顺其势促成自我国势的成长。

唐文治论审通隔乖和之气,其言:

> 善医者不问人之肥瘠,诊其血气之通隔而已矣。善治者不问其国之贫富,察其民气之通隔而已矣。血气隔则其人必死,民气隔则其国必亡。②

所谓审通隔乖和之气,就是要以通和对治乖隔,在政治各关节部门做到有效沟通、上下同心、全力合作。"君子有养气之学焉,先之以强恕,继之以致和,上下交而其志通,由是所发之言自无隔阂之端、所行之政自无隔膜之弊。"③这种合作的动力来源于道德精神,是儒家忠恕之道的体现。

唐文治论审敛散促舒之气,其言:

> 苏、张之游说,赵括之谈兵……然而其气竭矣。④

> 取之尽锱铢,用之如泥沙,集万众之脂膏、十年之积蓄,一日挥霍之,自以为得意而不知盖藏罄矣……心气之促如此,不亡何待?⑤

所谓审敛散促舒之气,就是要以舒敛对治促散,在执政上不能急于

---

① 唐文治:《政本审六气论》,《唐文治文集》第二册,上海古籍出版社2018年版,第651页。
② 唐文治:《政本审六气论》,《唐文治文集》第二册,上海古籍出版社2018年版,第651页。
③ 唐文治:《政本审六气论》,《唐文治文集》第二册,上海古籍出版社2018年版,第652页。
④ 唐文治:《政本审六气论》,《唐文治文集》第二册,上海古籍出版社2018年版,第652页。
⑤ 唐文治:《政本审六气论》,《唐文治文集》第二册,上海古籍出版社2018年版,第652—653页。

求成,切勿好大喜功。在公共用度上,需要慎重而节省,"恭,德之聚也;俭,德之固也,是积德之基、敛气之本,国祚之所以永常也"①。稳步打好基础,逐渐做强自己,才能立于不败之地。

唐文治论审诚伪虚实之气,其言:

> 人生当世,诚而已矣,而政治为尤大。……然则欲政治之一出于至诚,非审于用人不可。欲审于用人,非审于诚实虚伪之气不可。《中庸》曰:"诚者物之终始,不诚无物。"欺诈之气盈天下,乾坤或几乎息矣。呜呼! 诚伪者生死之几、存亡之界也,为政者其尚慎之哉!②

所谓审诚伪虚实之气,就是要以诚实对治虚伪,政策实施需要有公开性、正当性。这样才能获得老百姓的信服,从而上下一气,同心同德。

唐文治论审昏明清浊之气,其言:

> 好义而忧患者,政气之所以清而明也;贪利而安乐者,政气之所以昏而浊也。……除腥秽之气与夫油气、滑气、滞气、怪气、凶气,举一扫而空之,渣滓去而清光来,人欲净而天理行,然后政治可得而理也。③

所谓审昏明清浊之气,就是要以清明对治浑浊,政治需要保持自身的正义性,时刻具有忧患意识,能够居安思危,这样政治才会清明。如果以利为义,指鹿为马,世风奢靡,夸夸其谈,则政治就会浑浊不堪。

上述所论政治风气,即为沉静、通和、舒敛、诚实、清明五类。"能审五音之气,政本得矣。然又有本中之本焉,则在审善正邪恶之气。"④五气之形成,基于更为根本的善正邪恶之气。故审五气之最为关键处在于审善正邪恶之气,唐文治言:

> 正气之在天下,小以成小,大以成大。一乡有正人焉则正人兴,而一乡之人莫敢以不正犯之矣。一国有正人焉则正人进,而一

① 唐文治:《政本审六气论》,《唐文治文集》第二册,上海古籍出版社 2018 年版,第 653 页。
② 唐文治:《政本审六气论》,《唐文治文集》第二册,上海古籍出版社 2018 年版,第 653—654 页。
③ 唐文治:《政本审六气论》,《唐文治文集》第二册,上海古籍出版社 2018 年版,第 655 页。
④ 唐文治:《政本审六气论》,《唐文治文集》第二册,上海古籍出版社 2018 年版,第 656 页。

国之人莫敢以不正犯之矣。故正气者,政治之要枢、国家之命脉也。[1]

所谓审善正邪恶之气,就是要以善正对治邪恶。气本身相即于理,合乎理之气为善正之气,不合乎理之气为邪恶之气。气之善正邪恶与否,全在天下每一人每一念的叠加。个体在此风气中既可以被风气所影响,又可以影响此风气。理想的状态,就是个体觉醒,做出道德表率,从而影响到整个地区的风气,促成更多人的觉醒。这样善正之风就不断扩大与巩固,沉静、通和、舒敛、诚实、清明五气也能得到普及,邪恶的心念就会断灭于萌芽状态。

唐文治为政之本的审六气论,其注重点在于政治主体的道德修养,以其道德修养带动起良好的政治风气,从而在各个方面都起到积极的作用。在唐文治看来,这些无形的风气的养成,才是最为基础的政治生态。在此基础上,方可以讲为政之要的察机之变,以及为政之体的体制变更。如果没有六气的审辨与确立,那么察机只会有利于权谋家、野心家的作乱,而共和制也只会造成更多的利益斗争。

三、理事之道

为政之本是协理事务之形上依据,赋予了具体事务背后的儒家式的价值指向。具体事务在儒家精神的指引下,则成为有机整体的一个部分,生成了内在的目的和意义。唐文治论述理事之道,亦皆含儒家发政施仁的精神宗旨,其内容大致可以分为四个方面:理财之道以论经济建设,施政之道以论礼法制度,教化之道以论社会教育,备兵之道以论军事管理。此四个方面的有机结合,大致上可以保障一个国家在发政施仁的治理轨道上有序运作起来。

---

[1] 唐文治:《政本审六气论》,《唐文治文集》第二册,上海古籍出版社 2018 年版,第 656 页。

（一）理财之道

理财之道是保证国家物质基础的根本措施。唐文治认为理财的根源是义，"义者，和之原，而生财、理财之枢要也"①。财富的生产与消费，都要以义为原则，才能达到最终的和谐。具体来说，"理财之方有二，曰开源，曰节流"②。唐文治论开源之法，其言：

> 开源之道，农政也、矿政也、商政也。……兴水利、保稻田、轻租赋实为农政之根本，所谓"易其田畴，薄其税敛，民可使富也"。矿政在得富有学术经验、品行诚实之人为之董率经理。工政、商政在禁孤注一掷，禁竞争两败，禁买空卖空之欺骗。③

国家收入主要来源有农业、矿业、工商业。对于这些行业，不能竭泽而渔，而是须做长久之计的培养。在农业上，国家要兴水利建设，减轻税负，给农业债发展营造良好的环境。在矿业上，须启用既有专门的矿业知识又有坚定的道德操守的人才来经营维持。对于工商业，须营造良性的市场氛围，打击违法经营。

唐文治鉴于三类行业之不同特征，而针对每一个行业制定了不同的开源措施，其实此三条措施只是表明三类行业的开源之道各有侧重，倘若将此三条措施当作一个整体，亦可以作为普遍的开源措施适用于任何一个行业。这样的开源措施，即一在物资方面，通过公共建设，提供行业发展的物质保障；二在人才方面，通过启用德才兼备之士，领导行业发展方向；三在法度方面，通过严格执法，建立行业运营的良性机制。法度守住了运营的底线，物资提供了发展的可能，而人才给予了前进的方向。三者孕育了行业发展的良性环境，充分体现了儒家生生不已的德性追求。

唐文治论节流之法，其言：

> 至于节流，惟在俭而已。今也取财如锱铢，用财如泥沙，外愈

---

① 唐文治：《财政论》，《唐文治文集》第二册，上海古籍出版社 2018 年版，第 695 页。
② 唐文治：《财政论》，《唐文治文集》第二册，上海古籍出版社 2018 年版，第 696 页。
③ 唐文治：《财政论》，《唐文治文集》第二册，上海古籍出版社 2018 年版，第 696 页。

奢华,内愈窘迫。世界愈侈,人民愈贫,数年而后,必至道殣相望,饿殍山积。①

　　国家之所以握其纲维者,惟在于"定预算"。……盖预算精意,要在"量入为出"。每岁所入之数几何? 所出之数几何? 不得稍有亏溢。某项所入之数几何? 所出之数几何? 不得稍有挪移。今岁预算布示于众,明岁决算亦布示于众,务简而速,不得稍有延迟及影射隐匿。务使岁有常经,无不足而常有余,夫然后可以言理财,夫然后可以言治国。②

节流的关键在节俭。节俭并非绝对地减少公共支出,而是有计划地、最大效率地使用国库中的财富。唐文治以"量入为出"作为公共支出的准绳,先定好每个年度的预算,要求严格按照预算进行每年的支出。在实际的操作中,如果支出超过预算,则会导致国力不足;如果支出未达预算,则公共财富未获得高效利用。只有支出与预算没有亏溢的情况下,国家财富才是得到了最为有效的使用。

唐文治把节俭治国视为儒家忠道之体现,把严格按照预算支出视为儒家信德之体现,其言:"盖圣贤所谓富足者,皆从节俭中来。未有节俭而不能富足者也,亦未有不节俭而能富足者也。且凡人生命之所系曰忠曰信。节俭者忠之基也,预算者信之实也。"③节俭是高效地使用国家财富,这是对符合天下人利益的大义的坚守,故含有了忠诚的美德。预算是真正如计划那样去落实高效地使用国家财富,这是对符合天下人利益的大义的贯彻落实,故含有诚信的美德。

(二) 施政之道

施政之道是实施治理的方法。唐文治以礼里法表作为治理的基础,在此基础上再谈治理者的选举以及地方治理的措施。

1. 礼里法表

① 唐文治:《财政论》,《唐文治文集》第二册,上海古籍出版社 2018 年版,第 697 页。
② 唐文治:《财政论》,《唐文治文集》第二册,上海古籍出版社 2018 年版,第 697—698 页。
③ 唐文治:《财政论》,《唐文治文集》第二册,上海古籍出版社 2018 年版,第 698 页。

中国社会的治理,需要依靠礼法。唐文治认为时人受到西学影响,一味重视法的实施,而忽视了礼的作用。唐文治分辨礼法之关系,其言:

> 盖礼所以生法,而法不可以包礼。司马迁曰:"礼禁未然之前,而法施已然之后。法之所为用者易见,而礼之所为禁者难知。"①

在唐文治看来,礼比法具有更为基础的意义。礼是根源,法是表象,礼法相为表里。法的建立原则需要以礼为基础,而礼的最底线层次的客观外化才成为法。礼具有潜移默化的作用,让人主动去除恶念,而法则只能对人的恶行进行事后惩罚。即使有人惮于法的威慑而不敢为恶,但此威慑并不能让人主动意识到自身恶念的错误。

唐文治虽然极为重视礼,但并不主张偏废法。在《政治学大义》中,唐文治在《礼治法治论一》一文中专论礼;在《礼治法治论二》一文中专论法。可见,唐文治认为治理应以礼法兼治为要。

唐文治论礼,其言:

> 夫礼者本于天,起于人,通乎古今,贯乎中外,达乎幽明,行乎日用,该乎历史掌故人情风华,天地一日不坠,国家一日不亡,则礼一日不废。②

唐文治从七个方面论述礼之特征。其一,所谓"本于天",是指礼的存在具有天然的理由。"序者伦也,秩者节文也。有序而父子、君臣、夫妇、兄弟、朋友五典于是逊焉,有秩而吉、凶、宾、军、嘉五礼于是生焉。……庆赏刑罚皆起于礼,故政事亦根于礼,舍礼而为政事,不可得也。"③在正常情况下,人必然处于家庭与社会的伦常关系中。人之所以为人,就是因为内嵌在伦常关系中。有伦常就有相应的人与人之间的行为规范,就会生成礼。礼同时也会维护这种人与人之间的伦常关系。其二,所谓"起于人",是指礼的存在发自人的道德本能。"三尺童子告

---

① 唐文治:《礼治法治论二》,《唐文治文集》第二册,上海古籍出版社 2018 年版,第 664 页。
② 唐文治:《礼治法治论一》,《唐文治文集》第二册,上海古籍出版社 2018 年版,第 658 页。
③ 唐文治:《礼治法治论一》,《唐文治文集》第二册,上海古籍出版社 2018 年版,第 658—659 页。

以礼节,莘莘然学习焉。野人鄙夫、骄兵悍卒见雍雍礼乐之场,不觉气容肃焉,声容静焉,相与周旋而揖让焉,此无他,本于良知者然也,是礼者出于人心之不容已。"①未经过教化的三尺童子、野人鄙夫、骄兵悍卒都天然具有好善恶恶的道德本能,只要时机恰当,碰到礼乐之场,其道德本能就会自然而然地流露出来。其三,所谓"通乎古今",是指礼之精神古今通用,礼之表达因时损益。"盖礼者有礼之文、有礼之意。礼之意千古不变者也,礼之文随时变易者也。……行政者当谨守乎礼之意,不泥乎礼之文,故曰能守经者斯能达权,未有不知守经而可与行政者也,亦未有不能达权而可与行政者也。"②每个时代虽然礼之文的表达不一样,但后面所贯穿的礼之意的精神则是永恒的。故良好的治理之道,既需要坚持做到礼之意的守经,又需要灵活运用礼之文的达权。其四,所谓"贯乎中外",是指礼的精神适用于中外不同文化生活中。"西国何尝不言礼?无礼而何以尊君?无礼而何以亲上?无礼而何以爱国?无礼而何以敬国旗?无礼而何以行礼拜?无礼而何以行祈祷?盖西国虽不言礼,而事事隐合乎礼之义意。"③西国在尊君、亲上、爱国、敬国旗、行礼拜、行祈祷等活动上,虽然在具体做法上与中国颇多差异,但背后蕴含的礼的精神则是一致的。其五,所谓"达乎幽明",是指礼可以让世间的人寄托对死去祖先的哀思。"人之身从何而来,远祖非吾父之祖乎?报本反始,情乌能已,而性乌容漓?……盖丧礼所以启发人之哀思,祭礼所以启发人之孝思,'事死如事生,事亡如事存'。夫微之显,诚之不可掩者莫大乎是,所以养民之忠厚者亦莫大乎是。"④祭祀之礼不是迷信活动,而是通过纪念死去的祖先让生者更好地投身于人世间的教化活动。其六,所谓"行乎日用",是指礼是人生活表达的必由途径。"礼者一身之桢干,日用不可离者也。兹者冠礼久废矣,婚礼、丧礼、乡饮、乡射之礼亦皆废矣。而民乃各自为礼,非古非今,不中不西,有识之士鄙而笑之。夫统一之政莫大乎礼,有圣人作,必当准古今、参中外,定为礼

---

① 唐文治:《礼治法治论一》,《唐文治文集》第二册,上海古籍出版社 2018 年版,第 659 页。
② 唐文治:《礼治法治论一》,《唐文治文集》第二册,上海古籍出版社 2018 年版,第 659—660 页。
③ 唐文治:《礼治法治论一》,《唐文治文集》第二册,上海古籍出版社 2018 年版,第 660—661 页。
④ 唐文治:《礼治法治论一》,《唐文治文集》第二册,上海古籍出版社 2018 年版,第 661 页。

制,以一凡民之观听而示百世以遵行。"①古代有冠礼、婚礼、丧礼、乡饮、乡射之礼等,近来此礼皆废。但百姓仍旧需要各自的行为情感表达,故各自为礼,非古非今,不中不西,莫衷一是。这是从一个反例说明人不可一日离礼。旧礼已废,人们仍旧会自创新礼,只是新礼之创制,亦当详参礼之经权,方能合乎日用。其七,所谓"该乎历史掌故人情风华",是指礼是促成历史进化的动力。"今世之喜新者,曰平等也、自由也、均产也、公妻也、父子无亲也、姓氏可减也。此等谬说无怪也,盖古之部落本皆如是。……盖昔者草木榛榛、鹿豕狉狉之世,人无异于禽兽,历黄帝、尧、舜、禹、汤、文、武、周公、孔子,殚无限之心思、竭无穷之财力,为礼以经制之,而民始范围而不过,曲成而不遗。然则古之圣人所以行礼者,化野蛮之部落为文明之国家;今之时尚所以废礼者,变文明之国家为野蛮之部落。"②人类社会的历史发展,就是礼制的发展。有礼制,就由野蛮部落进至文明国家;无礼制,就由文明国家退至野蛮部落。礼之文可以随时代而变,但礼之意则必须保存。如果某种进化学说或者维新学说要灭去礼之意,就是开历史倒车。唐文治礼论的七个方面,涉及礼的生理与心理基础、适用期限与范围,以及礼在生死中的功能效用与在历史进化中的关键作用。尤其需要指出的是,唐文治将礼分为礼之意与礼之文,这样既能在超越的精神性上做到坚守,又能在现实的操作性上进行灵活权变,从而在形上形下世界中都能游刃有余,方便传统礼乐思想在新时期的开拓创新。

唐文治论法,其言:

> 礼根于情,法亦根于情。天理外之人情非人情也,人情外之法理非法理也。礼起于义,法亦起于义。行而宜之之谓义,礼随时而从宜,法亦因时而制宜也。纳民于情与义之中,而后可以言法制也。③

在唐文治看来,礼与法既根源于情,也根源于义。情是情感,但此

---

① 唐文治:《礼治法治论一》,《唐文治文集》第二册,上海古籍出版社 2018 年版,第 662 页。
② 唐文治:《礼治法治论一》,《唐文治文集》第二册,上海古籍出版社 2018 年版,第 662—663 页。
③ 唐文治:《礼治法治论二》,《唐文治文集》第二册,上海古籍出版社 2018 年版,第 667 页。

情感并不能简单地理解为人的七情六欲,而应该视为本于天理主宰的人情。故此情,源于天理的发动。义是从理性出发的应然,是天理就着具体场景的体现。故此义,亦源于天理的发动。情是道德情感,义是道德理性,礼与法建立在道德情感与道德理性基础上。

针对当时所处时代法治之弊病,唐文治认为行法应该以严与简为要。唐文治论行法须严,其言:

> 盖善为制者,必审国民之程度若何而后用法,犹善医者必审病症之缓急若何而后用药,若概以温和之剂投之,则十死其八九矣。今也动举外国之法以行诸我国者,程度不合,轻重悬殊,故有惨杀人命不反坐论抵而逍遥事外者矣;有身为盗贼,延律师辩护舞文得直者矣。执事者且曰"我行文明之制也",则人何乐而不犯罪哉?何况豺虎之性必将反噬,即有时明知其杀人、明知其劫掠,谁敢呼号告发者?谁敢出首佐证者?是以盈天下皆罪人、盈天下皆盗贼。①

唐文治将其所处时代的中国比作患了急症的病人,用法宜严不宜宽,如同急症病人不能用温和之剂。唐文治认为,学习西法,量刑宽松,并不适合当时中国的国情,反而会让犯罪分子钻法律空子,刑不抵罪,甚至助长犯罪,让告发佐证者寒心。

唐文治论行法须简,其言:

> 夫汉高、萧、曹,其智识岂出今人下哉,而乃为此易简之法者,易则民情定,简则民气静也。今也立法日猥琐而冗杂,以币数言之,必计及毫厘丝忽矣。以量数言之,必计及合勺抄撮矣。以文书条例言之,有所谓某表某表者,有所谓某册某册者,不曰几千几百条,即曰几百几十条,甲与乙相违,丙与丁相复,令人眩惑,莫知所向。是皆舞弊之渊薮,必扩清之而后可以为治。②

法律法规不宜繁琐,而宜简洁明了。繁琐的法律法规,对于当时文

---

① 唐文治:《礼治法治论二》,《唐文治文集》第二册,上海古籍出版社 2018 年版,第 665—666 页。
② 唐文治:《礼治法治论二》,《唐文治文集》第二册,上海古籍出版社 2018 年版,第 666 页。

化水平普遍低下的普通民众而言，无异于天书般难懂，反而远离了大家都能理解且认同的人情道义。而且，各类条文之间相互矛盾或彼此重复，让执法者莫知所向，或者以私意选择性使用，都会助长舞弊之风。

在唐文治所处时代，行法之宽松与繁琐，其所产生的后果都与法制所基于的道德情感和道德理性相违背，故唐文治认为行法宜严宜简。如此，法的执行与法的精神才能达到一致。

2. 选举之法

选举是产生施政者的途径。辛亥革命之后，废除了帝制，启用了共和。最高的施政者由君主世袭转变为民众选举，但选举的过程与结果却未尽如人意。唐文治指出：

> 吾闻各国选举，有以道德信仰者矣，有以学识标榜者矣，有以功业竞争者矣，未闻以金钱运动者也。以金钱运动者，必非良士，且无耻之行流传而无所底止，天下恶得而治？[1]

唐文治认为当时中国的选举是"虚沿选举之制而不知选举之本意"[2]，而参加选举的人士多是以金钱运动、人情请托的小人，并不具备真正的竞选资格。唐文治所注重的选举资格，虽然在表面上来自各国选举之先例，其实来源于中国传统的"三不朽"思想[3]。"道德信仰者"堪比立德之人，"学识标榜者"堪比立言之人，"功业竞争者"堪比立功之人。为了保证立德、立言、立功之人参加选举，唐文治设置了选举的四项条例。

其一，审选与举之别，唐文治言：

> 古者选举之法掌于大司徒、大司马。盖选者，上之人与一乡一国之贤士共之者也；举者，众人所推举者也。[4]

---

① 唐文治：《选举论》，《唐文治文集》第二册，上海古籍出版社 2018 年版，第 694 页。
② 唐文治：《选举论》，《唐文治文集》第二册，上海古籍出版社 2018 年版，第 693 页。
③ 唐文治反对照搬西方的选举制度，认为选举制应该因国情而有差异。如果一概照搬西方的选举制度，就像"不问病之热凉、体之强弱而误钞方剂，必至杀人"一样，反而会适得其反。故选举人"三不朽"的理想资格，并非纯粹来自西方，而是来自唐文治根据中国传统与西方选举精神互通处的创造性阐发。
④ 唐文治：《选举论》，《唐文治文集》第二册，上海古籍出版社 2018 年版，第 694 页。

唐文治认为选与举具有差异。选是有德有位者来推荐人才,而举是无德无位者来推荐人才。所谓有德有位者,主要是指社会精英;而无德无位者,主要是指社会大众。唐文治这样的安排是颇具深意的。儒家政治之义,就在于全体大众的福祉;而全体大众难以自己理性地发展自己的福祉,这就需要社会精英带头进行治理。所以,被选举之人,必须亦有此两方面的考量。如果执政者完全由社会精英进行推荐,那么他们所推荐之人就只要对社会精英阶层负责即可,社会精英与社会大众就会双双阶层固化,两大阶层相互对立,以致加深社会矛盾,不利于社会的和谐与发展。如果执政者完全由社会大众进行推荐,社会大众未必知道社会运作的治理之道,容易受到非理性的情感鼓动,选出一个一味讨好民众口味而未有真正执政理念的竞选者。只有精英与大众的结合,才是一种较好的权衡之道。而竞选者,既需要具有真正的德行与能力,符合社会精英的选人标准;又需要充分考虑全体人民的福祉,符合社会大众的选人标准。

其二,严其额,唐文治言:

> 每一选举,动辄数千百人,何怪其滥而杂、杂而陵! 竞宜定额,乡议员多则十人八人,少则六人,省议员多则四十人,少则三十人,国会议员以百人为率,投票者以五倍其数为率,宁缺毋滥。[1]

选举人数太多太杂,其实非但不能充分体现民意,反而让很多议题得不到充分的理性的讨论,仅仅表现为基于主观立场的情绪化喧闹。故唐文治根据不同的选举场合,定下不同的人数定额,以便对议题可以充分讨论,对投票对象可以进行理性考量。

其三,严其格,唐文治言:

> 孝悌贤良为一等,明经博学次之,洞察事务又次之,阅历世变有肆应之才又次之。投票者亦宜有此四等,非是不得与。[2]

唐文治认为选举人的资格也需要有所限制,他确立了选举人的四

---

① 唐文治:《选举论》,《唐文治文集》第二册,上海古籍出版社 2018 年版,第 694 页。
② 唐文治:《选举论》,《唐文治文集》第二册,上海古籍出版社 2018 年版,第 694 页。

等资格,第一等是道德模范;第二等是饱学之士;第三等是实干之人;第四等是应变之才。此四等资格包含了道德、知识、能力、权变四类。或许唐文治认为,只有此四类人进行投票,才能选出合格的执政者。①

其四,定文字之考覆,唐文治言:

> 议会既开,乡老、省老、国老随时考其称职与否,其贪劣不法者黜之,分别科以罪,原举人亦坐以罪。如是则朝野清明,纪纲毕举矣。②

前三条是定下选举事前的方式、数量、质量,而此第四条则是事后的修正。所谓"乡老、省老、国老",则是在不同的区域内无位而有德之士,他们多为年长而致仕者,或一生未宦而有清誉者。他们对于执政者的不法行为,可以进行弹劾,并对当初推荐人也进行惩罚。倘若脱离时代背景来看,执政者贪赃枉法与推荐人之间并未有直接的联系,完全可能推荐时此人德能尚好,而为政日久后心机颓败,渐有不法,故唐文治之言,不免有强坐之嫌。但若结合唐文治当时的社会政治生态而言,金钱贿赂、人情请托在选举中大肆横行,若不用此法,则金钱人情之弊势不能绝,此亦为因病发药之举。

3. 自治之法

在具体的施政方式上,唐文治主张各地区分级治理,不同级别的地区具有相应的权限,其言:

> 盖中央政府之于民,不能以一人治也,不得不寄之于省。省有长,亦不能以一人治也,不得不寄之于县。县有长,亦不能以一人治也,不得不寄之于乡。故有省自治、有县自治,而其基皆起于乡自治。③

治理权力须分散到中央政府、省、县、乡四个级别,其中尤以乡治为

---

① 尽管此四类人在社会精英和社会大众中都可以有,但仍旧在"上之人与一乡一国之贤士"的社会精英中居多,而在"众人"的社会大众中较少。由此看来,唐文治的政治理想仍旧具有精英主义的倾向。

② 唐文治:《选举论》,《唐文治文集》第二册,上海古籍出版社 2018 年版,第 694 页。

③ 唐文治:《地方自治论》,《唐文治文集》第二册,上海古籍出版社 2018 年版,第 669 页。

基础。所谓乡治,就是基层治理。这一层面的治理与普通民众的生活最为切近,其治理措施也最能够对社会生活起到重大影响。唐文治认为,乡治的根本在于治理者的品性,其言:

> 一乡而多得君子,夫然后可以言自治。一乡而多得小人,则自治而适以自乱,且不独自乱而已,武断乡曲,鱼肉小民,大害且随之而至。①

乡人多为君子,则能自治,乡人多为小人,则会自乱。如果简单地看唐文治这样的说法,反驳者可能会说,岂能每个乡、每个乡的任何时期都是君子居多? 倘若一旦小人居多,自乱之象岂不接踵而至? 然而,唐文治并非秉持如此简单的泛道德主义立场,要保证君子居多,各乡都应该仿效陆世仪《治乡三约》来做好制度设计。依据《治乡三约》,各乡设教长、恤长、保长各一人,约正一人。

教长负责各乡的教育工作,唐文治言:

> 今宜劝令民间一律规复其课程,悉读《孝经》《论语》《孟子》《大学》《中庸》,塾师为详晰讲解,俾之背诵无遗,其秀者并读五经,其升于县者令读"十三经"。凡县自治、省自治区域,一律广设"国学专修学校",颁发学规,尊我国文,爱我国宝,家传户诵,庶几爱乡土、爱国家之诚意油然自生,而人格日高,自无不乐为君子。②

教育工作,主要是开设国学专修学校,学子在此学校中学习儒家经典,从《孝经》、四书,再到五经,最终到十三经,同时撰写秉持儒家精神的文言文。这样的教化举措,最终目的是培养学生的爱家爱国的君子人格。

恤长负责各乡的抚恤工作,唐文治言:

> 宜筹经常之费,以图永久。所有养老、恤嫠、育婴诸善举,概有规复。积谷水利,亦宜详考旧制而力行之。其款则半出于官,半出

---

① 唐文治:《地方自治论》,《唐文治文集》第二册,上海古籍出版社 2018 年版,第 669 页。
② 唐文治:《地方自治论》,《唐文治文集》第二册,上海古籍出版社 2018 年版,第 671 页。

于乡,积算既定,丝毫不得移用。其有敢侵蚀者,处以盗贼之律。①

抚恤工作,主要分为两部分。一部分是资助鳏寡孤独等弱势群体,帮助他们各有所养。另一部分是兴修公共设施,促进地方生产生活。抚恤工作所需经费,一半由官方供给,一半由民间募集,而且要严格执行,不能挪移他用。

保长负责各乡的团练工作,唐文治引用曾国藩之言:

> 团练二字,当分为两层。团即保甲之法,清查户口,不容留匪人,一言尽之矣。练则养丁请师,制旗造械。②

团是地方保甲之法。唐文治认为,"今日保甲之法当严查者:赌博、吸烟。若二者之大害澌除不尽,则地方终不可以言治。且团练或转为若辈之护符窟穴,则流毒更不可胜言矣。"③练是地方守卫之法。唐文治认为:"诚能广设乡团,听其领照自备军械,自行延师练习,不费丝毫之款,只须悉心提倡,教以孝悌礼让,不数年后可得无数预备之兵。"④团之用意在于屏除地方之恶,练之用意在于守卫地方之善。

在教长、恤长、保长之上,尚有统事的约正一人。此约正为官府与三长之间的媒介,主要负责调解民事纠纷、处理税收事务等。

三长一正可谓一制度设计,保证乡里的精神与物质生活在常规上运行。而三长一正的人选,亦须由道德君子担任。如何选出这样的道德君子呢? 唐文治主张各乡恢复乡饮之礼,其法如下:

> 宜于乡自治中复行斯礼,定大宾一人,介宾四人,少或二人,稽古经之制度,参近代之人情,每岁举行一次,礼乐明备,揖让周旋,肃肃焉、雍雍焉,乡之人莫不耳而目之曰:"某君子也,某君子也。"学校之子弟亦莫不称而羡之曰:"某君子也,某君子也。"盖由其学行兼修、品望素著,而约之选即出于其中。⑤

---

① 唐文治:《地方自治论》,《唐文治文集》第二册,上海古籍出版社 2018 年版,第 672—673 页。
② 唐文治:《地方自治论》,《唐文治文集》第二册,上海古籍出版社 2018 年版,第 674 页。
③ 唐文治:《地方自治论》,《唐文治文集》第二册,上海古籍出版社 2018 年版,第 675 页。
④ 唐文治:《地方自治论》,《唐文治文集》第二册,上海古籍出版社 2018 年版,第 674 页。
⑤ 唐文治:《地方自治论》,《唐文治文集》第二册,上海古籍出版社 2018 年版,第 676—677 页。

乡饮之礼推举出的人物，得到了普通大众与知识经验的认可，对整个乡风起到了道德模范作用。三长一正之人选亦出自乡饮人物之中。

唐文治之乡治理想，主要依靠主体性的君子人格以及客观性的乡规礼俗双向互补得以建立。君子人格得益于乡规礼俗的培养，而乡规礼俗又仰仗君子人格的奉行。这种乡治理想，充分体现了儒家的礼教精神。

（三）教化之道

教化之道是在物质资源相对充足后，在社会层面树立起主流的文化价值，从而引导社会和谐有序地发展。唐文治梳理了文化之流变，认为三代以上，文章、道德、政治合一。但降至孔子，则有德而无位，文章、道德与政治判而为二，但文章与道德仍旧合一。孔子之后，文章与道德亦有分离之势。再降至宋代，周、程、张、朱诸大儒出，继续发明文章、道德合一之旨。后世教化之道，主要在于坚守道德与文章的合一，并进而影响到道德、文章与政治的合一。

教化之道的实施场所，有学校，也有家庭、社会、国家。从学校教育来看，唐文治认同其师王紫翔的观点，"通商口岸建设大学，内地应多设私塾，既省经费，兼宏造就"①。大学可以吸取西方文化，而私塾则仍旧以教授中国传统文化为主。这些私塾学校"宜取所定《国学专修学校学规》，布诸各省而仿行之，颁诸各邑各乡而遍设之，本诸十三经以正其心，本诸二十史以考其事，本诸汉唐以来文集、奏疏、函牍、言论以广其见闻、养其知识，庶几文化渐渍于人心，国家可得而理欤！"②唐文治继而将此类学校教育细分为明人伦、读经书、习礼乐、定志趣、重国文五点。

在明人伦上，唐文治主张各地学校、私塾应该教授学生虞廷"五品之教"、《中庸》"五达道"、《孟子》五伦之训、朱子《白鹿洞学规》，从而稳固儒家的伦理规范。

在读经书上，唐文治认为儒家经典是中国的瑰宝。"十三经者，我

---

① 唐文治：《学校论》，《唐文治文集》第二册，上海古籍出版社 2018 年版，第 685 页。
② 唐文治：《文化论》，《唐文治文集》第二册，上海古籍出版社 2018 年版，第 692 页。

中国之宝也。《五经》者，宝中之精而尤精者也。读《易》而知阴阳消息、进退存亡之几焉；读《书》二十八篇而知唐虞以来治化之迹焉，陈宝大训，贵重无踰于此矣；读《诗》而知列国之风俗，商、周之所以兴焉；读《礼》而知三千三百之遗，至德凝道、德性问学之奥焉；读《春秋》而知尊卑贵贱、善善恶恶、命德讨罪之权焉。"①各地学校都要开展读经活动，"大学以能诵十三经为毕业，中学以能诵五经为毕业，小学以能诵《孝经》、四书为毕业"②。

在习礼乐上，唐文治认为："礼乐者非特治国之先河，抑亦教育之良器也。"③学校应该大力推广礼乐，"今亟宜斟酌古今，定为礼制，俾学生娴习之。古乐虽亡，亦宜就律品之可考者，播为笙歌，递相教导。……至于非礼之礼，及淫哇之乐，则宜严行屏绝焉。"④

在定志趣上，唐文治认为学生应该立志为圣、为贤、为豪杰。然而"今之学生，问其志趣，茫然不知所答。其质直者则曰：'吾求衣食而已。'夫集天下人之心思材力，所讲求者不过衣食教育，何怪其志气之愈卑、行诣之愈劣哉！"⑤唐文治提倡学校教育应该鼓励学生学习孟子，"居仁由义，富贵不能淫，贫贱不能移，威武不能屈，为天下第一等人而已。"⑥

在重国文上，唐文治认为国文远比西文重要，且国文不能是白话文字，而应该是文言文。文言文本身是书面语，在中国不同地区不同时代都有大致统一的模式。而白话文则基于生活中的语言，那么北京、秦陕、洛阳、山东、江苏、闽粤等地语言各异，以何处语言为标准来作白话文，又势必不能统一。"夫以自古以来统一之文字而必欲割裂之，自古以来必不能统一之语言而强欲统一之，敝精神口舌于无用之地，亦何其愚耶？"⑦因此，唐文治主张学校重视讲授文言文，而非时髦的白话文。

① 唐文治：《学校论》，《唐文治文集》第二册，上海古籍出版社 2018 年版，第 681 页。
② 唐文治：《学校论》，《唐文治文集》第二册，上海古籍出版社 2018 年版，第 681—682 页。
③ 唐文治：《学校论》，《唐文治文集》第二册，上海古籍出版社 2018 年版，第 682 页。
④ 唐文治：《学校论》，《唐文治文集》第二册，上海古籍出版社 2018 年版，第 682 页。
⑤ 唐文治：《学校论》，《唐文治文集》第二册，上海古籍出版社 2018 年版，第 683 页。
⑥ 唐文治：《学校论》，《唐文治文集》第二册，上海古籍出版社 2018 年版，第 683 页。
⑦ 唐文治：《学校论》，《唐文治文集》第二册，上海古籍出版社 2018 年版，第 684 页。

除了学校教育，唐文治还提出了家庭教育、社会教育以及政治教育，其言：

> 有家庭之教育，有社会之教育，有政治之教育。三者与学校皆有互相维系之故……今之家庭教育何如乎？迫于衣食，困于饥寒，其所教导者，无非委琐龌龊之辞，较之科举时代卑鄙尤甚数倍。……今之社会教育又何如乎？是非颠倒，见利即趋，礼义廉耻罔所顾恤。其下者以赌博为生涯，以冶游为放旷。良善子弟经此洪炉之陶铸，有不销铄者哉？今之政治教育又何如乎？"君子之德风，小人之德草"，我中国之教育向视上之人为标准，"苟子之不欲，虽赏之不窃"，孔子对季康子之患盗，未尝不太息而流涕矣。①

家庭教育、社会教育、政治教育与学校教育相互维系。唐文治认为："学校为三者教育之基础也。盖惟学校改良而后三者自能改良，惟三者进化而后学校益复进化。本末始终，相为表里。"②然而，在唐文治所处之时代环境，即使是学校教育还做得并不理想，更遑论家庭教育、社会教育、政治教育。对此现象，唐文治大声疾呼，希望国人能够重视学校教育之外的教育。唐文治设想的家庭教育、社会教育、政治教育应以礼教为主，其教育方式主要依靠在上位者的表率作用。唐文治言："盖人之群必有长，有长即为表。一人居于上，而在下者性情心术无不似之，甚至言语笑貌无不似之，出于无形之规摩也。"③不同行业，不同领域，都有上下级关系，上级的示范作用会产生重大的影响。唐文治认为，有资格做表率的人，不但要有专业才能，还要有道德行谊，故学校有师表，国家有君表。从家庭到国家，唯有德能兼备之才，方能产生良好的教育功效。

(四) 备兵之道

备兵之道，非关战场用兵对峙之法，而是以养兵、裁兵之法为要。

---

① 唐文治：《学校论》，《唐文治文集》第二册，上海古籍出版社 2018 年版，第 686 页。
② 唐文治：《学校论》，《唐文治文集》第二册，上海古籍出版社 2018 年版，第 687 页。
③ 唐文治：《表论》，《唐文治文集》第二册，上海古籍出版社 2018 年版，第 708 页。

战场用兵为一时之显现,而养兵、裁兵则为前后期之保障。唐文治备兵之道有三论,分别为论军人本质、论养兵之法,以及论裁兵之法。军人本质是讨论军人成立之依据,此为养兵、裁兵的理论基础,养兵则是论军人之来路与培养,裁兵则是论军人之去处。

1. 军人之本

唐文治论军人之本,其言:

> 军者所以保国,非以祸国。军者所以卫民,非以殃民。此军人所受于天之性分也,亦所受于天之职分也。[1]

孔子言为政必先正名,其实为军亦须正名。在儒者看来,人在天地间不是纯粹独立的存在,而具有其伦常角色的属性,负有相应的伦常责任。人不应该回避此伦常责任,而应该主动承担此伦常责任,做到尽伦尽制,如此才能在天地间成为大丈夫。同样,军人之所以为军人,具有其本职的伦理属性,做到保国卫民,这是军人这一特殊职业所决定的。因此,兵民之间不应该是对立对抗关系,而应该是融合一体关系。"民与兵相隔则宜使之通,民与兵相怨则宜使之和。民出资财以养兵,兵出死力以保民。兵与民联络一气,烽燧有事,壶浆箪食,无鸡犬之惊,而后地方可以乂安,国家可以奠定。"[2]为了做到兵民一体,唐文治提出军人应该具有守道德仁义、守礼义廉耻、守诚实信用、守和平忍耐、守勤俭、守本分、守真实学问这七个方面的德性;同时还要具有戒奸淫、戒抢掠焚烧、戒骚扰(包含拉夫、强占民房、强买民物)、戒勒索商民、戒赌博、戒吸食鸦片栽种罂粟、戒党系争斗意气这七个方面的操守。[3] 前七个方面的德性属于正面提倡的前进方向,后七个方面的操守属于负面杜绝的军人底线。前后十四个方面,指明了军人应该具有的职业伦常。军人只有在这样的伦常关系中,才能做到与民一体,成为真正的王者之师。

2. 养兵之法

唐文治论养兵之法,其言:

---

[1] 唐文治:《军箴》,《唐文治文集》第三册,上海古籍出版社 2018 年版,第 1104 页。
[2] 唐文治:《兵政论》,《唐文治文集》第二册,上海古籍出版社 2018 年版,第 700 页。
[3] 参看唐文治:《军箴》,《唐文治文集》第三册,上海古籍出版社 2018 年版,第 1127—1146 页。

国中应设常备兵。学有学团,农有农团,工有工团,商有商团,是皆预备兵也。常备兵国家费养之,预备兵地方费养之。人人有军械,人人皆为兵。其浅者亦有兵事之知识与军人之资格,则民与兵习有相敬相爱之诚、共同休戚之谊,譬诸头目手足,互相捍卫,岂有畏而忌之者哉?①

唐文治的做法,是在常备兵之外,再建立起地方上的预备兵,达到寓兵于民、通国皆兵的效果。常备兵为正式兵籍,国家供养。倘若常备兵储备过多,又逢国家无事,则消耗财力太巨,不利民生发展;倘若常备兵储备过少,又逢国家有事,则军事力量太弱,无法抵抗强敌。故唐文治希望在常备兵数量得以管控的基础上,增加地方预备兵的建制。预备兵兼具兵民双重身份。平时无事则兼事生产、涵养道德、学习军事知识,不用多费国家财力。一旦国家有事,则皆可由民转兵,国家就有大量的、有组织的后备军可用。

无论是常备兵还是预备兵,都需要接受相应的培训,唐文治言:

> 以半日读书、半日绘图操演,或以半日读书、半日肄习科学及外国语言为主,沐浴《诗》《书》,涵濡礼义,军人之格日高,此后岂有扰害闾阎之事哉?至于农团、工团、商团,应悉按地方自治法行之,声息相通,守望相助,数年之后,蔚成劲旅。②

唐文治认为,军人并非仅仅依靠匹夫之勇,而是需要培养道德人格,学习中外知识,成为德能兼具之才。只有受过良好教育的军人才能组建成为优秀的军队。

地方分有兵权,容易滋生军阀,唐文治对此亦有对治之策,其言:

> "军阀"之横,固当严制,惟当严申定章,不预民政。盖使主军者而贤也,可资之以坐镇;使主军者而不贤也,不独为天道所不容,亦且为众人所共弃。③

---

① 唐文治:《兵政论》,《唐文治文集》第二册,上海古籍出版社 2018 年版,第 700 页。
② 唐文治:《兵政论》,《唐文治文集》第二册,上海古籍出版社 2018 年版,第 702 页。
③ 唐文治:《兵政论》,《唐文治文集》第二册,上海古籍出版社 2018 年版,第 702—703 页。

唐文治认为应从三个方面来规避军阀的生成。其一,设定制度。在制度上确立军人的职责,不允许军人干涉民政。其二,使用贤才。在主军者的人选上,须挑选贤德之人任之。其三,推行教化。在军人中推行道德教化,确立正确的思想风尚。这样即使有主军者有意成为军阀,也难以获得其他军人的支持。

唐文治养兵于民、德能练兵的设想,可以较好地解决财力与兵力的矛盾。只是对于一个专制政府而言,似乎非常疑惧军事实力被地方分占,不到万不得已,总不肯将权力下放。唐文治具有这样的认识,可能与曾国藩训练湘军抵抗太平天国的历史经验有所关系。

3. 裁兵之法

唐文治反对简单地将兵士裁员,认为这种方式非但不能获得和平之效,反而会给百姓带来新的灾祸,其言:

> 若如近日之裁兵,不筹生计,不收军械,涂饰耳目以为名高,由是为匪、为盗,而终则仍招为兵。每人操一快枪,三五成群,接踵劫掠而无忌。迩来贫民益多,潜伏散布,草窃越人,遍地荆棘,是不啻纵百万虎狼于朝市以噬人。[①]

唐文治认为,被裁员的军人掌握了武力装备,却没有妥善的生活安置,这些人员很容易成为匪徒、盗贼,从而危害社会。而真正可行的裁兵,必须对被裁的军人给予妥善的安排。唐文治言:

> 吾尝谓裁兵之法有四,一则查芟空额,二则出缺不补,三则以补巡警,四则以开垦作工。行之一年,十成可减其二;又一年,十成复减其二;是以去其四矣。[②]

查芟空额是去除吃空饷的弊端,合理消减军费开支。出缺不补是让军人自然减少,因病死、战死而空缺的名额不再补充。以补巡警、开垦作工则是将军人转业,或维护治安,或开垦荒地,或转为工匠,此皆能保障其日后生活,不至于流落为盗匪之徒。这样一来,两年时间,十成

① 唐文治:《兵政论》,《唐文治文集》第二册,上海古籍出版社 2018 年版,第 702 页。
② 唐文治:《兵政论》,《唐文治文集》第二册,上海古籍出版社 2018 年版,第 702 页。

人数可以去其四成,裁兵的目的与社会的稳定都可以兼而得之。

在《蓄艾编》中,唐文治以清政府的现有政治状态为出发点,以未来的立宪政府为预期目标,从而提出方方面面的改进意见;而在《政治学大义》中,唐文治则更多地以儒家政治学本身的义理脉络进行叙述,并创造出政治学形上学与形下学的两层理论。这种由对治具体问题到思考普遍理论的过程,可以视为唐文治政治思想的发展与深化。在此发展过程中,唐文治的政治思想始终贯穿着儒家经世济民的精神。因此,唐文治的理论探索,也可以视为儒家王道政治理想在近现代政治转型中的实践表现。

第十章　山高水长

中国传统有"三不朽"[①]之说,生命的意义不在于肉身的持久,而在于德业精神的永恒。唐文治在年轻时立志愿学伊尹,但这一伊尹之志仅仅是其前半生的写照。如果综观唐文治一生,与其说他所学为伊尹,还不如说他所学为孔子。唐文治与其所崇敬的孔子一样,前半生出仕为政,后半生退而执教,流亡了大半个中国,培养了一批优秀的弟子。唐文治用自己的生命历程,真正彰显了"三不朽"的内涵。从立德方面说,唐文治的一生可谓儒门之表率,无论是为政还是执教,都贯穿着"正人心,救民命"的拳拳之心。从立功方面说,唐文治开创了中国近代商政之雏形,主持了中国近代教育史上一工一文两所著名学府,在工商与教育两个领域作出了卓越贡献。从立言方面说,唐文治终身笔耕不辍,在性理学、经学、文章学、政治学方面都留下不少存续与开新之作。唐文治的德业精神,既泽被了代代唐家后人,也造就了无数唐门弟子,而其对于中国文化继绝与弘扬的努力,更将汇聚在中华文化的长河中,对后世产生持续而积极的影响。

一、晚年岁月

唐文治自桂林返沪后,一直在上海居住。在 1947 年 10 月之前,唐

---

①《左传·襄公二十四年》:"太上有立德,其次有立功,其次有立言,虽久不废,此之谓不朽。"

文治夫妇寓居南阳路44号,之后则迁居至静安寺路1274号。虽然唐文治在80岁后,体力有所衰减,国专的具体事务主要交给王蘧常照管,但唐文治仍旧坚持每周给全校学生上一次读文课。他每次演讲,总要强调"正人心,救民命"的宗旨,而且"很欢迎学生到他家去向他讨论学术上的问题。一踏进他家的大门,就觉得一团和气袭在你的周围。一切的物具都很简朴,足见他在官场上没有大括。……不吸烟,更不喝酒,很暖的天气,也戴上一顶瓜皮帽。黑马褂,布长衫,布袜,一望而知是位节俭朴实的国学大师"①。

图 10 - 1 唐文治 83 岁像

1947年,国民党宣布谈判破裂,限期撤除中共驻南京、上海、重庆等地的代表机关,并重点进攻解放区。为了支付内战的军费开支,国民政府滥发纸币,导致全国范围内通货膨胀,人民生活不断恶化。这时,北京、南京、上海等城市相继爆发了声势浩大的民主爱国运动,学生们提出"反饥饿、反内战、反迫害"的口号,进行集体罢课、示威游行。上海市市长吴国桢下令军警逮捕上海示威学生,镇压学生运动。唐文治"面对法西斯暴行,义愤填膺,积极支持上海爱国学生运动。交大老校长张元济先生来访先生,共同拟稿,联名发表致国民党上海市市长的公开信,仗义执言,斥责镇压爱国学生运动的罪行,要求立即释放被捕学生"②。公开信由唐文治领衔,张元济、陈叔通、叶景葵、陈汉第、李拔可、张国淦、胡焕、钱崇威、项藻馨联名。这十人都是上海颇有名望的耆叟,可谓"上海十老"。他们公开致函上海市市长吴国桢和淞沪警备司令宣铁吾,产生了较大的社会舆论压力,当局被迫释放全体被捕学生。

唐文治不但保护爱国学生,也掩护共产党的地下工作者。学生秦和鸣,既在国专沪校学习,又在大夏大学兼读教育专业,毕业后即在大

---

① 点玉:《唐文治素描》,《人报》1946年12月29日第4版。
② 陆汝挺:《回忆唐文治(蔚芝)先生二三事》,《无锡文史资料》第12辑,1985年版,第38—39页。

夏大学留校任教。他早就加入了共产党,在大夏大学时就暗地里从事地下工作。由于形势逼迫,秦和鸣无法继续在大夏大学立足,就托问唐文治能否介绍他去中学任教。唐文治毫不推辞,即命陆汝挺代笔,介绍秦和鸣去上海圣芳济中学任教。过了一阵子,秦和鸣在圣芳济中学也有危险,又请唐文治介绍门馆。唐文治仍旧不避风险,答应为他推荐。后来秦和鸣返回家乡常州进行秘密建党活动。1949 年 5 月 27 日,解放军进入上海,唐文治喜形于色,额手称庆,说:"万民出水火而登衽席,可以重见天日矣!"①上海解放后,陈毅市长敬老尊贤,特意宴请上海耆老,并就发展生产、改革教育进行座谈。唐文治也在邀请之列,但因病未能亲自参加,由王蘧常代为出席。

唐文治晚年,在保护学生、掩护地下工作者上,显现出舍我其谁的刚强一面;而在宣扬昆曲的情感教化上,则又显露出易于动容的柔情一面。

唐文治故乡太仓就是昆曲之乡。饱受一方水土的影响,唐文治早年就雅善昆曲。他经常聆听名伶演出,并在与挚友故旧宴聚畅叙时,经常酬唱昆曲,谈笑风生。唐文治在无锡时,在宴请国专教职员以及毕业学生时,兴致所至,就会清唱昆曲,如《牡丹亭·惊梦》《长生殿·小宴》《千忠戮·八阳》。1935 年 7 月,钱基博之子钱锺书与杨绛结婚,唐文治、唐庆诒父子就在婚礼上演唱昆曲《长生殿·定情》助兴。到了晚年,唐文治对于昆曲仍旧情有独钟。1947 年,唐文治与曲家王季烈发起成立正俗曲社,并邀请苏沪曲家张紫东、徐凌云、居逸鸿、管际安、李廷燮等数十人入社共襄盛举。所谓正俗,一是正其他各曲谱乖谬之俗,二是正社会陵夷之俗。从后者来看,曲社所重之曲,不在儿女私情,而在忠孝节义。唐文治等人成立曲社最初的打算,就是将前人提倡忠孝节义的剧做精选百折,题为《正俗曲谱》,分十二卷出版。后来因故中辍,仅印行"子辑""丑辑"二卷。到了 1949 年春,王季烈写成《人兽鉴》,由《原人》《著书》《解愠》《说法》《救世》《去私》《劝善》《大同》八个折子戏构成。此折子戏不但唱白齐备,而且赋有工尺板眼,可以按谱演唱。《人兽鉴》本来为《正俗曲谱》第十

---

① 陆汝挺:《回忆唐文治(蔚芝)先生二三事》,《无锡文史资料》第 12 辑,1985 年版,第 40 页。

二卷的内容,故为宣传忠孝节义的压轴之作。唐文治盛赞《人兽鉴》,认为其与刘蕺山的《人谱》具有同样的救世苦心,并期望读者可以通过《人兽鉴》"出禽门而进人门,由人门而进圣门"①。唐文治写成《茹经劝善小说》,由《孝德本原》《崇孝兴廉》《焚楼大善》《天日共鉴》《保全节孝》《苦节回甘》《狐裘节义》《昭雪冤狱》八个故事组成。王季烈的八个折子戏和唐文治的八个小说故事,都有修身养性、劝人为善之功效。于是两人将《人兽鉴》《茹经劝善小说》合刊为一册,并附上《正俗曲谱》十二卷目录,广为流传,以达警世劝善之功效。在《正俗曲谱》的目录中,收有《帝女花》的《割慈》《哭墓》《香夭》三折。可惜只有存目,未能刊印。《帝女花》是清黄燮清所作之传奇,取材于明末史实,讲述了崇祯之女长平公主在明亡后的遭遇。1950年,唐文治阅读了《帝女花》全本,由长平公主的不幸遭遇有感于前代兴亡之迹,悢怆唏嘘,情不自禁。

在生命的最后几年,唐文治还收了一位关山门学生。这位学生就是后来成为易学大家的潘雨廷。1951年3月,潘雨廷经人介绍受业于唐文治。时年唐文治83岁,潘雨廷26岁。唐文治先给潘雨廷讲授《尚书》,继而又讲授《国文经纬贯通大义》《孟子救世编》等。潘雨廷还购买了唐文治的读文法灌音唱片,进行研究学习。有人觉得潘雨廷的易学水平已经超过唐文治了,拜唐文治为师,如同孙悟空拜唐僧学法。但潘雨廷终身服膺唐文治,潘雨廷一生只卜过一次筮,就是受到了唐文治的影响。除卜筮之外,潘雨廷对唐文治的风骨气质也十分敬重,他后来回忆唐文治道:"唐先生就有此气质,真是望之俨然,即之也温,听其言也厉。看见他,完全想见当年曾国藩、李鸿章的风采。他们读孔子的书,即以此为榜样,生死以之。到老年自然而然化掉,就到此境界。"②

1952年,唐文治无锡西溪家中失火。无锡老宅久无人居,就有人在其后宅堆放花生壳,投入香烟而致。唐文治让长子唐庆诒回无锡查看情况。唐庆诒去了趟无锡,将西溪后宅楼下房间租给苏南行署文教处。同时告知唐文治,琴山上的茹经堂已被划入风景区,无锡建设局未

---

① 唐文治:《人兽鉴弁言》,唐蔚芝、王君九:《茹经劝善小说人兽鉴传奇谱合刊本》,正俗曲社1949年版,第4页。
② 张文江:《潘雨廷先生谈话录》,复旦大学出版社2012年版,第30页。

经业主同意,就将堂屋拨付国营采石公司使用。唐文治听后,就主动让唐庆诒给江苏省人民政府写信,申请将茹经堂捐献给政府。后来接到政府回函,仍旧将茹经堂作为唐文治老年修养之所,无锡采石公司旋即迁出。

1954年1月,唐文治小便中血水甚多,2月右腿风瘫不能动弹,至4月则病情加重,全身抖动。90岁的唐文治自知大限已近,但仍旧念念不忘无锡国专,他对病榻前来探望的王蘧常言道:"现在无锡国学专修学校和他校合并,是由于百废待举,政府集中人力财力从事建设之需要。将来条件允许,此校仍应力求恢复,这是关系到保存中国传统文化的长久大计,非一校之存废而已。望转告诸同门,勿忘此旨。"[1]

1954年4月9日子夜十二时三刻,唐文治溘然长逝,终年90岁。逝世后,张元济、冒鹤亭、姚虞琴、高吹万、金巨山、吴眉孙、朱诵韩等七人发起公祭,私谥其号曰"文成"。陆景周写了祭文,嘱其长子陆希言代为参加葬礼。嗣后,又写诗文纪念唐文治,如:"我师盲目不盲心,卅六年华教泽深。于锡于申常侍坐,及阶及席惜分阴。今朝参与瞻容典,无限怆怀涕泪零。多少挽章沉痛语,张思刻骨契苔岑。"[2]上海市人民政府统战部、各界人民协商委员会、文史研究馆、交通大学、江苏师范学院等均派代表致唁,交通大学致挽联曰:"有三达尊,兼三不朽;晋百年寿,为百世师。"[3]1954年5月4日,灵柩落葬于上海江湾第一公墓。

二、遗风余韵

唐文治的一生,历经了晚清、民国、新中国三个时代,而无论世事风云如何变幻,唐文治都以坚定的姿态践行着儒者的立身处世之道。

①《齐心协力恢复母校》,无锡国学专修学校上海校友会编:《国专校友之声》1987年总第1期。
②凌微年:《唐文治》,西泠印社出版社2008年版,第138页。
③陆阳:《唐文治年谱》,上海三联书店2013年版,第463页。

他是一位有抱负的政治家,本想通过仕途实现儒家经世济民的理想,但苦于朝廷无能、官场腐败。唐文治一心为民,却遭到多方掣肘,故而弃官执教,希冀通过教育为国家培养出优秀的人才。唐文治将其大半段人生都倾注在人才的培养上,其主要执掌的两所学校,一为理工,一为人文,无不受到唐文治个人魅力的深远影响。他奠定了校园的人文底蕴,设置了学校的发展规划,搭建了优良的教师梯队,培养了无数的优秀学子,两所学校由于有了唐校长而成为一流名校,唐文治也因为两所学校的成功而成为世人景仰的教育家。唐文治幼年自许"愿为伊尹",虽然其在仕途上兢兢业业、为国为民,但腐朽昏聩的清朝统治者却做不了商汤。既然皇室不出商汤,那么唐文治的伊尹也做不成了。放眼唐文治一生,唐文治虽然主观上"愿为伊尹",但客观上更像孔子。他们都处于礼崩乐坏的时代,都秉持着一股道德信念来立身行道,都在仕途上理想挫败后投身于教育事业,都培养了大批优秀的弟子并感召了后人。

先生之风,山高水长,唐文治虽然逝世,但其遗风余韵一直泽被后世。这些影响主要体现在四个方面:其一,多地开展纪念性活动;其二,唐文治著作陆续出版;其三,唐文治研究由冷转热;其四,唐调读文风靡吟诵界。

(一) 多地开展纪念性活动

太仓、上海、无锡、苏州等地是当年唐先生驻留之所。在这些地方,唐文治的教育实践影响了好几代学人士子,唐文治的历史贡献已经成为当地的文化遗产。

太仓是唐文治的出生地,唐文治的早年生涯大半在太仓度过。太仓人民都以自己是唐文治的老家人为荣。1987年,太仓张溥故居开放,举行揭幕典礼,内设"唐文治纪念室",陈列唐文治的题画、书信以及生前使用的手杖、茶盘等物品,并召开唐文治学术思想研讨会,成立唐文治研究会。

上海是唐文治从事教育事业的始发之地。1907年,唐文治任邮传部上海高等实业学堂监督,遂与这所学校结下不解之缘。上海高等实业学堂始于 1896 年盛宣怀创办的南洋公学。1905 年,学校划归商部,更名为上海高等实业学堂;1907 年,改隶邮传部,更名为邮传部上海高等实业学堂。1911 年,辛亥革命爆发,学校改名为南洋大学堂。1912 年民国成立后,学校划归国民政府交通部管理,更名为交通部上海工业专门学校。1921 年定名为交通大学。新中国成立后,根据国家经济建设发展战略的需要,1956 年交通大学主体内迁西安,1959 年定名为西安交通大学,而留在上海的部分则为上海交通大学。因此,现在的上海交通大学、西安交通大学都可以视为交通大学的后续发展。唐文治同时为上海交通大学、西安交通大学校史上的杰出校长。交通大学凌鸿勋校长曾评论称:"任职校长最久贡献最多,而对于学术风气、人格教育、人才造就最有深长影响的,当首推唐蔚芝先生。先生之于交大,有如北京大学之有蔡元培先生,和南开大学之有张伯苓先生,都是一个大学学府建立过程中的中心人物。"①交通大学有两个文治堂,其得名都源自唐文治。第一个文治堂是 1900 年上院落成时就建造的小礼堂,可容纳 500 人,为全校集会之所。1927 年,为了纪念唐文治持校之功,将此小礼堂命名为"文治堂"。抗日战争胜利后,交大在校学生增多,原来的文治堂已经无法满足集会之需。1946 年交大同学会成立,赵曾珏开始发起筹款,新建大礼堂。该礼堂 1947 年奠基,1949 年落成,1950 年 4 月 8 日校庆,由茅以升、赵祖康、顾毓琇、王之卓等校友代表同学会移赠母校。为了纪念唐文治对交大的功绩,一楼大厅内设有唐文治先生铜像,大礼堂被命名为新文治堂。新文治堂建筑面积 2913 平方米,可容纳近 2000 人,具有开会、演出、放映等多种功用。1986 年,上海交通大学、西安交通大学共同举行建校九十周年校庆,并在校园里竖立唐文治铜像,以资纪念。2000 年以来,上海交通大学以唐文治之名命名"文治大道""文治讲坛"以及"文治杯"大学生文学作品大奖赛;2014 年,在闵行校区文治大道和思源南路交汇处竖立唐文治铜像。人物采立姿,左手持《高等学堂国文讲义》,右手背后,似以"唐调"吟诵诗文。2007 年,西安交通大学成立文治书院,院庆日为唐文治诞辰 10 月 16 日,院训取

① 凌鸿勋:《记校长唐蔚芝先生》,陈远编:《逝去的大学》,同心出版社 2005 年版,第 75 页。

自唐文治在1930年交通大学第三十届毕业典礼上的训辞:"欲成第一等学问、事业、人才,必先砥砺第一等品行。"唐文治任交通大学校长14年,他的名字始终和交通大学在一起,他的精神将永远镌刻在交大人的心中。

除上海交通大学以及由交通大学西迁的西安交通大学之外,上海海事大学、大连海事大学也与唐文治有密切的关系。1907年,唐文治出任邮传部上海高等实业学堂监督。1909年,邮传部批准上海高等实业学堂开设航海专科,开始正式招生。1911年,邮传部高等商船学堂成立,仍由邮传部上海高等实业学堂管理,唐文治兼任商船学堂监督。至此,中国第一所高等航海学府诞生。1912年,中华民国成立,邮传部高等商船学堂改由国民政府交通部直辖,更名为吴淞商船学校。1915年,吴淞商船学校由于经费短缺而停办。1929年,商船学校复校,校舍在抗日战争中毁于炮火,学校迁往重庆,更名为重庆商船专科学校,并在1943年并入重庆交通大学。抗战胜利后,吴淞商船学校再次在上海复校。而上海海事大学、大连海事大学则为吴淞商船学校的后继学校。唐文治被推为上海海事大学、大连海事大学的首届校长,中国高等航海教育创始人。2012年,上海海事大学临港校区举行了唐文治先生铜像揭幕仪式。

无锡可谓唐文治的第二故乡。"唐文治先生虽然出生于太仓县,却常自称是无锡人。"①在1920年至1937年西迁之前,唐文治都在无锡西溪居住,呕心沥血维持着无锡国专。尤为可惜的是,唐文治的西溪故居以及无锡国专的建筑已经拆除,在其旧址上无法一窥当年的风貌。即使如此,无锡还有五里湖边的茹经堂以及无锡第三高级中学保留着唐文治的遗响。

无锡茹经堂位于宝界桥南堍琴山之坡,面对五里湖,为唐文治晚年寓居无锡之别墅书院,此为门人胡粹士、张贡九在唐文治七十寿辰(1934年)之际筹资而建。茹经堂主体建筑为中式风格,占地二亩有

---

① 钱钟韩:《纪念唐文治先生》,苏州大学校长办公室编印:《唐文治先生学术思想讨论会论文集》,1985年铅印本,第5页。

余,背山面湖,错落有致。建成后,正值日寇侵华,唐文治随无锡国专内迁,后又辗转上海,故未尝久驻于此。1952年,唐文治嘱咐唐庆诒将茹经堂捐献于政府。1983年在政协江苏省第五届第一次会议上,文教科技界委员吴贻芳等人建议利用无锡蠡湖之滨茹经堂原有房屋筹建唐文治先生纪念馆,这样的呼声得到了广泛的认可,无锡市人民代表大会常务委员会回复:"恢复整修开放唐文治纪念馆'茹经堂',这不仅为鼋头渚风景增添游览景点,而且能对唐文治先生多年办学、专攻国学、培养造就大批人才的历史,提供展出场所。"①1985年12月20日,修葺一新的茹经堂举行揭幕典礼,唐门弟子及各界知名人士,一时云集,盛况空前。大门横额"茹经堂"由陆定一书写,背额"师表人伦"由朱东润书写。进门有池,如镜鉴影,拾级而上,则为正房。正房为陈列室,上悬匾额"唐文治先生纪念馆"则由周谷城书写。纪念馆详细介绍了唐文治生平,并陈列唐文治生前手迹、照片、著作、用品等。

图10-2 1985年唐文治后代亲属在茹经堂纪念馆合影

无锡市第三高级中学的前身是私立无锡中学。1920年9月,无锡高阳毁家兴学,创办私立无锡中学,唐文治出任校长,申明纯为义务,不受薪金。1930年9月,唐文治辞去校长职务,专心办理无锡国专。1952年,学校更名为无锡市第三中学;再与中山高中合并,更名为无锡市第三高级中学。1990年建校70周年之时,无锡市第三高级中学在校史馆竖立起了唐文治的半身像。2015年唐文治先生150周年诞辰之时,全

①《关于筹建唐文治先生纪念馆的提案》,《文教资料简报》1985年第2期,第87页。

体师生在校园中心草坪为首任校长唐文治先生的雕像正式落成揭幕，20 多位学生用"唐调"吟诵《诗经》，合唱唐文治先生作词的校歌，其词曰："五百载名世生，道统继续在遗经。乾坤开辟，学说何纷纭？唯我中华，教化最文明。上自黄帝迄孔孟，先知先觉觉斯民。大道行，三代英，我辈责任讵敢轻。勉哉，勉哉！俭以养德、静以养心，建功立业、博古通今，为生民立命，为万世开太平。"2017 年，学校成功申报"唐文治·中华德育文化课程基地"，编撰了文治德育丛书《爱国教育家唐文治》《〈唐文治论中国传统文化〉释读》《〈人格〉点注本》《唐调吟诵》四本教材，希望通过该课程让全体师生全面了解唐文治先生，建设"文治文化"，培养"文治气质"，承担起当代教育工作者和未来祖国建设者的历史重任。

　　苏州并非唐文治生前久居之地①，但由于苏州大学作为无锡国专的后续学校，同时又有钱仲联、陆振岳等无锡国专师生在苏大任教，故与唐文治具有十分密切的渊源。1949 年，无锡国学专修学校更名为中国文学院。1950 年，中国文学院与江苏省立教育学院、苏州国立社会教育学院合并，组建苏南文化教育学院。1952 年院系调整，苏南文化教育学院与东吴大学文理学院、江南大学数理系合并组建苏南师范学院，同年更名为江苏师范学院。唐文治晚年居住上海，曾历任中国文学院院长，苏南文化教育学院、江苏师范学院名誉教授。1982 年，江苏师范学院更名为苏州大学。从学校变更史来看，无锡国专可谓苏州大学的重要源头，而唐文治更是苏州大学校史上举足轻重的人物。1985 年，在唐文治 120 周年诞辰之际，苏州大学举办了唐文治先生学术思想讨论会，唐门弟子以及各地高校教师代表济济一堂。时任苏州大学副校长张圻福致大会开幕词，高度评价了唐文治，其言："唐文治先生的教育思想、教育精神、施教方针和治学方法；唐文治先生的渊博知识，学术上的精深造诣和宏富著述；唐文治先生荟萃名师、博采众长、兼容并蓄、不存门户之见的惜才宽怀；唐文治先生对学生循循善诱、一丝不苟和关怀

---

① 唐文治曾来苏讲学，朱季海先生曾言："蔚芝先生即曾应邀来苏讲学，虽双目无视，而神情开朗；发挥经义，如话家常。背诵经文，自成雅奏，世传唐调，语不虚矣。"朱季海：《二泉品学》，魏嘉瓒主编：《最美读书声：苏州吟诵采录》，长江文艺出版社 2014 年版，第 239 页。

爱护的不倦精神；等等，都是给我们后人留下的极为宝贵的精神财富。"①2012年，苏州大学成立唐文治书院，实施跨学科教学方式，旨在打通文史哲，培养复合型、学术型的高端文科人才。

图 10-3　1985 年唐文治先生学术思想讨论会留影

（二）唐文治著作陆续出版

唐文治一生著述颇丰，有正式刊出者，有非正式刊出者，有同实而易名者，有散乱于友人序跋者，故唐氏文集，散佚尤多。即有正式刊出者，初版皆在 1949 年之前，散见于各大高校古籍特藏室中，后人索阅，殊多不便。② 唐文治逝世后，台湾的文海出版社、文史哲出版社、广文书局等先后影印了唐文治的部分著作，如《茹经堂文集》《茹经堂奏疏》《国文经纬贯通大义》《尚书大义》等，大陆的上海人民出版社、上海交通大学出版社分别影印了《十三经读本》《四书大义》，这些著作的出版便于唐氏著作的流通，但还谈不上点校整理。较早出版的经过现代标点整理的唐文治文选主要有三本，分别为刘露茜、王桐荪编注的《唐文治教

① 张圻福：《在唐文治先生学术思想讨论会上的开幕词》，苏州大学校长办公室编印：《唐文治先生学术思想讨论会论文集》，1985 年铅印本，第 2 页。
② 唐文治著作目录可以参看刘桂秋编著：《唐文治年谱长编》下卷，上海交通大学出版社 2020 年版，第1118—1207 页。

育文选》①，王桐荪、胡邦彦、冯俊森选注的《唐文治文选》②以及陆远编的《大家国学·唐文治》③。2010年之后，唐文治单本著作标点整理本的出版开始有见长之势，华东师范大学出版社出版了《周易消息大义》④、《紫阳学术发微》⑤、《十三经提纲》⑥、《性理学大义》⑦、《尚书大义》⑧；凤凰出版社出版了《英轺日记两种》⑨；上海交通大学出版社出版了《唐文治国学讲演录》⑩；广陵书社出版了《吴中小志三编》，内含唐文治的《乙亥志稿》⑪；上海人民出版社出版了《四书大义》⑫。最值得一提的是，上海古籍出版社在2018年开始陆续出版由邓国光辑释的《唐文治集》，该丛书分为《唐文治文集》《唐文治经学论著集》《唐文治性理学论著集》《唐文治文章学论著集》四类，基本上囊括了唐文治的主要著作。邓国光言："整理先生遗篇，先之以文集编年校释，继之以经学、性理学、文章学等凡四种，完整呈现先生七十年治学之神髓。其不取影印原书之方便途径，而宁肯耗用大量精力与时间以整理编次者，以原刻形态纷异之故，若以原版编影，其亥虎乖舛，徒添后来者之畏难与误解。"⑬这套文集的出版，提供了目前唐文治学术思想研究最好的文本资料，唐文治学术思想将随着这套文集的面世而获得更为广泛的传播。

（三）唐文治研究由冷转热

　　唐文治学术思想的研究需要以唐文治的史料与著作为基础。史料挖掘得愈充分，著作出版得愈整全，则唐文治学术思想的研究也愈易开展。

---

① 刘露茜、王桐荪编注：《唐文治教育文选》，西安交通大学出版社1995年版。
② 王桐荪、胡邦彦、冯俊森选注：《唐文治文选》，上海交通大学出版社2005年版。
③ 陆远编：《大家国学·唐文治》，天津人民出版社2008年版。
④ 唐文治：《周易消息大义》，华东师范大学出版社2012年版。
⑤ 唐文治：《紫阳学术发微》，华东师范大学出版社2014年版。
⑥ 唐文治：《十三经提纲》，华东师范大学出版社2015年版。
⑦ 唐文治：《性理学大义》，华东师范大学出版社2016年版。
⑧ 唐文治：《尚书大义》，华东师范大学出版社2016年版。
⑨ 载振、唐文治：《英轺日记两种》，凤凰出版社2017年版。
⑩ 唐文治：《唐文治国学讲演录》，上海交通大学出版社2017年版。
⑪ 唐文治：《乙亥志稿》，苏州地方志办公室：《吴中小志三编》，广陵书社2017年版，第297—338页。
⑫ 唐文治：《四书大义》，上海人民出版社2018年版。
⑬ 邓国光：《弁言》，唐文治：《唐文治文集》第一册，上海古籍出版社2018年版，第3页。

唐文治研究主要可以分为两类:其一,史料类研究;其二,思想类研究。

史料类研究先有年谱的编撰,次有校史的研究,再有传记的书写。

唐文治于 1935 年纂成《茹经先生自订年谱》,同年由无锡国专学生会油印,此为国专本;后有其子唐庆诒补辑《茹经先生年谱续编》。1984年,苏州大学校史编写办公室将正续二编合订,易名为《唐文治年谱》,此为苏大本。1986 年,台湾文海出版社将《正编》《续编》合订点校出版,此为文海本。1995 年出版的《唐文治教育文选》内含唐孝纯、夏加整理的《唐文治年谱》①,增添了整理者自己及亲友所知晓之情况。2013年,苏州大学茆萌的硕士论文《唐文治年谱新编》对国专本、苏大本、文海本进行对照勘误,并附谱中人物小传以及阴历、公历记日。2013 年,安徽文艺出版社出版《唐文治自述》,实为《正编》《续编》合本。在唐文治自订年谱之外,还有大量的散见于各类图书期刊的忆旧性文章,大多是唐文治的亲朋故友、门人弟子回忆当年与唐文治交往、求学的经历。这些文章是极为珍贵的史料,可以补充年谱记载之不足。陆阳著《唐文治年谱》②对谱主事迹详加考订,愈显细密。刘桂秋编著《唐文治年谱长编》③则对唐文治一生之史实深入挖掘,增补了大量的历史文献,具有极高的学术价值,是目前最为详尽的唐文治年谱。

唐文治一生之史实,离不开其主要开办的两所学校。《交通大学校史(1896—1949)》④、《交通大学校史资料选编》⑤记载了唐文治在上海办学的事迹。苏州大学广西校友会编的《无锡国专在广西》⑥,辑录了国专桂校的相关史实;陈国安、钱万里、王国平编的《无锡国专史料选辑》⑦,辑录了无锡国专办学的各类文件;刘桂秋著《无锡国专编年事辑》⑧则依照年代将无锡国专的史事进行编年记录,完整地呈现了无锡国专的历史面貌。

---

① 刘露茜、王桐荪编注:《唐文治教育文选》,西安交通大学出版社 1995 年版,第 386—442 页。

② 陆阳:《唐文治年谱》,上海三联书店 2013 年版。

③ 刘桂秋编著:《唐文治年谱长编》,上海交通大学出版社 2020 年版。

④《交通大学校史》编写组:《交通大学校史(1896—1949)》,上海教育出版社 1986 年版。

⑤《交通大学校史》撰写组:《交通大学校史资料选编》,西安交通大学出版社 1986 年版。

⑥ 苏州大学广西校友会编:《无锡国专在广西》,1993 年内部发行本。

⑦ 陈国安、钱万里、王国平:《无锡国专史料选辑》,苏州大学出版社 2012 年版。

⑧ 刘桂秋:《无锡国专编年事辑》,中国大百科全书出版社 2011 年版。

唐文治最初的传记以小传居多，为门人弟子撰写并发表在地方文史资料中。而真正以专著形式呈现的传记，则始于 1986 年的尝试。唐文治学生张尊五曾动笔撰写《唐文治传》，然而"《唐文治传》由张尊五君在 1988 年秋写到传主遇义和团事变止，得 6 万字左右，不料张君突发脑出血逝世"①。一直到 2000 年之后，才有三本专著形式的传记出版：余子侠著《工科先驱、国学大师——南洋大学校长唐文治》②、陆阳著《无锡国专》③、凌微年著《唐文治》④。余著和陆著的书写都贯穿了唐文治的一生，余著侧重于唐文治任职南洋大学的史实，而陆著则侧重于唐文治任职无锡国专的史实。凌著则两者兼顾，但其内容皆具体而微，点到为止，未能有详尽的展开。此外，2010 年华东师范大学吕成冬的硕士论文《唐文治家族研究（1841—1954）》，考订了唐氏家族之史迹，上到唐文治的先祖，下到唐文治的子孙，皆做了详细的梳理。

思想类研究则有政治思想、教育思想、经学思想等，以教育思想居多。

研究唐文治政治思想的主要有崔龙编著《唐茹经先生政治学》⑤，此书分为四章，第一章详述"政治学之渊源"，第二章、第三章分别叙述唐文治"服官时之政治学"和"致仕后之政治学"，第四章则阐发唐文治"政治学可以救国论"。

研究唐文治教育思想的文章与书籍颇多，且可分为交大时期、国专时期以及泛论教育之三类。其中，尤以无锡国专的教育研究为重点，例如陈平原《传统书院的现代转型——以无锡国专为中心》⑥，2008 年台湾政治大学唐屹轩硕士论文《无锡国专与传统书院的转型》，吴湉南的《无锡国专与现代国学教育》⑦，都是将无锡国专置于高等教育之历史转型中，以此来考察其优劣得失与现代意义。

---

① 王桐荪、胡邦彦、冯俊森编注：《唐文治文选》，上海交通大学出版社 2005 年版，第 523 页。
② 余子侠：《工科先驱、国学大师——南洋大学校长唐文治》，山东教育出版社 2004 年版。
③ 陆阳：《无锡国专》，凤凰出版社 2011 年版。
④ 凌微年：《唐文治》，西泠印社出版社 2008 年版。
⑤ 崔龙编著：《唐茹经先生政治学》，大东书局 1938 年版。
⑥ 陈平原：《中国大学十讲》，复旦大学出版社 2002 年版，第 69—100 页。
⑦ 吴湉南：《无锡国专与现代国学教育》，安徽教育出版社 2010 年版。

唐文治经学思想研究随着近年来唐文治文集的出版而有见长之势，主要分为两部分：一部分是对唐文治单本经学专著的总论，比如对《十三经提纲》《四书大义》《性理学大义》的研究；一部分是对唐文治具体经学思想的分论，比如对唐文治兼收汉宋，以及调和朱子学、阳明学的研究。

（四）唐调读文风靡吟诵界

"唐调"吟诵是附属于唐文治文章理论的一种传统读书法，唐文治吸收桐城派"因声求气"之说，而将吟诵上升为儒家修身之工夫论。唐文治留存于世的读文录音，为其1948年在上海灌制的读文法唱片，内有《读文法讲辞》，以及《诗经·鸨羽》《诗经·卷阿》《诗经·棠棣》《诗经·谷风》《诗经·伐木》《楚辞·九歌·湘君》《左传·吕相绝秦》《史记·屈原列传》《前出师表》《吊古战场文》《送李愿归盘谷序》《岳阳楼记》《泷冈阡表》《秋声赋》《丰乐亭记》《五代史·伶官传序》《水调歌头·明月几时有》《满江红·怒发冲冠》和昆曲《长生殿·小宴》等录音。该录音在魏嘉瓒主编的《最美读书声：苏州吟诵采录》（长江文艺出版社2014年版）一书中，转录为光盘，重新公开发布。由于年代久远，原版录音音质不佳，2018年中国唱片（上海）有限公司出版了《唐蔚芝先生读文灌音片》（修复版），其音质有了较大的提高。

唐文治从事教学四十余年，培养了大批弟子。唐门弟子将唐文治的吟诵传承下来，具有广泛而深远的影响。现在留有吟诵录像或者录音的唐门弟子有：朱东润、钱仲联、范敬宜、戴逸、陆振岳、季卫东、萧善芗、陈以鸿等。其中，萧善芗、陈以鸿两位先生传承唐调贡献最大。萧善芗撰写了《唐调及其传承琐记》[①]等文章，并录制了多部吟诵录音。尤其值得一提的是，由于唐调吟诵录音中先秦经典的留存较少，萧善芗先生特意录制了全本四书，以及《老子》《庄子》，弥补了这一方面的不足。陈以鸿先生撰写了《茹经先生读文法管窥》[②]等文章，并在上海杨浦区教师进修学院传承唐调，其录音录像也有广泛的

---

① 萧善芗：《唐调及其传承琐记》，《语文学习》2014年第4期。
② 陈以鸿：《茹经先生读文法管窥》，苏州大学校长办公室编印：《唐文治先生学术思想讨论会论文集》，1985年铅印本，第63—64页。

流传。针对唐调吟诵进行的理论总结逐渐出现,研究论文有秦德祥《"唐调"简析及其他》①、魏嘉瓒《唐调吟诵的三个要素》②等,研究专著有朱立侠《唐调吟诵研究》③、朱光磊《唐调诗文吟诵二十讲》④。

2009年,唐调吟诵成为无锡市非物质文化遗产;2012年,唐调吟诵成为太仓市非物质文化遗产;2013年,唐调吟诵成为苏州市非物质文化遗产。2016年,唐调吟诵成为江苏省非物质文化遗产。无锡市第三高级中学建立"无锡市非遗唐调传承示范基地",成立"唐调学习小组",开展唐调吟诵传承工作,拍摄《唐调流韵》电视专题片,并制作《唐调传承》专题节目。太仓沙溪建立了唐调研习所,竖立唐文治的立身铜像,介绍唐调的吟诵方法、唐调的来源与传承,并图文并茂地展示了唐文治的生平。苏州成立"苏州沧浪吟诵传习社",积极推进唐门弟子唐调吟诵的采录以及唐调吟诵的理论研究,并持续开展丰富多样的唐调吟诵传承活动。

三、唐家英才

唐文治的父亲唐受祺定子孙名以"文、庆、孝、德、为、世、家、祥"为

图 10 - 4　唐庆诒

序,八世后再定,故唐文治与继室黄彬琼夫人育有四子一女,皆为"庆"字辈,长子唐庆诒,次子唐庆平,三子唐庆增,四子唐庆永,小女唐庆婉。其中,次子唐庆平、小女唐庆婉早殇,故唐门"庆"字辈实为三人。

唐庆诒(1898—1986),字郁生,号谋伯。取字郁生,以示不忘前夫人郁氏。唐庆诒是中国最早一批赴美求学的留学生之一,1918年获得美国比洛伊大学学士学位。在读期间,比洛伊大学

① 秦德祥:《"绝学"探微吟诵文集》,上海三联书店2010年版,第139—152页。
② 魏嘉瓒:《唐调吟诵的三个要素》,《中国诗歌研究动态》2016年第2期。
③ 朱立侠:《唐调吟诵研究》,中国社会科学出版社2015年版。
④ 朱光磊:《唐调诗文吟诵二十讲》,商务印书馆2019年版。

校长曾致函唐文治曰："令郎在此与教职员、同学颇相得，敬事师长，勤学不倦，品性优美，为人和洽，故同学多乐与之游。观其成绩，上学期进步甚速，以语文不同之人，而能臻此，尤为可善。"[1]本科毕业后，唐庆诒继续攻读哥伦比亚大学政治学研究生，并于1920年获得硕士学位，同年赴瑞士担任北洋政府外交部参事严鹤龄的秘书。1921年，唐庆诒由驻美公使施肇基介绍，担任华盛顿会议中国代表团秘书。

1921年，华盛顿会议结束后，唐庆诒回国，在上海交通大学担任英文教师，历任外文系主任、教授。1933年以后，唐庆诒目力不济，几近失明。赴欧求医，终无成效，其回忆自己这段经历，曾说："此次旅欧为时四月有余，途中景色，皆以神遇而不以目视，求艾三年，终难如愿，益感人事之倏忽无常矣。"[2]虽然双目失明给予唐庆诒以巨大的打击，但他仍旧兢兢业业坚守在教学的第一线。曾在交大就学的刘淇昶回忆道："唐庆诒先生是唐文治先生的长公子……当时他年仅约四十岁，可能因为家庭遗传影响，双目亦失明，上课非常困难。他的上课方式与唐老先生颇有相似之处，也由一位引路人牵引进教室。他开始先简单复习一下上次讲课的内容，然后进行新课。他先叫一位同学读一段新课文。他听后就凭他的记忆进行课文讲解和必要的句型分析以及修辞学等。然后又叫另一位同学朗读下一段课文，再进行讲解。……发音十分标准，记忆力过人，知识面宽广，讲解别具风格。同学们上课时特别肃静认真，英文水平得到较大的提高。"[3]除在光华大学、大夏大学、震旦大学、江苏教育学院、无锡国专等学校兼任教授外，唐庆诒在上海交通大学共执教60余年，培养了一大批优秀人才，如著名翻译家屠岸、英语教育专家许国璋等，皆出自唐庆诒门下。

在唐庆诒执教期间，尚有一段小插曲。1927年，南京国民政府成立，唐庆诒被邀担任国际宣传委员会委员，须将国内消息翻译成英文分发至各国新闻机构。国民政府的重要会议，唐庆诒必须亲临会场进行

---

① 唐庆诒：《忆往录》，1948年版，第9页。

② 唐庆诒：《忆往录》，1948年版，第31页。

③ 刘淇昶：《回忆唐文治先生和唐庆诒先生》，朱健主编：《交通大学师生抗战回忆录》，上海交通大学出版社2015年版，第96页。

翻译记录。但由于南京天气炎热，唐庆诒体力不支，故在当年即辞职回沪。

图 10-5　俞庆棠

唐庆诒有两任夫人。第一任夫人是俞庆棠女士。① 俞庆棠（1897—1949），字凤岐，太仓人，在上海务本女校毕业后，再赴美国哥伦比亚大学深造，深受杜威教育思想的影响。归国后，俞庆棠将杜威"教育即生活"发展为"生活即教育"，认为教育不应该仅仅局限于学校之中，而是须对整个生活进行指导。唐文治赞其曰："廉以待己，恕以待人。视教育如性命，功德在社会颇巨，所创设文化机关遍各省，尤以'江苏省立教育学院''上海实验民众学校'为著。"② 俞庆棠在忙于事业的同时，也不忘照顾失明的唐庆诒。当时唐庆诒在上海教书，俞庆棠每逢周末就去上海陪伴唐庆诒，或者陪同唐庆诒一起去无锡。1949 年，俞庆棠参加了新中国的开国大典，并担任教育部社会教育司司长，时至年底，由于辛劳过度，半夜脑出血逝世，终年 52 岁。后唐庆诒续弦太仓王廷钰女士。王夫人相夫教子，倍极辛劳，唐庆诒称其淑慎。2002 年，王廷钰逝世，曾受业于唐文治、唐庆诒父子二代的陈以鸿先生为其撰挽联云："相夫教子，卓著贤劳，没世感慈恩，师门久庇；恤戚睦邻，夙称淑慎，新正传噩耗，阃范长垂。"③

---

① 俞氏家族是太仓的名门望族。俞庆棠的父亲俞书祥（1856—1918），字隶云，为太仓州庠生，后受盛宣怀器重担任上海电报学堂总办，并负责上海广仁堂的具体事务。俞书祥的夫人顾瑞芝，即唐文治的表妹，故唐、俞两家本有姻亲关系。俞书祥有二子俞庆恩、俞颂华；二女俞庆英、俞庆棠。俞庆恩（1884—1930），毕业于上海圣约翰大学，并获美国宾夕法尼亚大学医学博士学位，归国后担任上海圣约翰大学医科教授、中央大学医学院教授、上海市政府建设讨论会委员、南京卫生部中央卫生委员会委员等职，组织我国医学界第一个学术团体"中华医学会"，任第三任会长，兼任《中华医学》杂志主编。俞颂华（1893—1947），毕业于复旦大学经济系，后留学日本东京政法大学，回国服务中国报界 30 年，主编过多种重要刊物，被黄炎培誉为"新闻界之释迦牟尼"。1920 年，俞颂华与瞿秋白、李仲武一起赴莫斯科采访了列宁、莫洛托夫、季诺维也夫等苏俄领导人，写下了《旅俄之感想与见闻》等报道，这些报道对中国知识界了解苏联"十月革命"后的真实情况起了重要作用。俞庆英，毕业于上海务本女校，后在江苏省立教育学院图书馆工作。
② 唐文治：《冢妇俞氏庆棠墓志铭》，《唐文治文集》第四册，上海古籍出版社 2018 年版，第 2478 页。
③ 陈以鸿：《挽王廷钰师母联》，《续雕虫十二年》，上海交通大学出版社 2014 年版，第 89 页。

唐庆增(1901—1972)，字采生，号叔高，在美国密歇根大学获学士学位，后又入哈佛大学，获经济学硕士学位。回国后，唐庆增先后在上海交通大学、大夏大学、浙江大学、光华大学等学校任教，新中国成立后，则担任复旦大学经济系教授。唐庆增除研究讲授西方经济学理论之外，还开创了研究中国经济思想史的先河，著有《中国经济思想史》（上卷）。夏炎德先生曾对其学术研究有一评价，堪为周全，其言曰："唐庆增先生为一纯正之学者，于理论经济学研究甚精。历年主持光

图 10 - 6　唐庆增

华与大夏诸大学经济学系，著述甚多，并主编《经济学季刊》。唐氏之思想趋向英国古典派，于亚当·斯密尤所心折，对马克思则抨击不遗余力，言论文章多主合理之个人主义，颂扬自由精神，认为政府于经济之职务仅限于若干有限的方面，即于统制经济高唱入云之际，彼仍持自由经济如故。虽然，中国产业基础未立，不能全任贸易自由，坐视本国幼稚工业为外力摧残。以是征收保护关税，亦为唐氏所赞同。以言中国经济，则认为生产重于分配。彼对于经济思想史研究最深，私人藏书甚富。论此方面之修养，国内学者实无有出其右者，特当代之理论非所娴熟耳。唐氏所著《中国经济思想史》，业已完成上卷。彼于中西学均有素养，以著此书，最为合格；虽所据文献中不免杂有伪书，然于此学术空气稀薄之时，终不失为一重要之收获。"①

九一八事变后，唐庆增积极投身于抗战的宣传中，发表抗战救国言论，其言："吾侪书生，既不能上马杀贼，与强敌周旋于疆场之上，退而以三寸毛锥，致力于监督政府，唤醒民众，亦未始非报国之一道。"②此外，唐庆增还曾撰写《中美外交史》，该书概述了自 1784 年美国"中国皇后"号来华贸易以迄华盛顿会议间中美关系的发展。这是一本较早论述中美关系的书，有利于国人观察世界认清局势。

---

① 夏炎德：《中国近百年经济思想》，商务印书馆 1948 年版，第 178—179 页。
② 唐庆增：《唐庆增抗日救国言论集》，上海社会科学书店 1933 年版，第 1 页。

唐庆增夫人周兰徵，为嘉定周传经之女。周传经(1874—1938)，字赞尧，曾入同文馆，研法文，在清廷官至外务部金事，唐文治曾请其教授长子唐庆诒法文。辛亥革命后，周传经任通商司司长，后又任铁道部专员。

图 10-7 唐庆永

唐庆永(1906—1993)，字师莱，号季长，幼时曾过继给唐氏同宗①，故与父亲唐文治相处的时间较两位兄长来得短。即使如此，唐庆永的人生道路仍与两位兄长有类似之处，1928 年毕业于光华大学，同年赴美留学，后获哥伦比亚大学经济学硕士学位。回国后，曾在上海交通大学、大夏大学、劳动大学任教。1935 年，唐庆永出版了《现代货币银行及商业问题》一书，认为："商业交易的兴起，是以货币作为媒体，而货币则是靠银行机构而成流通，三者之间是一种彼此相关、互相为用的关系。"②1936 年后，唐庆永离开教育界到商业银行任职，可以视为对于其经济学说的实践。他先后出任上海商业储蓄银行苏州、成都、昆明分行经理，以及上海银行北平分行经理。1949 年，唐庆永参加民主建国会北平筹备会议并担任常务理事，还担任北京市公债推销委员会常委，提出发行公债来抑制通货膨胀，取得较好的效果；后又在北京首都图书馆从事外语文献工作，兼任中国民主建国会、全国工商联中央委员；"文革"中受到冲击，"文革"结束后在中学任英语教师。

唐庆永夫人陆庆兰，为太仓陆勤之之女。太仓陆氏家族也为当地望族，其祖上陆毅是康熙年间进士，官至监察御史。陆勤之(1867—1948)，名曾业，字勤之，号凤骞，曾受业于太仓王紫翔先生，为州廪监生。后跟随唐文治任职南洋大学庶务科长、无锡国学专修学校总干事。

---

① 唐森阶无嗣，同宗唐稻芗生二子唐芝亭、唐翼亭，并将唐翼亭过继给唐森阶。唐翼亭即唐学韩，唐文治的祖父。唐芝亭生唐子福、唐子范；唐子福生唐燮治，唐子范生唐仁治。唐燮治、唐仁治二人皆早亡而无子，故唐稻芗一脉将绝嗣。唐文治父亲唐受祺嘱咐唐文治，将四子唐庆永过继为唐燮治之后。

② 丁孝智：《五四以来中国商业经济思想的发展》，广东人民出版社 2001 年版，第 76 页。

陆勤之弟弟陆修瀛(1869—1938)、陆修祜(1877—1964)皆为唐文治左右手,陆修祜更是长期担任唐文治的私人秘书,是唐文治目盲后不可或缺的助手。唐庆永与陆庆兰育有一子二女。

唐庆诒、唐庆增、唐庆永三兄弟的出生与成长虽然已经远离太仓,但其结婚对象都是太仓或太仓周边的名门望族。亲家与唐家在联姻之前本来就十分熟悉,联姻之后,更多了一层紧密联系。这种传统的联姻方式,对于双方家族的稳定与发展具有极为重大的意义,但对处于婚姻关系中的男女双方个体而言,则基本上被剥夺了自由恋爱的权力。在传统婚姻中获得幸福的男女,大多是先结婚后恋爱,即使没有轰轰烈烈的爱情,只要意识到并承担起夫妇双方在家庭生活中的责任,那么仍旧可以相互扶持走过一辈子。但对于追求个性解放、希望自由恋爱的个体而言,传统婚姻无异于束缚人的桎梏。唐庆诒、唐庆增兄弟在父亲唐文治身边时日较久,熏陶儒家思想不可谓不深,故对父亲所安排的婚姻,皆能欣然接受。但唐庆永自幼过继他人,与父母交流较少,与家人的感情亦不如两位兄长,又曾留洋接受西方自由思想,故无法认可父亲做主的婚姻,最终与妻子陆庆兰感情不睦,于1936年离家出走,与情人远赴成都,不给妻儿写过一字一信。当时正是日寇侵华之际,陆庆兰携三个儿女,辗转湘桂,入川寻夫。唐庆永拒不相见,陆庆兰几欲轻生,后经劝说,为了子女才坚持活下来,从此含辛茹苦将子女养大成人。[1]

唐文治第三代为"孝"字辈,三个孙子唐孝宣、唐孝章[2]和唐孝威;六个孙女唐孝纯、唐孝瑞、唐孝英、唐孝慧、唐孝慈、唐孝采。他们中大多数人在1949年之前是中国共产党地下工作者,新中国成立后大多在高校任教。在唐家孙辈中,杰出代表是长孙唐孝宣、次孙唐孝威,以及长孙女唐孝纯。

唐孝宣(1925—2007),为唐庆诒、俞庆棠夫妇之子,唐文治长孙,早年就读于上海大同大学、沪江大学化学系,后赴美留学,先后就读于比

---

[1] 唐庆永离家后,唐文治劝其回家无效,则要求其承担妻子儿女生活费。后来唐庆永、陆庆兰之子唐孝威进清华大学读书,唐文治责令唐庆永承担唐孝威的生活费。1952年,唐孝威清华毕业,唐庆永即要求唐孝威负担家庭开支,自己再也不承担任何费用了。

[2] 唐孝章为唐庆诒与续弦王廷钰所生。

洛伊大学、威士康辛大学化学系，1950年学成归国，先后担任上海商品检验局化检处主任、技长，上海生化药厂接管工作组组长，上海中国肥皂厂厂长。1957—1958年，唐孝宣至苏联莫斯科第二制药厂学习，回国后参与创办了华北制药厂，担任该厂副厂长和总工程师；1983—1985年，担任河北省医药管理局局长、党委书记。1985年离休后，唐孝宣回到上海，在华东理工大学任教直至退休。

唐孝威（1931—　），为唐庆永、陆庆兰之子，唐文治次孙。唐孝威从小与祖父唐文治生活在一起，深受古典诗词与儒家道义的熏陶。1949年考入清华大学物理系，毕业后入职中国科学院近代物理研究所，后赴苏联从事高能物理研究。1959年，中苏关系恶化，唐孝威从苏联回国，来到青海湖附近的西北核基地，负责原子弹与氢弹的研制与实验，在中子点火实验和核试验物理诊断等方面作出了贡献，是名副其实的"两弹功臣"。20世纪70年代末，唐孝威率领中国实验组到德国汉堡电子同步加速器中心进行高能实验，参加的马克杰国际合作组在实验中发现胶子；80年代初领导中国科学院高能物理研究所实验组参加L3实验及AMS实验等国际科技合作，在实验证实自然界存在三代中微子以及实验测定中间玻色子特性等方面作出贡献；90年代起转入脑科学研究，推动了脑功能成像实验和神经信息学研究。

唐孝纯（1924—2020），为唐庆诒、俞庆棠夫妇之女，唐文治长孙女，毕业于上海沪江大学教育系，后在美国科罗拉多州立教育学院获硕士学位，哥伦比亚大学师范学院肄业；民国时期曾任上海实验民众学校推广部主任助理；1949年回国后，先后任北京实验工农速成中学（中国人民大学附属中学前身）教务主任、中国人民大学外语教研室主任、中国外语教学研究会第一届理事、公共英语教学研究会常务理事。中美建交前，唐孝纯于1972至1978年调到美国驻华联络处工作，并为时任联络处主任、后为美国第41任总统的乔治·布什的汉语教师。1978年复校后，唐孝纯调回中国人民大学工作，担任外语教研室主任。

儒家经学属于人文学科，经济学属于社会学科，而生物化学、高能物理、脑科学则属于自然学科。唐家三代都有较好的旧学根底，以及传承自唐文治的家国情怀，他们在人文学科、社会学科以及自然学科的转向,既可以视为唐氏家族面对时代需求的自觉回应,又可以视为儒家精神面对新的社会变化而做出的经世济民的实践活动。对于唐氏后人而言,留学深造似乎已经成为唐家的传统,但这么做并不仅仅是为了获取更加优渥的生活条件与发展前途,而是为了将学到的先进知识更好地服务于祖国与人民。唐孝宣之子唐德明1978年求学于上海交通大学,并获得了留学比洛伊大学的奖学金资助。临行之前,唐孝宣拿出一台录音机,郑重其事地要求他发誓:毕业后一定要回国。唐德明虽然在当时觉得可笑,但后来翻看曾祖父唐文治的资料后,终于理解了父亲。唐德明回忆道:"我的爷爷、叔公、父亲、姑姑都被曾祖父送到国外去深造,但临行前,他们都无一例外地被要求必须回国服务,这是我们唐家的家训。"①正是这样的家风家训,促使唐氏子孙们青出于蓝而胜于蓝,成长为对国家民族具有卓越贡献的杰出人才。

---

① 姜澎:《砥砺第一等人品,先要心中有祖国》,《文汇报》2017年1月31日第1—2版。

参考文献

一、古籍文献

朱熹:《周易本义》,北京大学出版社 1992 年版。

黎靖德编:《朱子语类》,中华书局 1986 年版。

顾炎武:《顾炎武全集》,上海古籍出版社 2011 年版。

王守仁:《王阳明全集》,上海古籍出版社 1992 年版。

沈善洪主编:《黄宗羲全集》,浙江古籍出版社 2005 年版。

方苞:《方望溪全集》,中国书店 1991 年版。

姚鼐:《惜抱轩诗文集》,上海古籍出版社 1992 年版。

刘大櫆:《论文偶记》,人民文学出版社 1959 年版。

曾国藩:《曾国藩全集》,岳麓书社 2011 年版。

俞庆恩辑:《太昆先哲遗书》,广陵书社 2019 年版。

二、学术著作

唐文治:《唐文治文集》,上海古籍出版社 2018 年版。

唐文治:《唐文治经学论著集》,上海古籍出版社 2019 年版。

唐文治:《唐文治文章学论著集》,上海古籍出版社 2020 年版。

唐文治:《唐文治性理学论著集》,上海古籍出版社 2020 年版。

唐文治:《唐文治国学演讲录》,上海交通大学出版社 2019 年版。

唐蔚芝、王君九:《茹经劝善小说人兽鉴传奇谱合刊本》,正俗曲社 1949 年版。

王桐荪、胡邦彦、冯俊森选注:《唐文治文选》,上海交通大学出版社2005年版。

刘露茜、王桐荪编注:《唐文治教育文选》,西安交通大学出版社1995年版。

陆远编:《大家国学·唐文治》,天津人民出版社2008年版。

刘桂秋编著:《唐文治年谱长编》,上海交通大学出版社2020年版。

高琪:《娄东文化读本》,南京大学出版社2013年版。

孙中旺:《苏州府部汇考》,广陵书社2019年版。

卢熊:《苏州府志》,《中国方志丛书》华中地方第432号,台湾成文出版社1983年版。

杨谭:《昆山郡志》,《宛委别藏》第49册,江苏古籍出版社1988年版。

陈伸:《太仓事迹自序》,王紫翔等:《太仓州志·卷末》,《中国方志丛书》华中地方第176号,台湾成文出版社1975年版。

徐中约:《中国近代史》,世界图书出版公司2008年版。

王鉴清:《古港浏河》,西泠印社出版社2000年版。

赵统:《南菁书院志》,上海书店出版社2015年版。

萧公权:《翁同龢与戊戌维新》,中国人民大学出版社2014年版。

陈旭麓:《近代中国社会的新陈代谢》,三联书店2017年版。

李新宇:《帝国黄昏》,广东人民出版社2012年版。

戴逸:《语冰集》,广西人民出版社1999年版。

曹汝霖:《曹汝霖一生之回忆》,中国大百科全书出版社2009年版。

上海交通大学校史编纂委员会编:《上海交通大学纪事1896—2005》,上海交通大学出版社2006年版。

《交通大学校史》撰写组编:《交通大学校史资料选编》,西安交通大学出版社1986年版。

《交通大学校史》编写组:《交通大学校史(1896—1949)》,上海教育出版社1986年版。

盛懿、孙萍、欧七斤:《三个世纪的跨越:从南洋公学到上海交通大学》,上海交通大学出版社2006年版。

凌鸿勋:《七十自述》,三民书局1988年版。

黄昌勇、陈华新:《老交大的故事》,江苏文艺出版社2012年版。

余子侠:《工科先驱、国学大师——南洋大学校长唐文治》,山东教育出版社2004年版。

邹韬奋:《韬奋全集》,上海人民出版社2015年版。

霍有光、顾利民编:《南洋公学—交通大学年谱》,陕西人民出版社2002年版。

朱东润:《朱东润自传》,华中科技大学出版社2019年版。

朱健主编:《交通大学师生抗战回忆录》,上海交通大学出版社2015年版。

吴趼人:《当代名人轶事大观》,世界书局1923年版。

吴湉南:《无锡国专与现代国学教育》,安徽教育出版社2010年版。

王元化:《学术集林》第三卷,上海远东出版社1995年版。

邹韬奋:《经历 患难余生记》,生活书店出版有限公司2018年版。

凌微年:《唐文治》,西泠印社出版社2008年版。

《无锡国学专修馆讲演集初编》,排印本,1923年版。

钱仲联:《钱仲联学述》,浙江人民出版社1999年版。

《无锡文库·无锡国学专修学校十五周年纪念册》第二辑,凤凰出版社2011年版。

《无锡文库·无锡国学专修学校概况》第二辑,凤凰出版社2011年版。

《无锡文库·无锡国专季刊》第二辑,凤凰出版社2011年版。

《无锡文库·国专月刊》第二辑,凤凰出版社2011年版。

陆阳:《无锡国专》,凤凰出版社2011年版。

王绍曾:《目录版本校勘学论集》,上海古籍出版社2005年版。

陈国安、钱万里、王国平编:《无锡国专史料选辑》,苏州大学出版社2012年版。

倪明:《三吴采风》,上海书店出版社1993年版。

党玉敏:《冯振纪念文集》,广西师范大学出版社2000年版。

夏承焘:《夏承焘词集》,湖南人民出版社1981年版。

王蘧常:《抗兵集》,新纪元出版社 1948 年版。

任继愈:《中国哲学史》,人民出版社 1963 年版。

冯友兰:《中国哲学史》,中华书局 1961 年版。

牟宗三:《牟宗三先生全集》,台湾联经出版事业公司 2003 年版。

陈来:《朱子书信编年考证》,三联书店 2007 年版。

张文江:《潘雨廷先生谈话录》,复旦大学出版社 2012 年版。

蔡仁厚:《中国哲学史大纲》,吉林出版集团有限责任公司 2009 年版。

顾国华编:《文坛杂忆》,上海书店 2015 年版。

赵敏俐主编:《吟诵研究资料汇编(现代卷)》,中华书局 2018 年版。

王水照:《历代文话》,复旦大学出版社 2007 年版。

尤信雄:《桐城文派学述》,文津出版社 1989 年版。

朱光磊:《唐调诗文吟诵二十讲》,商务印书馆 2019 年版。

崔龙编著:《唐茹经先生政治学》,大东书局 1938 年版。

陈远编:《逝去的大学》,同心出版社 2005 年版。

秦德祥:《"绝学"探微吟诵文集》,上海三联书店 2010 年版。

苏州地方志办公室:《吴中小志三编》,广陵书社 2017 年版。

陆阳:《唐文治年谱》,上海三联书店 2013 年版。

刘桂秋:《无锡国专编年事辑》,中国大百科全书出版社 2011 年版。

陈平原:《中国大学十讲》,复旦大学出版社 2002 年版。

朱立侠:《唐调吟诵研究》,中国社会科学出版社 2015 年版。

唐庆诒:《忆往录》,1948 年版。

陈以鸿:《续雕虫十二年》,上海交通大学出版社 2014 年版。

夏炎德:《中国近百年经济思想》,商务印书馆 1948 年版。

唐庆增:《唐庆增抗日救国言论集》,上海社会科学书店 1933 年版。

丁孝智:《五四以来中国商业经济思想的发展》,广东人民出版社 2001 年版。

江苏省文史研究馆编:《三吴风采》,上海书店出版社 1993 年版。

三、报刊文章

宗韵:《清代历届恩科举行具体缘由稽考》,《科举学论丛》2014 年第 2 期。

唐孝宣:《唐文治传》,《无锡文史资料》第 49 辑。

陈柱:《忆辜鸿铭先生》,《中华月报》1943 年第 6 卷第 2 期。

《工业专校祀孔记》,《申报》1918 年 10 月 3 日第 11 版。

前人:《吴稚晖先生演说》,《交通部上海工业专门学校学生杂志》1917 年第 2 卷第 1 期。

《工业学校表示体育之成绩》,《申报》1914 年 11 月 30 日第 10 版。

《黎大总统颂词》,《交通部上海工业专门学校学生杂志》1918 年第 2 卷第 2 期。

《南洋公学图书馆开幕礼纪》,《申报》1920 年 3 月 14 日第 10 版。

《唐蔚芝广告》,《申报》1910 年 4 月 7 日第 1 版。

金易占:《无锡国专与唐文治》,《文史资料辑存》第 6 辑。

唐文治:《国学专修学校十五周年之过去与未来》,《新无锡》1936 年 6 月 20—22 日第 4 版。

陈其昌:《无锡国学专修学校简史》,《无锡文史资料》第 5 辑。

郑学弢:《回首母校——记六十年前的人和事》,无锡国学专修学校上海校友会编:《国学之声》2002 年总第 24、25 期。

许岱云:《唐文治先生轶事几则》,《无锡文史资料》第 12 辑。

励述:《记爱国学者蒋石渠先生》,无锡国学专修学校上海校友会编:《国学之声》2001 年总第 22、23 期。

黄汉文:《缅怀唐文治先生》,《文教资料》1985 年第 2 期。

范敬宜:《校长的人格魅力》,无锡国学专修学校上海校友会编:《国学之声》2000 年总第 20、21 期。

彭丹华:《唐文治〈十三经提纲〉初探》,《湖南科技学院学报》2012 年第 3 期。

朱光磊:《朱子学思历程》,《孔孟月刊》2015 年第 9、10 期。

朱光磊:《朱子之理的"活动"问题——兼论朱子格物说》,《哲学动态》2019 年第 1 期。

点玉:《唐文治素描》,《人报》1946 年 12 月 29 日第 4 版。

陆汝挺:《回忆唐文治(蔚芝)先生二三事》,《无锡文史资料》第 12 辑。

《齐心协力恢复母校》,无锡国学专修学校上海校友会编:《国专校友之声》1987 年总第 1 期。

《关于筹建唐文治先生纪念馆的提案》,《文教资料简报》1985 年第 2 期。

萧善芗:《唐调及其传承琐记》,《语文学习》2014 年第 4 期。

魏嘉瓒:《唐调吟诵的三个要素》,《中国诗歌研究动态》2016 年第 2 期。

姜澎:《砥砺第一等人品,先要心中有祖国》,《文汇报》2017 年 1 月 31 日第 1—2 版。

吕成冬:《唐文治家族研究》,华东师范大学 2010 年硕士学位论文。

四、自印文集

苏州大学校长办公室编印:《唐文治先生学术思想研讨会论文集》,1985 年版。

苏州大学(原无锡国专)广西校友会主编:《无锡国专在广西》,1993 年版。

王运天:《王蘧常教授学谱》征求意见稿,2000 年版。

五、档案资料

孟寿椿:《视察迁桂无锡国学专修学校报告》,《教育部派员视察私立无锡国学专科学校的有关文件(1941—1943)》,全宗号五,案卷号 2031,中国第二历史档案馆藏。

王凤喈:《视察报告》,《教育部派员视察私立无锡国学专科学校的有关文件(1941—1943)》,全宗号五,案卷号 2031,中国第二历史档案馆藏。

唐文治:《呈报本校五年制业经复员无锡,三年制继续整备迁回,所有文书科因事实需要拟请借地上海办理,敬祈赐准备案由》,《私立无锡国学专修学校、武昌文华图书馆专科学校迁校及校舍建筑等问题的文件(1937—1947)》,全宗号五,案卷号 5614,中国第二历史档案馆藏。

后　记

我对唐文治先生的了解,多为生活中的机缘巧合而助成,并逐渐由浅而入深,直至对唐文治先生的人格与学问叹服不已。

我最初接触唐文治,是从唐调吟诵开始的。我在2002年入南京审计学院(今名南京审计大学)攻读会计本科。当时执教《大学语文》课程的黄培老师是南京师范大学毕业的。她在课堂上给我们播放了南京师范大学陈少松先生的诗文吟诵。陈少松是苏州大学钱仲联先生的学生,钱仲联又是唐文治先生的学生。故在陈少松先生的吟诵里,有不少是传自钱仲联的唐调吟诵。只是当时我比较懵懂,只觉得好奇,并没有在此用心。

此后,跨专业在南京大学学习中国哲学,先后师从白欲晓、许苏民两位老师。在2012年南京大学博士毕业后,我回到故乡苏州,在苏州大学哲学系任教。此后不久,我与一些同好跟随魏嘉瓒老师学习传统诗文吟诵。魏老师所传授的"苏州吟诵(唐调)"是江苏省非物质文化遗产。唐调就是唐文治先生的吟诵调。魏老师的唐调来自他的老师蒋庭曜先生,而蒋庭曜先生的唐调来自他的老师唐文治。我从小喜欢听各种地方戏曲曲艺,故对于传统声腔还是比较容易接受的,但当我第一次从魏嘉瓒老师编撰的《最美读书声:苏州吟诵采录》的附加光盘里听到唐文治吟诵的原声录音,却并不觉得有多美妙。后来在魏老师的吟诵班里,对唐调吟诵反复练习,多方斟酌,才逐渐体会到其中的味道。

此外,苏州大学也成立了唐文治书院,我有幸被聘为该书院的导师。唐文治所执掌的无锡国专是苏州大学前身之一,而唐文治的弟子,如钱仲联、陆振岳等人也任教于苏州大学,故书院以"唐文治"冠名,颇有文脉相承之义。这样一来,从吟诵师承上说,唐文治是我的曾师祖;从任教学校上说,唐文治是我的老校长。我似乎冥冥之中都与唐文治先生有了一些渊源关系。

我的研究方向是宋明儒学,唐先生的学问也是以性理学为底子。无锡国专虽然培养了一代英才,但都以文学、史学名家,继承其性理学的后人则寥寥无几。在这一点上,我颇为唐先生感到遗憾。于是我打算好好发掘唐文治先生的理学思想。最初我仅仅从朱子后学的视角切入,觉得唐先生所论,不超出朱子学之范围。但当我看到唐先生以朱子学会通阳明学时,突然有了一个惊人的发现。我们现在理解的朱子学,大多在心学家的叙事谱系或者马克思主义哲学史家的叙事谱系中构建出来的,而真正继承朱子学的朱子后学却在中国哲学史上失声了。事实上,明末至民国的朱子学,不但回应了心学家对于理学的诟病,甚至其对朱子学的阐释,也不同于上述两家对朱子学的刻板印象。唐文治的朱子学观点,上承顾炎武、陆世仪,下启钱穆,迥异于冯友兰、牟宗三,可谓朱子后学中的卓越代表。研究唐文治的朱子学,可以澄清朱子学的本来面目,并对朱陆之争、朱王之争的理学公案给出新的结论。

而唐先生学术上最为出彩的地方,则在于其文章理论。他化用桐城派、湘乡派的理论,将儒家的性理学说与吟诵实践结合起来,既拓宽了性理学说的实践面向,又提高了吟诵的理论地位。吟诵并非简单的声音旋律,而是需要因声求气,从声音中获得古圣先贤的性理之发动,从而以之为模范而激扬自己的性情。于是,吟诵就有了儒家工夫论的要义。而古代的经史之文,也在吟诵之中生动活泼起来,一下子有了无穷的生命力。我一向认为自己应算"道学传"里的人物,而吟诵诗文则算"文苑传"里人物的事情。但通过唐文治,道学与文苑结合起来,通过吟诵实践,我也转变了对于文学的态度。现在我凡是鉴赏一篇诗文,必然采用吟诵的方法,而我在吟诵唐文治的文章选本,以及《古文辞类纂》时,也颇有体会天地清明之气的感觉。

世人所论唐文治,由于他主掌南洋大学、无锡国专两所学校,故以教育家称之。此固然是唐先生功绩伟大之处,但唐先生在朱子学以及文章学上的贡献，则世人多所不晓。主掌两所学校之功绩随着时间的流逝，或只能成为纪念馆中的陈迹，供后人观览，但发明朱子学与文章学的贡献，则可以与每个人当下进行结合，在任何时代都能显示出无穷的生命力。从这个意义上看，朱子学与文章学的理论贡献似乎比掌校功绩更有价值与意义。因此，这部唐文治传记除叙述唐先生一生之事迹外，其最大特色就是以学术评传的方式，花费大部分的笔墨深入阐述唐文治的儒学理论，而其中作为性理学的朱子学与兼论吟诵的文章学则为该部分的重要章节。本书希望以这样的方式，能够触及唐文治儒学理论的深层结构，并为唐文治儒学思想的研究产生抛砖引玉的功效。

在撰写唐文治先生传记的过程中，我不时为唐先生艰难的生命历程所感动。他所处的时代是中华民族多灾多难的时代，唐先生以坚韧不屈的力量经受了这些磨难，坚持了自己"正人心，救民命"的理想。我知道孔子、孟子、朱子、阳明等大儒在艰难中奋发图强的故事，但他们都离我生活的时代太远，而且已经贴上了圣贤的标签，故少能感同身受。但唐文治离我不远，他就是活生生的"君子无终食之间违仁，造次必于是，颠沛必于是"的模范，我能从他的坚守中看到真正的儒者气概。唐先生撰联"人生惟有廉节重，世界须凭气骨撑"，这是何等的大丈夫精神！一个儒者，需要将道德精神和切实的行动，全副投身到世界的建设中去，并凭着一步一个脚印的踏实态度，才能真正带来改善世界的希望。

唐文治82岁时在无锡国专校友会春季大会上说："须知传嬗鄙人学说，实系传嬗鄙人精神。自古圣贤所以承继而不绝者，惟在精神而已。"唐先生的精神激励了我，我也真诚地希望本书在传嬗唐文治先生的精神上，能起到一点切实的作用。读者朋友若能由此书而了解唐先生，从而阅读唐先生的著作，并由之而翻阅往圣先贤的典籍，融会他们的精神，涵养自己的品性，并付诸日常生活，那真是我的最大愿望了。

在本书的撰写过程中，唐文治的曾孙唐德明先生审阅了本书中关于唐氏家族的章节；无锡江南大学的刘桂秋老师提供了很多珍贵史料；上海交通大学图书馆的老师、苏州大学博物馆的戴颖老师、无锡三中的徐忠宪老师提供了不少稀有照片；冯德闾先生提供了《国学之声》全文电子版。在此,我对以上帮助者表示由衷的感谢。

　　此外,我还要感谢我的研究生殷亭亭、孙明柱,以及唐文治书院
2019级本科生黄奕扬、汤浩然、王怡蔚、宋衍、赵嘉程、杨晨昕、李思睿、
董成芮、徐婧越。他们怀着极大的热情通读了本书的文稿,既帮助我更
正了一些文字上的错误,又作为本书的第一批读者,受到了唐文治先生
德行人格的感召。期待这些读书种子在未来的学术花园里快速成长起
来,进一步发扬光大唐文治先生"正人心,救民命"的淑世精神。